Das Geld-Syndrom

Das Buch
Warum werden die weltweit vagabundierenden Geldströme immer größer, weshalb reagieren die Kurse an den Aktien- und Devisenmärkten immer verrückter und warum bekommen die Notenbanken Geldmenge und Kaufkraft nicht in den Griff? Vielleicht haben Sie sich auch schon gefragt, warum wir jedes Jahr unsere Wirtschaftsleistung steigern müssen und trotzdem mit einer immer größeren Verschuldung, Armut und Arbeitslosigkeit konfrontiert werden? Helmut Creutz veranschaulicht auf verblüffende Weise, wie all diese Fehlentwicklungen mit den Strukturen unseres Geldsystems zusammenhängen, und bietet sinnvolle und kompetente Lösungsvorschläge.

Der Autor
Helmut Creutz, geboren 1923, ein erfahrener Wirtschaftspraktiker und -analytiker, hat in zahlreichen Veröffentlichungen, Vorträgen und Seminaren seine wirtschaftsanalytischen Untersuchungen dargelegt. 1990 erhielt er einen Lehrauftrag an der Universität Kassel und wurde bereits von mehreren Seiten für den Alternativen Nobelpreis vorgeschlagen.

Helmut Creutz

Das Geld-Syndrom

Wege zu einer
krisenfreien Wirtschaftsordnung

Econ Taschenbuch

Econ Taschenbücher erscheinen im Ullstein Taschenbuchverlag, einem Unternehmen der Econ Ullstein List Verlag GmbH & Co. KG, München
5., komplett überarbeitete und erweiterte Neuausgabe 2001

Umschlagkonzept: Büro Meyer & Schmidt, München – Jorge Schmidt
Umschlaggestaltung: DYADEsign, Düsseldorf
Titelabbildung: Mauritius
Satz: Josefine Urban – KompetenzCenter, Düsseldorf
Druck und Bindearbeiten: Ebner Ulm
Printed in Germany
ISBN 3-548-70006-3

Vorwort

In den Medien sind Arbeitslosigkeit, Staatsverschuldung, Umweltzerstörung und zunehmende soziale Polarisierung tägliche Themen. Dabei werden die Ursachen meist in menschlichen Verhaltensweisen oder politischen Entscheidungen gesucht, selten in wirtschaftlichen Rahmenbedingungen, kaum im Bereich des Geldes.

Schon vor zwanzig Jahren wurde ich durch einen Leserbrief angeregt, mich mit diesen Zusammenhängen zu befassen. Anfangs skeptisch und bestrebt, dem Schreiber zu widersprechen, entdeckte ich immer neue Widersprüche und Unstimmigkeiten im Bereich unserer Geld- und Währungsordnung, die mich zunehmend aktivierten. Vor allem als ich feststellte, dass diese Unstimmigkeiten nicht nur unser Wirtschaften und Leben nachhaltig und nachteilig beeinflussen, sondern sich auch noch aus sich selbst heraus verstärken.

Das umfassende Ergebnis meiner Analysearbeit halten Sie nun in Händen. Auch wenn das Gros der »Weißen Flecke« geschlossen werden konnte, wird die Befassung mit dem Problemfeld Geld angesichts der aktuellen Entwicklungen mit jedem Tag wichtiger.

»Wir sollten uns nicht so gebärden, als ob das Erkennen volkswirtschaftlicher Zusammenhänge nur den Gralshütern vorbehalten bliebe, die auf der einen Seite wissenschaftlich, auf der anderen Seite demagogisch ihre verhärteten Standpunkte vortragen.
Nein, jeder Bürger unseres Staates muß um die wirtschaftlichen Zusammenhänge wissen und zu einem Urteil befähigt sein, denn es handelt sich hier um Fragen unserer politischen Ordnung, deren Stabilität zu sichern uns aufgegeben ist.«

Ludwig Erhard, 1962

Inhalt

Teil III – Die problematischen Folgen im Geldbereich

Teil V – Überwindung der Fehlstrukturen – Wege zu einer krisenfreien Wirtschaft

Anmerkungen:
Soweit nicht anders erwähnt, stammen alle angeführten Daten und Größen aus den Veröffentlichungen der Bundesbank bzw. des Statistischen Bundesamtes. Auf diesen Unterlagen basieren auch die eigenen Um- und Hochrechnungen sowie die Mehrzahl der Grafiken, soweit keine anderen Angaben erfolgen. Wegen unzureichender Daten bzw. Gebiets- und Berechnungsveränderungen konnten nicht alle Darstellungen und Tabellen bis 1999 bzw. 2000 fortgeführt werden. Unter dem Begriff Sozialprodukt wird sowohl das Bruttosozialprodukt als auch das Bruttoinlandsprodukt zusammengefasst, deren Größenunterschiede für die hier herangezogenen Berechnungen und Vergleiche kaum von Belang sind. Das gilt auch für die Wechselkurse der herangezogenen Währungen, bei denen Dollar und Euro als gleichwertig angesetzt wurden und die DM mit der Hälfte dieser Werte. Alle Grafiken sind – soweit keine anderen Hinweise erfolgen – vom Autor.

Einführung

Geld ist eine tolle Einrichtung! Doch obwohl wir es seit Jahrtausenden kennen und täglich benutzen, gibt es nichts Vergleichbares, worüber wir so wenig wissen! Geld ist immer noch von einem Nebel des Geheimnisvollen umgeben. Selbst Wissenschaftler reden von »Geldschleier« und »Geldillusion«.

In diesem Buch werden die Begriffe und Funktionen rund um das Geld erklärt. Ebenso die geldbezogenen Vorgänge in der Wirtschaft und deren Auswirkungen für uns Bürger. Vor allem aber wird den Fehlstrukturen unserer Geldordnung nachgegangen, werden ihre Folgen verdeutlicht und am Ende Wege aus dem heutigen Dilemma aufgezeigt. Denn die Kenntnis dieser Fehlstrukturen sowie die Möglichkeiten ihrer Behebung sind ausschlaggebend für unsere Zukunft. Das gilt nicht nur für die überschuldeten Länder Lateinamerikas oder den inflationären Niedergang der Ostblockstaaten. Das gilt auch für die Industrienationen, in denen die Geldbezogenheit aller Problementwicklungen täglich deutlicher wird. Und niemand von uns kann sich diesen monetären Zwängen und Auswirkungen entziehen, es sei denn, er flieht als Robinson auf eine Insel.

Für den normalen Bürger stellten sich bisher solche Überlegungen kaum. Er erhält Geld für seine Arbeit und gibt es für den Lebensunterhalt aus. Allenfalls hat er in der Jugend ein paar Sprichworte mitbekommen, meist ohne viel darüber nachzudenken; zum Beispiel »Geld verdirbt den Charakter« oder »Beim Geld macht der Teufel immer auf den größten Haufen«. Noch bekannter und in vielen Sprachen zuhause ist das Sprichwort: »Geld regiert die Welt.«

Warum aber verdirbt Geld den Charakter? Würden wir das auch von einem Gutschein sagen oder einer Theaterkarte, die, ähnlich wie Geld, einen Anspruch auf eine Gegenleistung dokumentieren? Und warum bekommen diejenigen noch mehr Geld, die bereits einen »großen Haufen« davon haben? Ist Einkommen nicht an Leistung gebunden? Wenn ja, widersprechen dann nicht leistungslose Einkünfte den Grund- und Menschenrechten? Und was bedeutet das dritte Sprichwort, nach dem die Welt vom Geld regiert wird? Wenn dieses Sprichwort stimmt, sind dann nicht alle Regierungen, ob gewählt oder nicht, ob rot, schwarz, gelb oder grün, nur eine Farce, Marionetten des Geldes?

Können wir von einer aufgeklärten, mündigen Welt und vor allem von Demokratien reden, solange diese Fragen ungeklärt bleiben?

Was stimmt nicht bei unserem Geld?

Wer sich intensiver mit unserem Geld befasst, mit der Geldordnung, der Geldtechnik und allen sonstigen Geldgegebenheiten, dem stehen meist sehr schnell die Haare zu Berge. Allein die Widersprüchlichkeiten, auf die man unter logischen Ansätzen stößt, finden fast kein Ende:

- Da ist Geld eine öffentliche Einrichtung, gleichzeitig aber auch privates Eigentum, obwohl nichts in der Welt zwei Herren dienen kann.
- Da ist die Geldvermehrung durch gefälschte Banknoten und Münzen bei Strafe untersagt, die Geldverminderung durch Entzug von Banknoten aus dem Wirtschaftskreislauf jedoch erlaubt.
- Da ist Geld das einzige gesetzliche Zahlungsmittel, gleichzeitig aber auch ein beliebig verwendbares Spekulationsobjekt.

- Da unterliegt Geld einem allgemeinen Annahmezwang, aber keinem Weitergabezwang, obwohl das erste ohne das zweite keinen Sinn ergibt.
- Da wird Geld gleichzeitig als Tausch- und Wertaufbewahrungsmittel deklariert, obwohl die zweite Funktion die erste aufhebt.
- Da wird kein Maßstab in der Wirtschaft so oft gebraucht wie das Geld, aber dessen Kaufkraft nicht stabil gehalten.
- Da ist unser Geld mit einem Zins- und Zinseszinseffekt gekoppelt, obwohl dieser zu einem exponentiellen Wachstum führen muss.

Die Aufzählung dieser Widersprüche dürfte eigentlich genügen, um die vom Geld ausgehenden Miseren zu erklären, vor allem, wenn man sich die zentrale Bedeutung des Geldes in unseren heutigen Volkswirtschaften vergegenwärtigt.

Welche Bedeutung hat das Geld?

Wenn man die Bewohner eines Hauses fragt, welche Gebäudeteile die wichtigsten sind, werden sie sicher die Wohngeschosse nennen. Vom Untergeschoss wird kaum jemand reden und vom Fundament noch weniger. Dabei ist das Fundament für die Stabilität des gesamten Gebäudes von entscheidender Bedeutung.

Ähnlich ist es mit den Etagen der ›politischen Gebäude‹, in denen wir leben: Der Bereich der Gesellschaftspolitik ist uns der wichtigste. Mit wirtschaftlichen Fragen befassen wir uns weniger und mit jenem der Geld- und Währungsordnung so gut wie gar nicht.

Diese Einschätzungs- und Interessenabstufung gilt nicht

nur für das Gros der Bürger, sondern auch für fast alle Politiker. Ein deutscher Bundestagsabgeordneter, vormals Bundesbanker und als Folge Währungsexperte seiner Fraktion, hat einmal geklagt: Immer wenn es um gesellschaftspolitische Tagesfragen ginge, wäre der Fraktionsraum überfüllt. Würde ernsthaft über Wirtschaftsfragen diskutiert, gingen zwei Drittel der Abgeordneten nach Hause. Und stünden Geld- und Währungsfragen an, bliebe von der ganzen Mannschaft allenfalls ein halbes Dutzend übrig.

Darstellung 1:

Die Bedeutung des Geld-Währungs-Bereichs

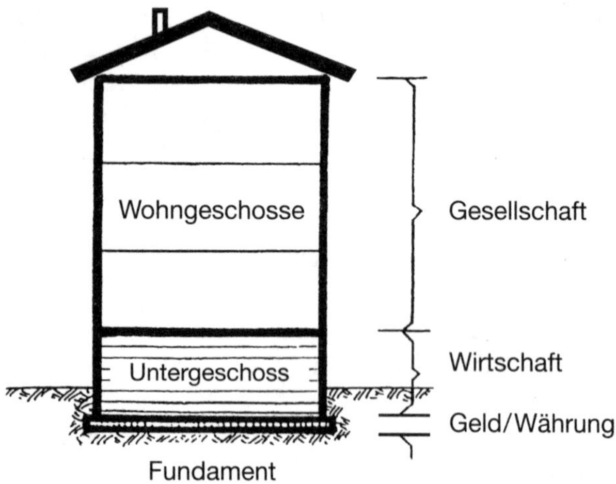

Dabei wird die Bedeutung des Geld- und Währungssektors jedem klar, wenn man die Bereiche Gesellschaft, Wirtschaft und Währung – entsprechend unserem Wohnhausbeispiel – einmal übereinander anordnet, wie in der ersten Grafik dargestellt: Eine stabile Gesellschaft kann es nur auf dem Unterbau einer stabilen Wirtschaft geben, und diese nur auf dem Fundament eines stabilen Geld- und Währungssystems. Doch ähnlich wie bei den Gebäuden, wissen wir nur selten etwas von der fundamentalen Rolle der Währung für Wirtschaft und Gesellschaft. Tauchen in den ›gesellschaftlichen Wohnetagen‹ Risse auf oder droht das Gebäude baufällig zu werden, versuchen wir darum meist ›vor Ort‹ mit den Problemen fertig zu werden. Doch haben solche Reparaturversuche kaum Chancen auf Erfolg, wenn die Ursachen der Störung tiefer liegen. Machen wir uns aber die Mühe, den ›Rissen‹ und ›Baufälligkeiten‹ in unseren Gesellschaftssystemen intensiver nachzugehen, das heißt, auf der Leiter der Ursachenkette bis zur untersten, auslösenden Ebene hinabzusteigen, dann werden wir fast immer im ›Fundament‹ fündig werden, also im Bereich von Geld und Währung.

Teil I

Begriffe, Größen und Funktionen rund ums Geld

1. KAPITEL

Klärung der geldbezogenen Begriffe und Vorgänge

»Wenn die Begriffe nicht richtig sind, so stimmen auch die Worte nicht, und stimmen die Worte nicht, so kommen auch die Werke nicht zustande.«
Konfuzius

Begriffe sollen das Begreifen erleichtern. Mit klar abgegrenzten Begriffen und Begriffsdefinitionen werden auch komplizierte Sachzusammenhänge verständlich. Unklare Bezeichnungen stiften dagegen Verwirrung, selbst bei einfachen Vorgängen und Zusammenhängen.

Wer sich, aus anderen Berufsfeldern kommend, mit Geldfragen befasst, wird von den dort zu findenden vielfältigen Widersprüchlichkeiten und Begriffsungenauigkeiten irritiert sein, ebenfalls von den Mehrfachverwendungen einzelner Bezeichnungen für unterschiedliche Dinge und Erscheinungen.

Da verwechselt man z. B. Veränderungen des Gesamtpreisniveaus mit Einzelpreisschwankungen und addiert sie unter dem Begriff Inflation. Da werden die Begriffe Profit, Gewinn, Zins, Rendite und Mehrwert für gleiche wie für unterschiedliche Phänomene benutzt. Da bezeichnet man Schecks, Kreditkarten und selbst Bankguthaben als ›Geld‹ oder fasst sie sogar mit Banknoten und Münzen als ›Geldmenge‹ zusammen. – Dass solche Begriffsvermischungen und -verwirrungen zu Missverständnissen und Fehlschlüssen führen müssen, liegt auf der Hand.

Nachfolgend wird darum zuerst einmal versucht, Klarheit in die Begriffe und Funktionen zu bringen.

Was ist Geld?

Allein mit Antworten auf diese Frage kann man ganze Bücher füllen!

Geld ist zuerst einmal eine ganz fantastische Erfindung, vergleichbar mit der des Rades. So wie mit Hilfe des Rades der Transport von Gütern auf eine vorher unvorstellbare Weise erleichtert wurde, so mit dem Geld der Tausch derselben. Ohne Geld war nur ein direkter Tausch von Leistung gegen Leistung möglich. Der Korbmacher beispielsweise, der neue Schuhe brauchte, musste erst einen Schuhmacher finden, der einen Korb benötigte. Dabei musste auch noch der Wert beider Produkte in etwa gleich sein, damit der Tausch überhaupt zustande kam. Dieses Beispiel zeigt bereits, wie eng die Grenzen geldloser Märkte gezogen waren und dass Spezialisierung und Arbeitsteilung nur geringe Chancen hatten.

Aus der Sicht des Leistungstausches ist Geld also ein universeller Vermittler. Geld ermöglicht es, Leistungen an jeden daran Interessierten zu verkaufen und mit dem empfangenen Tausch- oder Zwischentauschmittel – zeit- und ortsungebunden – eine beliebige Gegenleistung bei jedem anderen nachzufragen.

Diese Vermittlerrolle hatten im begrenzten Umfang bereits vor dem Geld bestimmte langlebige Waren übernommen. Vor allem solche Waren, die man notfalls selbst aufbrauchen konnte, wie z. B. Salz, Getreide, Teeziegel, Kakaobohnen usw. Doch so sehr sich diese Waren aufgrund ihrer relativ langen Lebensdauer auch als Zwischentauschmittel eigneten, waren sie in der Handhabung doch unpraktisch und verloren außerdem mit der Zeit an Wert. Das zählbare, haltbare und leicht transportierbare Münzgeld dagegen, das die zu tauschenden Güter auf einfache Art vergleichbar machte, brachte den Durchbruch zu einer Wirtschaftsentwicklung, ohne die unsere heutige Zivilisation und unser Wohlstand undenkbar wären.

Was versteht man heute unter Geld?

Mit dieser Frage hat man im Allgemeinen keine Schwierigkeiten. Geld ist durchweg immer noch das Medium, das man in seinem Portemonnaie mit sich herumträgt oder zu Hause liegen hat. Aber auch die Bestände auf den Sichtguthaben, den Girokonten – seit langem für Zahlungen benutzt –, werden als Geld gesehen. Deshalb hat sich inzwischen für diese Guthaben der Begriff ›Giralgeld‹ oder ›Buchgeld‹ eingebürgert, obgleich das irreführend ist. In der Wissenschaft werden häufig sogar sämtliche Bankguthaben als Geld bezeichnet, das heißt, man spricht nicht nur von Bar- und Giralgeld sondern auch von Spar- und Termingeld und fasst diese Bestände als ›Geldmengen‹ zusammen.

Einzelne, wie der Exbankier von Bethmann lassen sogar schon mit jeder offenen Rechnung Geld ›entstehen‹, das mit der Begleichung der Rechnung wieder ›vernichtet‹ wird, usw. »Im Grunde weiß niemand mehr, wo Geld aufhört!«, formulierte ein Referent der Deutschen Bundesbank vor einigen Jahren einmal diesen Zustand. Ausgerechnet ein Vertreter jener Behörde, die für die Steuerung der Geldmenge zuständig ist!

Auch ein Studium der Lehr- und Geschichtsbücher hilft bei der Eingrenzung und dem Verständnis von Geld kaum weiter. Dafür sind die folgenden chronologisch wiedergegebenen Zitate Zeugnis:

> *»Geld ist nur um des Austausches willen geschaffenes Zeichen.« (Platon, um 380 v. Chr.)*
> *»Geld regiert die ganze Welt.« (Publ. Syrus, 1. Jh. v. Chr.)*
> *»Geld hat die Aufgabe, den Tausch zu erleichtern.« (Th. von Aquin, um 1250)*
> *»Geld ist das Blut der Volkswirtschaft.« (J. Bodin, 1580)*
> *»Geld ist das Brecheisen der Macht.« (Fr. Nietzsche 1880)*
> *»Geld ist eine neue Form der Sklaverei.« (L. Tolstoi, 1980)*

Aber auch die folgenden Zitate von drei deutschen Ökonomen aus dem 20. Jahrhundert schaffen eher Verwirrung als Klarheit:

> *»Geld ist ein generelles Gut nominaler Geltung.« (F. Lütje)*
> *»Geld ist ein Geschöpf der Geldordnung.« (G. F. Knapp)*
> *»Geld ist, was gilt.« (G. Schmölders)*

Angesichts solcher Aussagen ist die des deutschen Notenbankiers und jetzigen Chefvolkswirts der Europäischen Zentralbank (EZB), Otmar Issing, fast beruhigend: »Ganze Berge wissenschaftlicher Literatur zeugen davon, dass der Geldbegriff in den Wirtschaftswissenschaften alles andere als unumstritten ist.« Dabei ist die Antwort, entsprechend der Definition von Schmölders, ganz einfach: Geld ist das in einem Wirtschaftsraum allgemein akzeptierte Zahlungsmittel!

Sind Schecks, Kredit- und Geldkarten Geld?

Auch diese Zahlungs-Hilfsmittel sind kein Geld. Mit ihnen werden letztlich immer nur Sichtguthabenbestände übertragen wie bei Überweisungen, Dauer- und Abbuchungsaufträgen. Bei Schecks ist das offensichtlich. Bei Kreditkarten finden diese Übertragungen mit Verzögerung bei der Abrechnung der Kreditkartengesellschaft mit den Zahlungsempfängern statt, wobei das Girokonto des Zahlers belastet wird. Bis dahin gibt der Verkäufer die gekaufte Ware also auf Kredit, woraus sich der Name der Karte ableitet.

Neben diesem Nachteil verzögerter Bezahlung, muss der Verkäufer auch noch eine Provision von zwei bis fünf Prozent an die Kreditkartengesellschaft zahlen, Verluste, die er in seine Preise einkalkulieren muss. Das heißt, die Bequemlichkeit der Kreditkarten wird auch von denjenigen mitbezahlt, die sie nicht benutzen.

Geldkarten sind vorausbezahlte Zahlungshilfen, die praktisch wie Telefonkarten funktionieren. Sie können jedoch bei der Bank durch Bargeldeinzahlungen oder Abbuchungen vom Girokonto immer wieder aufgefüllt werden. Bezahlen kann man damit bei allen Verkaufsstellen, die über entsprechende Abbuchungseinrichtungen verfügen, ebenfalls an Automaten. Es gibt sogar kleine Handgeräte, mit denen man das elektronisch gebuchte Geld ablesen und direkt auf andere Karten übertragen kann, also ähnlich anonym wie beim Bargeld.

Was ist mit E-Cash oder Zahlungen im Internet?

Bekanntlich breitet sich nicht nur die Internetnutzung zu Informationszwecken weltweit aus, sondern ebenfalls der Verkauf über dieses Medium. Damit stellt sich auch hier die

Frage der Bezahlung, die selbstverständlich – wie bisher beim Versandhandel – durch normale Kontenübertragungen erfolgen kann. Interessanter und praktischer aber ist eine direkte Abbuchung über den Bildschirm, die man gewissermaßen aus einer virtuellen Börse vornimmt, die man – ähnlich wie bei der Geldkarte – mit normalem Geld gefüllt hat. Das heißt, hier wird wieder kein zusätzliches oder anderes Geld geschaffen, sondern eine weitere Alternative seiner Nutzung.

Unter immer neuen Begriffen, von E-money über Cybercash bis hin zu Cybercoins, wird häufig der Eindruck erweckt, es handele sich um Zahlungsmittel, die von dem bisherigen Geld unabhängig sind. Sowohl die Deutsche Bundesbank als auch die EZB haben jedoch bereits mehrfach darauf hingewiesen, dass nur Banken oder Institutionen, die wie Banken behandelt werden, das Recht zur Ausgabe dieses elektronisch übertragbaren Geldes haben werden.

Dennoch ist auch immer wieder von zusätzlichem Internetgeld die Rede, das von privaten Unternehmen herausgegeben werden soll. Neben den bisher noch gegebenen Problemen aller Bildschirmzahlungen mit Fälschungen und Missbrauch, kämen bei solchen Privatgeld-Emissionen jedoch erhebliche weitere Risiken hinzu. Schon der Tatbestand, dass ein solches Privatgeld kaum von allen Nutzern angenommen werden dürfte, ist ein Hindernis für seine Verbreitung. Entsprechend wird man bei einem Umtausch gegen herkömmliche und allseits akzeptierte Währungen nicht unerhebliche Wechselkurs-Abschläge in Kauf nehmen müssen. Auch ist die Bewertung der Kaufkraft solcher privaten Währungen ein erhebliches Problem, so dass sie sich, vor allem bei einem weltweiten Einsatz, an den Dollar anlehnen müssten. Damit aber wäre die direkte Abwicklung von Kaufvorgängen in so einer bereits verbreiteten

Währung ratsamer als die einer privat geschöpften. Außerdem ist zu beachten, dass mit solchen zusätzlichen Zahlungsmitteln, wie bei jeder anderen Vermehrung der Geldmenge in einem Wirtschaftsraum, das Gleichgewicht zwischen Angebot und Nachfrage inflationär belastet wird.

Was ist mit der Geldmenge?

Churchill hat einmal gesagt, dass man bei einer gleich lautenden Frage an drei Ökonomen fünf verschiedene Antworten erhält. Stellt man heute die Frage nach der Geldmenge, dann erhält man sogar ein Dutzend verschiedener Antworten. Diese reichen vom Bargeld über die Geldbasis (Bargeld zzgl. Zentralbankguthaben der Banken), der Geldmenge M1 (Bargeld und Sichteinlagen), der Geldmenge M2 (M1 zzgl. Termineinlagen) bis hin zur Geldmenge M3 (M2 zzgl. Spareinlagen) und weiteren Variationen. Aber auch unter diesen letztgenannten Geldmengen-Begriffen erfasst fast jede Notenbank wiederum unterschiedliche Anteile der Bankeinlagen.

Die Hauptursachen aller Irritationen in Bezug auf den Geldbegriff und die Geldmenge hängen mit der Fehlbenennung der Sicht-, Spar-, Termin- und sonstigen Bankeinlagen als ›Geld‹ zusammen. Diese Fehlbenennungen verführen wiederum dazu, die durch Geldeinzahlungen entstehenden Guthaben der Geldmenge hinzuzuzählen, wodurch es zu den verschiedensten Mengengrößen kommt.

Diese Addition von Geld und Guthaben wird häufig auch damit begründet, dass sich die genannten Guthaben durchweg rasch liquidisieren, also in Geld zurückverwandeln lassen. Aber auch wenn man seinem Nachbarn Geld nur für einen Tag oder eine Stunde leiht, die Liquidität also nur kurzfristig aufgibt, vergrößert sich nicht die Geldmenge. Allenfalls kommt es zu einer Vergrößerung der Geldnutzung, des so genannten Geldumlaufs.

Gleichgültig also, ob ich meinem Nachbarn Geld leihweise zur Verfügung stelle oder einer Bank, die es weiter verleiht: Eine Vermehrung von Geld ist damit in keinem Fall verbunden, auch nicht, wenn diese Überlassung gleich mehrfach verbucht wird. Das gilt auch für die Sichtguthaben bzw. Girokonten, auf die wir noch zu sprechen kommen.

Wie kann man Geld definieren?

Versucht man einmal, Geld nach seinen Aufgaben und Funktionen zu definieren, dann kann man es u. a. bezeichnen als

- Tausch- bzw. Zahlungsmittel,
- Recheneinheit, Wertmesser oder Preisvergleicher,
- Wertaufbewahrungs- und Wertübertragungsmittel.

Geht man von der Rechtslage bzw. der Dokumentationsseite aus, dann ist Geld

- eine anonyme Bestätigung für eine eingebrachte Leistung,
- ein weitergebbares Anspruchsdokument auf das Sozialprodukt,
- das gesetzliche und unter Annahmepflicht stehende Zahlungsmittel.

Legt man diese Definitionen zugrunde, dann ist die Frage »Was ist Geld?« nochmals beantwortet: nämlich jene Medien, auf die alle vorgenannten Kriterien zutreffen! Das aber ist bislang nur bei den Geldscheinen und Münzen der Fall, also bei dem Bargeld, das von den Staaten als Zahlungsmittel herausgegeben wird.

Auf die in der Fachwelt ebenfalls als Geld bezeichneten Phänomene, wie Sichtguthaben, Schecks, Kreditkarten usw., treffen die angeführten Kennzeichnungen allenfalls in einzelnen Punkten zu. Man sollte sie darum konsequenterweise auch nicht als Geld bezeichnen. Selbst bei den für Zahlungszwecke genutzten Sichtguthaben ist die heute übliche Bezeichnung ›Giralgeld‹ so lange fragwürdig, wie diese Guthabenbestände nicht dem Bargeld rechtlich und funktional gleichgestellt sind. Das aber wäre nur der Fall, wenn man – wie vor hundert Jahren bei den von den Banken eingeführten Banknoten – das Giralgeld zum offiziellen Geld erklären und seine Ausgabe von den Notenbanken übernehmen würde.

Für welche Zwecke kann man Geld benutzen?

So wie man Geld im Allgemeinen als Gegenwert für Leistungen erhält, so gibt man es im Allgemeinen auch wieder für Leistungen aus. Erhaltenes Geld kann man aber nicht nur zur Leistungsnachfrage benutzen, sondern auch zum Verschenken oder zum Verleihen. Und schließlich kann man Geld auch einfach ungenutzt liegen lassen, also aus dem Verkehr ziehen.

Benutzt man Geld zum Kaufen oder Verschenken, geht es für alle Zeit in andere Hände über. Verleiht man Geld, tritt man die Möglichkeiten seiner Nutzung nur vorübergehend ab. Hortet man dagegen Geld, fällt es für jegliche Nutzung in der Wirtschaft aus und es kommt zu einer Unterbrechung des Geldkreislaufs. Diese Unterbrechung ist kein einmaliger Vorgang, sondern sie löst eine Kettenreaktion von Nachfrageausfällen aus, mit der alle in der Zwischenzeit sonst möglichen Tauschvorgänge verhindert werden!

Läuft das Geld z. B. zweimal im Monat um, dann löst z. B. ein stillgelegter 100-Dollar-Schein in einem Jahr Nachfrageunterbrechungen in Höhe von 2 400 Dollar aus. Während also beim Kaufen, Verschenken und Verleihen der Nachfragekreislauf geschlossen bleibt, führt das Liegenlassen von Geld zu Störungen, die sich mit der Zeit akkumulieren.

In dieser möglichen Verzögerung zwischen Leistungseinbringung und -nachfrage, also in der Wertaufbewahrungsfunktion des Geldes, liegt bereits einer der entscheidenden Konstruktionsfehler unseres Geldes. Denn der Tauschvorgang Leistung gegen Leistung bzw. Ware gegen Ware, der ohne Geld in einem Schritt abgewickelt wird, teilt sich durch das Geld in zwei Vorgänge auf: Ware gegen Geld – Geld gegen Ware. Da der zweite Schritt aber nicht dem ersten folgen muss, sondern erst sehr viel später (oder auch gar nicht!) erfolgen kann, wird mit jeder zwischenzeitlichen Stilllegung des Geldes der Kreislauf unterbrochen. Geld ist also nicht nur ein Tauschvermittler bzw. Zwischentauschmittel und damit ein Schlüssel zum Markt, sondern es kann auch ein Riegel sein, der den Fortgang der Marktprozesse verhindert.

In einer Geldwirtschaft sind also Angebot und Nachfrage nur dann ausgeglichen und im Gleichgewicht, wenn alles eingenommene Geld regelmäßig wieder für Ausgaben genutzt wird. Da aber die Geldhaltung der Warenhaltung überlegen ist, ist im Grunde ein ständiges Ungleichgewicht in unseren Volkswirtschaften vorprogrammiert.

Warum muss man zwischen Geld und anderen Forderungs-Ausgleichmitteln unterscheiden?

Nehmen wir an, ein Installateur hat bei einem Bäcker eine Reparatur durchgeführt, für die er 100 Dollar oder Euro berechnet. Diese Rechnung kann der Bäcker begleichen

- mit einem Geldschein über diesen Betrag oder, wenn der Installateur dies akzeptiert,
- mit einem Bar- oder Verrechnungsscheck oder
- mit einer Gegenleistung in Brot.

Im ersten Fall liegt ein Forderungsausgleich durch Bezahlung vor, im zweiten durch eine Guthabenübertragung und im dritten Fall durch eine Sachleistung. Träfe die Auffassung zu, dass alles, womit man eine Forderung begleichen kann, auch ›Geld‹ ist, dann wäre nicht nur der Scheck Geld, sondern auch das zum Ausgleich gelieferte Brot.

Solche Gleichsetzungen sind also nicht nur begrifflich sondern auch sachlich fragwürdig. So kann die Menge des Brotes nur durch Arbeitsleistungen der Bürger vermehrt werden und die Menge übertragbarer Guthaben nur durch Bargeldeinzahlungen bei der Bank. Die Menge des Bargeldes aber (und hier liegt der entscheidende Unterschied!) kann jedoch nur von den dazu befugten Notenbanken vermehrt werden. Geld ist also mehr als nur ein Zahlungsmittel, als das man auch den Scheck bezeichnen kann. Oder anders ausgedrückt: Geld ist zwar (auch) ein Zahlungsmittel, aber nicht alle Zahlungsmittel sind Geld, schon gar nicht das Brot, das man dem Installateur als Tauschware gegen die Reparatur gibt.

Außerdem setzt ein Forderungsausgleich am Markt, gleichgültig ob durch Geldzahlung, Guthabenübertragungen oder Sachleistungen vollzogen, immer eine Arbeits- oder Sparleistung des Zahlenden voraus und ist damit durch Güter am Markt gedeckt. Geld dagegen kann von den Notenbanken auch ohne Leistungsdeckung produziert und in Verkehr gebracht werden.

Die Unterschiedlichkeit von Geld, Scheck und Sachleistung wird ebenfalls deutlich, wenn man sich vorstellt, der Installateur würde die empfangene Gegenleistung verlieren oder verlegen:

Verliert er den Scheck, so bleibt seine Forderung offen und er kann vom Bäcker ggfs. eine erneute Scheckausstellung verlangen.

Verliert er das Brot, ist sein Anspruch dagegen verwirkt und er muss den Schaden tragen.

Verliert er den Geldschein, sind seine Ansprüche ebenfalls erloschen. Darüber hinaus aber fügt er – wenn der Geldschein von keinem Dritten gefunden wird – durch die damit verbundene Kette ausfallender Nachfrage auch der Allgemeinheit einen Schaden zu.

Weiter ist zu beachten, dass sowohl der Wert des Schecks als auch der des Brotes vom Wert des Bargelds abgeleitet wird. Dessen Wert aber, bzw. richtiger: dessen Kaufkraft, ist alleine abhängig von der Mengenrelation zwischen Geld und Wirtschaftsleistung.

Warum ist Geld der Arbeit und den Gütern überlegen?

Stellen wir uns einmal drei Wanderer vor, die abends müde und hungrig in ein Dorf kommen und sich auf ein gutes Essen freuen. Der erste der drei hat noch einen Geldschein in der Tasche, der zweite hat einen Korb frischer Pilze im Wert des Geldscheins gesammelt und der dritte rühmt sich seiner Fähigkeit, in einer Stunde gleichwertige Arbeit leisten zu können.

Derjenige mit dem Geldschein wird im nächsten Gasthaus seinen Hunger problemlos stillen können. Der Pilzsammler wird dazu nur kommen, wenn er einen Abnehmer für seine Ware findet. Noch schwerer hat es der Dritte im Bunde, denn ob am Abend noch jemand eine Arbeitskraft für eine Stunde sucht, ist zweifelhaft.

Noch deutlicher wird der Unterschied mit einem anderen Vergleich: Man stelle sich vor, dass die Türen eines Panzerschranks mit 10 000 Dollar für 14 Tage geschlossen werden, ferner die Türen einer Markthalle mit Waren im gleichen Wert und schließlich noch die Türen eines Raumes, in dem sich fünf Menschen aufhalten, die in 14 Tagen normalerweise 10 000 Dollar verdienen.

Öffnet man die Türen nach 14 Tagen, dann sind die fünf Eingeschlossenen wahrscheinlich verdurstet und die Waren in der Markthalle überwiegend verdorben. Die Geldscheine im Tresor aber sind so frisch wie vorher.

Geld ist also – im Gegensatz zu der Auffassung vieler Ökonomen – keinesfalls ein ›Äquivalent‹ für Waren und Arbeit, sondern auf Grund seiner besonderen Eigenschaften und seiner Universalität diesen weit überlegen. Der deutsche Verfassungsrechtler Dieter Suhr (1939–1990) hat Geld darum als »Joker« im Wirtschaftsgeschehen bezeichnet, als die überlegene Karte, die begehrter ist als alle anderen. Und weil man sich wegen dieses Vorzugs nur ungern vom Geld trennt, ist es normalerweise immer knapper als die sich ihm anbietenden Waren. Knappe Güter wiederum, ganz besonders, wenn man sie problemlos aufbewahren kann, werden jedoch immer wertvoller und begehrter, was sich in einem damit zu erzielenden Knappheitsgewinn oder -preis niederschlägt. Beim Geld ist das der Zins.

Woher bekommt das Geld seinen Wert?

Als Geld noch aus Gold und Silber bestand, ging sein Wert von dem des verwendeten Metalls aus. Dieser Wert wiederum wurde von der Begehrtheit, der Seltenheit und vor allem von dem Aufwand bestimmt, das Metall abzubauen und einzuschmelzen. Geld aus Gold und Silber war also letztlich selbst eine Ware, die man gegen eine andere tauschte. Heute haben allenfalls noch die kleinsten Münzen einen solchen deckenden Eigenwert. Der Nennwert der großen Münzen und vor allem der Scheine übersteigt dagegen die Material- und Herstellungskosten um ein Vielfaches.

So wie das Gold- und Silbergeld seinen wirtschaftlichen Wert letztlich aus seiner Knappheit hergeleitet hat, so ist das auch heute noch bei unserem Papiergeld der Fall. Konkret: Unser Geld erhält seinen Wert alleine durch seine Mengenbegrenzung auf den Umfang der angebotenen Leistungen und Güter in der Wirtschaft. Das heißt, der Wert des Geldes (richtiger: die Kaufkraft, da das Geld ja praktisch keinen Wert mehr besitzt), hängt von der Relation zwischen der Menge des nachfragenden Geldes und der Menge der angebotenen Leistungen ab. Anders ausgedrückt: Die Menge der angebotenen volkswirtschaftlichen Leistungen dividiert durch die Menge des nachfragenden Geldes ergibt dessen Kaufkraft.

Würde eine Notenbank, bei gleich bleibender Wirtschaftsleistung, ›morgen‹ die Geldmenge verdoppeln, dann wäre also kein Geldhalter reicher, weil auch die Preise auf das Doppelte ansteigen würden. Gewinner bei einer solchen Verdoppelung wären allerdings die Schuldner, denn sie könnten ihre Schulden, aufgrund der halbierten Geld-Kaufkraft, mit halbierter Leistung tilgen. Umgekehrt würden die Gläubiger die halbe Kaufkraft ihrer Forderungen verlieren.

Diese aus der Relation zur Leistung resultierende Kaufkraft des Geldes bestimmt auch die Kaufkraft der in Geldeinheiten ausgedrückten Verrechnungsvorgänge über Girokonten. Ohne den vom Staat ausgegebenen und mengenregulierten Bargeldbestand würde dieser Wert- und Preismaßstab fehlen und kaum auf andere Weise zu konstruieren sein.

Wie viel Bargeld gibt es eigentlich?

Wenn wir uns zur Beantwortung dieser Frage einmal die Entwicklung in Deutschland ansehen, dann lag die herausgegebene Bargeldmenge – ohne Kassenbestände der Kreditinstitute – Ende 1950 bei acht und im Jahr 2000 bei 250 Mrd. DM. Die Menge des herausgegebenen Geldes wurde also in den fünf Jahrzehnten auf das 31fache ausgeweitet. In der gleichen Zeit aber nahm das reale Bruttosozialprodukt ›nur‹ um das Achtfache zu. Die sich aus beiden Größen ergebende Differenz spiegelt weitgehend den zwischenzeitlichen Kaufkraftverlust der DM wider, also deren inflationäre Entwertung.

Schlüsselt man die Bargeldmenge von 250 Mrd. DM in Deutschland auf, dann entfielen knapp sechs Prozent auf das Münzgeld und 94 Prozent auf das Papiergeld. Den größten Wertanteil an diesem Papiergeld hatten mit 38 Prozent die 100-DM-Scheine, den zweitgrößten mit 33 Prozent überraschenderweise die 1 000-DM-Scheine, die im normalen Nachfrageumlauf kaum benutzt werden.

Legt man diesen Bargeldbestand in Deutschland von 250 Mrd. DM auf die Bevölkerung von 82 Millionen um, dann errechnete sich ein Pro-Kopf-Anteil von rund 3 000 DM und ein Anteil je Haushalt von rund 6 600 DM. Dieser Betrag setzt sich statistisch aus etwa zwei 1000-DM-Scheinen, einem 500er und 25 Scheinen im Wert von 100 DM zusammen, der Rest durchweg aus kleineren Scheinen und

Münzgeld. Da aber in Wirklichkeit die durchschnittliche Bargeldhaltung je Haushalt eher unter 3 000 statt bei 6 600 DM liegen dürfte, wird wieder erkennbar, in welchem Umfang die Bargeldmenge über die von den Haushalten für die Endnachfrage benutzten Beständen hinausgeht.

Natürlich halten nicht nur Privathaushalte Bargeldkassen, sondern auch alle Unternehmen und Behörden usw. Gemessen an deren Umsätzen sind diese Bargeldkassen jedoch relativ klein. Und im Einzelhandel, bei dem sich täglich große Geldbeträge sammeln, werden diese Kassenbestände überwiegend auch täglich wieder bei Banken eingezahlt. Von dort kommen sie, durchweg innerhalb von zwei bei drei Tagen, durch Abhebungen der Endverbraucher wieder in den Kreislauf zurück.

Der große Bargeldüberschuss in Deutschland erklärt sich vor allem daraus, dass – laut einer Untersuchung der Deutschen Bundesbank aus den 90er Jahren – rund ein Drittel des gedruckten Bargelds ins Ausland verschwunden ist. Beim US-Dollar liegt dieser sich außerhalb der Landesgrenzen befindliche Geldanteil sogar bei rund 70 Prozent. Damit lässt sich das Inflationspotential erahnen, das in solchen Auslandsbeständen latent vorhanden ist. Aber auch die Schwierigkeit für die Zentralbanken, unter diesen Bedingungen die Geldmenge stabilitätsgerecht zu steuern.

Übrigens läuft jeder Geldschein etwa dreimal jährlich durch die Kassen der Notenbank-Zweigstellen. Dabei werden alle unansehnlich gewordenen oder beschädigten Scheine eingezogen und durch neue ersetzt. Im Jahr 1999 waren das z. B. im Bereich der Deutschen Bundesbank mit rund 795 Millionen Stück im Wert von 43 Mrd. DM ein gutes Viertel der gesamten Geldscheinmenge. Dabei werden die besonders häufig benutzten kleineren Scheine etwa jedes Jahr erneuert, die großen etwa alle drei bis vier Jahre. Umgerechnet auf die 240 Banktage wurden also 1999 in Deutschland täglich mehr als drei Millionen unansehnlich gewordene Geldscheine mit einem Nennwert von etwa 180 Mio. DM gegen neu gedruckte ausgetauscht. Die eingezogenen Scheine werden im Allgemeinen zerkleinert, zu Briketts gepresst und verbrannt.

Wie sieht das mit der Bargeldmenge beim Euro aus?

Ab Beginn des Jahres 2002 wird in elf europäischen Ländern (bzw. eventuell einschließlich Griechenland in zwölf) nur noch mit dem Euro gerechnet und gezahlt. Bei den Vorbereitungen zur Euro-Einführung bzw. der Gründung des Europäischen Systems der Zentralbanken (ESZB), hat man 1995 die Bargeldbestände in den einzelnen Ländern ermittelt. Diese Bestände gehen, in Euro umgerechnet, aus der ersten Spalte in Tabelle A hervor. Ebenso die Pro-Kopf-Bestände in der letzten Spalte, nach deren Größe die Tabelle geordnet ist.

Tabelle A:
Bargeldmengen in den Euroländern – Stand 1995

Land:	Bestand Mrd. Euro	Bargeld in % BIP	%-Anteil an M1	Euro pro Kopf
Deutschland	121,8	6,9	29,1	1 485
Österreich	10,5	6,1	34,9	1 295
Niederlande	18,6	6,0	22,1	1 184
Spanien	46,4	10,8	25,4	1 181
Luxemburg	0,4	3,2	15,5	1 020
Belgien	10,3	5,3	27,2	1 006
Italien	51,2	5,5	16,3	889
Frankreich	39,7	3,3	14,0	677
Irland	2,2	4,8	36,4	595
Portugal	4,2	5,5	19,8	417
Finnland	1,8	2,3	7,0	357

Dass in Deutschland die höchsten Pro-Kopf-Beträge ausgewiesen werden, hängt vor allem mit den hohen Geldbeständen im Ausland zusammen, die hier den Bürgern in Deutschland zugerechnet sind. Ansonsten kann man – vor allem an der Relation zum BIP – in etwa den Grad der Bargeldnutzung und der unbaren Zahlungen in den Ländern ablesen, ebenso an der Relation zu M1.

Geht man vom Planungsstand Mitte 2000 aus, dann werden für die Euro-Einführung im Jahr 2002 (einschl. Griechenland) insgesamt 14 500 Millionen neue Euro-Geldscheine gedruckt mit einem Wert von rund 616 Mrd. Euro. Dazu kommen dann noch 56 Milliarden Euro-Münzen mit einem Gesamtwert von etwa 50 Mrd. Euro. Von diesen neu gedruckten und geprägten Geldmengen werden für den Geldumtausch etwa 70 Prozent benötigt, der Rest geht in die Reserven.

Stapelt man die 14,5 Milliarden neu gedruckten Scheine aufeinander, ergibt sich eine Säule von rund 1 700 Kilometer Höhe, fast 200-mal so hoch wie der höchste Berg der Welt. Aneinander gereiht würden die Scheine eine Kette von rund zwei Millionen Kilometer ergeben, die sich also etwa 50-mal um die Erde wickeln ließe bzw. dreimal zum Mond und zurück reichen würde.

Welche logistischen Probleme mit der Währungsumstellung verbunden sind, machen auch die anfallenden Transportlasten deutlich. Alleine die 56 Milliarden Münzen schlagen mit einem Gewicht von 250 000 Tonnen zu Buche. Das entspricht der Ladung von rund 200 Güterzügen oder 100 Binnenschiffen bzw. 10 000 Lkws.

Teilt man die bis 2002 gedruckten Scheine auf die Bevölkerung der zwölf Länder mit ihren rund 253 Millionen auf, dann entfallen im Durchschnitt auf jeden Bürger 10 Fünfer-, 12 Zehner-, 14 Zwanziger-, 14 Fünfziger-, 5 Hunderter-, 1 Zweihunderter- und 1,5 Fünfhunderter-Euro-Noten.

Einschließlich der Reserven käme man dann also auf rund 2 500 Euro pro Kopf.

Was die Kosten dieses Geldumtauschs betrifft, so werden alleine für den Bereich der DM etwa einer Milliarde Euro genannt, weitere 3,5 Mrd. fallen für den Umtausch bei den Banken an und auf 15 Mrd. Euro werden die Kosten in den Unternehmen geschätzt, einschließlich Umstellung der Computer, Kassen, Automaten usw. Damit ergeben sich für Deutschland Umstellungs-Gesamtkosten von fast 20 Mrd. Euro. Rechnet man diese Größen auf den gesamten Euro-Raum um, dann dürften die Kosten für alle Länder bei 60 – 65 Mrd. Euro liegen, was 1 bis 1,5 Prozent des gesamten Bruttoinlandsprodukts dieser Länder ergibt. Und umgerechnet auf alle Bürger ergäbe sich eine Belastung von etwa 250 Euro!

In welchen Größenordnungen rechnet man beim Geld?

Wenn man heute über Geld redet, geht das nicht mehr ohne Millionen- und Milliardenbeträge. Inzwischen haben viele Größen sogar schon die Billionengrenze überschritten.

Unter ein-, zehn- oder hunderttausend Dollar, Euro oder Yen können wir uns im Allgemeinen noch etwas Konkretes vorstellen. Jedoch bei sechs, neun oder noch mehr Nullen hinter der Zahl verliert sich diese Fähigkeit. Verdient z. B. jemand, den wir kennen, 20 000 Dollar im Monat, dann regen wir uns in den meisten Fällen darüber auf, halten das für ungerecht und unvertretbar. Lesen wir aber, dass irgendjemand monatlich 200 000, zwei Millionen oder sogar 20 Millionen Dollar aus seinem Vermögen kassiert, löst das eher ein fast ehrfürchtiges Erstaunen oder neiderfüllte Anerkennung aus.

Zwar werden bei den großen Beträgen die Zahlen jeweils nur um Nullen verlängert, aber diese Nullen haben es in sich: Wer z. B. eine Million Geldstücke (also eine 1 mit sechs Nullen) zählen will – acht Stunden täglich jede Sekunde eine Münze – braucht dazu fast 35 Tage. Bei drei Nullen mehr, also bei einer Milliarde, muss er dagegen rund 96 Jahre jeden Tag acht Stunden ohne jede Unterbrechung zählen, und bei einer Billion (einer 1 mit 12 Nullen) 96 000 Jahre!

Da inzwischen die geldbezogenen Milliardengrößen in unseren Volkswirtschaften durchweg vier- und sogar fünfstellig sind (Geldvermögen und Schulden lagen beispielsweise in Deutschland im Jahr 2000 bei rund 10 000 Mrd. DM!), müssten wir eigentlich auch die Billionen in unsere Rechenbeispiele einbeziehen. Doch um des einfacheren Vergleichens willen wollen wir in diesem Buch bei Milliardengrößen bleiben. Und was die Währungen anbelangt, so werden die jeweils geltenden herangezogen, für die heutigen und zukünftigen Gegebenheiten also vor allem Euro und Dollar. Dabei kann man – die täglichen Kursschwankungen außer Acht lassend – Euro und Dollar in etwa gleich ansetzen, beide jeweils auf zwei DM.

Wie kommt das Geld in Umlauf?

Bei der Neugründung eines Staates mit eigener Währung wäre die gerechteste und einfachste Lösung die Ausgabe eines gleichen Kopfgeld-Startbetrags an alle Bürger. Auch nach einem Staatsbankrott – meist beschönigend mit dem Begriff »Währungsreform« bezeichnet – wird das häufig so praktiziert. So wurde beispielsweise in Westdeutschland 1948 an jeden Bürger ein Erstgeld von 40 DM ausgegeben und die gleiche Summe noch mal an die Unternehmen für jeden Beschäftigten.

Ab und zu wird darum der Vorschlag gemacht, die mit dem Wirtschaftswachstum notwendig werdenden Ausweitungen der Geldmenge durch Zuteilungen an die Bürger in den Kreislauf zu schleusen. Führt man sich jedoch einmal die anstehenden Größenordnungen vor Augen, dann wird die Fragwürdigkeit solcher Geldeinschleusung deutlich. So wurde in Deutschland beispielsweise die Bargeldmenge in den letzten zehn Jahren von rund 150 auf 250 Mrd. DM ausgeweitet, pro Jahr also um acht Mrd. DM. Umgelegt auf die Bevölkerung waren das pro Kopf rund 100 DM im Jahr und acht DM im Monat! Man stelle sich angesichts dieser geringen Beträge den Aufwand einer solchen Geldversorgung vor, von den Problemen eines Geldeinzugs, falls er notwendig werden sollte, nicht zu reden. Außerdem wäre bei einer solchen Geldverteilung gar nicht gesichert, dass das notwendige Mehr an Geld von den Empfängern auch ausgegeben wird!

Eher vorstellbar wäre darum eine Geldausgabe an den Staat, der zu einer schnellen und vollständigen Ausgabe gezwungen werden könnte, ebenso zu einer Rückgabe, wenn die Geldmenge reduziert werden muss. Aber auch dieser Weg wäre nur dann möglich, wenn die Notenbanken wirklich nur noch mit der Steuerung der Geldmenge zu tun hätten, das heißt, wenn der Geldumlauf eine verstetigte Größe wäre. Solange jedoch der Umlauf des Geldes eine unbekannte und unberechenbare Größe ist, sind die Notenbanken zu ständigen Korrekturen und Feinsteuerungen der Geldmenge gezwungen. Solche Feinsteuerungen jedoch, die eine laufende Abtastung des Geldmarktes erforderlich machen, dürften heute nur über laufend korrigierte Ausleihungen des Bargelds an die Banken möglich sein.

Welche Vorteile hat die Geldmengensteuerung über Kredite?

Der Weg der Geldmengenregulierung durch Ausleihen des Geldes an die Banken ist nicht nur der sensibelste, er kommt auch dem Geldbedarf der Wirtschaft am nächsten. Denn die Banken fordern ihrerseits nur dann zusätzliches Geld an, wenn sie durch erhöhte Abhebungen bzw. Liquiditätsengpässe in den Kassen dazu gezwungen werden. Sammelt sich umgekehrt in den Bankkassen zu viel Bargeld an, geben sie es schnellstmöglich an die Notenbanken zurück, um ihre zinsbelasteten Schulden dort abzubauen.

Das von den Notenbanken herausgegebene Bargeld wird den Banken überwiegend nur für 14 Tage überlassen. Da sich diese Ausleihungen wöchentlich überlappen, fallen also jede Woche auch erhebliche Rückzahlungen an, die dann durch neue Kredite ausgeglichen werden. Bei jedem dieser Rückzahlungen und Neuausgaben, können die Notenbanken sowohl die Mengen als auch die Konditionen korrigieren. (Dieser Weg der Geldversorgung und Geldmengensteuerung wird im 4. Kapitel noch näher beschrieben.)

Über die Kreditvergabe an die Banken hinaus, haben die Notenbanken noch die Möglichkeit, die Geldmenge in der Wirtschaft durch den Kauf von Gold, Wertpapieren oder Devisen auszuweiten und ggfs. durch Verkauf dieser Werte auch wieder zu reduzieren. Diese auf dem Kaufweg erworbenen Werte dienen auch als eine Art von Notreserve, mit der z. B. kurzfristig auf Ausschläge der Wechselkurse oder Banken-Kalamitäten reagiert werden kann.

Zu einer Ausweitung der Geldmenge durch Ankauf von Devisen kommt es vor allem in Ländern mit Exportüberschüssen, da die Exporteure ihre Einnahmen in ausländischer Währung bei den Banken gegen die eigene Währung eintauschen. Diese tun dasselbe wieder bei der Notenbank. Wenn diese nun zu einem Ankauf dieser Devisen verpflichtet ist, muss sie mehr Geld drucken als erforderlich, womit die Gefahr inflationärer Entwicklungen besteht, der so genannten importierten Inflation.

Der gleiche Inflationseffekt tritt auf, wenn Notenbanken zur Stützung der Wechselkurse direkt andere Währungen aufkaufen. Es sei denn, sie gleichen die damit verbundene Ausweitung der Geldmenge durch Reduzierungen an anderer Stelle wieder aus. Das aber ist kaum ohne Zeitverzögerung und zwischenzeitliche Mengenüberziehungen möglich.

Eine inflationsfreie Ausweitung der Geldmenge ist also nur gegeben, wenn sie im Gleichschritt mit der Wirtschaftsleistung erfolgt. Das aber ist noch nicht einmal bei der Geldausgabe über die Geschäftsbanken garantiert, da der Mehrbedarf am Bankschalter sowohl aus veränderten Zahlungsgewohnheiten als auch aus wirtschaftsbedingtem Mehrbedarf oder verstärkter Liquiditätsvorliebe resultieren kann.

Woher bekommen die Notenbanken das Geld?

Das Papiergeld lassen die Notenbanken im Allgemeinen in speziellen Druckereien herstellen. Das heißt, die Notenbanken ›schöpfen‹ Geld gewissermaßen aus dem Nichts. Da dazu nur Papier und Farbe benötigt wird, sind die Herstellungskosten entsprechend gering. In Deutschland liegen die Kosten je Schein bei 14 Pfennig. Dabei ist der 1000-DM-Schein nicht viel teurer als der mit dem 10-DM-Aufdruck. In den USA liegen die Kosten einer Eindollarnote bei vier bis sechs Cent. Da sie aber nur rund anderthalb Jahre hält, hat die Regierung Anfang 2000 die Ausgabe einer neuen Eindollarmünze beschlossen. Sie kostet in der Herstellung zwar doppelt so viel, soll aber mindestens 30 Jahre halten.

Manchmal wird angenommen, die das Geld ausgebenden Notenbanken könnten den Differenzbetrag zwischen Herstellungskosten und Nennwert einstecken und sich somit unbotmäßig bereichern. Das wäre sicherlich so, wenn sie das Geld durch Kauf irgendwelcher Güter oder Wertgegenstände für den Eigengebrauch in den Umlauf bringen würden. Die Ankäufe der Notenbanken betreffen jedoch nur Gold, Pfandbriefe oder Devisen, also Wertbestände, die gewissermaßen als ein Spartopf der Gesamtgesellschaft zu betrachten sind. Da diese angekauften Werte größtenteils zinsbringend eingesetzt werden, bzw. die Notenbanken für das an die Geschäftsbanken ausgeliehene Geld Zinsen verlangen, resultieren aus diesen Geschäften laufende Einnahmen.

Mit diesen Zinseinnahmen finanzieren die Notenbanken zuerst einmal ihren recht aufwendigen Apparat. Darüber hinausgehende Einnahmen werden im Allgemeinen an die Staatshaushalte abgeführt. Das trifft weitgehend auch auf die wenigen privat organisierten Notenbanken zu, da sich deren Anteile überwiegend in den Händen staatlicher Stellen befinden.

Anders als beim Papiergeld, liegt die Produktion des Münzgeldes, als Überbleibsel früherer Rechte, in den meisten Ländern noch in den Händen der Regierungen. Diese verkaufen die Münzen zum Nennwert an die Notenbanken, die ihrerseits dafür neu gedruckte Geldscheine hergeben. Da die Prägekosten der Münzen im Allgemeinen weit unter dem Nennwert liegen (sieht man von den kleinsten Münzen ab), verbleibt für den jeweiligen Finanzminister ein hübscher Gewinn, der als ›Einnahmen aus dem Münzregal‹ in Deutschland z. B. mit etlichen hundert Millionen pro Jahr zu Buche schlägt. Allerdings dürfen auch die Regierungen nur in dem Umfang Münzen prägen, wie die Notenbanken – die ihrerseits wieder auf die Nachforderungen der Geschäftsbanken reagieren – sie nachfordern.

Im Übrigen ist die jährliche Ausweitung der Bargeldmenge nicht allzu groß. In Deutschland lag sie – wie bereits angeführt – im längerfristigen Durchschnitt bei etwa acht Milliarden bzw. fünf Prozent p. a. In der Schweiz lag die Geldmengenausweitung in den 70er Jahren ebenfalls bei dieser Höhe, ging aber seit den 80er Jahren tendenziell gegen zwei Prozent zurück, nicht zuletzt aufgrund einer Ausweitung der Giralgeldbestände. Mit den Ursachen und Folgen dieser Schwankungen der Bargeldnachfrage und -haltung werden wir uns später noch eingehender befassen.

Wem gehört das Geld?

Wer eine Sache herstellt, ist normalerweise ihr Eigentümer, auch wenn er sie – mit oder ohne Gebühren – anderen zur Nutzung überlässt.

Werden z. B. den Reisenden auf den Bahnhöfen Kofferkulis zur Verfügung gestellt, dann sind diese Eigentum der Bahngesellschaft und die Reisenden nur vorübergehende Nutzer. Man sollte meinen, dass dies beim Geld genauso ist. Hier aber gilt im Allgemeinen immer noch – obwohl das heutige Geld eine öffentliche Einrichtung ist –, dass jeder, der einen Geldschein in die Hand bekommt, daran ›Eigentum erwirbt‹.

Diese Sicht mag zur Zeit des Gold- und Silbergeldes, als Geld noch ein echtes Tauschgut mit Eigenwert war, richtig gewesen sein. Welche Probleme mit dieser immer noch bestehenden Eigentumsvorstellung in unseren Tagen verbunden sind, werden wir noch klären. Tatsache ist jedenfalls, dass heute jeder Geldscheinempfänger mit den Banknoten tun und lassen kann, was er will. Denn nicht allein der mit dem Geld dokumentierte Anspruch an die volkswirtschaftliche Leistung ist nach heutiger juristischer Auffassung sein persönliches Eigentum, sondern auch die ihm vom Staat kostenlos zur Verfügung gestellte weiterreichbare Leistungsquittung, also der Geldschein selbst. Und da man mit Eigentum beliebig umgehen kann, hat in den meisten Ländern sogar jeder das Recht, den erhaltenen Geldschein zu verbrennen oder anderweitig zu vernichten. Vor allem aber kann jeder, ohne Folgen befürchten zu müssen, den Geldschein beliebig lange aus dem Verkehr ziehen, obwohl er damit andere an der Nutzung dieser öffentlichen Einrichtung hindert.

Übertragen wir das auf die Kofferkulis bei der Bahn, dann werden die Folgen eines solchen Rechtes nachvollziehbar: Nicht nur für einen einzelnen Reisenden würde die Nutzung durch die Blockierung des Kofferkulis verhindert, sondern ganze Ketten von Transportvorgängen würden entfallen.

2. KAPITEL

Geld und Guthaben

»Ich glaube, man muss sich über Definitionen irgendwann mal einigen. Man kann natürlich die Dinge dauernd durcheinander werfen, so dass der eine als Geld, was der andere als Vermögen und der Dritte als Kredit bezeichnet.«
*Werner Ehrlicher**

Was sind Guthaben und wie nehmen sie zu?

Wenn eine Hausfrau ihrer Nachbarin ein Pfund Salz leiht, dann hat sie es selbst nicht mehr. Wohl aber hat sie einen Anspruch auf Rückgabe: Sie hat ›ein Pfund Salz gut‹, oder anders ausgedrückt: Sie hat ein Salz-Guthaben. Gibt ihr die Nachbarin ein Pfund Salz zurück, erlischt das Guthaben und gleichzeitig die Schuld. An der Salzmenge hat sich nichts verändert.

Beim Geldverleihen ist der Ablauf nicht anders. Leiht jemand einem anderen 1 000 Dollar, so hat er dieses Geld nicht mehr. Stattdessen hat er einen Anspruch auf Rückerhalt des Geldes, also ein Geld-Guthaben, und der Geldleiher hat in gleicher Höhe eine Schuld. Will dieser seine Schuld tilgen, muss er den entsprechenden Betrag aus seinem Einkommen erübrigen, also den aus der Ersparnis des

* Geldtheoretiker an der Universität Freiburg, Podiumsdiskussion »Was ist Geld?«, Wangen/Allgäu 1991

Verleihers stammenden Betrag durch einen Nachsparvorgang ausgleichen.

Durch Verleihvorgänge verändert sich also weder etwas an der Geldmenge noch an den Nachfragemöglichkeiten in der Wirtschaft. Es kommt lediglich zu einer zeitlich begrenzten Überlassung von Einkommensüberschüssen an einen anderen Wirtschaftsteilnehmer. Dabei schließt dieser mit seiner Nachfrage die Lücke, die sonst im Geld- und Wirtschaftskreislauf entstehen würde.

Auch durch wiederholte Verleihvorgänge ändert sich nichts an der Geldmenge. Dafür ein Beispiel:

Zwei Nachbarn haben ein Monatseinkommen von je 3 000 Dollar und der eine leiht dem anderen davon regelmäßig 1 000 Dollar. Nach einem Jahr beträgt dann das Geldguthaben des Verleihers 12 000 und nach zehn Jahren 120 000 Dollar. Entsprechend sind auch die Rückgabeverpflichtungen des Nachbarn, also dessen Schulden, auf 120 000 Dollar angestiegen. An den Leistungen und den Einkommen der beiden Beteiligten hat sich dabei nichts verändert, ebenso wenig wie an ihren Ausgaben und an der von beiden benutzten Geldmenge: Trotz der ständig wachsenden Guthaben und Schulden verdienen sie zusammen nach wie vor jeden Monat 6 000 Dollar und geben zusammen auch 6 000 Dollar aus.

Das alles gilt genauso in einer Volkswirtschaft. Auch hier können, bei gleich bleibender Wirtschaftsleistung und Nachfrage, die gesamten Guthaben und Schulden ständig zunehmen, ohne dass dies Einfluss auf die Geldmenge und die Kaufkraft in der Wirtschaft hat. Guthaben und Schulden spiegeln vielmehr immer nur den Grad der Kaufkraftüberlassungen wider. Kurz: Die Vermehrung der Geldguthaben (und damit der Schulden) hängt alleine von der Spar-, Verleih- und Leihbereitschaft der Wirtschaftsteilnehmer ab, die Vermehrung der Geldmenge (und damit die Beeinflussung der Kaufkraft) dagegen alleine von den Notenbanken.

Auch alle Bankguthaben resultieren aus leihweisen Geldüberlassungen bzw. Kreditgewährungen, nämlich an eine Bank, die ihrerseits wiederum Kredite an Dritte weiter vergibt. In seinem Jahresbericht von 1997 hat das Europäische Währungsinstitut (Vorläufer der Europäischen Zentralbank EZB) noch einmal bestätigt, »dass die Tätigkeit von Kreditinstituten ... darin besteht, Einlagen oder andere rückzahlbare Gelder des Publikums entgegenzunehmen und Kredite für eigene Rechnung zu gewähren«.

Warum kann man Geld und Guthaben nicht als Geld zusammenzählen?

Dass man Äpfel und Birnen nicht zusammenzählen kann, sagt schon das Sprichwort. Noch weniger als Äpfel und Birnen unter dem Begriff ›Äpfel‹, kann man Geld und Guthaben unter dem Begriff ›Geld‹ zusammenzählen. Denn während es sich bei Äpfeln und Birnen immerhin noch um vergleichbare konkrete Produkte handelt, haben wir es bei Geld und Guthaben mit einem konkreten und einem abstrakten Phänomen zu tun: Geld ist als Zahlungsmittel nicht nur ein konkreter Anspruch an die Wirtschaft, sondern auch ein konkretes Gut in Form von Papier oder Metall. Ein Guthaben dagegen ist nur die Bestätigung für die Überlassung von Geld an einen anderen und ein Anspruch auf dessen Rückgabe.

Bei den Guthaben handelt es sich also gewissermaßen um die Abbildungen von Äpfeln, die man anderen überlassen hat. Diese Abbildungen haben zwar mit Äpfeln zu tun, sind aber selbst keine, auch wenn man sie – analog zum ›Buchgeld‹ – als ›Buchäpfel‹ bezeichnen würde. Die Annahme, dass sich mit dem ›Buchgeld‹ die ›Geldmenge‹ vermehrt, ist also ebenso fragwürdig wie die entsprechende Annahme bei den Äpfeln. Dasselbe gilt auch für ein Zusammenzählen des Geldes mit dem ›Buchgeld‹, bzw. der Äpfel mit den ›Buchäpfeln‹, zu einer neuen größeren Geld- oder Apfelmenge.

Aus diesem Grund sind solche Zusammenfassungen von Geld und Guthaben für die Steuerung der tatsächlichen Geldmenge, bzw. als Hilfsmittel und Anhaltspunkt für die Stabilerhaltung der Geldkaufkraft kaum geeignet und tragen eher zur Verwirrung bei.

Kann man Geld und Guthaben dennoch zusammenfassen?

Unterschiedliche Dinge mit unterschiedlichen Benennungen lassen sich selbstverständlich unter einer gemeinsamen neuen Bezeichnung zusammenfassen. So kann man z. B. Äpfel und Birnen gemeinsam als ›Obst‹ bezeichnen, Obst und Gemüse als ›Gartenprodukte‹ usw.

Entsprechend lassen sich auch Geld und Guthaben zusammenfassen, nämlich unter der Bezeichnung ›Geldvermögen‹: Wer 1 000 Dollar in der Tasche hat und 8 000 ›auf der Bank‹, der hat ein Geldvermögen von 9 000 Dollar. Hier von 9 000 Dollar ›Geld‹ zu reden wäre sachlich falsch. Vielmehr führen solche Begriffsschludereien gerade im Bereich von Geld und Währung zu Konfusionen, deren Folgen immer unabsehbarer werden.

Der Vergleich mit Sprache und Schrift – wie in der nachfolgenden Tabelle wiedergegeben – macht die Notwendigkeit der Unterscheidung zwischen Primär- und Sekundärphänomenen deutlich.

Tabelle B:

1. Begriffsgliederung bei Sprache und Schrift			
	Unterbegriffe:	Hauptbegriff:	Oberbegriff:
Primär-phänomen	Laute Worte	Sprache	Verständigungs-mittel
Doppel-phänomen	Gesten	Zeichensprache	
Sekundär-phänomen	Buchstaben Zeichen	Schrift	
2. Begriffsgliederung bei Geld und Guthaben			
	Unterbegriffe:	Hauptbegriff:	Oberbegriff:
Primär-phänomen	Münzen Banknoten	Geld	Geldvermögen
Doppel-phänomen	Sichtguthaben	Giralgeld	
Sekundär-phänomen	Bankeinlagen dir. Ausleihe	Geldguthaben	

Man kann solche Vergleiche natürlich noch beliebig erweitern, zum Beispiel um die jeweiligen technischen Übertragungsmittel. Bei den Verständigungsmitteln würden dann noch Briefe, Zeitungen und Bücher dazugehören, bei den Geldvermögen Schecks, Kreditkarten oder Überweisungsformulare.

Etwas aus dem Rahmen fallen bei beiden Vergleichen jeweils die als Doppelphänomen bezeichneten Mittel, beim Geldvermögen also das Giralgeld, das offiziell als Sichtguthaben bezeichnet wird.

Was sind Sichtguthaben und wie entstehen sie?

Bankguthaben werden im Allgemeinen nach Laufzeiten und Zinskonditionen unterschieden. Dabei ist der Guthabenzins normalerweise umso niedriger, je geringer die Laufzeiten und die Einlagen sind.

Weiter unterscheiden sich die Bankguthaben durch ihre Kündigungsmodalitäten. Es gibt solche, bei denen der Rückzahlungstermin bereits bei der Einzahlung festgelegt ist, z. B. bei Fest- oder Terminguthaben. Bei anderen ist die Rückzahlung offen und eine Kündigung erforderlich. Bei Sichtguthaben dagegen ist eine tägliche Kündigung und Abhebung in voller Höhe möglich – soweit die Banken die Summe in der Kasse haben. Bei Millionenbeträgen ist also eine Vorankündigung empfehlenswert.

Die Bildung und Erhöhung der Sichtguthaben läuft also genauso ab wie bei allen anderen Bankguthaben, nämlich durch Einzahlungen von Bargeld durch die Marktteilnehmer. Sie unterscheiden sich jedoch von den übrigen Bankguthaben dadurch, dass man mit ihrer Hilfe Teile der Guthaben von einem Konto auf ein anderes übertragen lassen kann. Konkret: Man braucht zur Zahlung einer Verbindlichkeit nicht mehr zur Bank zu gehen, Geld abzuheben, es zum Empfänger hinzutragen, der es dann seinerseits meist wieder zu seiner eigenen Bank bringen müsste. Diese Guthabenübertragungen kann man sogar als regelmäßigen Vorgang (Dauerauftrag) oder durch Einzugsermächtigung oder Scheckaushändigung vornehmen lassen. Dass dieses bargeldlose Zahlungsverfahren für die Beteiligten eine enorme Entlastung bedeutet, vor allem bei größeren Beträgen und Entfernungen, bedarf keiner Erklärung. Inzwischen ist damit auch eine erhebliche Zeitersparnis verbunden, weil die Übertragungen durchweg tagesgleich abgewickelt werden.

Wie laufen die Übertragungen von Konto zu Konto ab?

Wie die Vorgänge bei Barzahlungen ablaufen, ist jedem bekannt. Zahlungsabwicklungen über Konten kommen aber ebenfalls – entgegen weit verbreiteter Auffassungen – nicht ohne Bargeld aus. Und das gilt nicht nur für die Auffüllung eines Kontos als Voraussetzung einer Guthabenübertragung. Das gilt auch für die Übertragung selbst. Denn diese Übertragung wird von der empfangenden Bank nur akzeptiert und dem Empfänger gutgeschrieben, wenn sie von der überweisenden Bank in gleicher Höhe Zentral- bzw. Notenbankgeld erhält. Darunter wird entweder Bargeld verstanden oder Zentralbankgeld-Guthaben, das jederzeit in Bargeld umzuwandeln ist. Das heißt, bei jeder Überweisung von einem Kunden-Girokonto einer Bank zu einer anderen, fließt – gewissermaßen hinter den Kulissen der Banken und in anderer Form – Bargeld an den Empfänger der Zahlung weiter. Wie die von uns getätigten Barzahlungen, sind also auch die statt Barzahlung getätigten Überweisungen von Konto zu Konto auf Zentralbankgeld angewiesen. Wir brauchen es nur nicht mehr selbst zum Empfänger hinzutragen.

Dass diese Überweisungen von einem Konto auf das andere den Umfang der gesamten Sichtguthaben nicht beeinflussen, sondern nur zu Verlagerungen innerhalb des gegebenen Gesamtbestandes führen, dürfte klar sein. Der Umfang der Sichtguthabenbestände verändert sich also durch die täglichen Überweisungen genauso wenig wie die Bargeldmenge im täglichen Hin und Her der Zahlungsvorgänge.

Kann man mit Sichtguthaben seine Nachfrage steigern?

Jeder kann sein Einkommen nur einmal ausgeben. Diese Regel hat bislang noch niemand durchbrechen können, es sei denn, er hat eine Fälscherwerkstatt im Keller.

Ganz gleich, ob man sein Einkommen in bar erhält oder als Gutschrift auf seinem Konto, ob man alle Ausgaben mit Bargeldzahlungen begleicht oder durch Schecks und Überweisungen: Wie immer man auch diese Möglichkeiten mischen oder verändern mag, eine Mehrnachfrage über das Einkommen hinaus ist niemandem auf reelle Weise möglich.

Durch Veränderungen der Zahlungsgewohnheiten von bar auf unbar oder umgekehrt, kommt es jeweils nur zu Verschiebungen zwischen den beiden Nachfrage- oder Zahlungsmittelbeständen. Das bestätigt auch der Chefvolkswirt der Europäischen Zentralbank (EZB), Otmar Issing, in dem von ihm herausgebrachten Lehrbuch *Einführung in die Geldtheorie* (München 1995). Bezogen auf den Austausch zwischen den beiden Zahlungsmitteln schreibt er: »An der gesamten Geldmenge (Bargeld und Geschäftsbankengeld), über die der Nichtbankensektor verfügen kann, hat sich durch diesen Vorgang ... nichts verändert ... da hier lediglich eine Umwandlung von einer Geldart in eine andere vorgenommen wird.«

Machen wir uns das noch einmal an einem Beispiel klar: Hat jemand bisher sein Einkommen in bar erhalten und will es nun zukünftig zur Hälfte bargeldlos ausgeben, muss er sich ein Girokonto einrichten und sein halbes Gehalt dort einzahlen bzw. gleich dorthin überweisen lassen. Hat er sein Einkommen als Gutschrift auf seinem Girokonto erhalten und bisher ganz abgehoben, dann lässt er jetzt die Hälfte stehen. In beiden Fällen verringert sich sein Bargeldbedarf im gleichen Umfang, wie sein Bedarf an Giralgeld für Übertragungszwecke zunimmt.

Und wenn alle Marktteilnehmer in einer Volkswirtschaft ihre bisherigen Bargeldzahlungen um die Hälfte reduzieren und stattdessen per Überweisung zahlen würden, dann ginge auch die gesamte erforderliche Bargeldmenge in dieser Volkswirtschaft auf die Hälfte zurück. Und wenn alle Bürger sämtliche Ausgaben bargeldlos erledigen wollten, dann würde praktisch das gesamte Bargeld bei den Banken eingezahlt, die Sichtguthaben ausgeweitet und damit das Bargeld völlig aus dem Kreislauf verschwinden.

Mit den heute üblichen Guthabenübertragungen von Konto zu Konto ergibt sich also lediglich ein zweiter Zahlungsweg, der wahlweise an die Stelle der Bargeldzahlung tritt. Die Zusammenfassung der Bargeld- und Sichtguthabenbestände unter dem Begriff ›Zahlungsmittel‹ hätte also eine sachliche Berechtigung, auch wenn sich der Begriff ›Giralgeld‹ sicher nicht mehr aus der Welt schaffen lässt.

Welche Folgen hat die Zunahme der Guthabenübertragungen für die Banken?

Für die Banken ergeben sich bei einer Ausweitung der Guthabenübertragungen und dem damit einhergehenden Rückgang des Bargeldbedarfs gleich mehrere Vorteile. Einmal können sie mit dem überflüssig werdenden Bargeld ihre zinspflichtigen Schulden bei der Notenbank und damit ihre Kosten reduzieren. Zum Zweiten verringert sich der mit den Bargeldaus- und -einzahlungsvorgängen verbundene Kostenaufwand, den sie heute – mangels anderer Möglichkeiten – letztlich auf die Kreditnehmer umlegen müssen, die meist gar kein Bargeld benötigen. Zum Dritten können die Banken die Kosten des Giralgeldverkehrs – im

Gegensatz zu jenen des Bargeldverkehrs – den Kunden über Gebühren (bzw. erwirtschaftete positive Zinsdifferenzen) in Rechnung stellen. Und zum Vierten erhöhen sich mit den vergrößerten Sichtguthabenbeständen die Kreditgewährungsmöglichkeiten der Banken und damit ihre Einnahmen aus dem Zinsgeschäft.

Obwohl sich also durch die Benutzung von Sichtguthaben für die Besitzer dieser Konten keine Kaufkraftveränderungen ergeben, ergibt sich über die Nutzung dieser Guthaben als Kreditpotential in der Gesamtwirtschaft eine zusätzliche Einsatzmöglichkeit. Denn während die gehaltenen Geldscheine zwischen Erhalt und Weitergabe von keinem anderen genutzt werden können, haben die Banken die Möglichkeit, die gehaltenen Sichtguthabenbestände zwischenzeitlich auszuleihen. Das heißt, Sichtguthabenbestände werden effektiver eingesetzt als die Bargeldbestände. Eine vergleichbare Nutzung beim Bargeld ergäbe sich, wenn jeder Halter eines Geldscheines diesen zwischen Einnahme und Ausgabe – also solange er ihn nicht selbst braucht – verleihen würde.

Aufgrund dieser bei den Sichtguthaben möglichen Zwischennutzungsmöglichkeiten ergeben sich bei Veränderungen der Zahlungsgewohnheiten also auch Veränderungen der Kreditgewährungs-Möglichkeiten. Da die Zahlungsgewohnheiten jedoch relativ stabil sind bzw. sich nur langsam verändern, sind auch diese Effektivitätssteigerungen im Bereich der Geldnutzung relativ gering und durch die Zentralbanken beherrschbar. Probleme können jedoch entstehen, wenn es kurzfristig zu größeren spekulativen Bestandsumschichtungen zwischen Bar- und Giralgeld bzw. zwischen den übrigen Guthaben bzw. Geldvermögen und den Giralgeldbeständen kommt.

Was war zuerst da – Guthaben oder Schulden, Geld oder Kredit?

Im Gegensatz zur Frage der Erstexistenz von Henne oder Ei lässt sich eine solche bei den Guthaben und Schulden leicht beantworten: Beide entstehen immer gleichzeitig mit jedem Verleihvorgang, wie sie auch immer gleichzeitig, mit der Rückzahlung des Geliehenen, wieder aus der Welt verschwinden. Wohl aber geht dem Entstehen beider Phänomene jeweils etwas anderes voraus, nämlich eine Ersparnisbildung des Geldverleihers und seine Bereitschaft, das von ihm erübrigte und nicht benötigte Geld einem anderen leihweise zu überlassen. Und umgekehrt geht auch der Auflösung der Guthaben-Schulden-Beziehung etwas voraus, nämlich eine Nachsparleistung des Kreditnehmers und damit die Bereitschaft und Fähigkeit, aus seinem laufenden Einkommen den notwendigen Tilgungsbetrag, zusätzlich zu den laufenden Zinszahlungen, abzuzweigen.

Bei der Frage nach der Beziehung zwischen Geld und Kredit, ergibt sich jedoch eine andere Antwort: Verleihen kann man immer nur etwas, das bereits da ist. Das gilt für das Verleihen eines Fahrrades oder eines Paketes Salz genauso wie für das Verleihen von Geld. Das heißt: Geld entsteht nicht mit dem Kredit, wie viele immer noch vermuten, sondern es muss vorher bereits da sein, gleichgültig ob die Bank es von einem Kunden oder der Notenbank erhalten hat!

Dass der größte Teil des umlaufenden Bargeldes von den Zentralbanken über Kredite an die Geschäftsbanken in Umlauf gesetzt wird, ändert nichts an diesem Tatbestand. Denn diese Kredite der Notenbanken dienen nur der Geldversorgung der Wirtschaft. Die Kredite dagegen, die die Banken ihren Kunden gewähren, dienen der Kreditversorgung der Wirtschaft. Für diese Kreditversorgung sind vor allem Rücklagenbildungen der Sparerkunden erforderlich. Und diese können – wie bereits in dem Beispiel mit den beiden Nachbarn dargelegt – auch ohne Ausweitungen der Geldmenge durch die Notenbank ständig zunehmen. Weil das so ist, sind auch die Kredite der Banken an die Nichtbanken um ein Vielfaches größer als die Kreditaufnahmen der Banken bei den Notenbanken. Und diese Differenz wird mit den ständigen Ersparnissen immer größer.

Wie groß sind die Unterschiede zwischen Bargeldversorgung und Bankkrediten?

Die Unterschiedlichkeit der Größen von Bargeld und Bankguthaben bzw. -krediten, geht aus der Darstellung 2 hervor. In ihr sind die Entwicklungen beider Bereiche, bezogen auf die Verhältnisse in Deutschland, in Prozenten des Sozialprodukts wiedergegeben.

Wie daraus ersichtlich, sind in Deutschland die Einlagen bei den Banken von 1950 bis 1998 von 38 auf 140 Prozent des Sozialprodukts angestiegen. Da trotz der großzügigen Umtauschquote für die Ersparnisse der vormaligen DDR-Bewohner der Geldvermögenszuwachs relativ geringer war als jener durch die hinzugekommene Wirtschaftsleistung, stagnierte dieser Zuwachs der Bankeinlagen im Jahr der Wiedervereinigung. Danach ging es aber mit noch größerer Beschleunigung weiter, bis 1998 auf 190 Prozent des gesamtdeutschen BSP. Das heißt, von 1950 bis 1998 sind in Deutschland die Bankguthaben wie auch die daraus gewährten Kredite rund sechs Mal schneller angestiegen als die Wirtschaftsleistung!

Betrachtet man jetzt die im gleichen Maßstab zwischengeschobene Entwicklung der Bargeldmenge und der Sichtguthaben sowie die aus ihrer Addition hervorgehende

Darstellung 2:
Entwicklung monetärer Größen im Vergleich
1950 bis 1998, Werte in Prozent des Sozialprodukts

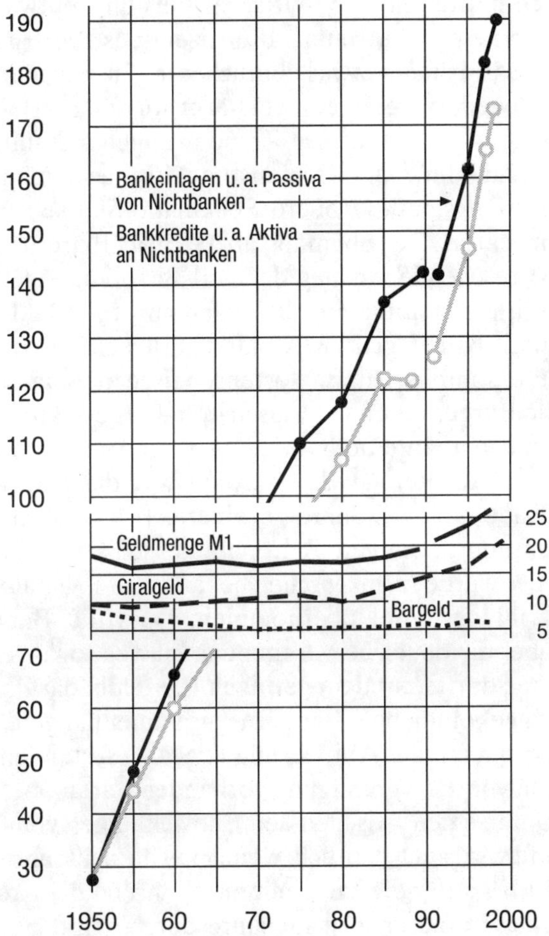

Quelle: Bundesbank

so genannte Geldmenge M1, dann ergibt sich ein völlig anderes Bild. Im Gegensatz zu den hochschießenden Guthaben und Krediten hat sich diese Menge der Zahlungsmittel in den ersten vier Nachkriegsjahrzehnten weitgehend im Gleichschritt mit der Wirtschaftsleistung entwickelt, schwankend zwischen 16 und 18 Prozent des BSP. Erst ab 1985 kam es zu einem etwas deutlicheren Anstieg, der sich nach der Wiedervereinigung verstärkt fortsetzte. Bei den Sichtguthaben dürfte dieser Trend weitgehend mit der enormen Zunahme der Börsengeschäfte zusammenhängen, die zwangsläufig größere Spekulationskassen erforderlich machten. Der ebenfalls ab 1985 sichtbare und für viele überraschende Anstieg der DM-Bargeldmenge wird dagegen in erster Linie auf die zugenommenen DM-Haltungen und -Nutzungen im Ausland zurückzuführen sein. Das gilt besonders für die osteuropäischen Staaten, in denen die Bürger durch Umtausch in stabilere Währungen zunehmend den Inflationsverlusten ihrer Ersparnisse zu entgehen versuchten. In Jugoslawien war die DM sogar bereits Ende der 80er Jahre zu einer Art Zweitwährung geworden und in einigen Teilrepubliken dieses zerfallenden Landes wurde sie inzwischen bekanntlich sogar als offizielles Zahlungsmittel übernommen. Dass die Bargeldmenge über die deutsche Vereinigung hinweg sogar relativ zurückging, dürfte mit dem geringen Bargeldbedarf in den neu hinzugekommenen Ländern zusammenhängen, und das wiederum mit der Aktivierung von DM-Beständen, die dort schon vor der Vereinigung vorhanden waren.

Der Unterschied zwischen den Entwicklungen von Geld und Kredit wird auch deutlich, wenn man die acht Jahre von 1991 bis 1999 unter die Lupe nimmt: Während die Kredite der Banken in dieser Zeit im Jahresdurchschnitt um 336 Mrd. DM zunahmen (von 3 438 auf 6 129 Mrd. DM), wurde die Bargeldmenge durch die Deutsche Bundesbank im Jahresdurchschnitt nur um zehn Mrd. DM ausgeweitet (von 175 auf 255 Mrd. DM). Das heißt, die Kredite nahmen p.a. rund 34-mal mehr zu als die Bargeldmenge. Von Ende 1996 bis 1999 ging die Bargeldmenge sogar leicht zurück, während die Kreditvergaben unverändert anstiegen. Gerade diese Tatbestände zeigen, dass man zwischen der Kreditvergabe der Notenbanken und derjenigen der Banken strikt unterscheiden muss.

An all diesen Tatbeständen ändern auch die Auffassungen einiger Wissenschaftler nichts, die den Ursprung des Geldes nicht in der Tauschmittel-, sondern in einer Schuldscheinfunktion sehen, entstanden im Bereich der Kultstätten und Tempel, oder die seine Entstehung an das Privateigentum knüpfen. Diese Erklärungen der Geldentstehung mögen soziologisch und historisch hochinteressant sein. Für die Zahlungsmittel- und Kreditfunktion des heutigen Geldes, vor allem für die mit unserem Geld verbundenen heutigen Probleme, sind sie jedoch kaum von Belang.

Was heißt Sparen, was Bezahlen?

Sparen heißt: weniger verbrauchen, benutzen, einsetzen, als man hat. Gespartes Geld kann man im Sparschwein sammeln oder in einem Safe. Man kann es aber auch zur Bank bringen, die häufig sogar Sparkasse heißt. Viele glauben darum, dass ihr Geld dort genauso gesammelt wird wie zu Hause, nur sicherer, in einem großen Tresor, aus dem das Gesparte beim Abheben wieder herausgeholt wird.

Die Fachsprache verstärkt diesen Eindruck noch, weil sie bei Banken und Versicherungen oft von »Geldsammelstellen« spricht. In Wirklichkeit wird dort jedoch nichts gesammelt, sondern etwas weitervermittelt, nämlich der Kredit, den der Sparer der Bank gewährt, an einen Dritten.

Im Prinzip geschieht also bei den Banken nichts anderes, als wenn ein Sparer sein nicht benötigtes Geld einem Nachbarn direkt überlässt. Da man diesen Vorgang nicht ›Sparen‹ nennt, sollte man auch nicht vom ›Sparer‹ reden, wenn jemand sein übriges Geld zur Bank bringt. Sparen, nämlich Eingenommenes nicht ausgeben, ist vielmehr immer nur die Voraussetzung dafür, dass man Geld der Bank bzw. einem anderen leihweise überlassen oder auch zu Hause ansammeln (=horten) kann.

Geht man von den konkreten Vorgängen aus, dann sollte eigentlich auch der Begriff ›Bezahlen‹ (zahlen, hinzählen) allein beim Geld Verwendung finden. Denn bei den bargeldlos abgewickelten Vorgängen liegen genau genommen keine Zahlungen sondern ›Übertragungen‹ vor, nämlich Umbuchungen von einem Guthaben auf ein anderes. Diese Übertragungen, die die Deutsche Bundesbank als ›girale Verfügungen‹ bezeichnet, führen auch heute oft noch – im Gegensatz zu Bargeldzahlungen – erst mit Verzögerung zum Ausgleich einer Forderung, was jeder auf seinem Kontoauszug feststellen kann. Außerdem sind sie – im Gegensatz zu dem anonym weitergebbaren Bargeld – auf die Hilfe der verrechnenden Banken angewiesen und jederzeit nachweisbar.

Wie aber der Geldbegriff zunehmend auf die Sichtguthabenbestände übertragen wird, wird sich auch der Zahlungsbegriff bei der Verwendung dieser Guthaben immer mehr durchsetzen. Genau genommen würden diese Gleichstellungen aber voraussetzen, dass die Bestände auf den Girokonten – ähnlich wie vor hundert Jahren die Banknoten – zum offiziellen Geld erklärt und von den Notenbanken herausgegeben werden. Denn solange das nicht der Fall ist, wird man die Annahme des (privaten) Giralgeldes nur akzeptieren, wie man sicher ist, es jederzeit in (staatliches) Bargeld umtauschen zu können. Das heißt, Bargeld und

Sichtguthabengeld sind immer noch nicht gleichzusetzen, wie auch die Tabelle C zeigt.

Tabelle C:
Unterschiede zwischen Geld und Guthaben

	Geld	Sichtguthaben
Funktionen:	Zahlungsmittel	Übertragungsmittel
Hilfsmittel:	Münzen, Banknoten	Schecks, Überweisung
Entstehung:	staatl. Emission	private Einzahlungen
Spezifische Unterschiede:	sofortige Begleichung von Hand zu Hand	z. T. verzögerte Begleichung von Konto zu Konto
	Hilfe Dritter nicht erforderlich	Hilfe Dritter und der Technik erforderlich
	Vorgang wird nicht dokumentiert	Vorgang wird dokumentiert
	nur durch Staat vermehrbar	durch jedermann vermehrbar
	Übervermehrung führt zur Inflation	Übervermehrung führt zum Bargeldrückgang

3. Kapitel

Geldumlauf – Geldkreislauf

»Das Geld spielt im Wirtschaftskörper dieselbe Rolle wie das Blut im Körper des Menschen. Soll der Körper seine verschiedenen Lebensfunktionen erfüllen, muss der Kreislauf des Blutes ungehemmt vor sich gehen. So ist es auch notwendig, dass das Geld umläuft, damit die allgemeine Beschäftigung zur Wirklichkeit werde.«
*Eduard Daladier**

Das rätselhafte 5-Mark-Stück

Folgende Geschichte entdeckte ich auf der Unterhaltungsseite einer Zeitschrift:

Ein Clown fand in der Manege ein blankes 5-Mark-Stück. Er ging damit zum Pferdeknecht und sagte: »Ich bin dir ja noch zehn Mark schuldig; hier gebe ich dir einstweilen fünf Mark zurück, dann schulde ich dir nur noch fünf.«

Der Pferdeknecht bedankte sich, ging zum Stallmeister, von dem er ebenfalls zehn Mark geliehen hatte, und sagte ihm dasselbe.

Der Stallmeister dankte, ging zum Schulreiter und zahlte auch bei diesem die Hälfte einer Schuld von zehn Mark zurück.

---

* ehemaliger französischer Ministerpräsident, auf der Londoner Konferenz 1934

Ebenso handelte der Schulreiter beim Direktor des Zirkus und der Direktor, der sich mal vom Clown zehn Mark geliehen hatte, tat dasselbe bei diesem: »Da August, hier hast du schon einmal fünf Mark, die anderen fünf bekommst du später.«

Mit den erhaltenen fünf Mark beglich der Clown nun seine Restschuld beim Pferdeknecht, dieser seine beim Stallmeister, der beim Schulreiter und dieser wiederum beim Direktor, der dann erneut den Clown beiseite nahm, um bei ihm die restlichen Schulden von fünf Mark zu tilgen. So bekam der Clown das gefundene 5-Mark-Stück zurück und alle waren ihre Schulden los!

Auch wenn die Geschichte auf den ersten Blick verwirrend erscheint, wird in ihr nichts anderes beschrieben als eine Reihe von Tilgungsvorgängen mit Hilfe eines umlaufenden 5-Mark-Stücks. Dass die Geschichte mit einem gefundenen Geldstück beginnt, ist für den Ablauf bedeutungslos und soll lediglich die Irritationen vergrößern. Genauso gut hätte der Clown die fünf Mark verdient, als Geschenk erhalten oder gestohlen haben können. Selbst bei einem falschen 5-Mark-Stück wären nach dem zweiten Umlauf die gesamten Schulden verschwunden, wenn niemand die Fälschung bemerkt hätte.

Verschwunden sind jedoch in der Geschichte nicht nur die Schulden der fünf Beteiligten in einer Höhe von insgesamt 50 Mark, sondern in gleicher Höhe auch Guthaben. Denn der Schuld des Clowns beim Pferdeknecht stand ein Guthaben des Pferdeknechts beim Clown gegenüber usw.

Durch diese Geschichte können wir erkennen, dass umlaufendes Geld nicht nur unzählige Male zum Kaufen oder Verschenken, sondern ebenso unzählige Male zum Verleihen oder zum Tilgen benutzt werden kann. Und sowenig sich die benutzte Geldmenge in unserer Geschichte durch die Kette von Tilgungen verändert hat (es gab immer nur ein 5-Mark-Stück!), so wenig verändert sich auch die in der Wirtschaft genutzte Geldmenge durch die dort ablaufenden Ketten von Verleihvorgängen, sooft sie sich auch wiederholen und zu welchen Summen sie sich aufaddieren oder durch Tilgungen wieder verringern mögen. Was sich verändert, sind immer nur die Bestände an Guthaben und Schulden, nicht aber die des Geldes.

Was ist unter Kreislauf zu verstehen?

In einem Kreis gibt es keinen Anfang und kein Ende. Ein einmal in den Kreislauf gegebener Geldschein kann also endlos kursieren, ganz gleich wofür er verwendet wird. Wir sehen das in den folgenden vereinfachten Darstellungen:

Darstellung 3:

Geldumlauf mit Zahlungs- und Verleihvorgängen

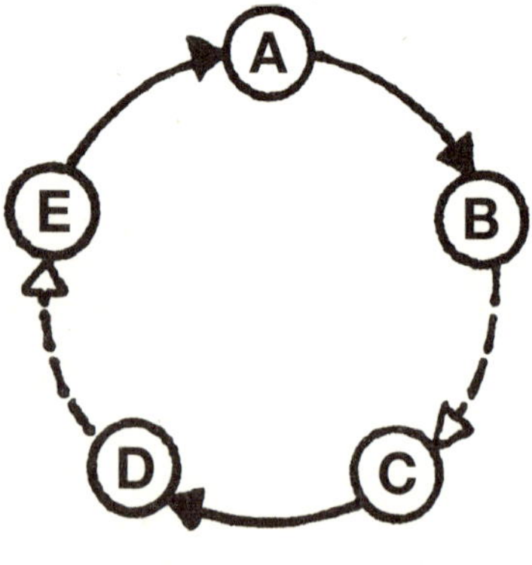

A kauft bei B. – B benötigt das erhaltene Geld nicht und verleiht es an C. – C kauft bei D. – D verleiht es an E, der damit wieder bei A eine Leistung bezahlt.

Der umlaufende Geldschein wurde also dreimal zum

Kaufen und zweimal zum Verleihen benutzt. Hätte B den erhaltenen überschüssigen Schein nicht verliehen, sondern bei sich liegen lassen, wären die nachfolgenden Vorgänge nicht möglich gewesen. Dieses einfache Beispiel zeigt bereits, welche Gefahren von Geldzurückhaltungen ausgehen.

Im nächsten Kreislaufmodell werden die Schulden getilgt:

Darstellung 4:

Geldumlauf mit Zahlungs- und Tilgungsvorgängen

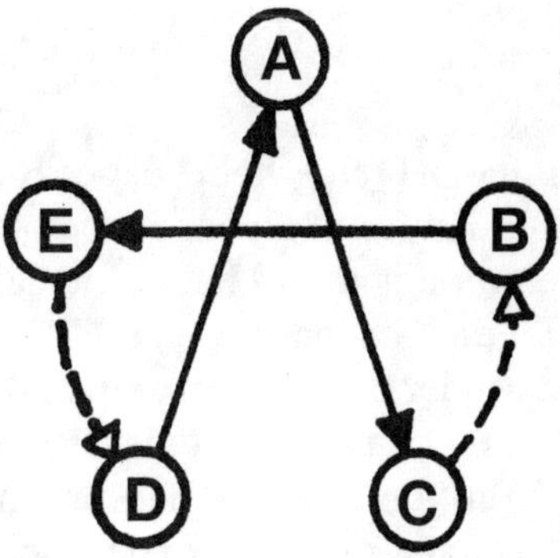

A kauft bei C, dieser tilgt seine Schuld bei B. – B kauft bei E, der seine Schuld bei D tilgt. – D kauft seinerseits mit dem erhaltenen Schein bei A ein, womit sich der Kreis wiederum schließt.

An diesen Vorgängen ändert sich auch nichts, wenn die Kreditgewährungen und Tilgungen über eine Bank abgewickelt werden. Auch nicht, wenn zwischen Barzahlungen und Guthabenübertragungen gewechselt wird. Das zeigt die Schemadarstellung 5:

Darstellung 5:

Geldumlauf bei Zwischenschaltung einer Bank

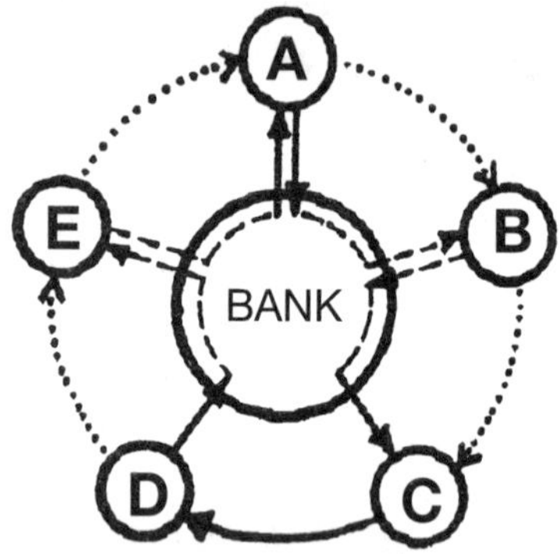

A zahlt den Geldschein bei der Bank auf ein Sichtguthaben ein und kauft mit einem Scheck bei B. – B gibt den Scheck an seine Bank, kauft bei C und zahlt durch Überweisung. – C hebt die Gutschrift ab und kauft bar bei D. – D zahlt das Geld wieder bei der Bank ein und kauft bei E per Überweisung. – E erwirbt bei A eine Leistung und benutzt zum Ausgleich die von D erhaltene Kontengutschrift. – Da A gerade Bargeld benötigt, hebt er den Betrag vom Konto ab.

Hier wurde also das Geld zweimal bei der Bank eingezahlt und zweimal abgehoben, einmal eine Forderung durch Bargeldzahlung beglichen und viermal durch Guthabenübertragungen. Deutlich wird dabei, dass auch die Überweisungen durch Bargeld gedeckt und begleitet werden, auch bei mehrfachen Vorgängen. Da aber die Bank die durch die Einzahlungen jeweils entstehenden Guthaben zwischenzeitlich für Kreditgewährungen nutzen kann, kommt es hier zu einer (ebenfalls zwischenzeitlichen) Ausweitung des Kreditpotentials. Dieser Effekt wurde im vorstehenden Kapitel bereits angesprochen und wird in Teil II und V eingehender behandelt.

Welche Folgen können Ersparnisbildungen haben?

Auch den Folgen von Ersparnisbildungen soll auf einem begrenzten Raum mit überschaubaren Größen nachgegangen werden.

Stellen wir uns dazu eine Insel mit zehn Bewohnern vor, von denen jeder monatlich für 1 000 Geldeinheiten (GE) Leistungen in den Markt einbringt und auch für 1 000 GE nachfragt. Nimmt man weiter an, dass das Geld einmal im Monat umgeschlagen wird, dann sind für die Abwicklung aller Geschäfte auf der Insel insgesamt 10 000 GE erforderlich, je Bewohner also 1 000 GE. Werden diese regelmäßig monatlich ausgegeben, ist der Kreislauf auf der Insel gesichert und die dortige Konjunktur stabil. Jeder setzt dann im gleichen Umfang Leistungen ab, wie er selbst nachfragt. Bei gesättigtem Bedarf ist die Versorgung auch ohne Wirtschaftswachstum gesichert.

Nehmen wir jetzt einmal an, dass einer der Inselbewohner zwar wie alle anderen für 1 000 GE im Monat Leistungen einbringt und entsprechend 1 000 GE wieder einnimmt, selbst aber nur für 800 GE nachfragt, also jeden Monat 200 GE übrig behält. Welche Folgen können aus dieser Ersparnisbildung entstehen?

Fall 1 – Der Sparer *verschenkt* die übrigen 200 GE regelmäßig:

Gibt der Beschenkte die 200 GE ebenso regelmäßig aus, wird der Inselmarkt weiterhin in vollem Umfang geräumt. Der Beschenkte fragt gewissermaßen stellvertretend jene Leistungen nach, die der Sparer über seinen eigenen Bedarf hinaus eingebracht hat. Langfristig nimmt der Wohlstand des regelmäßig Beschenkten gegenüber allen anderen zu, der des Schenkenden fällt zurück.

Fall 2 – Der Sparer *verleiht* die übrigen 200 GE regelmäßig:

Die Situation für den Inselmarkt wie auch die Wohlstandsverschiebung ist die gleiche wie im Fall 1. Aufgrund der zunehmenden Rückzahlungsforderungen entsteht jedoch für den Verleiher ein von Monat zu Monat wachsendes Guthaben und für den Leiher eine entsprechend anwachsende Schuld. Nach einem Jahr sind Guthaben und Schulden bereits auf 2 400 GE angestiegen, nach zehn Jahren auf 24 000 GE. Das heißt, nach zehn Jahren sind die Geldguthaben und Geldschulden auf der Insel bereits 2,4-mal so groß wie die ganze auf der Insel umlaufende Geldmenge, die ja 10 000 GE beträgt!

Fall 3 – Der Sparer *verleiht* sein übriges Geld *gegen Zinsen*:

Für den Inselmarkt, den Geldumlauf und die Konjunktur ändert sich vorerst(!) auch hier nichts. Jedoch muss der Leiher nicht nur die spätere Rückgabe des Geliehenen versprechen, sondern darüber hinaus jeden Monat an den Geldgeber eine ›Leihgebühr‹ in Form von Zinsen bezahlen. Diese kann er nur aus seinem Monatseinkommen abzweigen. Bei einer Verzinsung von zehn Prozent beträgt dieser Leihzins nach einem Jahr 20 GE im Monat, nach zehn Jahren 200 GE. Diesen ständig steigenden Zinslasten stehen beim Verleiher ständig steigende Zinseinnahmen gegenüber. Lebt er weiter so sparsam wie bisher, kann er, zu den monatlich bereits aus seinem Arbeitseinkommen erübrigten 200 GE, zusätzlich einen immer größer werdenden Betrag aus den Zinseinnahmen verleihen, womit die Verschuldungsentwicklung auf der Insel exponentiell ansteigt.

Fall 4 – Der Sparer *sammelt* seine Überschüsse zu Hause an:

Damit werden dem Geldkreislauf auf der Insel jeden Monat 200 GE entzogen. Nach zehn Monaten hat der Sparer bereits 2 000 GE bei sich angesammelt, ein Fünftel der gesamten umlaufenden Geldmenge. Nach 50 Monaten – also gut vier Jahren – befindet sich rechnerisch alles Geld auf der Insel in der Hand des Sparers.

Natürlich kommt es nicht so weit, da der von Monat zu Monat zunehmende Geldmangel bereits lange vorher die Inselwirtschaft zusammenbrechen lässt.

Was kann man aus diesen Insel-Beispielen lernen?

Wie die Fälle 1, 2 und 3 zeigen, *können* in einer Volkswirtschaft nicht nur Ersparnisse an andere verschenkt oder ausgeliehen, sondern sie *müssen* auf diese Weise in den Geldkreislauf zurückgeführt werden, wenn die Wirtschaft nicht – wie im Fall 4 geschildert – durch Geldmangel zusammenbrechen soll.

Wie Fall 2 und 3 außerdem zeigen, vermehrt sich mit den leihweisen Überlassungen von Geld weder die Geldmenge noch die Nachfrage, sondern nur der Bestand der Geldguthaben und Schulden. Diese können theoretisch bis ins Unendliche wachsen, ohne Einfluss auf die Geldmenge.

Da im Fall 2 und 3 der Schuldner mit der zunehmenden Verschuldung jedoch immer weniger rückzahlungsfähig wird, gerät er in eine zunehmende Abhängigkeit vom Geldgeber. Er muss immer mehr Vermögensbestände an den Geldgeber verpfänden. Am Ende gehört diesem alles was der Schuldner besitzt, einschließlich Haus und Hof. In den frühen Kulturen führten solche Prozesse durchweg zu Leibeigenschaft oder Sklaverei. Im Mittelalter endeten sie im »Schuldenturm«, aus dem die Angehörigen – sofern sie konnten – den Betroffenen durch Zahlung seiner Schuld auslösen mussten. Heute droht Privatpersonen bei Zahlungsunfähigkeit ›nur‹ die Pfändung des Vermögens oder des laufenden Einkommens, Firmen der Konkurs. Allerdings gibt es auch noch Länder, in denen die Erben für die Schulden ihrer Vorfahren haften müssen. So gibt es z. B. in Indien – trotz offiziellen Verbots – Millionen von Menschen, die ihr Leben lang für die Verzinsung der nicht zurückzahlbaren Schulden Arbeit leisten müssen.

Was bewirkt der Zinsanspruch im Einzelnen?

Leihweise Überlassungen von Geld ohne Zinsansprüche können sich im Allgemeinen nur in Ausnahmefällen zu solchen Problemsituationen entwickeln, wie sie im Fall 2 des Inselbeispiels geschildert wurden. Denn normalerweise wird nicht ein Inselbewohner ständig Geld sparen und ein anderer ständig Geld leihen. Solche Prozesse brechen vielmehr zwischenzeitlich ab oder kehren sich auch wieder um. Außerdem nehmen ohne Zinsbelastung die Schulden ›nur‹ linear zu, also gleichmäßig ansteigend. Im Fall 3, mit Verzinsung, eskalieren sie dagegen durch den Zinseszinseffekt mit zunehmender Beschleunigung. Will der zu Zinszahlungen verpflichtete Geldleiher seinen Gürtel nicht immer enger schnallen und schließlich verhungern, bleibt ihm nur die Möglichkeit, mit den Schuldverpflichtungen seine Leistung ständig zu steigern und diese Mehrleistung an andere abzusetzen. Soll als Folge dieser Leistungssteigerung des Schuldners nicht ein Dritter auf seiner Leistung sitzen bleiben, wird auf der Insel ein allgemeines Nachfrage- und Verbrauchswachstum erforderlich, das von der Inselbank mit mehr Geld unterfüttert werden muss, wenn die Preise stabil bleiben sollen.

Leihweise Überlassungen mit Zinsansprüchen haben also in sich selbst einen Beschleunigungseffekt, der zu einer zunehmenden Diskrepanz zwischen Geldgebern und Schuldnern und damit zwischen Reich und Arm führt. Und ist ein Schuldner erst einmal so weit, dass er zum Bedienen seiner Schulden neue Schulden aufnehmen muss, kann der Umschichtungsprozess kaum noch abgebremst werden. Wir erleben das heute nicht nur in Lateinamerika, sondern zunehmend auch in den Industrienationen, bei unzähligen Betrieben, Privathaushalten und vor allem bei der Staatsverschuldung.

Geldaufnahmen mit Zinsen sind für Schuldenmacher also nur dann von Nutzen, wenn sie damit produktivitätssteigernde Investitionen schaffen können, die über die Zinszahlungen hinaus noch einen Gewinn abwerfen. Gesamtwirtschaftlich setzt das jedoch ein Wirtschaftswachstum voraus, das mindestens dem zinsbedingten Wachstum der Geldersparnisse entsprechen muss. Da diese Geldersparnisse durch den Zins jedoch in der Tendenz exponentiell zunehmen, müsste auch die Wirtschaft exponentiell wachsen. Da das allenfalls über kürzere Zeiträume möglich ist, sind alle Zinswirtschaften zum Zusammenbruch verurteilt, und das nicht nur auf einer Insel!

Mit Zinsen verbundene Ausleihungen sind nur dann problemlos, wenn Sparer und Schuldner – wenn auch zeitverschoben – in einer Person vereinigt sind. Das heißt, wenn sie in ähnlicher Höhe zeitweise Zinseinkommen erhalten wie sie – vorher oder nachher – Zinslasten tragen müssen. Das ist z. B. bei Bausparkassen oder Baugenossenschaften weitgehend der Fall. Darum ist hier auch die Höhe der Zinsen von geringerer Bedeutung.

Verändert sich der Kreislauf im Großmodell?

Alles, was bisher mit geringen Geldmengen und begrenzten Teilnehmerzahlen durchgespielt wurde, gilt genauso in einer einzelnen Volkswirtschaft wie auch in der Weltwirtschaft. Die Zahl der Geldscheine, Beteiligten, Zahlungs- und Verleihvorgänge mag in die Millionen und Milliarden gehen: An den Abläufen und deren Auswirkungen ändert sich nichts, sie werden lediglich unübersichtlicher. Zum besseren Verständnis ist darum in der Darstellung 6 einmal ein größerer Schema-Kreislauf dargestellt.

Darstellung 6:

Leistung, Einkommen, Nachfrage – Vereinfachte Kreislaufmodelle

Kreislauf mit direkter und kreditfinanzierter Nachfrage

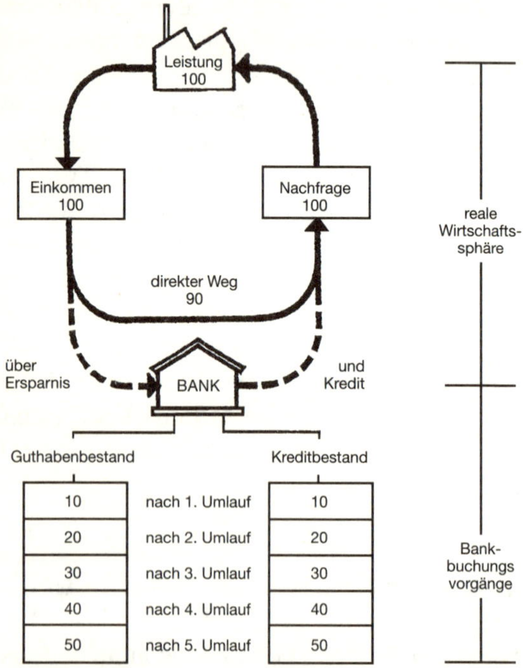

Am besten stellt man sich diesen Kreislauf mit einem Umsatz von z. B. 100 Millionen Geldeinheiten bezogen auf einen Monat vor. Wird das aus der Leistung resultierende Einkommen in vollem Umfang für Konsum und Investitionen ausgegeben, kommt es auch zu einer völligen Räumung des Marktes. Das heißt, alle behalten ihre Arbeit und damit weiterhin auch ihr Einkommen.

In der Darstellung wird weiter angenommen, dass die Einkommensbezieher in Höhe von zehn Prozent ihrer Einkünfte Ersparnisse bilden. Das heißt, auf direktem Weg werden nur 90 Prozent der Einkommen zur Nachfrage. Zahlen die Sparer ihre Überschüsse bei den Banken ein und können die Banken die Einlagen als Kredite weitergeben, dann bleibt die volle Nachfrage weiterhin gesichert. Würden die Ersparnisse jedoch nicht als Kredite weitergegeben, bliebe ein Zehntel der Leistungen auf dem Markt liegen. Die Folge wäre ein Konjunktureinbruch mit Arbeitslosigkeit und Firmenpleiten.

Wie der untere Teil der Darstellung wiedergibt, bilden sich durch die Ersparniseinzahlungen nach dem ersten Monatsumlauf bei der Bank Guthabenbuchungen in Höhe von zehn Mio. GE. Lässt man die Bankkassenhaltung bzw. Reserve außer Acht, ergeben sich in gleicher Höhe auch Kreditbuchungen. Geht man von einer gleich bleibenden Spar- und Einlagenquote von zehn Prozent bei jedem Umlauf aus und weiterhin davon, dass alle vorherigen Sparer ihre Ersparnisse stehen lassen, steigen die Guthaben- und Kreditbuchungen jeden Monat um zehn Mio. an. Nach dem fünften Monat hätte ihre Höhe mit 50 Mio. bereits die Hälfte der umlaufenden Einkommens- und Nachfragegrößen erreicht.

Auch hier wird wieder deutlich, dass bei gleich bleibenden Leistungs-, Einkommens- und Nachfragegrößen die Guthaben und Schulden ständig wachsen können, ohne dass dies einen Einfluss auf Geldmenge und Kreislauf hat. Wohl aber nehmen als Folge der schuldenbedingten Ungleichgewichte die sozialen Spannungen zu, mit ständiger Beschleunigung, wenn die Schulden auch noch mit Zinsen verbunden sind.

In Wirklichkeit nehmen Geldvermögen und Schulden natürlich nicht in dem Tempo zu wie in dem vereinfachten Modell, weil die Sparer auch immer wieder Geld von ihren Konten abheben und außerdem Schulden laufend getilgt werden. Das heißt, die Geldvermögen wachsen nur in dem Umfang, wie die Einzahlungen bei den Banken die Abhebungen übersteigen. Diese Differenz – die Nettoersparnis – bestimmt also die Zunahme der Geldvermögen wie der Schulden in einer Volkswirtschaft und damit auch die Entwicklung der sozialen Spannungen. Diese Spannungen können zwar durch eine ständige Ausweitung der Wirtschaftsleistung gemildert, aber auf Dauer niemals aufgefangen werden. Schon gar nicht angesichts der Umweltfolgen eines ständigen Wirtschaftswachstums.

4. KAPITEL

Geschäftsbanken, Notenbanken, Nichtbanken

»Geld- und Bankwesen sind für den Durchschnittsmenschen so geheimnisvoll, dass von ihnen als einzige volkstümliche Auffassung nur die des ›Tabu‹ besteht... Die volkstümlichen Begriffe, einschließlich der dem durchschnittlichen Bankfachmann eigentümlichen, sind so primitiv wie der Aberglaube eines russischen Bauern vor dem Weltkrieg.«
*Irving Fisher**

Unter Geschäftsbanken verstehen wir im Allgemeinen all jene Institute, bei denen man sein eigenes Geld gegen Zinsen ein- oder anlegen und umgekehrt bei Bedarf Geld ausleihen kann. Deshalb spricht man auch von Spar- und Darlehensbanken. Mit dem Begriff Zentral- oder Notenbanken bezeichnet man dagegen die Institute bzw. staatlichen Einrichtungen, die in einem Land oder Währungsraum normalerweise das alleinige Recht zur Herausgabe von Geld besitzen. Mit dem nicht gerade glücklichen Begriff ›Nichtbanken‹ sind alle übrigen Personen, Unternehmen und sonstigen Einrichtungen in einer Volkswirtschaft gemeint, die eben nicht zu diesen beiden mit dem Begriff Bank benannten Einrichtungen zählen. Die Europäische Zentralbank (EZB) bezeichnet diese Nichtbanken – etwas sympathischer – als ›Publikum‹.

* US-Ökonom und Geldtheoretiker, »Die Illusion des Geldes«, 1934

Auch im Bereich der gesamten Geldinstitute ist die Zusammenfassung der publikumsnahen wie der Geld emittierenden Häuser unter dem gleichen Begriff ›Banken‹ wieder mehr als irreführend. Das vor allem vor dem Hintergrund der völlig unterschiedlichen Aufgaben. Manchmal wird der Begriff ›Bank‹ in der Fachwelt sogar nur den Zentral- bzw. Notenbanken zugestanden, während die übrigen Häuser als ›Kreditinstitute‹ bezeichnet werden oder – wie durch die EZB – als ›Monetäre Finanzinstitute‹ (MFIs), wobei auch die Fonds mit einbezogen sind.

Dabei wäre es sicher am sinnvollsten, den Begriff ›Banken‹ umgekehrt nur für die publikumsnahen Institute zu verwenden und die Geld ausgebenden Institute, die praktisch hoheitliche Aufgaben erfüllen, anders zu benennen, z. B. als Emissions- oder Währungsinstitute oder -ämter.

Um diesem Begriffswirrwarr zu entkommen, wird in diesem Buch für alle Spar- und Kreditinstitute der geläufige Begriff ›Banken‹ benutzt, für die Geld ausgebenden Institute meist der Begriff ›Notenbanken‹, weil sich darin ihre Hauptaufgabe besser abzeichnet als in dem Begriff ›Zentralbanken‹. Denn dieser wird auch von regionalen Geschäftsbanken benutzt, z. B. ›Genossenschaftliche Zentralbank‹.

Beziehungen und Größenordnungen im Geld- und Bankenbereich

Bevor wir in diesen Komplex einsteigen, ist es sinnvoll, sich über diesen Bereich ein konkreteres Bild zu machen. Das soll an Hand der Darstellung 7 geschehen, in der die deutschen Gegebenheiten aus dem Jahr 1996 wiedergegeben sind. Dabei entsprechen die Flächengrößen in etwa den Relationen der eingetragenen Milliardenbeträge.

Darstellung 7:

Zusammenhänge und Größenordnungen im Bereich Bargeld, Nachfrage, Ersparnisse, Kredite und Wirtschaftsleistung

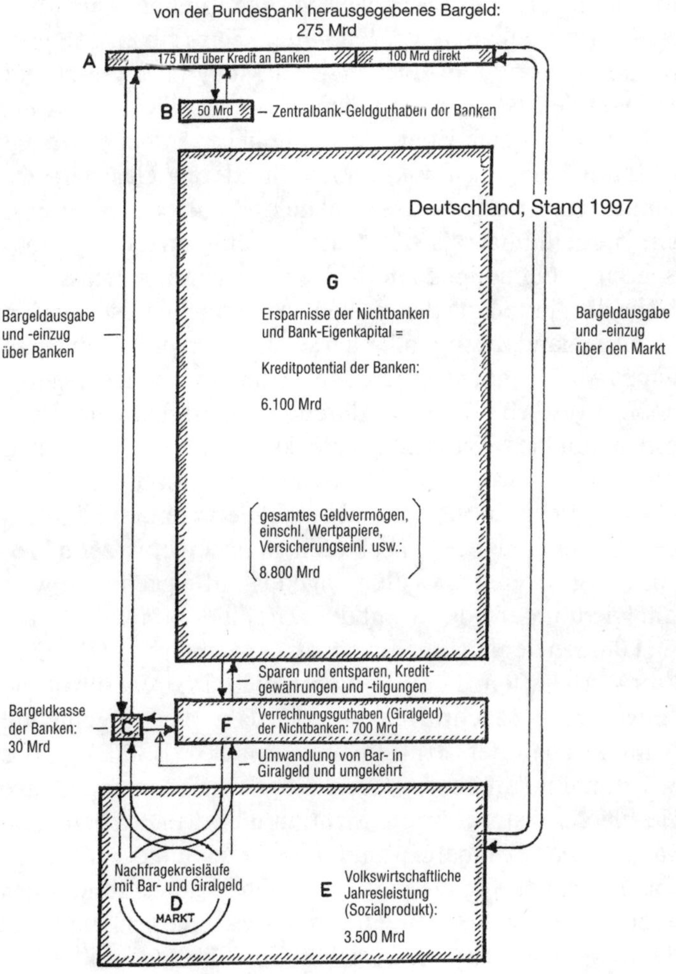

Im oberen Teil ist als Balken A über der ganzen Breite die Größe des herausgegebenen Bargeldes eingezeichnet, die Grundlage und Voraussetzung aller monetären Vorgänge in der Wirtschaft. Darunter, in Feld B, sind die Zentralbankgeldguthaben eingetragen, die von den Banken als Liquiditätspuffer bzw. – soweit vorgeschrieben – als Mindestreserven gehalten werden. Diese Zentralbankgeldguthaben sind vor allem für die Abwicklung aller Geschäfte zwischen den Banken erforderlich und erfüllen, gewissermaßen auf höherer Ebene, eine ähnliche Aufgabe wie die Sichtguthaben der Bankkunden für deren Geschäftsabwicklungen. Diese Zentralbankgeldguthaben werden mit dem Bargeld auch als ›Zentralbankgeldmenge‹, ›Geldbasis‹ oder ›Geldmenge M 0‹ (M Null!) zusammengefasst.

Wie die Aufteilung des Balkens A erkennen lässt, wurden in Deutschland die in Umlauf gesetzten Bargeldbestände zu knapp zwei Dritteln über Kredite an die Banken herausgegeben. Das restliche Drittel ist durch Direktgeschäfte der Bundesbank in den Wirtschaftskreislauf geflossen, vor allem durch Ankäufe von Gold, Devisen und Wertpapieren.

Soweit über die Banken in Umlauf gebracht, ist das Geld über die Bankkassen (C) gelaufen, in denen etwa zehn Prozent der gesamten Bargeldmenge als Puffer gehalten werden. Die übrigen 90 Prozent des Bargeldes befinden sich in den Händen der Nichtbanken bzw. des Publikums (D). Diese erwirtschaften damit – direkt oder indirekt über die Umwandlung in Giralgeld – jedes Jahr das so genannte Bruttosozial- oder Bruttoinlandsprodukt (BSP/BIP), das größenmäßig mit der unteren Fläche E wiedergegeben ist. Die Fläche F steht für die Sichtguthaben, die neben ihrer Hauptaufgabe unbarer Zahlungsabwicklungen noch als Vorsparbecken für die längerfristigen Ersparnisbildungen gesehen werden können. Die Ergebnisse dieser längerfristigen Ersparnisse spiegeln sich in der Fläche G wider, die allerdings nur die bei den Banken angesammelten Geldvermögens-Bestände wiedergibt. Die gesamten deutschen Geldvermögen lagen – wie in Klammern angeführt – in dem herangezogenen Jahr um rund ein Drittel höher.

Auch aus dieser Bestandsaufnahme geht der erhebliche Unterschied zwischen der Größe des Bargelds und jener der Guthaben bzw. Kredite hervor, die das Volumen der Wirtschaftsleistung inzwischen schon um eine Mehrfaches übersteigen.

Was sind die Hauptaufgaben der Banken?

Wirtschaftsteilnehmer bzw. Endverbraucher kommen normalerweise nur über eingebrachte Leistungen zu Einkommen und damit in die Lage, Leistungen anderer nachzufragen. Über dieses Einkommen hinaus ist eine Nachfrage nur mit Hilfe von Schenkungen oder Krediten möglich. Kredite wiederum setzen Ersparnisse anderer Wirtschaftsteilnehmer voraus. Mit der Vermittlung zwischen Sparer und Kreditnehmer erfüllen die Banken also eine wichtige volkswirtschaftliche Aufgabe.

Dabei dient diese Kreditvermittlung nicht nur dem Kreditnehmer, sondern der ganzen Volkswirtschaft. Denn mit dieser Kaufkraft-Weitergabe über den Kredit schließt der Kreditnehmer die Nachfragelücke, die sonst aufgrund der Nicht-Nachfrage des Sparers entstanden wäre. Diese Markträumung durch den Kreditnehmer nützt vor allem aber auch dem Sparer. Denn wie seine Ersparnis zeigt, hat er mehr Leistungen in den Markt eingebracht, als er selbst nachzufragen bereit ist. Ohne die ersatzweise Nachfrage durch den Kreditnehmer bliebe letztlich diese Überleistung am Markt liegen.

Natürlich haben Banken nicht nur die Aufgabe, mit der

überschüssigen Kaufkraft der einen die Kassen bzw. Konten der anderen Wirtschaftsteilnehmer über Kredite aufzufüllen. Eine andere wichtige Aufgabe ist auch die bereits erwähnte Abwicklung des unbaren Zahlungs- und Verrechnungsverkehrs in der Wirtschaft. Bedenkt man, dass in den 90er Jahren in Deutschland der monatliche Umschlag auf den Girokonten höher war als das Jahres-Sozialprodukt, dann wird die Größenordnung dieser unbaren Zahlungen ebenso einschätzbar wie das Dienstleistungsvolumen der Banken. So wurden beispielsweise in Deutschland 1993 mit Sichtguthabenbeständen von 500 Mrd. DM monatlich eine Milliarde Verfügungsvorgänge mit einem Umsatz von rund 3 500 Mrd. DM abgewickelt. Das heißt, die gesamten Sichtguthabenbestände wurden im Monat etwa siebenmal umgeschlagen und jeder abgewickelte Einzelvorgang lag durchschnittlich bei 3 500 DM.

Die bekannteste Dienstleistung der Banken ist zwar immer noch der Umschlag von Bargeld, doch sind hier die Bestands- und Größenordnungen wesentlich geringer als jene auf den Girokonten. So lag der Kassenbestand der Banken 1993 nur bei 28 Mrd. DM (gesamtes Bargeld 230 Mrd.). Da nach Schätzungen von Bankern der Kassenbestand etwa alle zwei Tage umgeschlagen wird, kommt man hier – bei 20 Banktagen im Monat – auf einen Umsatz von nur 260 bis 300 Mrd. DM im Monat, also weniger als einem Zehntel der Umsätze auf den Girokonten.

Allerdings wäre es falsch, den Bargeldverkehr deswegen als unbedeutend anzusehen. Nach einer Untersuchung der Bundesbank wurden in Deutschland in den 80er Jahren noch 87 Prozent aller Zahlungsvorgänge der ›Nichtbanken‹ mit Bargeld abgewickelt und nur 13 Prozent mit Guthabenübertragungen. Auch wenn die Einzelsummen dieser Guthabenübertragungen jene der Barzahlungen weit übertreffen, dürfte das Bargeld in den meisten Ländern bei der

Endnachfrage immer noch die entscheidende Rolle spielen. Denn die riesigen Umsätze auf den Girokonten finden überwiegend in den Vorstufen der Endnachfrage statt, also im Bereich von Produktion und Handel. Doch all diese Vorgänge im Vorfeld des Konsums gibt es nur dann und nur so lange, wie am Ende der Kette ein Verbraucher mit einem Geldschein oder einer Kreditkarte in den Laden geht und kauft. Das aber ist letztlich konjunkturentscheidend.

Bei der Beurteilung der beiden Zahlungswege ist außerdem zu beachten, dass über die Girokonten praktisch auch das Gros aller Investitionen, Anlagenumschichtungen, Sekundärkäufe und Spekulationsgeschäfte abgewickelt wird. Gerade mit diesem letztgenannten Bereich dürften die erheblichen Ausweitungen der Bestände und Umsätze auf den Girokonten in den letzten Jahren zusammenhängen.

Was ist mit der Macht der Banken?

Die Macht im Lande kann man im Allgemeinen an der Größe der Gebäude erkennen. Früher spiegelte sie sich in Tempeln, Burgen, Kathedralen oder Schlössern wider. Geht man von dieser Sicht der Dinge aus, dann scheint sich heute vielerorts tatsächlich die Macht bei den Banken zu konzentrieren. Das gilt nicht nur für New York, London, Tokio oder Frankfurt. Auch im letzten Dorf sitzt die Volksbank oder Sparkasse oft im repräsentativsten Gebäude.

Imponierend sind auch die Zahlen: So gibt es beispielsweise in Deutschland rund 3 000 Banken mit 40 000 Niederlassungen und etwa 600 000 Beschäftigten. Zusammen wiesen sie 1999 ein Geschäftsvolumen von rund 11 000 Mrd. DM bzw. 5 600 Euro aus, fast das Dreifache des deutschen Sozialprodukts. In den elf Euroländern gibt es insgesamt 8 000 Banken.

Trotzdem ist der Rückschluss auf die Machtverhältnisse etwas fragwürdig. Denn die Größe der Bankgebäude und ihr Wachstum spiegeln in erster Linie nur die Größe und das Wachstum der Geldeinlagen wider, die den Banken von den Sparern anvertraut werden. Die Macht der Banken ist also weitgehend eine geliehene. Denn ihr Eigenkapital übersteigt nur selten jenen Bruchteil der Kreditmasse, die von der Bankenaufsicht zum Ausgleich des Risikos vorgeschrieben ist. Außerdem ist dieses Eigenkapital in fast der Hälfte aller Fälle in den Händen öffentlich-rechtlicher Stellen bzw. genossenschaftlicher Organisationen, in Deutschland bei über 60 Prozent. Und bei den privaten Großbanken verteilt es sich oft auf Hunderttausende von Aktionären. Echte Privatbanken à la Rothschild oder Rockefeller, bei denen Einzelpersonen oder Familien das Eigenkapital in der Hand haben, gibt es fast nicht mehr. In Deutschland kommen sie zusammen gerade noch auf knapp ein Prozent des gesamten Geschäftsvolumens.

Mit diesen Ausführungen soll die Macht und Einflussnahme der Banken auf die Wirtschaft jedoch nicht verneint werden. Das gilt vor allem für jene Banken, die über große Aktienbestände einzelner Unternehmen verfügen, bzw. – wie z. B. noch in Deutschland – die das Stimmrecht der Aktionäre übernehmen können. Doch insgesamt sind die Banken mit ihrem Handeln zwischen Geldgebern und Kreditnehmern eingebunden und aus eigenem Interesse daran interessiert, beide Seiten mit ihrer Arbeit zufrieden zu stellen.

Wachsen Macht und Einfluss der Banken mit den Umsätzen?

Diese Vermutung liegt nahe und trifft auch für vergangene Jahrzehnte weitgehend zu. Doch auch hier kommt es – wie bei allen übermäßig zunehmenden Prozessen – schließlich zu gegenläufigen Effekten: Je mehr die Geldvermögen und Schulden in einer Volkswirtschaft ansteigen, umso mehr wachsen schließlich auch die Kreditrisiken der Banken. Denn diesen überproportionalen Kreditausweitungen steht ein immer geringeres haftendes Eigenkapital der Kreditnehmer gegenüber und damit ebenfalls verringerte dingliche Absicherungen. Und kommt es zu massierten Zahlungsunfähigkeiten und Zwangsversteigerungen in der Wirtschaft, fällt der Marktwert der beliehenen Objekte oft unter die offenen Forderungen der Banken zurück, womit diese selbst in Zahlungsengpässe geraten.

Schon Anfang der 80er Jahre kam es auf diese Weise in den USA zu reihenweisen Bank-Zusammenbrüchen im ländlichen Raum, als Zehntausende überschuldeter Farmer ihren Besitz versteigern mussten. Dasselbe wiederholte sich Ende der 80er Jahre bei den Spar- und Darlehenskassen und etlichen Regionalbanken. Ursache dieser Problementwicklungen waren hier vor allem die von Reagan zur Belebung der Wirtschaft angehobenen Beleihungsgrenzen für Immobilien. In deren Folge nahmen nicht nur die Kreditaufnahmen zu, sondern auch die Immobilienpreise. Als dann der Spekulationsballon platzte, waren die Außenstände der Banken in vielen Fällen nicht mehr einzutreiben.

Nach einem Bericht der »Frankfurter Allgemeinen Zeitung« vom 21.10.1992 waren damals schon in den USA »1492 (= 12 Prozent) der rund 12 000 Geschäftsbanken konkursreif und 1179 streng genommen bereits insolvent«. Und Prof. Udo Reifner, Leiter des Instituts für Finanzdienstleistungen in Hamburg, berichtete Anfang 1993 in seinem Infodienst »Bank Watch«, dass diese Bankzusammenbrüche »den amerikanischen Steuerzahler bis Ende der 90er Jahre insgesamt (...) zwischen 300 und 800 Mrd. Dollar kosten werden«.

Auch die Bankprobleme der letzten Jahre in Japan gingen auf völlig irreale Börsen- und vor allem Bodenspekulationen zurück, die von den Banken leichtfertigerweise mit Krediten abgedeckt bzw. unterfüttert wurden. In einem anderen weniger disziplinierten Land hätte das daraus resultierende Wanken der Großbanken wahrscheinlich längst zu Einstürzen geführt. Welche Kosten die japanischen Steuerzahler zur Rettung der Banken letztlich übernehmen müssen, ist noch gar nicht abzuschätzen. Zunehmende Arbeitslosigkeit und Staatsverschuldungen haben als Folge jener Bankkrisen in Japan jedenfalls bereits solche Größenordnungen erreicht, dass der Finanzminister in Tokio Ende 1995 den Finanznotstand erklären musste. Bis heute ist die Wirtschaft in Japan immer noch nicht in Schwung gekommen. Trotz staatlicher Belebungsspritzen in der Größenordnung von insgesamt mehr als 1 000 Milliarden Dollar und einer auf 120 Prozent des BIP gestiegenen Staatsverschuldung.

Doch – wie Udo Reifner weiter schrieb – häufen sich auch in Deutschland die Bankprobleme, »die mühsam durch Milliardenzahlungen am deutschen Markt interessierter Dritter ... oder aus den Töpfen der kleinen Genossenschaftsbanken verdeckt werden«. Nach Reifner waren die Sicherungsfonds der deutschen Banken bereits Anfang der 90er Jahre um 2,6 Milliarden Mark geleert, und da die Beiträge an diese Fonds je 100 DM Einlage nur bei drei bis sechs Pfennig liegen, hat auch in Deutschland die Absicherung der Einleger ihre Grenzen. Selbst die deutsche alternative Öko-Bank hat im Jahr 2000 nur mit Hilfe des genossenschaftlichen Sicherungsfonds zumindest einen Teil ihres Geschäftsbetriebs retten können.

Die weltweit zunehmenden und Schlagzeilen machenden Zusammenschlüsse von Banken wie auch ihre Verbindungen mit Versicherungen und ähnlichen Finanzinstituten, lassen zwar immer größere Mammutgebilde entstehen.

Doch diese Zusammenschlüsse sind oft weniger Zeichen wachsender Stärke als Absicherungsversuche gegen wachsende Risiken. Aufgrund ihrer Größe können diese Mammut-Institutionen jedoch – wenn es zu einem Crash kommt – für die Allgemeinheit umso gefährlicher werden.

Welche Aufgaben haben die Zentral- oder Notenbanken?

Im Wesentlichen beziehen sich die Aufgaben der Notenbanken darauf, die Geldversorgung der Wirtschaft und die Stabilität der Geldkaufkraft zu sichern.

Die Erfüllung dieser Aufgabe hängt von den Instrumentarien und Rechten ab, die ihnen gesetzlich eingeräumt worden sind. Darüber hinaus spielen die Fähigkeiten der Verantwortlichen und nicht zuletzt die Einspruchsrechte der Regierungen eine Rolle.

Nach älteren Untersuchungen befinden sich etwa vier Fünftel aller Notenbanken völlig, der Rest überwiegend in Staatsbesitz. Nur wenige Notenbanken (wie z. B. in der Schweiz) sind privatrechtlich organisiert. Allerdings ist diese besitzrechtliche Frage für den Erfolg der Notenbanken weniger wichtig als die ihrer Unabhängigkeit. Hat z. B. der Staat das Recht, von der Notenbank Kredite zu fordern, dann können bei jeder Notenbank, unabhängig von ihrer Organisationsform, die Stabilitätsbemühungen und Aufgabenstellungen zu Makulatur werden.

Die Deutsche Bundesbank (inzwischen Teil des Systems der Europäischen Zentralbanken), ist z. B. formell im Besitz des Bundes, jedoch eine eigenständige und in ihren Entscheidungen regierungsunabhängige Einrichtung öffentlichen Rechts, vergleichbar in etwa mit dem Bundesverfassungsgericht. Der Bundesbankpräsident und die übrigen

Mitglieder des Direktoriums werden zwar von der Regierung eingesetzt, ihre Entscheidungen aber sind an die Vorgaben gebunden, die im »Gesetz über die Deutsche Bundesbank« festgeschrieben sind.

Die wichtigsten Aussagen findet man im § 3 BBG:

»Die Deutsche Bundesbank regelt mit Hilfe der währungspolitischen Befugnisse ... den Geldumlauf und die Kreditversorgung der Wirtschaft mit dem Ziel, die Währung zu sichern ...«

Wie bereits diese Aufgabenbeschreibungen zeigen, handelt es sich bei den Zentralbanken in Wirklichkeit um gar keine Banken im üblichen Sinne. Vielmehr sind es Institutionen mit der öffentlich-rechtlichen Aufgabe, für die Geldversorgung und die Kaufkraftstabilität dieses von ihnen herausgegebenen Geldes zu sorgen.

Was heißt »die Währung sichern«?

Ein Unbefangener könnte vermuten, dass mit dieser Formulierung im deutschen Bundesbankgesetz die Absicherung des Geldwertes mit Gold, die Verhinderung von Fälschungen oder auch die sichere Unterbringung der Geldscheine in Tresoren gemeint ist. Tatsächlich war es lange strittig, ob darunter feste Wechselkurse oder gleich bleibende Kaufkraft des Geldes zu verstehen waren. Inzwischen hat man sich – vor allem nach dem Desaster fester Wechselkurse Anfang der 70er Jahre – auf das Ziel der Kaufkraftstabilität geeinigt, wenn auch mit begrenzten praktischen Erfolgen. Denn wenn man bedenkt, dass z. B. die DM von 1950 heute fast nur noch 20 Pfennig wert ist, kann man kaum behaupten, die Deutsche Bundesbank habe ihre Aufgabe nach § 3 wirklich erfüllt.

Hauptursache dieses Misserfolges – der bekanntlich in

den meisten anderen Ländern noch größere Ausmaße hat – ist die unzulängliche Regelung des Geldumlaufs, obwohl diese Regelung der Bundesbank im gleichen Paragraphen ausdrücklich zur Aufgabe gemacht ist.

Problematisch ist weiterhin, dass die Notenbanken von den Regierungen häufig auch auf Verhaltensweisen festgelegt werden, die ihrer Aufgabe der Währungssicherung diametral gegenüberstehen. So heißt es beispielsweise in § 12 des Gesetzes für die Deutsche Bundesbank von 1957:

»Die Deutsche Bundesbank ist verpflichtet, unter Wahrung ihrer Aufgabe die allgemeine Wirtschaftspolitik der Bundesregierung zu unterstützen.«

Vergleicht man diese Passage aus dem Bundesbankgesetz mit der zuerst zitierten, dann kann man über solche missverständlichen und z. T. widersprüchlichen Formulierungen nur den Kopf schütteln. Denn sicher lässt sich trefflich darüber streiten, welche praktischen Konsequenzen aus der Verpflichtung, die Wirtschaftspolitik einer Regierung zu unterstützen, ggfs. abgeleitet werden können. Inzwischen hat man aber dazugelernt. So ist beispielsweise in Neuseeland vor einigen Jahren der Präsident der Notenbank in seiner Aufgabenstellung alleine auf die Stabilität der Kaufkraft festgelegt worden und ihm droht bei unzureichender Einhaltung dieser Auflage sogar die Entlassung.

Etwas eindeutiger sind auch die Gesetze, unter denen die Europäische Zentralbank angetreten ist. So heißt es beispielsweise im Artikel 2 des Maastrichter Vertrags, bezogen auf das Europäische System der Zentralbanken, »... ist es das vorrangige Ziel des ESZB, die Preisstabilität zu gewährleisten«. Und unter Artikel 3 wird zu den Aufgaben des ESZB u. a. aufgelistet:

- »die Geldpolitik der Gemeinschaft festzulegen und auszuführen,

- die offiziellen Währungsreserven der Mitgliedsstaaten zu halten und zu verwalten,
- das reibungslose Funktionieren der Zahlungssysteme zu fördern«.

Wie regeln die Zentralbanken den Geldumlauf und warum ist diese Aufgabe so wichtig?

Wenn man von der Versorgung der Wirtschaft mit Geld ausgeht, denkt man meist nur an die Regulierung der Menge. Die Menge ist aber nur ein Faktor der Geldwirksamkeit, der zweite ist die Einsatzhäufigkeit dieser Geldmenge. Denn wird herausgegebenes Geld nur selten oder gar nicht bewegt, ist es genauso wirkungslos wie nicht herausgegebenes. Eine Zentralbank hat darum nicht nur die Aufgabe Geld in den Umlauf zu geben, sondern sie muss auch für dessen gleichmäßigen Umlauf sorgen. Erst bei einer störungsfreien ›Umlaufgeschwindigkeit‹ (besser wäre: Einsatzhäufigkeit) kann es auch störungsfreie Konjunkturlagen und stabile Kaufkraft geben.

Vergleicht man das Geld mit Pferden und die Wirtschaft mit dem Wagen, den die Pferde ziehen sollen, dann könnte man die Notenbanken als die Kutscher ansehen, die nicht nur für die notwendigen Pferde zu sorgen haben, sondern auch für eine gleichmäßige Bewegung des Wagens. Will ein Kutscher diese Aufgabe optimal erfüllen, wird er die Pferde am kurzen Zügel so führen, dass sie nicht beliebig ausscheren oder Pausen machen können.

Die Notenbanken aber begnügen sich im Wesentlichen damit, eine von ihnen quantifizierte ›Pferdemenge‹ für den ›Wirtschaftswagen‹ zur Verfügung zu stellen. Ob und in welchem Maße diese Pferde zum Ziehen bereit sind bzw. sich überhaupt einspannen lassen, wird von den Notenbanken nicht kontrolliert. Weitgehend hofft man einfach, dass die Pferde es schon richtig machen werden. Erst wenn die Notenbanken merken, dass der Wagen schon zu schnell oder zu langsam läuft, werden sie aktiv. Dabei greifen sie jedoch nicht direkt in die Zügel. Vielmehr versuchen sie, die Leistungsbereitschaft der ›Pferde‹ mit verringerten oder vergrößerten ›Haferrationen‹ – sprich: Zinssätzen – zu beeinflussen.

Außerdem lassen die Notenbanken, um den gefährlichen Rückgang der Fahrgeschwindigkeit zu vermeiden, das Geld – entgegen ihren eigenen Stabilitätsschwüren – fast ständig etwas unter der ›Inflationspeitsche‹ laufen. Da sie jedoch die Geschwindigkeitsveränderung des Wirtschaftswagens immer erst mit Verspätung merken und ihre Einflussnahmen über Zins- und Inflationssätze mit kaum berechenbaren Verzögerungen und Nebenwirkungen verbunden sind, ist ein befriedigendes Ergebnis rein zufällig. In ihrer Not bekämpfen sie schließlich sogar die Inflationsanstiege, die sie selbst durch zu viel herausgegebenes Geld verursacht haben, mit Erhöhungen der so genannten Leitzinsen, was der Austreibung des Teufels mit dem Beelzebub gleichkommt.

Dabei gibt es eine ganz klare Vorgabe für die Umlaufgeschwindigkeit des Geldes, nämlich die der Einkommensströme! Die Notenbanken brauchen nur durch eine funktionierende Umlaufsicherung dafür zu sorgen, dass alle Einkommen möglichst regelmäßig, direkt oder indirekt, auch wieder zu Ausgaben werden. Um die ›richtige Höhe‹ der Zinsen brauchen sie sich dann keine Gedanken mehr zu machen und die ›richtige Geldmenge‹ spielt sich von alleine ein.

Was heißt »regelt ... die Kreditversorgung der Wirtschaft«?

Auch diese Formulierung, die im Gesetz der Deutschen Bundesbank vorgegeben ist, vernebelt heute noch die meisten Köpfe. Selbst Sachkundige leiten häufig daraus ab, dass Zentralbanken die Wirtschaft mit Krediten versorgen. Dabei stammen die Kredite in unseren modernen Volkswirtschaften – soweit nicht direkt privat vergeben – aus Einlagen der Sparer bei den Banken und ähnlichen Institutionen, also aus den Einkommensüberschüssen von Wirtschaftsteilnehmern, nicht aber von den Notenbanken. So standen den Krediten der deutschen Banken an die Wirtschaft, die im Jahr 2000 bei 3 300 Mrd. Euro lagen, Kredite der Deutschen Bundesbank an die deutschen Banken in Höhe von 120 Mrd. Euro gegenüber. Und den Bankkrediten im gesamten Euroraum in Höhe von fast 7 000 Mrd. Euro, solche der EZB an die gesamten Banken in Höhe von etwa 330 Mrd. Euro. Das heißt, die Zentralbankkredite an die Banken lagen unter fünf Prozent jener Kreditsummen, die von den Banken an die Wirtschaft vergeben wurden.

Wie sich schon aus diesen Zahlen ergibt, haben die Zentralbankkredite also wenig mit der Kreditversorgung der Wirtschaft zu tun. Vielmehr entsprechen diese Zentralbankkredite dem Anteil des Bargeldes, der durch Ausleihungen an die Banken in den Kreislauf gelangt ist. Außerdem gehören dazu noch die Zentralbankguthaben, die die Banken als Liquiditätspolster bzw. *working balances* für ihre internen Verrechnungen benötigen bzw. die ihnen als Mindestreserven vorgeschrieben sind. Das heißt, diese Notenbankkredite werden weitgehend nur dann und in dem Umfang ausgeweitet, wie die Wirtschaftsteilnehmer zusätzliches Geld am Bankschalter nachfragen. Da fast alle Bargeldnachfragen am Schalter mit Abhebungen von Kundenkonten verbunden sind, führen solche Bargeldausweitungen zuerst einmal sogar zu einem Rückgang des Guthaben- und damit auch des Kreditvergabepotentials, das umgekehrt überwiegend auch nur durch solche Bargeldeinzahlungen wächst.

Über die veränderbaren Abgabebedingungen dieser laufend zu erneuernden Kredite, die von den Banken bei den Notenbanken aufgenommen werden müssen, versuchen Letztere die von ihnen herausgegebene Geldmenge und deren Umlauf mit dem Ziel stabiler Kaufkraft zu steuern. Da jedoch jeder Geldhalter in der Wirtschaft das Recht hat, ›sein Geld‹ nach Belieben stillzulegen, bleibt diese Umlaufsteuerung mehr oder weniger – wie bei den Pferden vor dem Wirtschaftswagen – ein unzulänglicher Versuch. Optimale Ergebnisse, also wirklich stabiles Geld, zumindest über mittlere Zeiträume, sind also eher Glücksache.

Wie läuft das mit den Krediten an die Banken?

Wie schon gesagt, benötigen die Banken die Kredite von den Notenbanken nur zur Auffüllung ihrer Zentralbankguthaben und zur Versorgung der Wirtschaft mit Bargeld. Da diese Kredite mit Zinsen belastet sind, erweitern sie diese praktisch auch nur in dem Umfang, wie sie für die Abwicklungen am Schalter zusätzliches Geld benötigen. Das heißt, nicht die Zentralbanken und auch nicht die Geschäftsbanken bestimmen über die Geldmenge in der Wirtschaft, sondern letztlich die Wirtschaftsteilnehmer. Heben diese bei den Banken mehr Geld ab, als sie dort laufend einzahlen, müssen die Banken ihre Verschuldungen bei den Notenbanken ausweiten. Sammelt sich dagegen bei den Banken mehr Geld an, als laufend abgehoben wird, geben sie das Zuviel an Geld schleunigst an die Notenbanken zurück. Denn alles Geld in der Kasse ist für die Banken ›totes Kapital‹, das sie nicht nur nicht gegen Zinsen verleihen können, sondern für das sie auch noch an die Notenbanken Zinsen zahlen müssen. Außerdem versuchen die Banken, zur Senkung ihrer Zinsbelastungen, auch den Gebrauch von Bargeld innerhalb der Wirtschaftsvorgänge abzubauen. Das vor allem, wenn ein großer Teil dieses in der Wirtschaft umlaufenden Bargeldes über Notenbank-Kredite an die Banken in Umlauf gekommen ist. Denn für dieses Bargeld – in Deutschland etwa 70 Prozent der Bargeldmenge – müssen die Banken selbst dann noch Zinsen zahlen, wenn die Geldscheine seit Jahren in irgendwelchen Tresoren schlummern, im Ausland kursieren oder gar durch Feuer, Kriege o. ä. vernichtet wurden. Und da die Banken ihrerseits diese Zinskosten nicht bei den Geldhaltern und -benutzern erheben können, müssen sie diese letztlich ihren Kreditnehmern aufhalsen, die in den meisten Fällen gar kein Bargeld in Anspruch genommen haben!

Zur Kostensenkung versuchen die Banken außerdem, ihre mit Zentralbankgeld-Guthaben bei den Notenbanken, die sie für ihre internen Verrechnungen benötigen, möglichst zu minimieren. Das erreichen sie vor allem durch eine immer größere Zentralisierung der Verrechnungen und ihrer Beschleunigung mit Hilfe elektronischer Verrechnungstechniken. Über diese Clearingbestände und den Bargeldbedarf hinaus nehmen die Banken nur dann Kredite bei den Notenbanken auf, wenn sie von diesen dazu gezwungen werden. Dies ist z. B. dann der Fall, wenn Notenbanken die Haltung so genannter Mindestreserven vorschreiben, die in bestimmten Höhen, bezogen auf die kurzfristigen Kundeneinlagen, berechnet werden.

Was ist mit den Mindestreserven?

Mindestreserven waren ursprünglich einmal als Zwangshinterlegungen zur Absicherung der Kundeneinlagen gedacht. In Deutschland wurden sie in den 60er und den ersten 70er Jahren auch zur Steuerung der Geldmenge benutzt – vor allem, um zu viel herausgegebenes Geld, das als Folge der festen Wechselkurse für Dollaraufkäufe in Umlauf gegeben wurde, wieder aus dem Verkehr zu ziehen. Später dienten diese Zwangsverschuldungen vor allem dazu, die Banken verstärkt an die Zinsleine zu legen, so fragwürdig diese Methode auch sein mag. Das heißt, auch wenn es in den Lehrbüchern noch anders dargestellt wird: Von den Ersparnissen, die man bei einer Bank einzahlt, verschwinden durch die Mindestreserven heute keine Anteile mehr aus dem Kreislauf. Vielmehr wird den Geschäftsbanken das zur Auffüllung der Mindestreserven erforderliche Geld von den Notenbanken zusätzlich geliehen.

Diese Mindestreservenregelungen wurden in den einzelnen Ländern sehr unterschiedlich gehandhabt. So waren Anfang der 90er Jahre die Reservesätze z. B. in Irland, Italien, Portugal und Deutschland z. T. noch recht hoch, in Spanien, Frankreich und den Niederlanden dagegen bereits damals sehr gering. In Dänemark und Belgien lagen sie sogar bei Null, in Großbritannien, Luxemburg gab es sie überhaupt nicht und in der Schweiz hat man sie schon vor etlichen Jahrzehnten abgeschafft. Außerdem wurden diese Zwangsreserven in manchen Ländern als Guthaben gesehen und verzinst, in anderen dagegen nicht.

In welchem Umfang mit diesen Reservesätzen früher einmal eine Steuerung der Geldmenge versucht wurde, zeigt die Darstellung 8. Aus ihr sind die Veränderungen der Prozentsätze zu entnehmen, mit der in Deutschland die Sichtguthaben seit 1965 belastet worden sind. Ebenso ist aber auch die Aufgabe dieser Steuerungsversuche in den 80er Jahren aus der Grafik zu entnehmen.

Darstellung 8:

Veränderungen der Mindestreservesätze in Deutschland, 1965 bis 2000

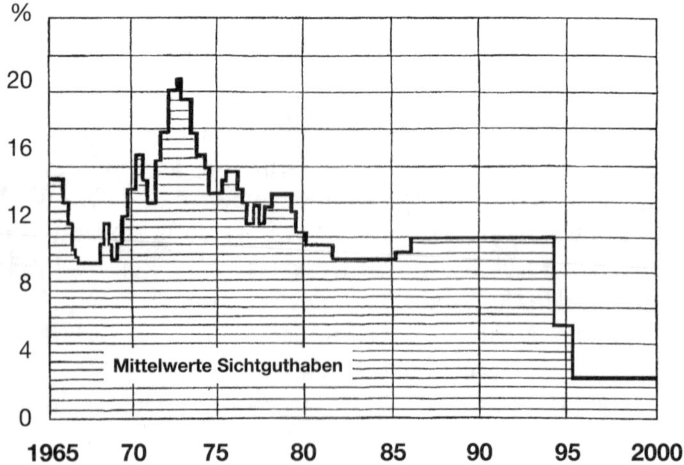

Quelle: Bundesbank

Da sich für die Banken in den Ländern mit hohen Reservevorschriften Wettbewerbsnachteile gegenüber ihren Konkurrenten in den anderen Ländern ergaben, wurden die Sätze in den letzten Jahren radikal abgesenkt, in Deutschland bereits 1991 auf jene zwei Prozent, die im Hinblick auf die Vereinheitlichung des Euro-Bereichs als allgemeine Reservehöhe festgelegt worden waren. Die damit verbliebenen Mindestreserven entsprechen weitgehend den Zentralbankgeld-Guthaben, die die Banken sowieso für ihre internen Clearingvorgänge halten müssen. Außerdem werden diese zu haltenden Reserven in den Euroländern sogar zu dem Satz verzinst, den die Banken für das Ausleihen bei der EZB bezahlen müssen. Sie bekommen diese Mindestreserven also gewissermaßen umsonst. Das heißt, die ursprünglich von manchen Notenbanken als unverzichtbar angesehenen Mindestreserven (die auch im Zusammenhang mit der so genannten Geldschöpfung der Banken in allen Lehrbüchern eine so große Rolle spielen!), haben heute allenfalls noch die Bedeutung, die sowieso notwendigen Reservehaltungen der Banken zu verstetigen.

Wann müssen Notenbanken das Geld vermehren? Wie können sie das tun?

Ein Schweizer Notenbanker hat einmal gesagt, dass man zur Geldmengenregelung nur eine Notenpresse und einen Ofen brauche. Die Notenpresse, um bei Bedarf mehr Geld zu drucken, den Ofen, um zu viel Geld zu verbrennen.

Dieses Verfahren würde tatsächlich so einfach funktionieren, wenn der Geldumlauf eine berechenbare bzw. verstetigte Größe wäre. Aber auch dann wäre die Inumlaufsetzung und der Einzug von Geld doch noch etwas schwieriger als das Drucken und Verbrennen. Noch schwieriger aber ist heute die Erfassung und Steuerung der richtigen – sprich aktiven – Geldmenge.

Geld in Umlauf setzen können die Notenbanken von sich aus auf verschiedene Weise. Zum Beispiel durch Ankauf anderer Währungen, Gold und Schuldverschreibungen oder durch Kredite oder Gewinnausschüttungen an den Staat. Die häufigere Methode ist jedoch – wie beschrieben –, den Banken ›frisches Geld‹ über Kredite zur Verfügung zu stellen. Wollen sie dabei die Menge im Griff behalten, müssen sie die jeweiligen Zuteilungskontingente und/oder Zinssätze festsetzen, so wie das z. B. bei der Europäischen Zentralbank bei den laufenden ›Versteigerungen‹ geschieht. Die Geschäftsbanken müssen ihrerseits dann entweder die gewünschten Geldmengen und/oder ihre Zinszahlungsbereitschaft signalisieren. Aus diesem Spiel zwischen Angebot und Nachfrage kann dann die EZB ihre Schlüsse für ihr eigenes Verhalten ziehen, also für ihr Bemühen, die Geldmenge stabilitätsgerecht zu steuern.

Auf diese komplizierte und nie ganz optimal funktionierende Regelung der Geldmenge könnte man nur verzichten, wenn – wie gesagt – der Geldumlauf verstetigt würde. Dann wäre auch eine Geldausgabe und ein Geldeinzug über den Staat möglich, der von der Notenbank zu einer direkten Ausgabe und damit Nachfragewirksamkeit des Mehrgeldes gezwungen werden könnte.

Mit einer solchen Geldmengenregelung über den Staat würde auch deutlich, dass nicht nur die Kaufkraftstabilität des Geldes, sondern auch seine Ausgabe eine öffentliche Angelegenheit ist. Auf der anderen Seite würde ebenso deutlich, dass die Verantwortung für die Betreuung der Kundeneinlagen und die daraus gewährten Kreditvergaben, einschließlich der Zinsbildung, allein eine Sache der Banken und des Marktes ist. Einen Rückgriff auf die Notenbanken als ›lender oft last ressort‹, also als Nothelfer mit frisch gedrucktem Geld, gäbe es dann ebenso wenig wie die Einmischung in die Zinssätze, die bei einer funktionierenden Umlaufsicherung mit dem Wirtschaftswachstum zurückgehen würden. Die Notenbanken würden dann tatsächlich (fast) nur noch eine Notenpresse und einen Verbrennungsofen für ihre Tätigkeit benötigen. Sie wären das, was die von Silvio Gesell ausgehende *Freiwirtschaftsschule* bereits seit langem fordert: Eine Währungsbehörde, deren alleinige Aufgabe die optimale Geldversorgung und Geldmengenregulierung mit dem Ziel stabiler Geldkaufkraft ist.

Was ist mit den ›Geldmengenzielen‹ der Notenbanken?

Um die Stabilität der Geld-Kaufkraft zu gewährleisten, muss die nachfragende Geldmenge mit dem Güter- und Leistungsangebot am Markt übereinstimmen. Um das zu beeinflussen, geben viele Notenbanken, ausgehend von der erwarteten Produktivitätsentwicklung, ihre angestrebten Geldmengenausweitungen jeweils im Voraus bekannt. Dass diese Ankündigungen mit der Realität oft wenig zu tun und allenfalls psychologische Effekte haben, beweisen nicht nur die Ergebnisse, sondern auch die Sachgegebenheiten. Denn Aufgabe der Notenbanken ist nicht die Festlegung einer ›Geldmenge‹, an der sich die Wirtschaft zu orientieren hat, sondern die Notenbanken müssten sich umgekehrt mit ihrer Geldmengenpolitik flexibel an die Entwicklungen in der Wirtschaft anpassen!

Vergleichen kann man diese Methode der Notenbanken mit einer Bahnverwaltung, die sich mit der Bereitstellung der Waggons nicht nach den tatsächlichen Transporterfordernissen der Wirtschaft richtet, sondern dieser vorgibt, welches Transportvolumen von ihr im kommenden Jahr erwartet und mit Waggons ausgestattet wird. Stimmt dann die Zahl der Waggons nicht mit dem tatsächlichen Transportbedarf überein und versucht die Bahnverwaltung die ›Stabilität‹ des Transportverkehrs durch Anhebung bzw. Senkung der Waggon-Mietpreise zu steuern, dann würde sie genauso handeln wie heute die meisten Notenbanken.

Welche ›Geldmenge‹ versuchen die Notenbanken zu steuern?

Man sollte meinen, dass die Notenbanken sich bei ihren Steuerungsversuchen mit jener Geldmenge befassen, die von ihnen selbst herausgegeben wird, also mit der Bargeldmenge, der Schlüsselgröße für alle weiteren Geldvorgänge. Stattdessen hantieren die meisten Notenbanken bei ihren Bemühungen um stabiles Geld auch heute noch mit den verschiedensten ›Geldmengenaggregaten‹ herum. Dabei hat sich fast jede Notenbank eine eigene ›Geldmenge‹ oder zumindest eigene Variante konstruiert. Der Sachgegebenheit am nächsten kam dabei die Schweizerische Nationalbank, die sich lange Zeit an der herausgegebenen Bargeldmenge plus der Zentralbankgeld-Guthaben der Banken orientiert hat, der sogenannten Geldbasis, die von den Notenbanken selbst ausgegeben wird und auch alleine wirkliches Geld ist. Andere Länder – vor allem im angelsächsischen Raum – haben lange Zeit die so genannte Geldmenge M1 als Richtgröße benutzt. Darin ist das herausgegebene Bargeld mit den Sichtguthaben der Nichtbanken zusammengefasst, also jene beiden Bestände, die heute auf den Märkten als Zahlungsmittel genutzt werden. Inzwischen experimentieren die meisten Notenbanken, wie auch die Deutsche Bundesbank seit 1988 und jetzt die EZB, mit der so genannten Geldmenge M3. Wie sich die benutzten ›Geldmengen‹ zusammensetzen und dass sie überwiegend gar nicht aus Geld, sondern aus Guthaben der Bankkunden bestehen, geht aus der Darstellung 9 hervor. Ebenso, dass die Geldmenge M3 bei der EZB eine andere Zusammensetzung hat als bei der Deutschen Bundesbank.

Allerdings zieht die EZB, neben dieser so genannten Geldmenge, auch andere Größen und Entwicklungen zur Beurteilung ihrer erforderlichen Steuerungsmaßnahmen heran,

Darstellung 9:
Geldmengen im Vergleich

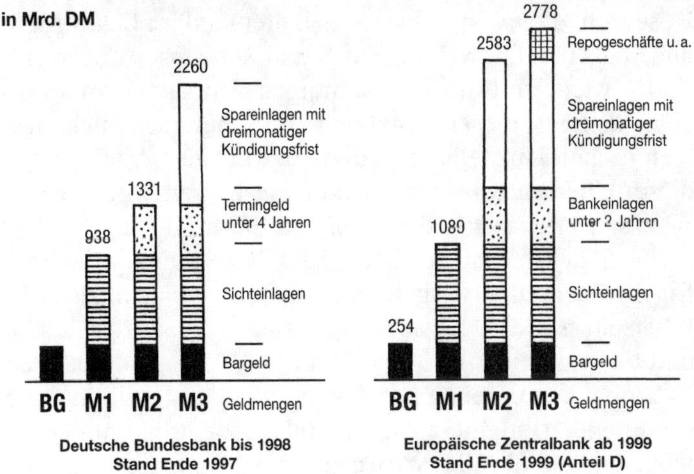

so z.B. auch die direkte Beobachtung der Inflations- und Zinsraten, der Konjunktur- und Produktionsmittelentwicklung und deren Auslastung usw. Allerdings dürften die Erfolge all dieser Geldmengen-Steuerungsversuche, auch wenn sie immer differenzierter ermittelt werden, mangels des unbestimmbaren Geldumlaufs weiterhin unzulänglich bleiben.

Woher kommen die Notenbankgewinne?

Wie bei jedem Unternehmen und jeder Behörde, fallen auch bei den Noten- bzw. Zentralbanken Einnahmen und Ausgaben an. Bei kaum einer anderen Institution dürften die Größen dieser Gewinne jedoch so hoch und so extrem schwankend sein, wie das bei den Notenbanken der Fall ist. Ursache ist der Tatbestand, dass die erwirtschafteten Überschüsse einmal aus Zinseinnahmen für selbst geschöpftes Geld stammen, das die Notenbanken selbst nur wenig kostet. Zum anderen stammen sie aus den Zinserträgen ihrer Reserven, die meist in Dollar gehalten und im Dollarraum angelegt sind. Die Schwankungen dieser Zinserträge resultieren wiederum aus den ständigen Zinssatzveränderungen. Als Folge dieser Gegebenheiten, aber auch buchungstechnischer Umstellungen bzw. Bewertungen, schwankte dieser Überschussposten z. B. in Deutschland in den letzten Jahrzehnten zwischen 240 Mio. und 19 Mrd. DM.

Die jährliche Ausschüttung der Notenbanken an ihre Eigentümer – überwiegend die Staaten – spiegeln also den Überschuss wider, der sich jeweils – nach Abzug der Kosten und der gesetzlich vorgeschriebenen Rücklagen – bei den Notenbanken ergeben hat. Soweit nicht aus dem Ausland stammend, sind diese (dem Staat sehr willkommenen) Überschüsse für die Wirtschaft nichts anderes als eine zusätzliche Steuer, deren Höhe allerdings im Voraus nicht kalkulierbar ist. Gemessen an den gesamten Steuern, ist die über die Notenbankgewinne erwirtschaftete versteckte Abgabe zwar eine Bagatelle. Es fragt sich jedoch, ob dieser ständig schwankende Zugriff auf die Bürger mit einem korrekten demokratischen Rechtsstaat vereinbar ist.

Natürlich hängt die Belastung für die Bürger auch von der Größe und dem Aufwand ab, den die jeweilige Notenbank betreibt. So hatte z. B. die Deutsche Bundesbank Anfang der 90er Jahre rund 18 000 Beschäftigte, während die Bank von England mit gut 4 000 und die Schweizer Nationalbank mit rund 600 Angestellten auskam. Die EZB-Zentrale in Frankfurt hatte Ende 1998 sogar nur 600 Mitarbeiter. Auch wenn man bei diesen Zahlen die Gesamtbevölkerung bzw. Wirtschaftskraft der einzelnen Volkswirtschaften berücksichtigt, ergeben sich also erhebliche Aufwands- und Kostenunterschiede.

Teil II

Der Zins und andere Fehlstrukturen

5. KAPITEL

Der Zins in Vergangenheit und Gegenwart

> *»Das Geld ist für den Tausch entstanden, der Zins aber weist ihm die Bestimmung an, sich durch sich selbst zu vermehren. Daher widerstreitet auch diese Erwerbsweise unter allen am weitesten dem Naturrecht.«*
> *Aristoteles*

Die Überlegenheit des Geldes über die Waren, gab diesem unverzichtbaren Tauschmittel eine besondere Stellung: Alle begehrten es und niemand gab es gerne wieder her. Auch nicht leihweise, es sei denn gegen einen Aufschlag, der die Geldvorteile ausglich. Und da Geld aufgrund seiner Begehrtheit fast immer knapp war und sogar künstlich knapp gehalten werden konnte, spielte dieser Aufschlag, der in Prozenten und zeitbezogen auf das Verliehene berechnet und Zins genannt wurde, mit der Ausweitung der Geldnutzung eine immer entscheidendere Rolle.

Warum ist der Zins ein Problem?

Der Tatbestand, dass der Zins zu sozialen Spannungszunahmen zwischen Arm und Reich führt, wurde schon sehr früh erkannt. Das vor allem, weil sich die Folgen immer wieder bei den Schuldnern zeigten. Sie wurden zur Erfüllung der Zinszahlungen nicht nur zu höheren Leistungen getrieben, sondern gerieten allzu oft in die Schuldenfalle, an deren Ende Leibeigenschaft und Sklaverei standen. Nahmen solche Entwicklungen Überhand, kam es schließlich zu wirtschaftlichen und gesellschaftlichen Zusammenbrüchen, die wiederum Gewalt, Aufstände und Kriege zur Folge hatten. Alle Hochreligionen haben darum immer wieder versucht, den sozialen Sprengstoff des Zinses durch Gebote und Verbote zu minimieren, bis hin zur Androhung von Höllenstrafen. (Siehe Zitate im Kasten D).

Kasten D:

Christliche Stimmen zum Zins:

»Was ist für ein Unterschied, durch Einbruch in Besitz fremden Gutes zu kommen auf heimliche Weise und durch Mord als Wegelagerer, indem man sich selbst zum Herrn des Besitzes jenes Menschen macht, oder ob man durch Zwang, der in den Zinsen liegt, das in Besitz nimmt, was einem nicht gehört?«

Gregor von Nyssa, bedeutender Theologe, griechischer Bischof, ca. 334–394 n. Chr.

»Wer Zins nimmt, wird mit dem Königsbann belegt, wer wiederholt Zins nimmt, wird aus der Kirche ausgestoßen und soll vom Grafen gefangengesetzt werden.«

Kaiser Lothar im Jahr 825, nach einem Gesetz von Karl dem Großen im Jahr 789

»Jede Gesetzgebung, die den Zins erlaubt, ist null und nichtig.«

Papst Alexander II., 1159–1181

Der Zins hat die ganze Gesellschaft vergiftet, die soziale Moral zerstört. An dieser Sünde muss unsere Gesellschaft zugrunde gehen. Der Zins ist der Angelpunkt der sozialen Frage.«

Karl von Vogelsang, 1884

»Wir zweifeln nicht daran, dass eine Zeit kommen wird, in der sich eine christliche Bewegung gegen den Zins erhebt.«

Friedrich Naumann, Soz. Programm der evang. Kirche 1890

»Wer Zins nimmt, lebt auf Kosten der Arbeit anderer, ohne ihnen für diese Arbeit irgendeine Gegenleistung zu geben. Durch den Zins wird der Gleichwertgrundsatz in schwerster Weise verletzt. Christentum und Zins sind unvereinbar.«

Johannes Ude, Dekan der Kath.-theol. Fakultät Graz, 1874–1965

Noch im 18. Jahrhundert wurde durch Papst Benedikt XIV. die Zinsnahme in einer Enzyklika verdammt. Doch mit Geboten und Verboten war und ist dem Zins nicht beizukommen. Im Gegenteil! Werden Zinsverbote befolgt, kommt es zu noch größeren Problemen: Man fordert zwar der angedrohten Strafen wegen keine Zinsen mehr, stellt aber auch das Geldverleihen ein. Durch diese Ausleiheverweigerung aber wird den Märkten das notwendige Tauschmittel entzogen. Die gefährliche Geldknappheit nimmt zu und der Zins steigt – sofern noch jemand Geld verleiht – ins Unermessliche.

Diese Probleme zeichnen sich heute auch im Islam ab, in dem das Zinsverbot wieder aufgelebt ist. Vor allem in strenggläubigen ländlichen Zonen, z. B. des Iran oder des Sudan, in denen man das Zinsverbot verbreitet befolgt, verringert sich das Kreditangebot, weil man Geld vermehrt zu Hause spart. Oder es müssen, anstelle der Zinsen, unter anderen Bezeichnungen gleich hohe Anreize angeboten und meist sogar in fester Höhe zugesagt werden, z. B. in Form von »Gewinnbeteiligungen«.

Das heißt, an den leistungslosen Einkommen der Besitzenden zu Lasten der Arbeitenden hat sich im Prinzip nichts geändert, sie erhalten nur ein anderes Etikett. Außerdem fließt den islamischen Banken, die an Stelle der Kreditvergabe Beteiligungen an den Unternehmen erwerben, übergroßer Einfluss und damit Machtpositionen in der Wirtschaft zu.

Das Zinsproblem kommt also einer Zwickmühle gleich: *Mit* Zinsen nehmen die sozialen Ungleichgewichte zu, *ohne* Zinsen bricht der Geldkreislauf zusammen. Geht man jedoch den Ursachen dieser Zwickmühle nach, dann stellt sich heraus, dass nicht der Zins das eigentlich auslösende Problem ist. Vielmehr ist es die Möglichkeit, Geld zurückhalten und verknappen zu können. Erst aus dieser Verknappung ergibt sich die Möglichkeit, für die Freigabe überschüssigen Geldes einen ständigen Tribut bzw. eine Freigabeprämie zu erpressen.

Diesen Zusammenhang hat man zwar in früheren Zeiten ab und zu erkannt, aber immer wieder aus dem Auge verloren. So hatte beispielsweise Papst Bonifatius VIII. nicht das Zinsnehmen als sündhaft herausgestellt, sondern das Festhalten von Geld: »Wer bei sich daheim Geld schlafend und untätig liegen lässt, wird exkommuniziert«, hieß es in einer im Jahr 1303 veröffentlichten Bulle. Und Papst Clemens IX. gab im 17. Jahrhundert Münzen mit dem Aufdruck »noli thesaurare« in Umlauf, was so viel heißt wie »Du darfst mich nicht festhalten«*.

Auch der Volksmund hat dieses Wissen bis heute in Erinnerung gehalten. Die Redewendungen »Taler, Taler, du musst wandern, von der einen Hand zur andern...« oder »Der Rubel muss rollen« treffen in ihrer Kürze genau den Punkt, um den es bei der Geldproblematik und ihren zunehmenden weltweiten Folgen letztlich geht: um die Verstetigung des Geldkreislaufs.

Was ist der Zins eigentlich?

Der Zins wird heute oft als ›Preis des Geldes‹ bezeichnet. Man kann Geld jedoch nicht kaufen (allenfalls mit einer anderen Währung!), sondern erhält es normalerweise als Entgelt für Leistungen und Güter. Aber auch der Begriff ›Leihgebühr‹ für den Zins ist nicht treffend, weil man Leihgebühren normalerweise nur für Dinge verlangt, die dem Verschleiß unterliegen. Bei Dingen jedoch, die man nach

---

* aus *Hans Weitkamp,* Das Hochmittelalter – ein Geschenk des Geldwesens, Hilterfingen, 1986

der Leihzeit gleichwertig zurückerhält (z.B. ein Pfund Mehl oder einen Zentner Saatkartoffeln), sind im Allgemeinen keine Leihgebühren üblich. Denn der Verleiher hat ja den Vorteil, dass er das Verliehene, wenn er es selbst wieder braucht, in frischem Zustand zurückerhält. Außerdem spart er Lagerkosten, Wartung und Verluste.

Anders ist es, wenn das Verleihen für den Verleiher mit einem Nachteil verbunden ist. Das aber ist beim Verleihen von Geld insofern der Fall, als der Verleiher zwischenzeitlich auf die Freizügigkeit verzichtet, jederzeit mit dem Geld disponieren zu können. Keynes spricht hier vom ›Liquiditätsvorteil‹ der Geldhaltung und bezeichnet deshalb den Zins auch als »Prämie für Liquiditätsverzicht«.

Obwohl das Geld eigentlich nur ein Tauschvermittler und in dieser Rolle ein Äquivalent der Güter und Leistungen sein soll, ist es diesen, aufgrund seiner Dauerhaftigkeit wie seiner Liquiditätsvorteile, also überlegen. Außerdem stehen diejenigen, die Geld übrig haben, unter keinem Druck, es herzugeben, also auf dem Markt anzubieten. Wer dagegen Güter produziert, muss sie, um Lagerkosten und Verluste zu vermeiden, immer zu verkaufen versuchen. Noch mehr steht derjenige unter Druck, der von seiner Arbeitskraft lebt: Er ist zum Angebot gezwungen, wenn er nicht verhungern will.

Diese Überlegenheit des Geldes über die zu tauschenden Güter und Leistungen, ist also das, was sich derjenige belohnen lässt, der sein Geld ausleiht. Dabei haftet diese Überlegenheit dem Geld gewissermaßen von seiner Konstruktion her an. Sie wird also dem Geldhalter und -verleiher selbst ›geschenkt‹ und geht darum nicht auf seine Leistung zurück. Vielmehr ergibt sich der Geldvorteil aus der allgemeinen Übereinkunft, dieses Medium Geld als Zahlungsmittel überall zu akzeptieren. Das heißt, der Zins ist zusammen mit dem Tauschmittel Geld und seinen Vorteilen in die Welt gekommen. Und aufgrund dieser Umstände kann er von denjenigen, die Geld übrig haben, zu Lasten der anderen Marktteilnehmer in ungerechtfertigtes Einkommen umgewandelt werden.

Welche Aufgaben hat der Zins?

In der Volkswirtschaft gilt der Zins mit seiner schwankenden Höhe als ein Indikator der gegebenen Geld- bzw. Kapitalmarktverhältnisse, genauer: der Knappheit des Geldes. Außerdem wird der Zins als ein Instrument gesehen, mit dem das Geld in die wirtschaftlich sinnvollste Anlage geleitet wird. Vor allem aber sorgt der Zins dafür (und hier liegt seine wichtigste Aufgabe), dass diejenigen, die Geld übrig haben, es nicht festhalten, sondern anderen leihweise überlassen. Der Zins ist also das ›Zuckerbrot‹, mit dem man das für die Wirtschaft unverzichtbare Geld wieder in den Kreislauf zurücklockt. Konkreter: Der Zins sorgt für den Umlauf des Geldes, auf den jede Volkswirtschaft zur Sicherung ihres Funktionierens angewiesen ist.

Für die beiden erstgenannten Aufgaben des Knappheitsindikators und des Lenkungsinstruments ist die Zinshöhe an sich ohne Belang. Hier funktioniert der Zins auch, wenn er niedrig ist, ja sogar um Null herum pendelt, oder – wenn Geld im Überfluss angeboten wird – bei Minusgrößen. Als Umlaufsicherungsinstrument jedoch lässt die Wirkung der Zinsen mit sinkender Höhe nach. Das heißt, ein Absinken der Zinssätze – ein volkswirtschaftlich und sozial höchst wünschenswerter Vorgang – führt zu verstärkten Geldzurückhaltungen und damit zu Kreislaufstörungen in der Wirtschaft. Das heißt, wenn der Zins, als Prämie für den Liquiditätsverzicht, den Geldhaltern nicht mehr hoch genug erscheint, nimmt die Bereitschaft zur Geldfreigabe ab. Dieser Effekt lässt sich auch statistisch nachweisen, wie die Darstellung 10 zeigt.

Darstellung 10:

Einfluss der Zinshöhe auf die Bargeldhaltung

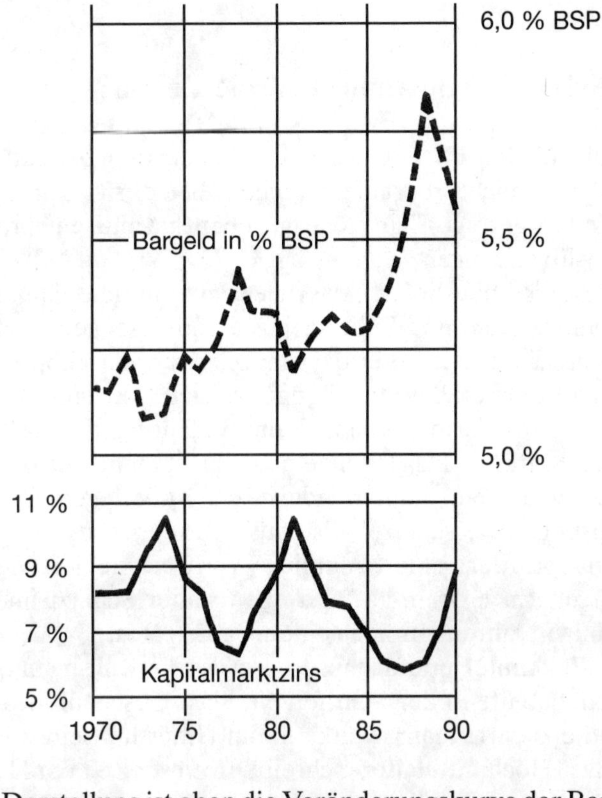

In der Darstellung ist oben die Veränderungskurve der Bargeldhaltung eingetragen, ausgedrückt in Prozent des Bruttosozialprodukts. Vergleicht man die Schwankungen der Geldhaltung mit der Veränderung der Zinskurve im unteren Teil der Grafik, dann wird die Beziehung zwischen beiden deutlich: Immer wenn die Zinsen steigen, geht die liquide Geldhaltung zurück, weil man nicht auf die hohen Zinsen verzichten möchte. Wenn die Zinsen fallen, nimmt die Geldhaltung zu, weil der Zinsverlust weniger zu Buche schlägt. Die Wirkung der Zinsen, das Geld in Umlauf zu halten, ändert sich also mit der Zinssatzhöhe.

Gab es irgendwann zinsfreie Zeiten?

Ob der Zins in der Geschichte einmal völlig bedeutungslos war, ist nicht überliefert. Sicher aber dürfte sein, dass es Zeiten geringer Zinshöhe gegeben hat mit entsprechend positiven Folgen.

So ist überliefert, dass der spartanische Staatsmann Lykurg Gold und Silber ächtete und Eisengeld einführte. Möglicherweise tat er das, um bei der Geldschöpfung von den Edelmetallen unabhängig zu sein. Mit diesem Eisengeld veränderte sich jedoch die Bedeutung des Geldes auf den Märkten: Das Eisengeld war nicht mehr, wie Gold und Silber, den einzutauschenden Gütern überlegen! Denn wer Eisengeld verschatzte, also aus dem Verkehr zog und verknappte, der riskierte ähnliche Verluste wie der Warenbesitzer. Im Extremfall fand er in seiner Schatztruhe nach einigen Jahren nur noch einen Haufen Rost.

Bekannter und nachprüfbarer ist die Kultur- und Wirtschaftsblüte in der Staufferzeit. »Ein Geschenk des Geldwesens«, wie Hans Weitkamp im Untertitel seines Buches »Das Hochmittelalter« schreibt. In dieser Zeit der Hochgotik gab es ebenfalls ein Geld, das nicht von Dauer war, nämlich die einseitig geprägten so genannten Brakteaten. Dieses Geld wurde aus dünnem Silberblech gefertigt, hatte also einen geringeren Metallwert und auch eine geringere Haltbarkeit. Das Entscheidende an den Brakteaten aber war, dass sie im Jahr ein- bis zweimal ›verrufen‹, das heißt, durch öffentlichen Aufruf als ungültig erklärt wurden. Sie mussten dann gegen neu geprägte Münzen eingetauscht werden, wobei man für vier alte Münzen durchweg nur drei neue erhielt.

Zwar kannte man den Geldverruf mit Zwangsumtausch und Abzug auch vorher schon bei den normalen Münzen. Er fand überwiegend jedoch nur bei der Einsetzung eines neuen Herrschers statt, wobei der Wechsel mit dem eingeprägten Konterfei vermittelt wurde. Erzbischof Wichmann von Magdeburg aber, der als Erster im Jahre 1154 diese Brakteaten prägte, hat diesen Münzverruf zur Regel gemacht. Wahrscheinlich, um über den jeweils einkassierten Umtausch-Abschlag – Schlagschatz oder Prägesteuer genannt – den Staatshaushalt auf bequeme und sichere Weise zu finanzieren. Verständlich, dass diese Steuereinzugsmethode bei anderen Herrschern und Münzherren sehr schnell Nachahmer fand. Doch dieser von den Bürgern sicher kaum begrüßte Abschlag, hatte einen nicht eingeplanten segensreichen Nebeneffekt: Das geprägte Dünnblechgeld lief im Gegensatz zu den massiven Münzen in der Wirtschaft kontinuierlich um! Kaum einer zog es noch aus dem Verkehr oder sammelte es gar in Truhen, denn mit jeder Ansammlung riskierte man beim nächsten Geldumtausch höhere Verluste. Um diese zu vermeiden oder wenigstens zu minimieren, gab man sein Geld möglichst in dem Rhythmus weiter, wie man es selbst erhielt. Und hatte man im Moment keinerlei Verwendung und damit Geld übrig, verlieh man es gern an andere. Denn auf diese Weise konnte man den ›Schwarzen Peter‹ des Umtausch-Abschlags an einen anderen weitergeben. Der Geldleiher hatte dann das Risiko, der Verleiher aber Anspruch auf Rückerstattung des vollen Betrages, auch über den Umtauschtermin hinaus.

Was bewirkten die Brakteaten?

Die Folge dieser Brakteaten-Eigenschaften war ein weitgehend störungsfreier Geldumlauf und damit ein Rückgang der Knappheit mit entsprechend sinkenden Zinsen. Entsprechend positiv waren die Folgen für das wirtschaftliche und gesellschaftliche Geschehen. Zwar gab es neben den Brakteaten auch noch die massiven und dauerhaften Münzen, aber diese wurden hauptsächlich als Schatzmittel verwandt.

In der Brakteatenzeit, vor allem dem 13. und 14. Jahrhundert, entstanden allein im deutschen Sprachraum mehrere hundert Städte. Die Hanse hatte ihre Blüte, die Wirtschaft gedieh und zum ersten Mal gab es so etwas wie einen breiten Bürgerreichtum. Den Spuren dieser Zeit kann man in den wenigen unversehrt gebliebenen Städten bzw. Altstadtbezirken, wie z. B. Dinkelsbühl, Rothenburg, Nördlingen oder Lübeck, noch nachgehen. Nie wieder hat es so viele Künstler und Kunsthandwerker gegeben wie in diesen Jahrhunderten. Fast alle Balken an den Bürgerhäusern und selbst der letzte Stein auf den Spitzen der Kirchen und Kathedralen waren kunstvoll gestaltet, ebenso die Glasfenster und Kirchengestühle.

Gerade die Kathedralen legen heute noch Zeugnis ab von dem Reichtum dieser Zeit. Sie wurden nicht – wie die Pyramiden – durch Zwangsarbeiter errichtet, sondern von hoch bezahlten Handwerkern und Baumeistern. Und dieser breit gestreute Wohlstand war nicht die Folge einer ständigen Leistungssteigerung oder eines Wirtschaftswachstums in unserem heutigen Sinne. Er war ganz einfach die Folge einer langen Epoche des Wirtschaftens mit einem relativ verstetigten Geldkreislauf, einer Epoche der Wohlstandmehrung durch die weitgehende Vermeidung der sonst sich wiederholenden verarmenden Konjunktureinbrüche:

Er war die Folge eines umlaufenden Geldes, dem der Ausbeutungscharakter weitgehend genommen war!

Vielerorts gab es damals schon eine Fünftagewoche, denn der ›Blaue Montag‹ war beispielweise in den deutschen Zünften arbeitsfrei. (Der Name rührt daher, weil die Handwerker an diesem Tag ihre Arbeitskleidung – ihr Blauzeug – in die Wäsche gaben. Noch heute spricht man davon, einen Tag ›blau‹ zu machen, wenn man der Arbeit aus dem Wege gehen will.) Auch wenn man im Hochmittelalter noch keinen Urlaub in unserem Sinne kannte, gab es doch – zusätzlich zu den Wochenenden – bis zu 70 und mehr Feiertage im Jahr, wie in Chroniken aus dieser Zeit berichtet wird.

Wie reich die Zeit gewesen sein muss, zeigt sich vor allem an den Bauleistungen. Als man z. B. Mitte des 13. Jahrhunderts mit dem Kölner Dom begann, lebten in der Stadt kaum mehr als 20 000 Menschen. Und diese waren in der Lage, ein Gebäude zu planen und zu erbauen, in dem praktisch alle Bürger Platz fanden. Gleichzeitig konnten sie die Stadt mit Mauern und Toren schützen, deren Solidität und Gestaltung heute noch Bewunderung auslöst. Und solche großen Bauprojekte konnten sie selbst dann beginnen, wenn sich die Fertigstellung über mehr als hundert Jahre hinzog – was sich in einer zinsbelasteten Zeit nie hätte finanzieren und realisieren lassen. Zeit war offensichtlich damals (noch) nicht identisch mit Geld!

Dass diese wirtschaftliche und kulturelle Blüte mit dem Geld zusammenhing, bestätigt auch das Ende dieser Ära im 14. und 15. Jahrhundert, in denen die Brakteaten wieder durch ›Dickpfennige‹ oder ›ewige Pfennige‹ ersetzt wurden. Zu dieser Abschaffung kam es möglicherweise, weil manche Münzherren die Verrufung zu oft wiederholt und damit Widerstand bei den Bürgern ausgelöst hatten. Oder vielleicht auch, weil neue Gold- und Silberfunde genügend Material für die Herstellung massiver, doppelseitig geprägter Münzen boten. Die damit geprägten Münzen belebten zwar anfangs ebenfalls Handel und Gewerbe, doch sie verschwanden sehr schnell auch wieder aus dem Wirtschaftskreislauf in die Schatztruhen.

Mit dieser nun wieder möglichen und eintretenden Verknappung des Geldes lebte zwangsläufig auch der Zins wieder auf. Geldverleiher, wie z. B. die Fugger oder Welser, wurden immer reicher, alle anderen als Schuldner ärmer, bis hin zu Erzbischöfen und Fürsten, ja sogar bis zum Kaiser in Wien. Unvollendete Kathedralen blieben über Jahrhunderte hinweg halb fertig stehen. Die Domtürme in Ulm oder Köln wurden erst im 19. Jahrhundert fertiggestellt und in Straßburg fehlt heute noch eine der beiden Spitzen. Dieser plötzliche Abbruch der Bautätigkeit wird bei Führungen und in Veröffentlichungen oft mit dem Hinweis erklärt, dass kein Geld mehr da gewesen sei. Wo das Geld aber geblieben war und warum es verschwand, wird nie erklärt.

Weil sich die Menschen der damaligen Zeit über die positiven Wirkungsmechanismen der Brakteaten und die negativen des massiven Geldes nicht im Klaren waren, haben sie sicherlich die Wiedereinführung der massiven Münzen aus Gold oder Silber begrüßt, die nicht mehr dem Verruf unterlagen. Leider unterlagen sie aber auch nicht mehr dem Zwang, sich auf den Märkten – wie die zu tauschenden Güter – anzubieten.

Was ist der Zins heute?

Profit, Gewinn, Überschuss, Rendite, Mehrwert und Zins werden heute in Theorie und Praxis immer noch häufig verwechselt oder durcheinander geworfen. Geht man den Dingen nach, dann bleiben in Wirklichkeit nur zwei Phänomene übrig: der Zins als Anspruch aus dem Einsatz von

Geld- und Sachkapital (einschl. Boden) und der Gewinn als Überschuss. Dabei sind die Zinsen, in Prozenten auf das eingesetzte Kapital berechnet, eine feste und bekannte Kostengröße. Der Gewinn dagegen, in Prozenten des Umsatzes ausgedrückt, eine schwankende und offene Größe. Er ergibt sich erst nach Abzug aller Kosten – auch derjenigen der Verzinsung! – als Restergebnis in der Einnahmen-Ausgabenrechnung. Und das auch nur dann, wenn dieses Restergebnis positiv ist. Im anderen Fall liegt statt des Gewinns ein Verlust vor.

Die Zinsen, als Kosten für das Geld- und Sachkapital, gehen also in die Preise genauso als eine feste Lastgröße ein wie die Kosten für das Material und das Personal. Der Gewinn dagegen kann allenfalls als Risikoaufschlag in die Kalkulation aufgenommen werden.

Dass heute immer noch in vielen Fällen nur die Fremdkapitalverzinsung als Kostenfaktor ausgewiesen wird, während die Eigenkapitalverzinsung im Gewinn verschwindet, trägt entscheidend zur Verwirrung in Sachen Zinsen bei. Außerdem verhindert diese Art von Buchführung sachgerechte Vergleiche zwischen den Betriebsergebnissen verschuldeter und unverschuldeter Unternehmen. Und in alternativen Betrieben liegt hier oft die Quelle der versteckten Selbstausbeutung.

Zins ist also Einkommen aus Besitz von Geld- oder Sachkapital. Dabei bestimmt die Zinshöhe des Geldes die Verzinsung des Sachkapitals. Denn wer wird wohl sein Geld von der Bank abheben und in eine Sachanlage stecken, wenn diese weniger Zinsen verspricht als die Geldanlage bei der Bank? Das heißt, der Geldzins ist die Schwelle und die Hürde vor jeder Wirtschaftstätigkeit und damit auch vor jeder Schaffung eines Arbeitsplatzes. Viele Investitionen werden darum erst bei sinkenden Geldzinsen möglich, so sinnvoll und notwendig sie auch sein mögen. Mit jeder weiteren Investition aber sättigen sich die Märkte, was über nachlassenden Kreditbedarf auf die Geldzinsen drückt. Sinkende Geldzinsen wiederum drücken auf die Verzinsung aller bestehenden Sachvermögen. Denn welcher Hauswirt kann z. B. für eine Wohnung noch eine sechsprozentige Kapitalverzinsung fordern, wenn jeder Mieter sich mit einer dreiprozentigen Hypothek eine Eigentumswohnung kaufen kann? Doch solche marktgerechten zinssenkenden Entwicklungen sind nur möglich, wenn das Geld nicht ›streiken‹ kann und der Zins – wie alle anderen Knappheitsgewinne – den Marktkräften unterstellt ist.

Die eigentliche Ursache der Ausbeutung liegt also nicht im Sachvermögen, sondern im Geldvermögen, nicht in der Produktions-, sondern in der Zirkulationssphäre. Verständlich, dass der kommunistische Weg zu einer sozialeren Gesellschaft scheitern musste. Marx selbst hatte zwar im 3. Band seines Hauptwerks »Das Kapital« den Vorrang der Geldkapitalbedienung vor der des Unternehmers mehrfach herausgestellt, aber diese Aussagen blieben leider unbeachtet. Auch Engels betonte in seinem »Anti-Dühring« die Überlegenheit des Geldes und seine Fähigkeit, durch Schatzbildung Zinsen zu erpressen. Und damit verwandeln sich – so schreibt er wörtlich – die »Beherrscher des Cirkulationsmittels und des Weltgeldes … in Beherrscher der Produktion, und damit in Beherrscher der Produktionsmittel, mögen diese auch noch jahrelang dem Namen nach als Eigentum der Wirtschafts- und Handelskommune figurieren«.

Welche Zinsbegriffe gibt es?

Im Bereich der Zinsen gibt es eine fast verwirrende Fülle von Begriffen. Da ist von Nominal- und Realzins die Rede, von Soll- und Habenzinsen, von Kapital- und Geldmarktzinsen usw. Außerdem gibt es Zinsbezeichnungen für die verschiedensten Einlagen und Kreditarten. Schließlich auch noch die Leitzinsen der Notenbanken. Es ist darum sinnvoll, die wichtigsten Zinsbegriffe kurz zu erklären.

Der Nominalzins gibt die jeweils vereinbarten und einzuhaltenden Zinssätze wieder, sowohl für Einlagen als auch für Kredite. Der Realzins ist der Teil des Nominalzinses, der nach Abzug der Geldentwertungsrate, also des Inflationssatzes, übrig bleibt. Der Begriff Sollzins meint jene Zinsen, die der Kreditnehmer, der im Soll steht, zahlen muss. Der Begriff Habenzinsen gilt für die Zinsen, die der Sparer für sein Guthaben erhält.

Bei Direktverleihungen zwischen zwei Wirtschaftspersonen sind Soll- und Habenzinsen identisch. Bei Verleihungen über die Banken klaffen sie auseinander. Die sich ergebende Differenz zwischen beiden Größen ist die Bankmarge, jener Teil, den die Bank für ihre Vermittlungstätigkeit einbehält. Bei diesem Teil handelt es sich also nicht um ein leistungsloses Einkommen, sondern um die Honorierung der Vermittlungsdienstleistung. Wie die Darstellung 11 schematisch zeigt, schwankt dieser Bankanteil innerhalb der Soll- und Habenzinsen erheblich.

Je kürzer die Laufzeiten von Einlagen und Krediten sind und je geringer ihre Höhe, umso größer ist im Allgemeinen die eingerechnete Bankmarge. Wenn also die kleinen Sparer die geringsten Guthabenzinsen erhalten und die kleinen Kreditnehmer die höchsten Kreditzinsen zahlen müssen, hängt das vor allem mit dem relativ größeren Arbeitsaufwand bei Kleingeschäften zusammen. Außerdem werden große Beträge meist für längere Zeiträume eingelegt und verliehen, bzw. in einer Summe ein- und ausgezahlt, während kleine Einlagen und Kredite oft mit vielen Ratenzahlungsvorgängen und damit entsprechenden Zusatzkosten verbunden sind.

Darstellung 11:

Unterschiedliche Zinssätze und Bankmargen

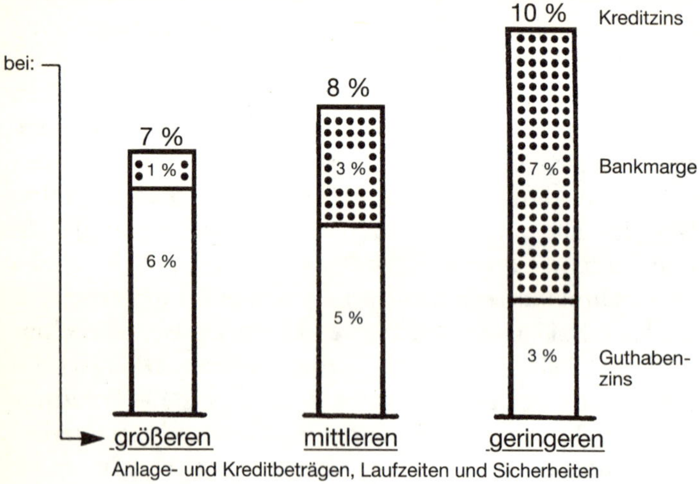

Wie setzen sich die Zinsen zusammen?

Bekommt man für die Termineinlage bei der Bank oder für ein Wertpapier im Jahr z. B. vier Prozent, so sind das – stabiles Geld vorausgesetzt – reale Zinseinkünfte. Ist die Kaufkraft des Geldes nicht stabil oder wird ein inflationärer Kaufkraftverlust befürchtet, dann wird der Einleger normalerweise für sein Geld einen höheren Zins verlangen, um auf diese Weise den Inflationsverlust seiner Einlage auszugleichen. Dieser Inflationsausgleich ist also keine reale Einkommenserhöhung, sondern dient zur Neutralisierung eines Verlustes, der sich sonst als Gewinn für den Kreditnehmer ausgewirkt hätte.

Zins, Inflationsausgleich und Bankmarge zusammen, also der gesamte nominelle Sollzins, ist für den Kreditnehmer die entscheidende Größe. Denn in Höhe dieses Sollzinses muss er zusätzliche Einnahmen erwirtschaften, auch dann, wenn er als Unternehmer oder Geschäftsmann seine Preise nicht um den Inflationsausgleich erhöhen kann. Steigende Zinsen – ob markt- oder inflationsbedingt – können also sehr schnell zur Überschreitung der Rentabilitätsgrenze führen und damit zu Investitionsverzögerungen oder -rückstellungen. Für hoch verschuldete Unternehmen sind deutliche Zinssatzanstiege sogar der Auslöser von Zahlungsunfähigkeiten und Firmenschließungen. Dabei laufen die Höhepunkte der Pleitewellen einige Jahre hinter den Zinswellen her, was man besonders gut auf dem zinsempfindlichen Bau- und Wohnungsmarkt verfolgen kann.

Aus der nachfolgenden Darstellung 12 gehen die Einzelposten, aus denen sich der Zins zusammensetzt, differenzierter hervor.

Die gesamte Höhe der abgebildeten Zinssäule entspricht den bereits erklärten Sollzinsen, also jenen Zinsen, die ein Kreditnehmer an die Bank zu zahlen hat. Nach Abzug des (sehr unterschiedlichen) Bankanteils in diesen Sollzinsen verbleibt der Guthabenzins, also jener Zins, den die Bank dem Geldgeber zahlt. Wenn dieser seinen tatsächlichen Zinsertrag feststellen will, muss er von diesem Habenzins die Inflationsrate in Abzug bringen.

Der verbleibende Realzins ist der wirkliche ›Preis des Geldes‹. Oder anders ausgedrückt: Es ist der Tribut, den der Geldgeber als Belohnung dafür verlangt, dass er sein übriges Geld nicht hortet, sondern dem Wirtschaftskreislauf wieder zur Verfügung stellt.

Der Realzins wiederum besteht in erster Linie aus einem Grundanteil, mit dem sich der Geldbesitzer die Aufgabe des Liquiditätsvorteils honorieren lässt. *Keynes* spricht von

Darstellung 12:

Größe- und Zusammensetzung der Kreditzinssätze – Schemabeispiel

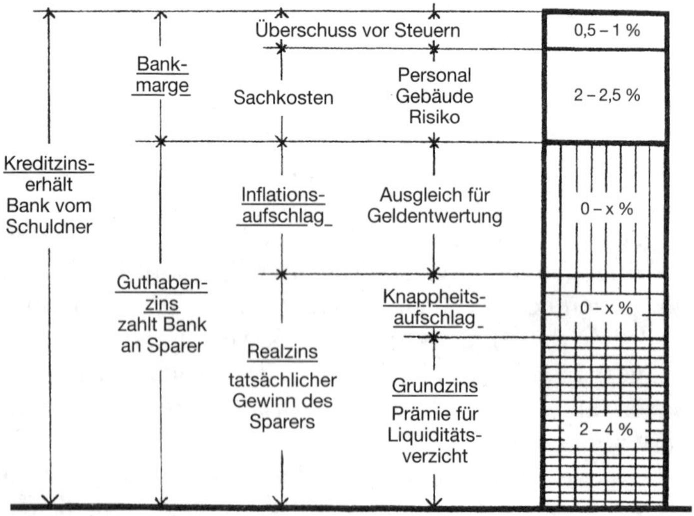

der Liquiditäts(verzichts)prämie, Gesell vom Urzins, in dessen Höhe sich die Überlegenheit des Geldes gegenüber den Gütern bzw. der Vorteil der liquiden Geldhaltung widerspiegelt. Dieser Grundzins – gleichgültig wie man ihn erklärt – erhöht sich je nach Marktlage noch durch einen Knappheitsaufschlag. Dieser Knappheitsaufschlag ist jener Zinsanteil, der von den Angebots- und Nachfrageschwankungen an den Kapitalmärkten beeinflusst wird. Angesichts der überbordenden Geldüberschüsse müsste er eigentlich längst aus der Zinsbildung verschwunden sein. Doch er kann deshalb nicht verschwinden, weil Geld nicht unter dem gleichen Angebotszwang steht wie Güter und Arbeit. Konkret: Weil man

Geld künstlich verknappen kann, auch wenn es gar nicht (mehr) knapp ist.

Was umfasst die Bankmarge im Zins?

Die Bankmarge deckt – wie gesagt – die Bankkosten ab. Dieser Sollzinsanteil kommt also nur dann hinzu, wenn eine Bank zwischen Sparer und Kreditnehmer tätig wird. Die Bankmarge verteuert jedoch nicht nur die Kreditzinsen, sie belastet auch die Habenzinsen des Sparers. Denn wie bereits aus der Darstellung 11 ersichtlich, verteilen sich diese Vermittlungskosten auf beide Beteiligten. Das heißt, bei einem Direktkredit würde der Geldgeber mehr erhalten und der Kreditnehmer weniger zahlen. Dafür hätten beide aber Schwierigkeiten, sich überhaupt zu finden und die Verleihformalitäten abzuwickeln. Für den Geldgeber käme außerdem das Kreditrisiko hinzu, das bei einer Vermittlung über eine Bank von dieser übernommen wird.

Geht man von den Gegebenheiten in Deutschland aus, dann liegt die Bankmarge im Durchschnitt bei etwa zwei Prozent des Geschäftsvolumens, bezogen auf das Kreditvolumen bei zweieinhalb bis drei Prozent. Die Kreditzinsen bestehen also im Schnitt zu etwa einem Drittel aus Bankkosten und zu etwa zwei Dritteln aus den eigentlichen Zinsen.

Die Marge, die die Bank zwischen Soll- und Habenzinsen einschiebt, ist jedoch keinesfalls ein Reingewinn. Wie aus der Darstellung 12 hervorgeht, muss man diese Marge vielmehr wieder aufteilen, und zwar in einen Sachkostenanteil und in einen Überschuss. Der Sachkostenanteil besteht im Wesentlichen aus den Kosten für das Personal, die Gebäude und das Risiko, das die Bank zum Schutz des Sparers übernimmt. Dabei sind die Personalkosten der größte Posten. Zieht man von der gesamten Menge diese Sachkosten ab, dann verbleibt der so genannte Jahresüberschuss vor Steuern. Dieser liegt in Deutschland im Durchschnitt aller Banken bei etwa einem Drittel der Marge. Bezogen auf das Geschäftsvolumen macht der Überschuss also nur 0,5 bis 0,6 Prozent aus, bezogen auf das Kreditvolumen 0,7 bis 0,9 Prozent. Dieser Überschuss reduziert sich durch die Steuern noch mal um gut die Hälfte. Will man die Höhe des wirklichen Bankgewinns ermitteln, muss man aus dem sich so ergebenden Überschuss nach Steuern noch die Verzinsung des Eigenkapitals herausrechnen.

Zinssätze und Bankmarge sind im Allgemeinen umso niedriger, je stabiler die Geldkaufkraft sowie die Wirtschafts- und Gesellschaftsgegebenheiten in einem Land sind. Aufgrund der besonderen und historisch langen Stabilität liegen die realen Zinssätze beispielsweise in der Schweiz – wie die Darstellung 13 zeigt – deutlich unter jenen aller anderen europäischen Länder.

Darstellung 13:

Langfristige Zinsen ausgewählter Industrieländer

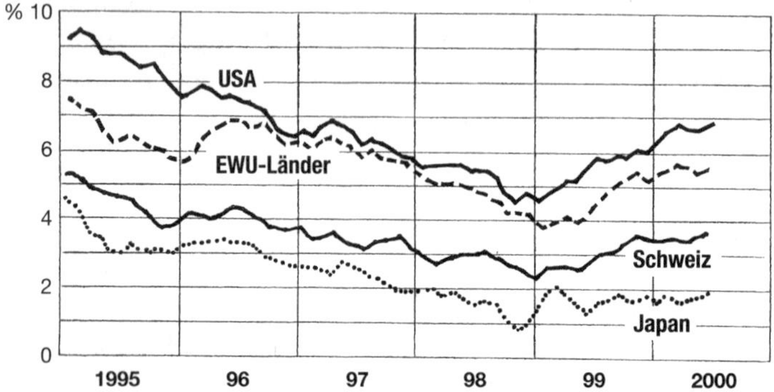

Quelle: Bundesbank

Selbst gegenüber Deutschland gibt es bei langfristigen Guthaben und Krediten eine Differenz von zwei Prozentpunkten. Besonders niedrig liegen die Zinssätze in Japan, was einmal – wie auch in der Schweiz – auf die hohen Sparquoten bzw. Geldeinlagen zurückzuführen ist. Das in Japan zwischenzeitlich sogar gegen Null gefallene Zinsniveau ist jedoch – wie auch andere Indikatoren des Wirtschaftsgeschehens zeigen – bereits als Deflationserscheinung anzusehen.

Was versteht man unter Leitzinsen?

Wie das Wort leiten sagt, sollen diese Zinsen Einfluss auf die Wirtschaft nehmen, vor allem auf die Zinsentwicklung. Dieser Einfluss hängt damit zusammen, dass die Geschäftsbanken diese Leitzinsen zahlen müssen, wenn sie von der Notenbank Geld leihen wollen. Wie bereits dargelegt, tun sie das nur in zwei Fällen: Einmal, wenn Kunden mehr Bargeld an den Schaltern nachfragen, als von anderen Kunden laufend eingezahlt wird. Zum Zweiten, um die notwendigen Clearingkonten bzw. die vorgeschriebenen Mindestreserven mit Zentralbankgeld aufzufüllen. Auch dann, wenn sie über die Kundeneinlagen hinaus Kredite gewähren wollen, müssen sie ggfs. die damit anfallenden Zahlungen und/oder Überweisungen mit zusätzlich geliehenem Zentralbankgeld abdecken. Ob die Zentralbanken diesen Bedarf jedoch erfüllen, hängt weitgehend von deren Bereitschaft zur Ausweitung der Geldmenge ab.

Gibt eine Notenbank zusätzliches Zentralbankgeld gegen eingereichte Wechsel heraus, dann spricht man vom Diskontzins. Diese Geldherausgabe über Wechsel ist im Grunde eine vernünftige Sache, da eine Zunahme der Bezahlungen über Wechsel eine Knappheit von Geld in der

Darstellung 14:
Refinanzierungsstruktur der deutschen Banken 1980 bis 1998

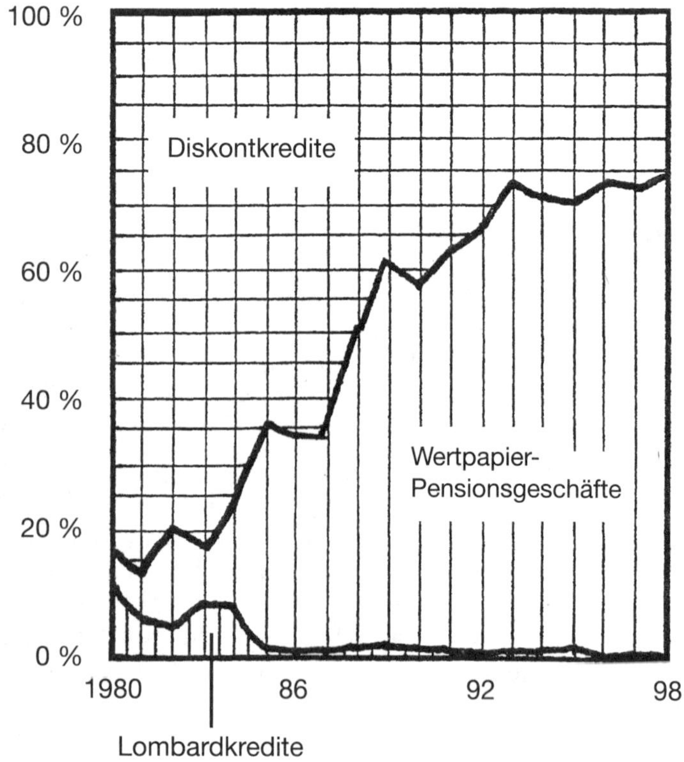

Quelle: Bundesbank

Wirtschaft signalisiert. Außerdem sind Wechselkredite durchweg mit bereits erbrachten Leistungen gedeckt.

Diese Refinanzierungen der Banken über Wechsel gibt bzw. gab es allerdings nur in wenigen Ländern. Auch in

Deutschland wurde dieser besonders zinsgünstige Weg schon seit 1985 immer mehr heruntergefahren und mit der Einführung des Euro ganz aufgehoben, wie aus der Darstellung 14 hervorgeht. An ihre Stelle traten zunehmend die so genannten Wertpapier-Pensionsgeschäfte, mit denen die Banken für wenige Wochen zu schwankenden Zinssätzen Geld leihen konnten.

Als Sicherheit für diese Pensionsgeschäfte mussten die Banken der Bundesbank Wertpapiere verkaufen (in Pension geben) und sich verpflichten, sie nach Ablauf der Kreditfrist wieder zum gleichen Preis zurückzukaufen. Ansonsten gab es noch den durchweg zwei Prozentpunkte über dem Diskontsatz liegenden Lombardzins, zu dem die Banken sich theoretisch unbegrenzt refinanzieren konnten. Wegen seiner hohen Kosten wurde diese Möglichkeit jedoch nur im Notfall genutzt.

Diese verschiedenen Refinanzierungswege, vor allem die Praktiken der EZB, werden in Kapitel 11 noch genauer beschrieben.

Welchen Einfluss haben die Notenbanken auf den Marktzins?

Dass der Einfluss auf die Zinsen bereits beim Geldmarkt relativ fragwürdig ist, ging bereits aus der Darstellung 10 hervor.

Noch geringer ist er bezogen auf jene Kapitalmärkte, auf denen sich die Ersparnisse der Marktteilnehmer sammeln und sich die Unternehmen sowie die öffentlichen wie privaten Haushalte ihre Investitions- oder Konsumkredite holen. Diese nur geringe Einflussnahme der Notenbanken ist allein schon deshalb gegeben, weil sich die auf diesen Kapitalmärkten bildenden Zinssätze auf Kreditmittel beziehen, die vielmals größer sind als die Mittel der Notenbanken. Denn während sich der von den Notenbanken zu befriedigende Geldbedarf weitgehend im Gleichschritt mit dem Wachstum der Wirtschaft entwickelt, nehmen die Geldersparnisse bei den Geschäftsbanken aufgrund der hohen Sparquoten deutlich schneller zu und damit auch die an die Wirtschaft zu vergebenden Kredite. So lagen beispielsweise die gesamten Geldvermögen und Schulden der Nichtbanken in Deutschland 1998 beim 40fachen der Bargeldmenge und beim 30fachen der von der Deutschen Bundesbank herausgegebenen Zentralbankgeldmenge, d. h. der Summe von Bargeld und Zentralbankgeldguthaben der Geschäftsbanken bei der Zentralbank. Mit dieser sich tendenziell öffnenden Schere zwischen Zentralbankgeld und Geldersparnissen wird der ›Geldhebel‹ der Notenbanken, mit dem sie die Wirtschaft beeinflussen können, immer wirkungsloser.

Schon seit Jahren geben Notenbanker zu, dass sie die Zinsen am Markt allenfalls noch im Trend verstärken oder abschwächen, nicht aber mehr entscheidend beeinflussen können. So z. B. 1992 der Ökonom Gerhard Fels, Direktor des Instituts der Deutschen Wirtschaft:

»Es gehört zu den Grundirrtümern der geldpolitischen Diskussion, in der Notenbank die Instanz zu sehen, die die Höhe der für die Volkswirtschaft relevanten Zinsen bestimmt. Sie kann das Zinsniveau allenfalls kurzfristig beeinflussen und auch das nicht entgegen den Marktkräften.«

Veränderungen der Notenbankzinsen sind also heute oft mehr Theaterdonner und Psychologie als konkreter Eingriff in den Markt. Das gilt besonders für den wichtigsten Marktzins, den so genannten Kapitalmarktzins. Das ist jener Zins, den man für längerfristige Geldüberlassungen erhält und an dem sich sowohl die Anleger als auch die Investoren in der Wirtschaft orientieren. Dieser Kapitalmarktzins ist z. B. in Deutschland von Anfang 1990 bis Mitte 1993 leicht gesunken, obwohl die Deutsche Bundesbank in dieser Zeit die Leitzinsen dreimal angehoben und der Staat seine Verschuldung extrem ausgeweitet hat.

Resignierend schreibt zu diesem Tatbestand Helmut Hesse, Präsident der Landeszentralbank in Niedersachsen, im Sommer 1992:

»Die Leitzinsen haben sicher das höchste Niveau in der Geschichte der Bundesrepublik erreicht. Sie waren aber auch noch nie so unwirksam wie heute.«

Welche Größen und Relationen haben die Zinserträge und -aufwendungen bei den Banken?

Zieht man zur Veranschaulichung einmal die Zahlen aus den Statistiken der Deutschen Bundesbank heran, dann lagen die Zinserträge aller deutschen Banken 1998 bei 603 Mrd. DM. Damit waren diese Zinserträge, die in etwa mit den Fremdkapitalkosten der deutschen Wirtschaft gleichzusetzen sind, deutlich höher als der Haushalt der deutschen Bundesregierung (496 Mrd. DM) und lagen bei 60 Prozent der Nettolöhne und -gehälter (1 022 Mrd. DM). Die von den Banken an die Geldgeber ausgeschütteten Zinsen, die Zinsaufwendungen der Banken also, betrugen 1998 rund 455 Mrd. DM, woraus sich als Differenz eine Bankmarge bzw. ein Zinsüberschuss von 148 Mrd. DM = 25 Prozent der Erträge ergab.

In der Darstellung 15 sind diese Zinsstromgrößen in ihren Relationen einmal flächenmäßig wiedergegeben, und zwar bezogen auf das praktisch inflationsfreie Jahr 1986, in dem Nominal- und Realzinssätze weitgehend identisch waren.

Wie aus der Darstellung zu entnehmen, lagen die Zinserträge der Banken, die der Gesamtfläche A in der Grafik entsprechen, 1986 erst bei 231 Mrd. DM. Das heißt, sie haben in den zwölf Jahren bis 1998 (603 Mrd.) auf das 2,6fache zugenommen!

Darstellung 15:

Zinsabstufungen bei Guthaben und Krediten, Relationen ihrer Laufzeiten, Größen und Zinsströme

Die herangezogenen Werte entsprechen in etwa den bundesdeutschen Gegebenheiten des inflationsfreien Jahres 1986

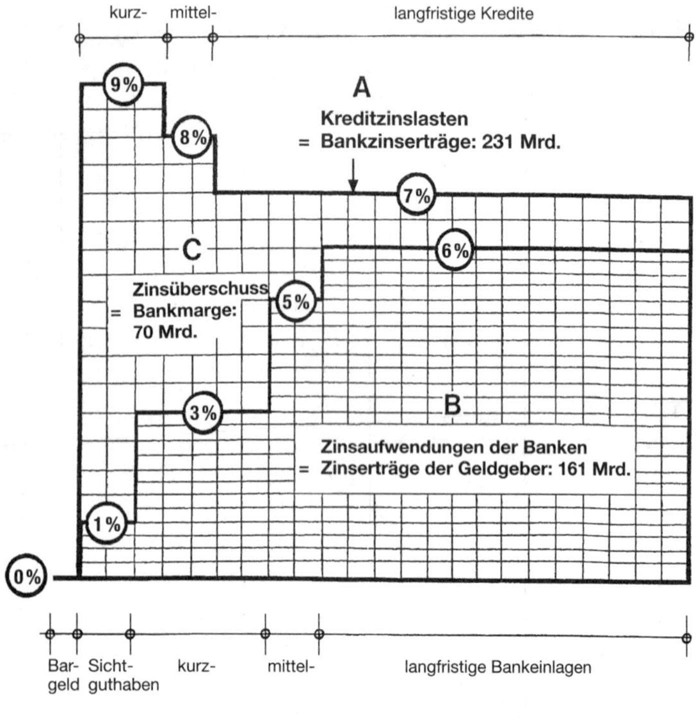

Quelle: Bundesbank

Die untere Fläche B gibt die Größe der Zinsaufwendungen der Banken wieder, also der Zinsen, die an die Geldgeber geflossen sind. Die Fläche C schließlich weist als Differenz zur Gesamtgröße den Zinsüberschuss aus, der damals etwa bei 30 Prozent der Zinserträge lag und damit – wie meist in Niedrigzinsphasen – über dem Durchschnitt von 25 Prozent.

Die Abstufungen bei den Flächen geben in der Höhe die unterschiedlichen Zinssätze wieder, in der Breite die Laufzeiten der Einlagen und Kredite. Wie zu erkennen, stimmen diese nicht überein. Konkret: Ein Teil der Kredite wird längerfristiger vergeben, als es den vereinbarten Einlagezeiten entspricht. Da aber die tatsächlichen Einlagezeiten die vereinbarten durchweg deutlich übersteigen (Spareinlagen mit dreimonatiger Kündigungsfrist liegen im Durchschnitt länger als ein Jahr auf den Konten), ist diese so genannte Fristentransformation weitgehend unbedenklich und von der Bankenaufsicht gestattet. Zu Schwierigkeiten könnte es allenfalls kommen, wenn die Banken bei einem Ansturm der Sparer die Einlagen rascher auszahlen müssten, als sie das Geld von den Kreditnehmern zurückerhalten, sofern das überhaupt in solchen Krisenlagen möglich ist.

Wie aus den Abstufungen weiter zu entnehmen ist, machten die mit etwa acht bis neun Prozent verzinsten kurz- und mittelfristigen Kredite 1986 rund ein Fünftel der Gesamtkredite aus. Vier Fünftel entfielen auf die langfristigen Ausleihungen, die mit etwa sieben Prozent zu verzinsen waren. Erkennbar wird auch hier wieder die steile Abnahme der Zinsmarge mit den zunehmenden Laufzeiten der Einlagen und Kredite. Am langfristigen Ende der Kredite schrumpft die Marge durchweg auf etwa ein Prozent zusammen.

6. KAPITEL

Die Wirkungen von Zins und Zinseszins

»Die besondere Dynamik des kapitalistischen Wirtschaftssystems besteht darin, dass Geld und Zins miteinander verbunden werden ... Rein mathematisch reißt der Zins die Menschen auseinander: diejenigen, die an der Armut zugrunde gehen, und diejenigen, die an der Zahlungsnot des Kreditnehmers immer reicher werden.«
*Eugen Drewermann**

Der Zins erscheint fast allen Sparern als herrliche Sache: Man hat nichts dafür getan und erhält trotzdem am Jahresende eine Gutschrift. Und darüber freut man sich natürlich!

Schenkt man den Werbeanzeigen der Banken Glauben, dann entstehen diese Zinsgutschriften auf fast wundersame Weise. Demnach kann Geld arbeiten, wachsen oder sich aus sich selbst heraus vermehren. Mit solchen Anzeigen und Aussagen werden jedoch nur Illusionen geweckt und die Realitäten verschleiert.

Denn in Wirklichkeit hat noch niemand arbeitendes Geld gesehen. Arbeit wird immer nur von Menschen geleistet, mit oder ohne Hilfe von Gerätschaften, Einrichtungen und Maschinen, die wiederum von Menschen geschaffen

* Theologe, in »Jesus von Nazareth – Befreiung zum Frieden«

wurden. Ebenso dümmlich ist die Aussage, dass Geld wachsen oder sich vermehren kann. Wer einmal einen Geldschein in einen Blumentopf steckt, der wird auch mit dem besten Natur- oder Kunstdünger keine Geld-Wachstums-Erfolge erzielen. Und wer zwei Geldscheine zusammen in die Brieftasche legt, wird ebenfalls kaum erleben, dass sie »Junge kriegen«.

Manchmal versucht man es jedoch auch mit Offenheit. So hieß es z. B. in einer deutschen Bankanzeige aus dem Jahre 1982: »Wie Sie zu Geld kommen, ohne einen Finger krumm zu machen.« Und aus dem weiteren Text, der eine neunprozentige Verzinsung versprach, konnte man entnehmen, dass es lediglich eines Anrufs bedürfe, um auf diese Weise sein Geld alle acht Jahre zu verdoppeln.

Was diese Bank in ihrer Anzeige jedoch verschwieg, sind die realen Vorgänge und Zusammenhänge. Denn »ohne

Wie Sie zu Geld kommen, ohne einen Finger krumm zu machen.

Bereits mit 1.000 Mark können Sie einen BfG:Kapitalsparbrief kaufen. Vier Jahre lang bekommen Sie feste und zugleich hohe Zinsen, die sich nicht ändern, auch wenn das allgemeine Zinsniveau sinken sollte. Gegenwärtig liegt der Zinssatz bei neun Prozent jährlich.

Der BfG:Kapitalsparbrief ist eine Möglichkeit, wie Sie bei uns Ihr Geld ohne ein Kursrisiko mit guten Renditen anlegen können. Aber nicht die einzige: Je nach Ihrer persönlichen Situation und Ihren Anlagezielen gibt es verschiedene Wege, Ihr Geld etwas dazuverdienen zu lassen. Wir rechnen das gern mal mit Ihnen durch – auch wenn Sie kein großes Vermögen haben.

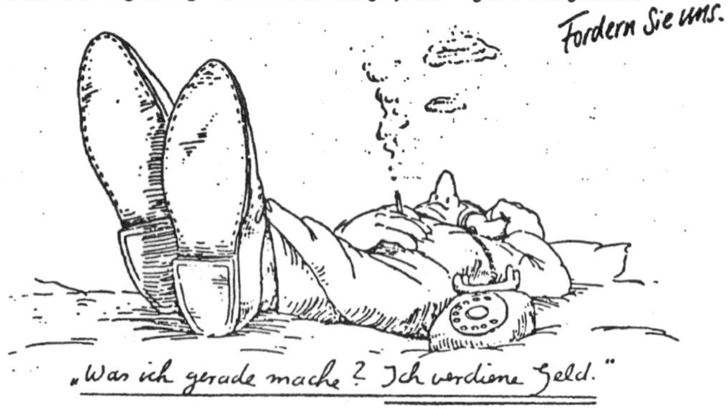

BfG:Die Bank für Gemeinwirtschaft.

einen Finger krumm zu machen«, kann man nur dann zu Geld kommen, wenn dieses Geld einem anderen genommen wird. Und zwar einem, der seine Finger krumm machen oder seinen Kopf anstrengen musste. Das heißt, immer dann, wenn jemand ohne eigene Leistung Geld erhält, ist das einem anderen aus der Tasche gezogen worden. Eine geheimnisvolle dritte Möglichkeit zur Deckung leistungsloser Einkünfte gibt es nicht. Denn in der Wirtschaft geschehen keine Wunder und zweimal zwei ist – wie überall – auch hier immer nur vier.

Die Irrealität des ganzen Zinssystems geht aus einer einfachen Vergleichsrechnung hervor: Hätten Eltern bei der vorgenannten Bank im Jahr 1982 für ihre Kinder jeweils 10 000 DM zu neun Prozent angelegt, würde sich die Anlage bereits bis zum Jahr 2022 – also nach vierzig Jahren – auf 314 000 vermehrt haben. Ab dann könnten ihre Kinder bereits mit einer laufenden Monatsrente von je rund 2 400 DM aus den Zinseinkünften leben. Würden sie erst acht Jahre später mit dem Rentnerleben beginnen, hätten sie bereits das Doppelte im Monat zur Verfügung. Und noch mal acht Jahre später – also nach 56 Jahren im Jahr 2038 – wären alle Kinder Millionäre, mit einem monatlichen Zinseinkommen von fast 10 000 Mark!

Woher kommen die Zinsen tatsächlich?

Wie fast alles in der Welt hat auch der Zins zwei Seiten. Die eine gilt für den Sparer, der sich der Zinseinkünfte erfreuen kann, und die andere für den Schuldner, der sie zahlen muss. Nun wird der Sparer, der keine Schulden gemacht hat, sicher denken, dass er also Gewinner bei dieser Zins-Umverteilung ist. Ist das tatsächlich der Fall?

Darstellung 16:

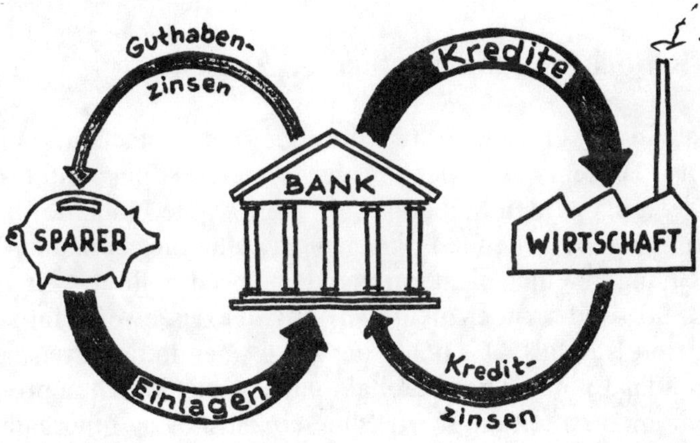

In der Darstellung 16 ist die Wirklichkeit der zinsbezogenen Abläufe vereinfacht als Schema wiedergegeben. Wie daraus ersichtlich, verleiht die Bank die Geldeinlagen des Sparers weiter, zum größten Teil an die Unternehmen in der Wirtschaft. Von diesen Kreditnehmern zieht die Bank dann die Zinsen ein, die sie dem Sparer gibt.

Für die Unternehmer aber sind Zinsen Kapitalkosten. Sie müssen diese Kosten, genauso wie für das Personal und Material, über die Preise an den Markt und damit an den Endverbraucher weitergeben, wenn sie selbst überleben wollen. Das heißt, die Zinsen für den Kapitaleinsatz stecken in allen Preisen. Das heißt aber auch, dass die Zinsen, die der Sparer erhält, ihm als Verbraucher und Konsument mit jedem ausgegebenen Geldschein aus der Tasche gezogen werden.

Es ist also nicht so, wie auch heute noch sehr viele Bürger vermuten, dass sie nur als Kreditnehmer Zinsen zahlen müssen, wenn sie sich zum Beispiel zur Finanzierung ihres Autos oder für den Bau des Eigenheims Geld geliehen haben. Zinsen müssen auch die nicht Verschuldeten laufend zahlen. Sie sind nur in den Preisen versteckt.

Wie hoch sind die versteckten Zinsen?

Dass in den Preisen auch sachfremde Kosten stecken, zum Beispiel Mehrwert- oder sonstige Steuern, ist bekannt. Im Gegensatz zu den Steuern aber lässt sich die Höhe der in den Preisen steckenden Zinsen nicht einheitlich benennen. Sie hängt nämlich nicht nur von dem jeweils gültigen Zinssatz ab, sondern noch mehr von der Höhe des jeweils eingesetzten Kapitals. Das heißt, die Zinskosten in den Preisen sind das Ergebnis von Kapital mal Zinssatz. Welchen prozentualen Anteil die so errechneten Zinskosten innerhalb des Preises ausmachen, hängt dann wieder von den übrigen Kosten ab, die in die Kalkulation eingehen.

Bei einem handgeflochtenen Korb beispielsweise wird der Zinsanteil sehr gering sein. Sein Preis wird weitgehend vom Lohn bestimmt. Bei Produkten jedoch, die mit hohem technischem Einsatz und relativ geringen Lohnkosten hergestellt werden, wie zum Beispiel Heizöl und Treibstoff, beherrschen die Kapitalkosten den Preis. Der Zins bewirkt als Kostenfaktor also eine Verteuerung aller Güter. Diese überall einfließende Verteuerung muss – wie bei den Steuern – am Ende der Kette immer von den Endverbrauchern getragen werden.

Über unzählige Kanäle fließen diese von den Verbrauchern gezahlten Zinsen dann wieder zu den Kapitalbesitzern. Dabei vereinen sich in fast allen Bürgern beide Rollen: Jeder ist mit seinen Ausgaben automatisch auch Zinszahler – selbst Millionäre und Milliardäre. Fast jeder ist aber auch Zinsbezieher, und sei es nur in Höhe der Zinsgutschriften auf seinem Sparbuch.

Klammert man die privaten Schulden der Haushalte einmal aus, dann lassen sich also die Zinslasten eines Haushalts an der Höhe der Ausgaben festmachen. Die Zinseinkommen dagegen hängen von der Höhe des zinstragenden Vermögens ab. Entscheidend für die Beurteilung der Zinswirkungen ist für jeden also immer das Verhältnis zwischen den zu tragenden Zinsen – ob direkt oder indirekt gezahlt – und den empfangenen Zinsen.

Ist der Zins ein Monopoleinkommen?

Preise bilden sich am Markt durch Angebot und Nachfrage, wobei sie normalerweise nur vorübergehend unter die Gestehungskosten sinken können. Ist eine angebotene

Ware knapp und die Nachfrage groß, steigen die Preise und damit die Gewinne. Diese überhöhten Knappheitsgewinne führen jedoch dazu, dass auch andere Produzenten versuchen werden, diese knappe Ware oder Leistung anzubieten. Durch das vergrößerte Angebot konkurrieren sie die überhöhten Preise selbst nach unten. Der Wettbewerb auf freien Märkten sorgt also dafür, dass die Gewinne niemals in den Himmel wachsen.

Jeder Produzent von Waren oder Leistungen ist außerdem gezwungen, seine Produkte loszuschlagen. Notfalls sogar unter den Einstandskosten, wenn er noch höhere Verluste vermeiden will. Zum Angebot zwingen ihn z. B. Alterung oder Verderb der Ware, Gefahr des Unmodern- oder Überholtwerdens durch neue Produkte usw. Aber auch bei haltbaren und nicht der Mode unterworfenen Produkten entstehen zumindest laufende Lager- und Pflegekosten, die den Gewinn sehr schnell aufzehren können. Nur deshalb werden liegen gebliebene Güter in Sonderangeboten und Schlussverkäufen oft weit unter Preis verramscht. Von verbilligten Geldscheinen im Ausverkauf, selbst von abgegriffenen oder zerknitterten, hat man noch nie etwas gehört!

Betrachten wir unter diesen Aspekten das Geld, dann zeigt sich, dass es das einzige ›Produkt‹ ist, das sich diesen ausgleichenden Marktkräften entziehen und damit den Abbau der Knappheitsgewinne – hier des Zinses – verhindern kann. Denn im Gegensatz zum Halter normaler Produkte unterliegt der Halter überschüssigen Geldes keinem Angebotszwang. Wenn ihm die angebotene Belohnung für die leihweise Hergabe von Geld nicht hoch genug erscheint, kann er warten. Zwar verzichtet er vorübergehend auf die Einnahme von Zinsen, aber dafür kann er den Vorteil monetärer Liquidität genießen, den Vorteil, jederzeit kaufen oder ein anderes Geschäft machen zu können. Außerdem weiß er aus Erfahrung, dass der Zins meist wieder ansteigt, wenn nur genügend Leute ihr Geld zurückgehalten haben. Der vorübergehende Verzicht auf Zinsen zahlt sich also fast immer aus.

Der Geld-Überschussbesitzer kann also das gesamte Geldangebot verknappen und damit die Marktsättigung verhindern, die zum Absinken des Zinses führen würde. Und diese Tendenz zum Abwarten und Horten nimmt bei allen Geldhaltern bei sinkenden Zinsen zu, vor allem wenn der Zins unter jene Grenze fällt, die von den Geldbesitzern als Zinsminimum angesehen wird.

Geld ist also nicht nur aufgrund seiner Liquiditätsvorteile und der Haltbarkeit den Waren und der Arbeit überlegen. Geld ist aufgrund seiner begrenzten Menge darüber hinaus ein Monopolgut, auch wenn es sich auf unzählige Hände verteilt. Ähnlich wie der unvermehrbare Boden kann darum auch das Geld heute immer einen Knappheitspreis erzwingen.

Was bewirkt der Zinseszinseffekt?

Den Begriff Zinseszins haben viele Leser sicher noch aus der Schule in Erinnerung. Vielleicht haben Sie sogar jene verrückten Rechnungen anstellen müssen, zu welcher Größe sich ein Pfennig, angelegt zu Jesu Geburt, bis in unsere Tage vermehrt.

Heinrich Haußmann aus Fürth hat diese Rechnung noch einmal ganz präzise mit Hilfe eines Computers Jahr für Jahr bis 1990 ausgedruckt. Das Ergebnis ist fast neun Meter lang und verblüffend: Bei einer Verzinsung von fünf Prozent des angelegten Pfennigs im Jahre Null, wäre bis 1990 ein Vermögen entstanden, das man nur noch in Goldkugeln im Gewicht unserer Erde wiedergeben kann: nämlich 134 Milliarden Stück!

Aufschlussreich ist auch die Explosivität der zinseszinsbedingten Entwicklung: Bis zum Jahr 296 hatte sich erst ein Vermögen von einem Kilogramm Gold angesammelt. Anno 1466 war es schon eine Goldkugel im Gewicht der Erde, 1749 waren es eine Million Stück davon und 1890 eine Milliarde. In den letzten hundert Jahren, von 1890 bis 1990, sind dann noch die ›restlichen‹ 133 Milliarden Goldkugeln dazugekommen. Und da sich nach den Zinseszinsgesetzen jedes Geldvermögen bei fünf Prozent Verzinsung etwa alle 14 Jahre verdoppelt, wird der Besitzer jenes Sparbuchs aus dem Jahre Null im Jahr 2004 bereits einen Anspruch auf 268 Milliarden Goldkugeln im Gewicht der Erde haben und im Jahr 2018 sogar auf 536 Stück! – Gibt es einen besseren Beweis dafür, dass der Zins die Erde letztlich fressen muss, wie Margrit Kennedy es in ihrem Buch *Geld ohne Zinsen und Inflation* so treffend ausdrückte?

Den gravierenden Unterschied zwischen Zins und Zinseszins macht eine weitere Berechnung von Heinrich Haußmann deutlich: Hätte man den Zinseszinseffekt ausgeklammert und die Zinsen jeweils auf einem unverzinslichen Konto angesammelt, dann hätte sich der Pfennig aus dem Jahr Null bis 1990 nur auf knapp eine Mark vermehrt, also nur auf das Hundertfache! Erst die Einbeziehung der anfangs lächerlich geringen Zinsen in das vorgegebene ›Kapital‹, führte zu jener irrealen Ansammlung von Milliarden erdschwerer Goldkugeln.

In welchem Tempo solche exponentiellen Wachstumsprozesse um sich greifen, vermittelt auch das Lohnzahlungsbeispiel in der Tabelle E. Gewiss würde sich bei einem Halbjahresjob kaum jemand auf das Angebot von einem Pfennig in der ersten Woche und wöchentlicher Verdopplung einlassen. Vielmehr würde fast jeder den regelmäßigen Wochenlohn von 1 000 DM vorziehen.

Tabelle E:

Welche Bezahlung würden Sie wählen bei einem Jobangebot für ½ Jahr?

Gesamteinkommen	Angebot A je Woche DM 1.000 gleich bleibend DM	Angebot B 1. Woche 1 Pfg wöchentl. Verdopplg. DM
nach der 1. Woche:	1.000	0,01
„ „ 4. Woche:	4.000	0,15
„ „ 8. Woche:	8.000	2,52
„ „ 12. Woche:	12.000	41,–
„ „ 16. Woche:	16.000	655,–
„ „ 20. Woche:	20.000	10.500,–
„ „ 24. Woche:	24.000	168.000,–
„ „ 26. Woche:	26.000	671.000,–
und wenn der Job ¾ oder ein ganzes Jahr dauert?		
„ „ 39. Woche:	39.000	5,5 Mrd
„ „ 52. Woche:	52.000	45.000 Mrd

= 12faches BSP

Spielt der Zinseszins auch in normalen Zeitabläufen eine Rolle?

Solange Sparer ihre Zinsen abheben und ausgeben, bleibt ihr Geldvermögen konstant. Lassen sie aber die Zinsen stehen und wächst das Ersparte auch durch die Zinsen auf die Zinsen an, also durch den Zinseszins, dann kommt es selbst in relativ kurzen Zeiträumen bereits zu erheblichen Vermehrungen. Das zeigt die Darstellung 17.

Darstellung 17:

»Wachstum« einer Geldanlage bzw. einer Schuldenlast durch Zins und Zinseszins bei verschiedenen Zinssätzen

Zeitraum: 50 Jahre

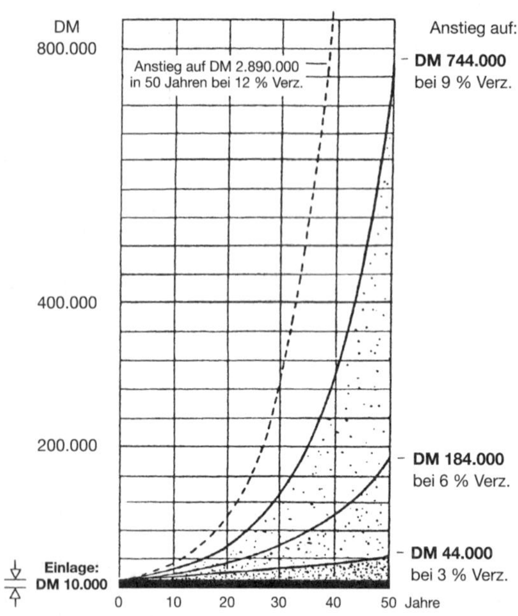

In dieser Darstellung ist als schwarzer Balken eine Ersparnis von 10 000 Geldeinheiten wiedergegeben, darüber ihre Entwicklung bei verschiedenen Zinssätzen. Die rechts ausgewiesenen Ergebnisse zeigen, dass bei einer Verzinsung von drei Prozent das Vermögen von 10 000 Geldeinheiten in 50 Jahren auf rund 44 000 ansteigt. Geht man von einem verdoppelten Zinssatz aus, also von sechs Prozent, dann steigt das Ergebnis nicht – wie man annehmen könnte – ebenfalls auf das Doppelte, sondern auf rund das Vierfache an. Nochmal drei Prozent höhere Zinsen, also eine Verzinsung von neun Prozent, erbringen gegenüber der dreiprozentigen Verzinsung sogar ein rund 17mal höheres Ergebnis.

Aus den Entwicklungskurven ist auch ersichtlich, dass der Zinseszinseffekt erst nach ein bis zwei Jahrzehnten zu irrealen Eskalationen führt. Das heißt, eine junge Volkswirtschaft, die z. B. nach einem Krieg mit einer neuen Währung und geringen Ersparnissen begonnen hat, wird anfangs von dem Vermehrungsproblem noch nicht so stark beeinflusst. Außerdem wird anfangs ein größerer Teil der Zinsen abgehoben und verbraucht. Im Laufe der Zeit nehmen jedoch die Geldvermögen und -konzentrationen durch den Zinseszinseffekt ›von alleine‹ immer mehr zu. Damit aber müssen in einer älter werdenden Volkswirtschaft auch die Diskrepanzen zwischen den sozialen Schichten zwangsläufig rascher wachsen.

Der Tatbestand, dass diese zinsbedingten Belastungen und Umverteilungen bei jungen Volkswirtschaften geringer sind, ist vielleicht auch eine Erklärung für das ›Wirtschaftswunder‹ in jenen Ländern, die nach einem Währungskollaps (und damit weitgehend aufgelösten Guthaben- und Schuldenbeständen!) erneut beginnen. Doch auch in diesen Ländern – wie z. B. in Deutschland oder Japan festzustellen – haben inzwischen die wirtschaftlichen und gesellschaftlichen Probleme zugenommen, auch wenn hier die sozialen Polarisierungen noch nicht so groß sind wie in jenen Industrienationen, die ihre Währungs- und Vermögensverhältnisse über den Zweiten Weltkrieg hinweg gerettet haben.

Sind zwölf Prozent Verzinsung irreal?

In der Darstellung 17 ist als vierte Verzinsungsalternative noch die Entwicklung der 10 000 GE bei einer zwölfprozentigen Verzinsung eingetragen. Wie ersichtlich, ist das Ergebnis grafisch nicht mehr darstellbar. Rechnerisch ergibt sich eine Vermögenszunahme auf 2 890 000 GE in 50 Jahren, also auf rund das 290fache.

Selbstverständlich erhält man zwölf Prozent Verzinsung auf keinem Sparbuch. Trotzdem ist diese Verzinsungshöhe nicht irreal. So konnte man Anfang der 80er Jahre US-amerikanische Staatspapiere kaufen, die zu 12 bzw. sogar zu 14 Prozent verzinst wurden. Und das bei einer Laufzeit von sage und schreibe 30 Jahren! Bei diesen Papieren handelte es sich um so genannte Zero-Bonds, auch Null-Cupon-Anleihen genannt. Auf diesen Papiere werden die Zinsen nicht jährlich ausgeschüttet. Vielmehr werden sie der Einstandsgröße zugeschlagen und mit Zins und Zinseszins nach 30 Jahren ausgezahlt. Das heißt, für 10 000 Dollar, die die US-Regierung von einem Geldgeber 1982 erhalten hat, muss sie im Jahre 2012 bei 12 Prozent Verzinsung rund 300 000 und bei 14 Prozent rund 500 000 Dollar zurückgeben. Also das 30- bzw. das 50fache des geliehenen Geldes!

Dass eine Regierung eine solche waghalsige Zusage macht, ist bezeichnend für den Zustand, in dem sie sich befindet. Denn realistisch ist ein solches Versprechen doch nur dann, wenn in den 30 Jahren auch die Leistung der Volkswirtschaft und damit die Staatseinnahmen auf das 30- bzw. 50fache gesteigert werden könnten. Dass eine solche

Steigerung völlig irreal ist, auch wenn es keine Umweltproblematik gäbe, bedarf keiner Erklärungen.

›Realistisch‹ sind solche Zusagen also nur, wenn man von einer entsprechend hohen inflationären Entwertung des Geldes ausgeht. Eine andere Lösung kann es für solche Zusagen einfach nicht geben. Das heißt aber auch, dass sich hoch verschuldete Regierungen eine Kaufkraftstabilität des Geldes auf Dauer eigentlich gar nicht wünschen.

Wer oder was bestimmt die Zinshöhe?

Viele Bürger gehen davon aus, dass die Banken die Höhe der Zinsen bestimmen. Wäre das der Fall, dann würde es wohl kaum einmal Zinssenkungen geben. Der Zins ist jedoch – zumindest solange es unter den Banken noch Wettbewerb gibt – genau wie alle anderen Preise das Resultat von Angebot und Nachfrage. Dass er wegen der Möglichkeit der Geldzurückhaltung nach unten unflexibel ist, ändert daran im Prinzip nichts. Steigende Zinsen sind also normalerweise nicht auf höhere Bankansprüche zurückzuführen, sondern die Folge verstärkter Kreditnachfrage oder erhöhter Forderungen der Sparer und sonstigen Geldgeber. Dabei können diese erhöhten Forderungen nicht nur aus Knappheit, sondern auch aus erhöhten Inflations- oder Risikoerwartungen resultieren.

Für die Banken selbst ist die Höhe der Zinsen relativ gleichgültig. Für sie ist letztlich allein die Höhe der Bankmarge von Bedeutung. Wer sich einmal intensiver mit der Entwicklung der Bankmarge befasst, wird sogar feststellen, dass sich diese bei steigenden Zinsen relativ reduziert und erst bei fallenden Zinsen wieder erholt. Das heißt, die Wirklichkeit widerspricht der allgemeinen Vermutung, dass Banken von steigenden Zinsen Vorteile haben und diese deshalb nach oben treiben.

Dieses auf den ersten Blick überraschende Phänomen, nämlich zurückgehende Gewinnquoten bei steigenden Zinssätzen, ist jedoch leicht erklärbar: Aufgrund der durchweg längeren Laufzeiten der Kredite gegenüber den Einlagen, der so genannten Fristentransformation, müssen die Banken die Guthabenzinsen rascher anheben, als sie das bei den Sollzinsen können. Um diesen Nachteil zu verringern, versuchen sie darum immer wieder, zum Ärger der Sparer, die Zinsanpassungen nach oben möglichst lange zu verzögern. Umgekehrt haben die Banken bei sinkenden Zinsen einen vorübergehenden Vorteil.

Woher kommen die großen Zinsschwankungen?

Die relative Einflusslosigkeit der Notenbank-Leitzinsen auf die Zinsen des Marktes wurde bereits dargelegt. Trotzdem führen Leitzinserhöhungen meistens auch zu Zinserhöhungen auf den Kapitalmärkten, vor allem, weil die Geldanleger dann von den Banken höhere Zinsen verlangen. Andererseits tendieren auch die Banken dazu, die höheren Kosten bei den Notenbanken auf die Kreditkunden umzulegen. Sachlich ist das jedoch kaum zu begründen. Denn die Erhöhung sämtlicher Leitzinsen um einen Prozentpunkt, schlägt – auf die gesamten Bankkredite umgelegt – in Deutschland z. B. nur mit 0,06 Prozent zu Buche. Im Übrigen können Banken alle Zinserhöhungen nur durchsetzen, wenn der Markt mitspielt. Deshalb bewegen sich die Wirkungen der Leitzinsveränderungen wie auch die allgemeinen marktverursachten Zinsschwankungen in relativ moderaten Größenordnungen. Die sich wiederholenden erheblichen Schwankungen der Zinssätze, die unsere Konjunkturen entscheidend beeinflussen und bestimmen, werden dagegen von Inflationsentwicklungen und -erwartungen ausgelöst. Das zeigt sich überdeutlich in der Darstellung 18, die von der Deutschen Bundesbank in ihrem Geschäftsbericht für das Jahr 1990 veröffentlicht wurde.

Darstellung 18:

Entwicklung von Verbraucherpreisen und Zinssätzen in ausgewählten EG-Ländern

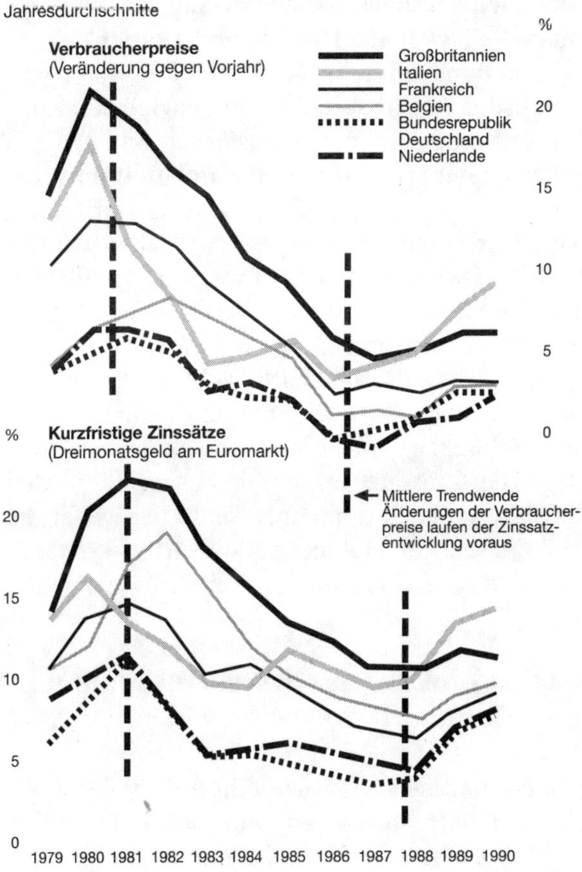

In dieser Darstellung sind die Entwicklungen der Verbraucherpreise und der kurzfristigen Zinssätze in sechs europäischen Ländern gegenübergestellt, und zwar für den Zeitraum von 1979 bis 1990, in dem es eine Hoch- und Niedrigphase für beide Größen gegeben hat. Wie die Kurven zeigen, kann man schon fast von einer Parallelität zwischen beiden Entwicklungen sprechen. Diese enge Beziehung beweist, wie sensibel die Geldanleger heute auf Preisveränderungen reagieren, um inflationsbedingten Substanzverlusten zu entgehen.

Mittelt man die jeweiligen Höchst- und Tiefpunkte aus, wie in der Darstellung durch die vertikale Linie, dann wird erkennbar, dass die Preisänderungen tendenziell den Zinssatzkorrekturen vorauslaufen, also auslösend sind. Und da die Geldhalter immer schneller auf die Inflationsentwicklung reagieren, oft auch schon auf Inflationserwartungen, wird die Zeitverschiebung immer kürzer. Früher war das seltener der Fall. Da lebte man noch mehr in der Illusion gleichbleibender Geldkaufkraft und ließ sich von Inflationsentwicklungen überraschen.

Wie diese Grafik beweist (und auch die Darstellung 85 im letzten Teil des Buches), sind die inflationsbedingten Gesamtpreisschwankungen die Hauptursache für die extremen Veränderungen der Zinssätze und der daraus resultierenden Folgen. Für diese Preisschwankungen sind aber weder die Banken noch die Marktteilnehmer verantwortlich, sondern allein die Geld ausgebenden Notenbanken.

Kann man den Zins nur durch Geldverknappung hochhalten?

Ganz gleich, ob man den Zins als Leihpreis für Geld, als Liquiditäts(verzichts)prämie oder wie auch immer definiert: Erzielbar ist er nur so lange, wie die Nachfrage nach

Geld über dem Geldangebot liegt, kurz: solange Geld relativ knapp ist. Diese Geldknappheit, und die damit hochbleibenden Zinsen, kann man jedoch nicht nur durch eine Ausweitung der Kreditnachfrage, sondern ebenso durch eine Verringerung des Angebots erreichen. Denken wir zum Vergleich nur an den EG-Agrarmarkt: Wenn die Tomatenernte zu groß ausfällt und die Preise zu sinken drohen, wird dieser Gefahr durch eine Verknappung des Angebots entgegengewirkt. Ein Teil der Tomaten wird ›vom Markt genommen‹, was im Klartext heißt: Er wird vernichtet!

Möglich wäre es aber auch, das Problem des Tomatenüberschusses durch eine Ausweitung der Nachfrage zu lösen, z. B. durch eine Werbekampagne zum verstärkten Verzehr oder die Entwicklung neuer Verwendungsmöglichkeiten usw. Ähnlich kann man beim ›Preis des Geldes‹, dem Zins, einem Absinken durch Ausweitung der Nachfrage entgegenwirken. Damit wird vermieden, dass der Zins bis auf jene Marke fällt, bei der Geldhalter beginnen, das Geld verstärkt zurückzuhalten. Konkret: Fragen die Bürger nicht genug Güter nach und als Folge davon die Unternehmer nicht genug Kredite, kann man durch groß angelegte Werbekampagnen bei den Verbrauchern, durch Ausweitung der staatlichen Subventionen oder Nachfrage nach öffentlichen Gütern wie Rüstung, Raumfahrt usw., den Zins oberhalb jener Grenze halten, an der es zu den gefährlichen Geldzurückhaltungen kommt. Genau das geschieht in allen Industrienationen seit einigen Jahrzehnten. Das heißt, wir sind nicht nur auf ständiges Wachstum und damit wachsende Staatseinnahmen angewiesen, um die Diskrepanzzunahme zwischen arm und reich durch staatliche Rückverteilungen verträglicher zu machen. Wir brauchen auch ein ständiges Wachstum, um die Zinssätze auf einer Höhe zu halten, die Geldzurückhaltungen mit ihren deflationären Folgen erst gar nicht entstehen lässt.

7. KAPITEL

Der Zins als Umverteiler

»Kredit kostet Zinsen. Die Zinsen belasten die Letztverbraucher und die Unternehmer, die sich zu ihrem Konsum- oder Investitionsbedarf das Geld hinzuborgen. Die Zinsen entziehen also den Letztverbrauchern und Unternehmern wiederum Geld, obgleich bei ihnen schon ohnehin zu wenig war, und sie fließen hin zu dem Anleger, bei dem ohnehin schon so viel Geld war, dass sich ein Überschuss seiner Gelder über seinen Bedarf ergeben hatte.«
*Dieter Suhr**

Stellen Sie sich einmal vor, Ihnen würde jemand regelmäßig einige Hunderter aus der Brieftasche nehmen. Ganz sicher würden Sie Anzeige erstatten. Nicht anders würden Sie wahrscheinlich reagieren, wenn jemand bei jedem Ihrer Käufe nach Mafiaart einen bestimmten Anteil der Kaufsumme abkassieren würde. Genau das aber passiert bei uns! Jeden Tag, bei jedem Kauf, in einem immer größeren Umfang!

Gemeint ist diesmal nicht der Staat, der uns bekanntlich gleich zweimal in die Tasche greift, nämlich beim Geldverdienen und beim Geldausgeben. Gemeint ist ein anderer

* Jurist und Verfassungsrechtler an der Universität Augsburg, »Wachstum bis zur Krise«, 1986

Zugriff, der zwar größenmäßig mit dem des Staates konkurrieren kann und dennoch von uns kaum zur Kenntnis genommen wird: der Anspruch des Kapitals, bekannt unter dem Begriff Zinsen.

Wie läuft das Kassieren der Zinsen ab?

Wenn der Staat die Lohnsteuer erhöht, gehen die Arbeitnehmer mit weniger Geld nach Hause. Sie wissen auf den Pfennig genau, wie viel sie sich weniger leisten können. Erhöht der Staat dagegen in gleicher Höhe die Mehrwertsteuer, dann bleiben die Einkommen der Arbeitenden unverändert. Allerdings werden sie auch hierbei ärmer, da sich durch die Mehrwertsteuer die Preise erhöhen und sie beim Ausgeben weniger für ihr Geld erhalten. Was sich also ändert, ist lediglich der Steuer-Einzugsweg: Statt beim Verdienen wird der Mehrbetrag beim Verbrauchen kassiert, statt beim Einnehmen beim Ausgeben. Oder anders ausgedrückt: Statt offen, greift der Staat versteckt in unsere Taschen. Aber er gibt immerhin den Mehrwertzugriff bekannt und wir können uns mit wenig Mühe die Einkommensverluste ausrechnen.

Bei den Zinsen läuft der Einzug zwar ähnlich auf versteckte Weise ab, aber sein Anteil in den Preisen ist uns normalerweise nicht bekannt. Selbst wenn wir in die Kalkulation des gekauften Produkts Einsicht nehmen könnten, erhielten wir kein wirkliches Bild von der Höhe des abkassierten Tributs. Denn wir würden aus dieser Berechnungs-Unterlage allenfalls die Zinskosten auf dieser letzten Kalkulationsstufe entnehmen können, also die dort *hinzu*gekommenen Zinsanteile. Denn auch in den Materialkosten und anderen Leistungen der Vorlieferanten, die in die Kalkulation als Sachkosten eingehen, sind – neben den

Arbeitskosten – ja bereits Kapitalkosten enthalten, also bereits versteckte Zinsen. Und im Gegensatz zur Mehrwertsteuer, bei der die auf der Vorstufe bereits gezahlten Steuerbeträge jeweils abgezogen werden können, ist das bei den Zinsen nicht der Fall. In welchem Maße sich dadurch die Zinskosten akkumulieren, zeigt die Darstellung 19 in der an einem fiktiven Beispiel, von der Rohstoffgewinnung bis zum Endverbrauch, die Entstehung und Preisentwicklung eines Produkts begleitet wird.

Darstellung 19:

Akkumulation der kapital- und arbeitsbezogenen Kosten am Beispiel eines Stahlproduktes mit fiktiven Größen

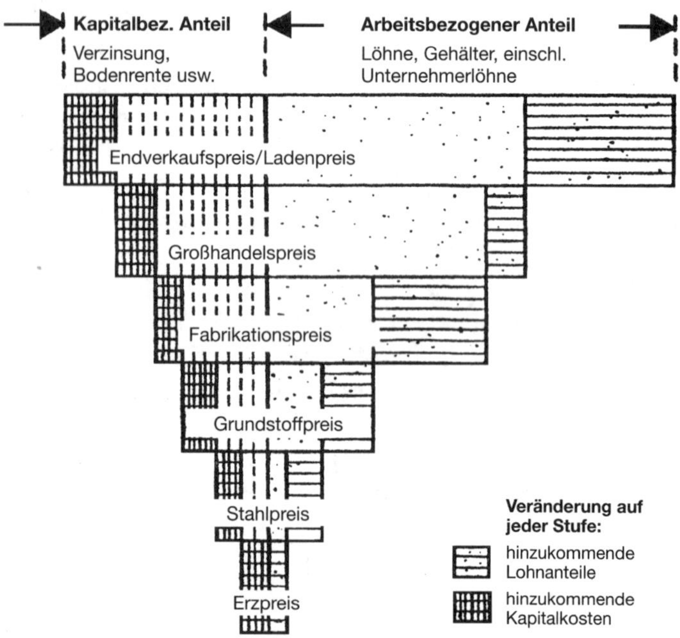

Wie man sieht, kommen auf jeder der sechs Entwicklungsstufen unterschiedlich hohe Kapital- und Arbeitskosten hinzu. Sie werden mit den vorherigen, die in dem Einkaufspreis der Vorprodukte enthalten sind, zu einem neuen Gesamtpreis zusammengefasst. Der tatsächliche Kapitalkostenanteil im Endpreis eines Produkts ist darum normalerweise ebenso schwer festzustellen wie der Lohnanteil.

Der durchweg anfallende Gewinn wurde in der vorstehenden Darstellung ebenso außer Acht gelassen wie die Aufwendungen für Steuern, Versicherungen usw. Dic Verteilung wurde also auf die beiden grundsätzlichen Kostenfaktoren bezogen, nämlich auf Kapital und Arbeit.

Wer erhält die Zinsen?

Würde ein Staat die Mehrwertsteuer jeweils in Höhe der geleisteten Zahlungen auch wieder an alle Haushalte zurückverteilen, dann könnte er sich die ganze Aktion sparen. Verteilt er jedoch das eingenommene Geld schwerpunktmäßig an sozial schwächere Bevölkerungsschichten, dann wird deren Los auf Kosten der übrigen verbessert.

Die in den Preisen enthaltenen Zinsen (die z.B. in Deutschland inzwischen drei- bis viermal größer als die genannte Mehrwertsteuer sind!) kommen bei ihrer Rückverteilung jedoch nicht allen Haushalten zugute und schon gar nicht verstärkt den Schwächeren. Sie fließen vielmehr überwiegend jenen zu, die über die größeren verzinslichen Vermögen verfügen. Konkret: Je reicher man ist, d.h. je mehr Zins bringendes Sach- und Geldvermögen man besitzt, umso größer ist der Anteil, den man aus dem Topf der abkassierten Zinsen zurückerhält. Die relativ größten Verluste bei dieser Umverteilung tragen dagegen diejenigen Haushalte, die über keine oder keine nennenswerten verzinsten Vermögenswerte verfügen. Sie zahlen nur ein, ohne etwas zurückzuerhalten. Und da die zinsfordernden Sach- und Geldvermögen deutlich rascher zunehmen als die volkswirtschaftliche Leistung und die Staatseinnahmen, ist auch der sozialste Staat immer weniger in der Lage, die zinsstrombedingten Umverteilungen von Arm zu Reich durch steuerfinanzierte Rückverteilungen auszugleichen.

Wie wirkt sich der Zins bei der Verteilung des Volkseinkommens aus?

Im Allgemeinen ist man der Auffassung, dass unsere Wirtschaftsleistung etwa hälftig zwischen Staat und Bürgern aufgeteilt wird. Rechnet man die Abgaben für die staatlichen Sozial- und Gesundheitssysteme den Steuern zu, dann ergibt sich tatsächlich eine ›Staatsquote‹ von fast 50 Prozent. Trotzdem ist diese Sicht der Verteilung unzutreffend. Denn in Wirklichkeit findet die Aufteilung des Sozialprodukts nicht zwischen Staat und Bürgern statt, sondern zwischen Kapital und Arbeit. Dabei hat das Kapital immer den ersten Zugriff, da dessen Bedienung die Voraussetzung für seine Zurverfügungstellung ist. Das heißt, die Ansprüche des Kapitals sind auf jeden Fall zu befriedigen, gleichgültig ob die Wirtschaft gewachsen ist oder nicht. Der »Rest des Kuchens« verbleibt dann der Arbeit, wie immer dieser Rest auch zwischen Arbeitnehmern und Arbeitgebern aufgeteilt wird. Der Staat, als Dritter im Bunde, greift im Grunde erst im Nachhinein auf beide Einkommens-Beziehergruppen zurück. Bei den Einkommen der Arbeitnehmer meist direkt und unausweichlich, bei den Kapitaleinkommen weniger gewissenhaft. Man denke nur an das Bankgeheimnis oder die Steueroasen in aller Welt.

Die Aufschlüsselung auf Kapital, Arbeit und Staat lässt

sich auch vermitteln, wenn man einmal den Weg der Ausgaben aller Bruttoeinkommen aus Arbeit nachvollzieht, wie in der Darstellung 20 in einem Flussschema geschehen.

Darstellung 20:

Schemaaufteilung der Bruttoeinkommen

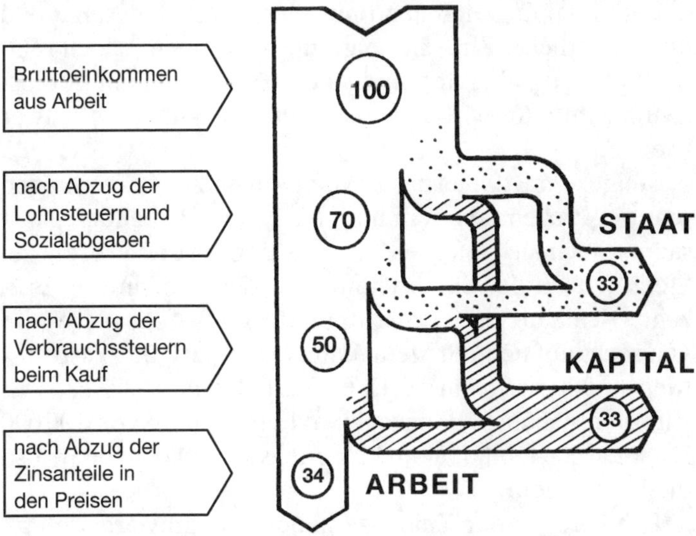

Das Ergebnis ist, dass der arbeitenden Bevölkerung, nach Abführung der Anteile an das Kapital und den Staat, real nur noch rund ein Drittel an reiner Kaufkraft verbleibt. Das heißt, grob betrachtet verteilt sich die gesamte volkswirtschaftliche Leistung im Endeffekt mit rund je einem Drittel auf die Arbeit, den Staat und das Kapital. Während jedoch – wie vorstehend beschrieben – der Staatsanteil weitgehend wieder der Allgemeinheit zugute kommt, konzentrieren sich die Kapitaleinkünfte letztlich überwiegend bei der besitzenden Minderheit.

Welche Rolle spielt der Zinssatz bei der Umverteilung?

Die Zinsanteile in allen Preisen resultieren aus Kapital mal Zinssatz. Sie können also sowohl bei steigendem Kapitaleinsatz zunehmen als auch bei steigenden Zinssätzen. Die Zunahme des Kapitaleinsatzes ist an die Ersparnis gebunden und damit weitgehend nur eine relativ langsame und kontinuierliche. Zinssatzsteigerungen können jedoch relativ kurzfristig ablaufen und sind außerdem kaum voraussehbar. Ihre Auswirkungen sind darum besonders schwer wiegend.

Steigt zum Beispiel das zu verzinsende Kapitalvermögen um drei Prozent, dann nimmt, bei gleich bleibenden Zinssätzen, auch die gesamte Zinsbelastung um drei Prozent zu. Steigt jedoch der durchschnittliche Zinssatz um drei Prozent (richtiger: drei Prozentpunkte!), also beispielsweise von sechs auf neun Prozent, dann explodiert die Zinsbelastung rechnerisch um 50(!) Prozent. Denn sechs Prozent Zinsen ergeben, z. B. bezogen auf ein Kapital von 100 000 Dollar, 6 000 Dollar, neun Prozent jedoch 9 000 Dollar, also die Hälfte mehr.

Erhöhungen der Zinssätze haben also gravierende Folgen für die Zinslastanteile in den Preisen. Entsprechend gravierend sind auch die Umverteilungsfolgen steigender bzw. höherer Zinssätze. Am massivsten und direktesten werden davon alle Schuldner getroffen, vor allem Unternehmen mit geringem Eigen- und hohem Fremdkapital. Das zeigt sich vor allem am Anstieg der Firmenpleiten, die jeweils den Zinssatzanstiegen folgen.

Der frühere deutsche Bundeskanzler Willy Brandt hat 1982 die damals extrem hohen Zinsen zu Recht als ›mörderisch‹ bezeichnet. Doch auch der normale Zins ›mordet‹, wenn auch langsamer. Die Zahl der Menschen, speziell in der Dritten Welt, die als Folge der schuldenbedingten Zinslasten den Tod gefunden haben, lässt sich natürlich nicht statistisch erfassen. Sie dürfte aber im Bereich mehrstelliger Millionen liegen. Der Titel des Buches von Susan George, »Sie sterben an unserem Geld«, war also mehr als zutreffend.

Genauso aber, wie durch Zinserhöhungen die Probleme eskalieren, so werden sie durch Zinssenkungen minimiert. Ein Kapitalmarktzins um Null wäre praktisch verteilungsneutral. Das heißt, den Werteschaffenden würde der volle Arbeitsertrag weitgehend verbleiben, auch wenn ein Teil davon den Umweg über staatliche Kanäle nimmt.

Die in dem Kasten F angeführten Aussagen von Ernst Abbe, Physiker und Gründer der Zeisswerke, aus einfachsten Verhältnissen stammend, sind darum nach wie vor aktuell und richtungsweisend, auch wenn sie schon vor hundert Jahren ausgesprochen wurden.

Kasten F:

Der Zins im Urteil eines Unternehmers

»Ich habe also Gelegenheit gehabt, die heutigen Erscheinungen des Wirtschaftslebens im Bereich eines einzelnen Industriezweiges aus allernächster Nähe anzusehen... Gemäß den Pflichten, welche meine Stellung mir auferlegte, mußte ich nun diese Erscheinungen stets betrachten vom Standpunkt des Unternehmers und Kapitalisten. Gleichzeitig habe ich sie aber auch immer betrachten müssen mit den Augen des Arbeitersohnes... Ich habe also die Vorgänge gleichzeitig von ganz entgegengesetzten Seiten her ansehen und aus beiden ein Fazit mir ziehen können unter dem Gesichtspunkt des öffentlichen Interesses und des Gemeinwohls...

Da ausschließlich die menschliche Arbeit Werte erzeugt..., so kann kein Zweifel darüber bestehen, daß es die Gesamtheit aller Arbeitenden im Volk ist, welche jene Summe für die Gesamtheit aller Besitzenden... dafür aufzubringen hat, daß die Eigentümer der Objekte des Nationalvermögens diese Objekte der Arbeit des ganzen Volkes als Mittel der Gütererzeugung vorenthalten oder darleihen.

Mithin hat ... die Gesamtheit aller Arbeitenden in allen Tätigkeitsgebieten, dem Durchschnitt nach, immer zwei Tage in der Woche zu arbeiten, für die Gesamtheit der Besitzenden, d. h. derer, welche Miteigentümer des Nationalvermögens sind, dessen Verzinsung vorweg aufgebracht werden muß... Der Zins ist unter dem volkswirtschaftlichen Gesichtspunkt nur das Kennzeichen der Zwangslage, in welcher die Arbeit sich gegenüber dem Besitz insofern befindet, als die Wertobjekte des Gesamtvermögens als Mittel produktiver Arbeit absolut unentbehrlich sind...

Elimination (Ausmerzung) des Zinswesens aus dem Wirtschaftssystem der Völker ist daher die Voraussetzung für eine haltbare, nicht auf völlige Desorganisation hinsteuernde Wirtschaftstätigkeit.«

Prof. Dr. Ernst Abbe in einem kurz vor der Wende vom 19. zum 20. Jahrhundert gehaltenen Vortrag, aus: *Zeitschrift für Sozialökonomie*, Nr. 61

Wodurch verändert sich der Verteilungsschlüssel?

Einen Kuchen kann man immer nur einmal essen. Das gilt auch für die Aufteilung des wirtschaftlichen Leistungskuchens zwischen Kapital und Arbeit. Nimmt das Kapital und damit der Zinsanspruch im Gleichschritt mit der Wirtschaftsleistung zu, dann bleiben die Verteilungsrelationen konstant. Wachsen die zu verzinsenden Kapitalien jedoch schneller, kommt es zu einer Verschiebung der Anteile zu Lasten der Arbeit.

In der Darstellung 21 sind solche Verteilungsverschiebungen einmal schematisch in verschiedenen Varianten aufgezeigt. Angenommen ist eine Ausgangs-Verteilungsrelation zwischen Kapital und Arbeit von 20 : 80 sowie ein gleich bleibendes Wirtschaftswachstum von drei Prozent.

Dabei wächst der zur Verteilung anstehende Wirtschaftskuchen in 40 Jahren auf etwa das 3,3fache. Nimmt – wie in der oberen karierten Fläche angenommen – das zu bedienende Kapital ebenfalls jedes Jahr um drei Prozent zu, dann bleibt die Verteilungsrelation zwischen Kapital und Arbeit gleich. Schon ein Wachstum des Kapitals von vier Prozent ergibt jedoch innerhalb der vier Jahrzehnte eine deutliche Verschiebung zwischen beiden Einkommensgruppen. Zwar steigt auch das Einkommen aus Arbeit in absoluten Größen mit der Wirtschaftsleistung an, aber der Verteilungsschlüssel zwischen beiden Gruppen verschiebt sich von 20 : 80 auf 35 : 65. Schon die geringe Verschiebung der Wachstumsraten um nur einen Prozentpunkt lässt also den Anteil der Arbeit von 80 auf 65 Prozent sinken!

Darstellung 21:

Fiktive Verteilungsentwicklung von Kapital und Arbeit

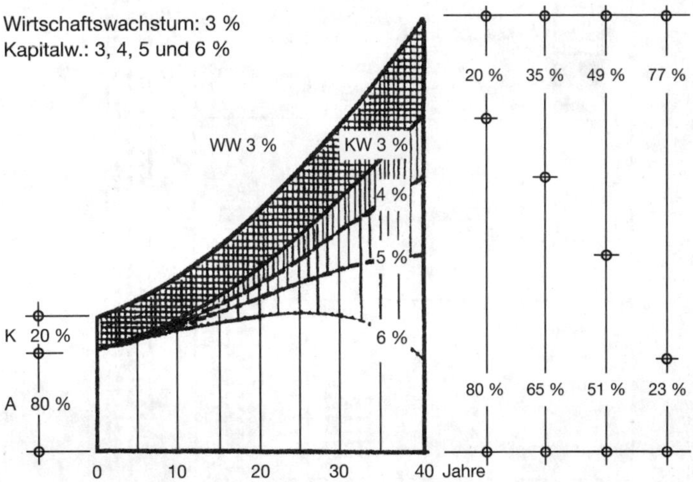

Wesentlich deutlicher, nämlich auf 51 Prozent, fällt der Anteil der Arbeit zurück, wenn bei einem Wirtschaftswachstum von drei Prozent das Kapital um fünf Prozent p.a. zunimmt. An dieser dritten Verteilungskurve kann man auch bereits optisch erkennen, wie der Anstieg der Arbeitsanteile von Jahr zu Jahr nachlässt. Verlängert man diese Entwicklung noch einige Jahre, dann kippt die Kurve der

Darstellung 22:

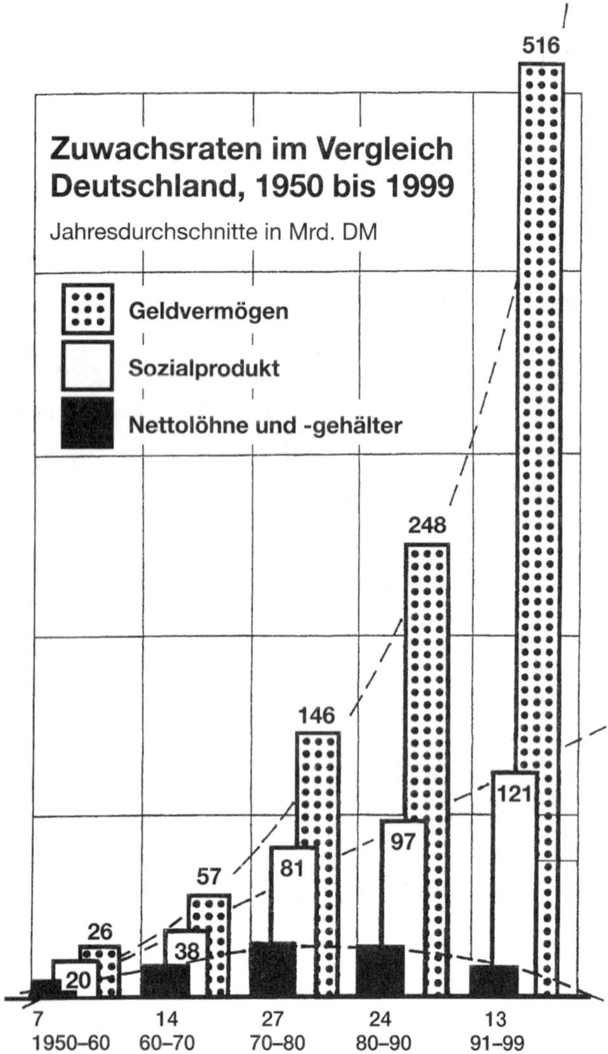

Quelle: Bundesbank

Arbeitsanteile sogar ins Negative um. Das heißt, nicht nur die gesamten Leistungssteigerungen gehen dann ans Kapital, sondern auch ein ständig wachsender Anteil der Einkommenssubstanz aus Arbeit!

Dieser problematische Umkippeffekt tritt bei einem Kapitalwachstum von fünf Prozent bereits nach 25 Jahren ein. Als Folge einer solchen Entwicklungsdiskrepanz würde sich der Verteilungsschlüssel von 20 : 80 in den 40 Jahren also auf 77 : 23 fast umkehren. Das heißt, der Arbeit käme nur noch ein knappes Viertel des Kuchens zu, drei Viertel würde vom Kapital beansprucht. Zu einer ähnlichen dramatischen Verschiebung kommt es aber auch, wenn das Kapitalwachstum mit drei Prozent gleich bleibt, jedoch das Wachstum der Wirtschaftsleistung zurückgeht. Damit wird auch klar, warum die Politiker auch dann noch auf ständiges Wirtschaftswachstum versessen sind, wenn bei uns die Läden überquellen. Da aber in den gesättigten Industrienationen die Wachstumsraten zwangsläufig zurückgehen müssen, ist die Zunahme der Verteilungsspannungen kaum vermeidbar. Schon geringfügige Rückgänge des Wirtschaftswachstums können also sozialpolitische Probleme auslösen, ganz besonders in Phasen steigender Zinsen.

Zu welchen Diskrepanzen es bereits in der Realität gekommen ist, gibt die Darstellung 22 wieder, in der die jährlichen Zuwachsraten der Geldvermögen, der Wirtschaftsleistung und der Nettolöhne als Durchschnittswerte in den letzten Jahrzehnten eingetragen sind.

Erhöhen die Zinsen das Sozialprodukt?

Wer in den volkswirtschaftlichen Gesamtrechnungen die Zinsströme untersucht, der findet normalerweise für jeden der drei Wirtschaftssektoren, also Unternehmen, Staat und Privathaushalte, die Zinseinnahmen wie -aufwendungen angeführt, die sich gegenüber den jeweils anderen Sektoren ergeben. Die daraus resultierenden Nettosalden in den drei Sektoren lösen sich dann in der Endsaldierung in Wohlgefallen auf. Das heißt, die Zinsströme haben keinen Einfluss auf die Höhe des Sozialprodukts, gleichgültig wie groß sie sind. Lediglich der Saldo der grenzüberschreitenden Zinsströme beeinflußt diese statistische Größe. Fließen beispielsweise mehr Zinsen vom Ausland in ein Land als umgekehrt, dann erhöht sich das Sozialprodukt um den Differenzbetrag.

Diese im ersten Augenblick überraschende Neutralisierung der ganzen inländischen Zinsströme ist letztlich logisch: Das Bruttosozial- bzw. Bruttoinlandsprodukt gibt die Summe aller Wertschöpfungen wieder. Zinsen aber stellen keine Wertschöpfung dar, sondern nur einen Transfer innerhalb derselben.

Als Folge dieses Tatbestandes hinterlassen auch Erhöhungen oder Absenkungen der Zinssätze und Zinsstromgrößen im Sozialprodukt keine direkten Spuren. Wenn ›morgen‹ also die Zinssätze (und damit auch die Zins-Transferströme) auf das Doppelte ansteigen würden, hätte das auf das ausgewiesene Sozialprodukt keinen Einfluss. Zumindest rechnerisch und theoretisch nicht. Wohl aber würden die indirekten Folgen einer solchen Zinserhöhung, nämlich Firmenpleiten, Arbeitslosigkeit usw., das Sozialprodukt verändern.

Manche Menschen ziehen aus der Neutralität der Zinsen auf das Sozialprodukt falsche Schlüsse. Sie glauben, dass man deshalb auch die Problematik des Zinses nicht so hoch ansetzen dürfe. Andere klammern sich an jene statistische Größe, die bei manchen Aufschlüsselungen des Volkseinkommens als ›Einkommen aus Unternehmertätigkeit und Vermögen‹ ausgewiesen wird. Dabei hat die darin enthaltene Größe ›Vermögenseinkommen‹ mit den tatsächlichen Zins- und Vermögenseinkommen kaum etwas zu tun. In Deutschland wird darin z. B. lediglich der positive Zinsstromsaldo der privaten Haushalte gegen den negativen Zinsstromsaldo des Staates verrechnet und mit den ›Ausschüttungen der Unternehmen mit eigener Rechtspersönlichkeit‹ addiert. Der sich daraus ergebende Betrag liegt nur bei einem Bruchteil jener Vermögenseinkommen, die allein von den Banken jährlich als Zinsen an die Geldgeber überwiesen werden.

Wieder andere stützen sich auf Aussagen von Wirtschaftsprofessoren, nach denen die Verschuldungen – und damit auch die dafür zu zahlenden Zinsen – problemlos seien, weil diesen Schulden und Zinslasten in gleicher Höhe Geldvermögen und Zinseinkommen gegenüberstehen. So vertrat z. B. der deutsche Ökomom Robert K. von Weizsäcker auf einer Expertentagung zur Staatsverschuldung die Auffassung, dass nur Schuldenaufnahmen im Ausland mit Problemen verbunden seien:

> »Was ist an der Zinslast eigentlich eine Last? Die über Steuermittel finanzierten Zinslasten fließen doch an diejenigen, die die Anleihen halten. Unterstellt man eine reine Binnenverschuldung, schulden wir uns damit die Verschuldung selbst. Ein reales Problem gibt es erst, wenn der Auslandsanteil der Staatsverschuldung zu groß wird.« (»Die Zeit«, 14. Januar 1999)

Was ist mit der Zinsbesteuerung?

Wer durch Arbeit Einkommen erzielt, muss jede Mark auf Heller und Pfennig versteuern. Bei den Lohn- und Gehaltsempfängern findet der Steuereinzug gleich bei der Auszahlung des Einkommens statt, also direkt an der Quelle. Verzögerungen der Steuerzahlung, eine Flucht vor der Steuer oder gar ihre Hinterziehung, sind praktisch ausgeschlossen. Wer ohne Arbeit Einkommen bezieht, ist zwar auch zur Steuerzahlung verpflichtet, aber der gleiche Staat, der diese Zahlung verlangt, garantiert ihm mit dem Bankgeheimnis gleichzeitig die Nichtkontrolle seiner Einkünfte. Dieser Tatbestand kommt fast einer Einladung zur Steuerhinterziehung gleich. Die Folge ist entsprechend: Zinseinkommen aus Geldvermögen werden nur zu einem geringen Teil in den Steuererklärungen angegeben!

Aber auch zur völligen Steuerumgehung bieten sich den Geldvermögensbesitzern genügend Möglichkeiten: Man braucht z. B. seine Ersparnisse nur auf eine Bank in eines der vielen ›Steuerparadiese‹ zu verlagern, z.B. innerhalb des EG-Raumes nach Luxemburg, und schon ist man aus dem Schneider! Ganz Vorsichtige heben sogar ihre Guthaben in bar ab und zahlen das Geld jenseits der Grenze wieder ein, womit für alle Zeiten die Spuren ihrer Steuerflucht verwischt sind. Und auch dieses Spurenverwischen geschieht gewissermaßen mit staatlicher Hilfe, nämlich mit den vom Staat herausgegebenen Zahlungsmitteln, die man zu jeder Spekulation benutzen darf.

Man stelle sich einmal vor, Vergleichbares würde Arbeitnehmern zugebilligt. Konkret: Man würde zwar an ihre Steuerpflicht appellieren, ihnen gleichzeitig aber Möglichkeiten zu ihrer Umgehung bieten. Zum Beispiel durch die Einführung eines ›Einkommensgeheimnisses‹, das den Finanzämtern nur in Sonderfällen Einblick in die Gehaltslisten erlaubt. Oder sogar durch die Einrichtung anonymer Gehaltskonten jenseits der Grenze. – Es ist eigentlich unverständlich, dass die Gewerkschaften diese Gleichbehandlung der Arbeits- und Zinseinkommen nicht längst verfassungsrechtlich eingeklagt haben.

Doch nicht nur gegenüber den Arbeitleistenden wird mit den Sonderregelungen für das Geld Unrecht geschaffen. Auch die Investoren im Lande werden damit bestraft. Denn während die Besitzer von Geldvermögen ihre Zinseinkünfte fast gefahrlos am Finanzamt vorbeischmuggeln können, haben die Besitzer von Sachvermögen dazu wesentlich weniger Möglichkeiten. Wer unter diesen Umständen sein Geld in einen Arbeitsplatz oder in ein Mietshaus steckt, wird eklatant benachteiligt.

Warum stimmt das Sprichwort »Zeit ist Geld«?

Der Zins als Leihpreis für Geld ist zweifellos ein Zahlungsposten auf Zeit. Geld, als Tauschmittel entstanden, erhält dadurch gewissermaßen eine zweite Dimension: Für die Geldverleiher wird es zu einem zeitbezogenen Einkommensfaktor ohne Leistung, für den Kreditnehmer zu einem zeitbezogenen Kostenfaktor, den er nur mit zusätzlicher Leistung und damit zusätzlich aufgewandter Zeit bedienen kann. Mit dem Zins wird also Zeit zu Geld gemacht. Das Sprichwort »Zeit ist Geld« bringt diesen Tatbestand auf den kürzesten Nenner.

Früher einmal war Zeit für alle Menschen ein Geschenk. Heute trifft das nur noch auf die Zinsgewinnler zu. Alle anderen – und das ist die übergroße Mehrheit – müssen ›in der Zeit‹ für die Gewinnler tätig sein. Michael Ende hat diese Stress auslösende Veränderung für das Leben der Menschen, märchenhaft verfremdet und dennoch deutlich, zur Aussage seines Buches »Momo« gemacht.

Weil Zeit Geld ist – Zinsgeld nämlich – müssen heute die Menschen ständig in Bewegung bleiben. Vor allem aber die Maschinen, am besten rund um die Uhr. Nach Möglichkeit sollen sie dabei mit weniger Beschäftigten laufen, noch besser, völlig ohne sie. Denn mit jeder Entlassung einer Arbeitskraft spart ein Unternehmer Kosten ein, beim Abschalten einer Maschine aber laufen die Kosten weiter, zumindest diejenigen für die Kapitalbedienung. Und ersetzt er einen Menschen durch eine selbst finanzierte Maschine, hat er außerdem eine zusätzliche Zinseinnahme sicher.

Der Chef der Mittelstandsvereinigung der deutschen CDU, Klaus E. Bregger, hat diesen Tatbestand 1996 in einem Interview auf den Punkt gebracht: »Wer Geld mit Geld verdient, wird risikoarm reich. Wer Geld mit Arbeitsplätzen verdient, wird risikoreich arm.«

Auch das fatale Sprichwort, »Stillstand ist Rückschritt«, wird mit unserem Geldsystem erklärbar. Denn angesichts der laufenden Zinsen bedeutet jeder Stillstand wachsende Verluste.

Obwohl jeder weiß, dass er bei gleich bleibender Leistung niemals ärmer werden kann, können wir uns im Zinssystem eine Leistungsstabilisierung – bewusst negativ als ›Nullwachstum‹ abgestempelt – nicht erlauben. In einer Wirtschaft ohne Zinsen, bzw. mit einem verteilungsneutralen Zins um Null, könnten wir dagegen den technischen Fortschritt und damit alle Produktivitätssteigerungen problemlos und bei gleich bleibendem Einkommen in Arbeitszeitverkürzungen umsetzen. Bei einem ständig positiven Zins haben wir jedoch nur die Wahl zwischen Wirtschaftswachstum oder Senkung der Arbeitseinkommen, ob durch Lohnkürzungen oder Entlassungen.

Unser ständig positiver Zins zwingt uns also ohne Pause nicht nur zum Produzieren und zum Konsumieren, sondern sogar zu einer ständigen Steigerung von beidem. Und zwar im Gleichschritt mit den Geldvermögen und Schulden, die durch die zinsbedingten Umschichtungen, gewissermaßen ›in der Zeit‹ von alleine weiterwachsen. Doch diese Verknüpfung von Geld und Zeit haben wir bereits so verinnerlicht, dass wir uns immer mehr zum Leisten und Verbrauchen jagen lassen, ohne jedes Hinterfragen.

Verändert der Zins das Geld?

Mit zunehmender Kapitalbestimmtheit unseres Wirtschaftens verdrängt der Faktor Zeit auch immer mehr die eigentliche Aufgabe unseres Geldes, nämlich nichts anderes zu sein als ein Hilfsmittel zum Leistungs- und Gütertausch. Für die Fachleute des Geldes, die Banker, scheint diese eigentliche Hilfsmittel-Aufgabe nur noch von sekundärer Bedeutung. So wurde dem vormaligen Vorstandschef der Deutschen Bank, Hilmar Kopper, in einem Fernsehinterview im Frühjahr 1991 einmal die Frage gestellt: »Was gibt dem Geld eigentlich seinen Wert?« Man hätte nun erwartet, dass Kopper auf die volkswirtschaftliche Leistung hinwies, die unserem Geld die Deckung gibt. Doch die Antwort des Bankers war kurz und knapp: »Der Faktor Zeit bedeutet, dass es sich vermehrt über die Zinsen.« Und auf die erstaunte Nachfrage des Interviewers, »Geld ohne Zeit ist also nichts?«, bestätigte Kopper das noch einmal ausführlicher: »Geld ohne Zeit ist nichts, das kann man natürlich auf der Stelle ausgeben, aber das vermehrt das Geld nicht, dann dreht man das Geld in etwas anderes hinein.«

Diese Definition eines führenden Bankfachmanns ist bezeichnend. Demnach ist unser Geld also nicht in erster

Linie zur Vermittlung des Leistungsaustauschs in der Wirtschaft da, sondern zu seiner eigenen Selbstvermehrung!

Diese Auffassung zeigt nicht nur den Krankheitsgrad unseres Geldsystems, sondern auch den unseres Denkens über Geld, der im Buchtitel »Geld-Syndrom« ebenfalls zum Ausdruck kommt. Der deutsch-niederländische Ökonom Hugo Godschalk kommentierte das obige Interview in einem Vortrag auf einem Kongress im Mai 1991 mit den Worten: »Man könnte glauben, die Rolle des Geldes als Tauschmittel wäre etwas Funktionswidriges.«

Die Frage, wie sich denn das Geld durch die Zeit vermehrt, ist Kopper leider nicht gestellt worden. Sie hätte vielleicht den Unsinn seiner Aussage offenbart. Denn nicht das Geld vermehrt sich in der Zeit, sondern nur die Einkommens- und damit Ersparnisüberschüsse der Reichen auf Kosten aller anderen, und damit wiederum die Zunahme der Ausbeutung und der Ungerechtigkeit in unseren Gesellschaften.

Gibt es einen gerechten Zins?

An einem wirklich freien Markt ist jeder sich bildende Preis letztlich immer gerecht. Denn er spiegelt jeweils die Werteinschätzung des Gutes wider, über die sich die Beteiligten bei ihrem Leistungsaustausch einigen.

Kauft jemand im Laden ein Hemd für zwanzig Dollar oder Euro, so ist ihm das Hemd wertvoller als das Geld. Für den Verkäufer ist es umgekehrt, sonst würde er das Hemd für den Betrag nicht hergeben. Ungerecht würde der Handel nur, wenn der Verkäufer ein Hemdenmonopol hätte und den Preis diktieren könnte.

Genauso ist es beim Knappheitspreis des Geldes, dem Zins. Auch er ist immer gerecht, wenn er das Produkt von

Angebot und Nachfrage ist. Das heißt, wenn er allein das Verhältnis von Geldüberschüssen auf der einen Seite und Geldbedarf auf der anderen Seite widerspiegelt. Sind beide Seiten ausgeglichen, dann muss der Zins als Knappheitspreis (sieht man von der Bankmarge ab) gegen Null hinuntergehen. Denn im Gegensatz zum Hemd, dessen Produktion mit Kosten verbunden ist, hat der Geldhalter keine Kosten für die Produktion des Geldes aufbringen müssen. Das Geld wird den Wirtschaftsteilnehmern kostenlos zur Abwicklung ihrer Tausch- und Zahlungszwecke zur Verfügung gestellt. Man erhält es gewissermaßen als weitergebbare Quittung, wenn man eine Leistung einbringt. Wer Geld übrig hat, hat also im Normalfall mehr Leistungen eingebracht, als er selbst nachfragt. Schon aus persönlichen Gründen sollte er darum ein Interesse daran haben, dass ein Kreditnehmer diese Nachfragelücke schließt. Da aber wegen der heutigen Überlegenheit des Geldes gegenüber den zu tauschenden Gütern jeder gern Geld annimmt, aber keiner es gerne weitergibt, ergibt sich eine ständige Knappheitssituation. Geld wird dadurch zu einem Monopol, das den Leihpreis des Geldes nie auf eine gerechte Ebene sinken lässt.

Ein wirklich gerechter Zins hängt also nicht nur von einem Ausgleich zwischen Angebot und Nachfrage ab. Er hängt vielmehr entscheidend von der Überwindung der künstlichen Verknappungsmöglichkeit und damit der Neutralisierung der Geldvorteile ab, die Geld zu einem Monopolgut machen. Erst mit dieser Neutralisierung kann es einen wirklich marktgerechten Zins geben, gleichgültig wie immer auch seine noch verbleibende Höhe ist. Und erst ein solcher marktgerechter und schließlich verteilungsneutral um Null pendelnder Zins kann ein gerechter sein.

Was sagt die Wissenschaft zum Zins?

Die Wirtschaftswissenschaft hat sich seit etwa 200 Jahren mit dem Zins arrangiert und die Problematik »tabuisiert«, wie es der Sankt Gallener Nationalökonom Hans Christoph Binswanger einmal ausgedrückt hat. Und um mit diesem Zustand leben zu können, hat man etliche Theorien entwickelt, die den Zins als unbedenklich bzw. unverzichtbar darstellen.

»Der Zins ist ein Lohn für den Konsumverzicht« ist die bekannteste dieser Begründungen. Dass sie nichts mit der Wirklichkeit zu tun hat, stört anscheinend niemanden. Denn der normale Bürger spart nicht, um für Konsumverzicht belohnt zu werden, sondern weil er Geld für Ausgaben in späteren Zeiten ansammelt oder einfach im Moment Geld übrig hat. Und den Geldvermögensbesitzern, deren Zinserträge und Neuersparnisse täglich in die Tausende oder gar Millionen gehen, kann man auch nicht unterstellen, dass sie auf irgendeinen Konsum verzichten, der eine Zinsbelohnung rechtfertigen würde.

Wäre im Übrigen der Zins tatsächlich ein Lohn für Konsumverzicht, dann müsste auch derjenige Zinsen erhalten, der sein übriges Geld zu Hause unter dem Kopfkissen spart. Der Tatbestand, dass man Zinsen jedoch nur dann erhält wenn man sein übriges Geld verleiht, beweist die Bindung des Zinses an die Geldüberlassung. Der Zins ist also ein Preis für den Verleih von Geld, oder noch treffender: Eine an die Leihzeit gekoppelte Prämie für die Aufgabe der Vorteile, die mit dem Geldbesitz verbunden sind, vor allem für die Aufgabe der Liquidität.

John Maynard Keynes, wohl der bedeutendste Ökonom des vergangenen Jahrhunderts, hat übrigens schon in den 30er Jahren die These von der Konsumverzichtsbelohnung widerlegt. Trotzdem wird dieser praxisfremde Unsinn auch heute noch an fast allen Universitäten verbreitet. In seinem Hauptwerk »Allgemeine Theorie der Beschäftigung, des Zinses und des Geldes« (man beachte die Wortwahl und Wortfolge im Titel!), hat Keynes den Zins als »Belohnung für die Nichthortung von Geld« definiert. Das heißt, der Zins ist das Mittel, mit dem man die Geldhalter heute bewegen muss, ihr übriges Geld an andere zu verleihen.

Natürlich gibt es in der Wissenschaft noch eine ganze Reihe anderer Zinserklärungen und -begründungen. Sie alle helfen jedoch nicht über den Tatbestand hinweg, dass die Geldhalter beim Zins heute die Marktgesetze außer Kraft setzen und einen ständig positiven Zins erpressen können.

Kritische Worte zum Zins sind ganz selten einmal von einem Wirtschaftswissenschaftler zu hören, so zum Beispiel von dem bereits genannten Hans-Christoph Binswanger. In seinem Buch »Geld und Natur« wie auch in dem von ihm mit herausgegebenen Buch »Geld und Wachstum«, weist er vor allem auf die zinsbedingten Wachstumszwänge hin. Und dass der Ökonom Wolfram Engels, der in den 90er Jahren verstorbene Mitherausgeber der deutschen »Wirtschaftswoche«, bei seinem Kommentar in der Ausgabe Nr. 1/93 das »Zinsverbot der Religionen« aufgegriffen hat, muss man fast als einen Tabubruch ansehen. Noch mehr gilt das für seine abschließenden Sätze, in denen er eine Welt ohne Zins als »wahrscheinlich ökonomisch optimal« bezeichnet und meint, dass vielleicht »Jesus, Moses und Mohammed«, die bekanntlich allesamt das Zinsnehmen verurteilt haben, »die besseren Geldtheoretiker« waren. Erfreulich, dass daran anknüpfend auch aus dem Umfeld der Kirchen wieder kritische Stimmen zum Zins zu hören sind, wie der Text im Kasten G zeigt.

Kasten G:

Kirche und Zinsverbot

Das Abrücken der Kirchen vom Zinsverbot hat den Aufstieg des modernen Kapitalismus entscheidend begünstigt. Nachdem die Zinswirtschaft die Menschengemeinschaft in beispielloser Weise zerrüttet hat und die Gegensätze zwischen Arm und Reich globale Ausmaße angenommen haben, ist eine Umkehr von Theologen und Ökonomen vonnöten. Die Traditionen des Zinsverbotes müssen der Öffentlichkeit wieder ins Bewusstsein gebracht werden, um Gegenmacht gegen die internationale Finanzwelt aufzubauen und nach Mitteln und Wegen zu suchen, die wirksamer zum Ziel einer zinsfreien Wirtschaft führen als umgehbare Verbote. Heute ist weltweit sichtbar geworden, dass die internationalen Kapitalkräfte – und diese haben sich vorwiegend in »christlichem« Umfeld entwickelt! – in der Zinspraxis kriminelle Ausmaße angenommen haben.

Ökonomisch gesehen bedeutet Zinsnehmen von einem bestimmten Punkt an eine Vermehrung des Geldes ohne Koppelung an die Produktion von Gütern. Dieser Prozess führt auf Dauer zum Ruin jeder Volkswirtschaft.

Dietrich Schirmer, Studienleiter an der Ev. Akademie Berlin
»Zum Problem des Zinsnehmens«, Zeitschrift für Sozialökonomie, Sept. 1990

8. KAPITEL

Inflation und Deflation

»Stabiles Geld ist nicht alles,
aber ohne stabiles Geld ist alles
andere nichts.«
Karl Schiller

Diese Aussage des ehemaligen bundesdeutschen Wirtschaftsministers Karl Schiller lässt sich zwar auf viele andere Bereiche übertragen, z. B. ›Gesundheit ist nicht alles, aber ohne Gesundheit ist alles andere nichts‹. Bezogen auf Wirtschaft und Gesellschaft ist die ›Gesundheit‹ des Geldes – seine Stabilität – jedoch tatsächlich von grundlegender Bedeutung.

Ist die Notwendigkeit stabilen Geldes eine Erkenntnis unserer Tage?

Schon vor fast 500 Jahren hat Nikolaus Kopernikus in seinem »Memorandum über Geld und Inflation« geschrieben:

> »Unter den unzähligen Übeln, welche den Zerfall ganzer Staaten herbeiführen, sind wohl vier als die vornehmlichsten anzusehen: innere Zwietracht, große Sterblichkeit, Unfruchtbarkeit des Bodens und die Verschlechterung der Münze. Die ersten drei liegen so klar zutage, dass sie schwerlich jemand in Abrede stellen wird. Das vierte Übel jedoch, welches von der Münze ausgeht, wird nur von wenigen beachtet und

nur von solchen, welche ernster nachdenken, weil die Staaten allerdings nicht gleich beim ersten Anlauf, sondern ganz allmählich und gleichsam auf unsichtbare Weise dem Untergang anheim fallen.«

Aber auch aus unserer Zeit gibt es genügend gewichtige Stimmen. So hat z. B. John Maynard Keynes gesagt, dass es keine spitzfindigere und tödlichere Methode gibt, um die gesellschaftlichen Grundlagen zu zerstören, als die Vernichtung der Währung. Und von Fritz Leutwiler, dem früheren Präsidenten der Schweizerischen Nationalbank, stammt der Satz: »Demokratie setzt, wenn sie funktionsfähig bleiben soll, eine stabile Währung voraus.« Doch alle diese Mahnungen haben die Wissenschaft bislang nicht bewegen können, sich intensiver über ein störungsfrei funktionierendes Geld Gedanken zu machen. Das Dilemma ist entsprechend: Die wenigen Ökonomen, die sich mit Geld befassen, sind sich nicht einig, was Geld eigentlich ist. Und die Notenbanken versuchen vergeblich, über immer neue Geldmengenkreationen die Geldwertstabilität zu erreichen.

Was heißt Inflation und was ist ihre Wirkung?

Der Begriff Inflation kommt von inflare = aufblähen. Gemeint ist damit eine Ausweitung der Geldmenge über die gegebene volkswirtschaftliche Leistung hinaus. Die Folge einer solchen Ausweitung ist die Störung des Gleichgewichts zwischen Angebot und Nachfrage. Denn dem gegebenen Angebot stehen mit dem vermehrten Geld überhöhte Nachfragemöglichkeiten gegenüber, wodurch auf jeden Schein weniger Leistung entfällt. Oder anders ausgedrückt: Man muss für jede Leistung mehr Geldscheine hergeben als zuvor. Gemessen an der Leistung sinkt also die Kaufkraft des Geldes. Gemessen am Geld steigt das allgemeine Preisniveau. Das steigende Preisniveau ist also die Folge der Inflation, an der sie messbar wird, nicht aber die Ursache. Statt von steigenden Preisen müsste man also von sinkender Kaufkraft des Geldes reden. Aber auch hier lässt man sich von den vordergründigen Vorgängen irritieren. Ähnlich wie man vom Sonnenuntergang redet, obwohl sich in Wirklichkeit die Erde von der Sonne wegdreht.

Mit der Erklärung des Inflationsbegriffs ist auch die Verantwortlichkeit geklärt: Es sind diejenigen, die das Zuviel an Scheinen in Umlauf geben. Und das sind in unseren Tagen alleine die staatlichen oder vom Staat eingesetzten Notenbanken.

Noch vor dreißig Jahren sahen manche Politiker und Wissenschaftler in der Inflation – zumindest der gemäßigten – eine positive Stimulanz für die Konjunktur. Inzwischen hat man die vielschichtigen negativen Folgen auch geringer inflationärer Preisauftriebe erkannt. So schrieb 1987 der Chefredakteur der deutschen Tageszeitumg »Die Welt«, Peter Gillies:

> »Inflation ist nicht nur Betrug am Sparer, nicht nur die unsozialste Form der Umverteilung, sondern auch die Erwerbslosigkeit von morgen. Längst ist widerlegt, dass fünf Prozent Inflation leichter zu ertragen seien als fünf Prozent Arbeitslosigkeit; vielmehr sind null Prozent Inflation die vorzüglichste Voraussetzung für null Prozent Erwerbslose. Der Glaube, Vollbeschäftigung lasse sich mit ›ein bisschen Preissteigerung‹ erkaufen, musste weltweit teuer bezahlt werden.«

Diese enge Beziehung zwischen Inflation und Arbeitslosigkeit bestätigt auch das Ergebnis einer Untersuchung der

Deutschen Bundesbank in mehreren Industrienationen, die in der Darstellung 23 wiedergegeben ist.

Darstellung 23:

Preisentwicklung und Arbeitslosigkeit in ausgewählten Ländern

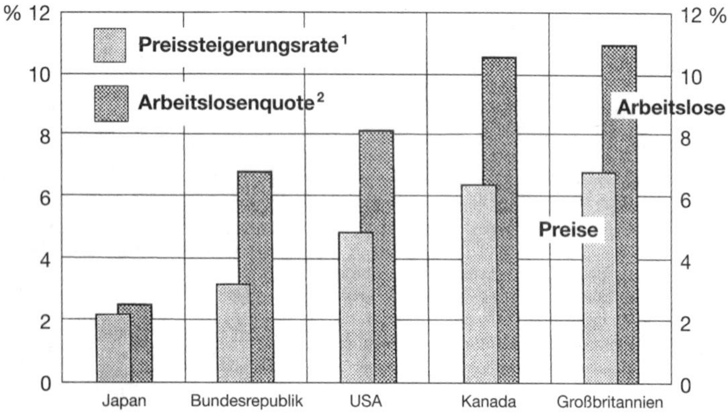

[1] Durchschnittliche jährliche Veränderungen im Zeitraum 1981/86
[2] Durchschnitt im Zeitraum 1981/86

Quelle: Bundesbank

Ist eine stabile Währung wirklich so wichtig?

Stellen wir uns einmal vor, jedes Jahr würde die Länge des Meters verändert. Überraschend und ungeplant. Mal mehr und mal weniger. Für alle, die mit Längenmaßen disponieren und rechnen müssen, würden dann die Ergebnisse zur Glücksache: Die Hose von gestern würde nicht zur Jacke von heute passen, die heute gelieferten Fenster nicht in die vor einigen Wochen gemauerten Fensteröffnungen. Genauso macht ein sich ständig verändernder Geldmaßstab das Wirtschaften zum Glücksspiel: Die Preise von gestern entsprechen nicht den Kosten von heute, die empfangenen Löhne nicht den vor einigen Wochen erbrachten Arbeitsleistungen, die Kaufkraft der Tilgungen nicht jener der ausgeliehenen Ersparnisse. Alle mittel- und längerfristigen Dispositionen sind Zufällen ausgeliefert. Betrug und Spekulation werden Tür und Tor geöffnet.

Hinzu kommt noch, dass wir den Maßstab Geld viel häufiger benutzen als alle anderen Maßeinheiten. Und dennoch lassen es die Staaten zu, dass an diesem wichtigsten Maßstab Geld weiterhin herumgespielt und -manipuliert wird, die gleichen Staaten, die mit peinlicher Genauigkeit von tausendstel Gramm und Zentimeter die übrigen Maßeinheiten überwachen und jede Abweichung mit Akribie verfolgen! Dabei setzen die Staaten – wie Vergangenheit und Gegenwart zur Genüge zeigen – mit der Instabilität des Geldes immer wieder ihre eigene Existenz aufs Spiel. Nicht zuletzt durch die sozialen Spannungen, die sich mit jeder Inflation ergeben. Auch hierzu hat der bereits zitierte Fritz Leutwiler in seiner letzten Rede vor der Vollversammlung der Schweizerischen Nationalbank 1984 Klartext geredet:

> »Auf keine andere Weise als durch Inflation, können in so kurzer Zeit so wenige so reich und so viele so arm gemacht werden.«

Die Inflationen in den Industrienationen

Liest man von den tausendprozentigen Hyperinflationen in Lateinamerika oder einigen früheren Ostblockstaaten, dann neigt man dazu, die Inflationsproblematik für etwas Exotisches zu halten. Vergegenwärtigt man sich aber, dass die Inflation im weltweiten Durchschnitt laufend angestiegen ist, von drei bis vier Prozent in den 50er und 60er Jahren über zehn Prozent in den 70er auf 20 Prozent in den 90er Jahren, dann wird die Aktualität dieser Seuche nachvollziehbar. Aber auch bei den oft gelobten Währungen der führenden Industrienationen ist das Thema noch relevant. So ist z. B. der Dollar des Jahres 1950 heute keine 15 Cent mehr wert, das Englische Pfund nur noch sieben Pence und die Lira ist sogar auf vier Prozent ihres einstigen Wertes zurückgefallen. Aber auch die als so stabil gepriesene Deutsche Mark und der Schweizer Franken haben bis heute rund vier Fünftel ihres Wertes eingebüßt. Dabei zeigt sich beim Schweizer Franken, der gleich mehrfach durch Gold gedeckt war, dass die Stabilität einer Währung nicht von irgendwelchen angesammelten Werten abhängt, sondern alleine von der Relation der Geldmenge zur Leistung der Volkswirtschaft. Noch präziser: Von dem Gleichgewicht zwischen Angebot und Nachfrage.

Der heute also in allen Währungen immer noch gegebene mehr oder weniger große Kaufkraftverfall bedeutet, dass ein arbeitender Mensch für seine Leistung aus früheren Berufsjahren heute nur noch einen Bruchteil als Gegenleistung zurückerhält. Und das gilt keineswegs nur für die vergessenen Scheine unter der Matratze. Auch die Bankrücklagen der kleinen Sparer wurden in den vergangenen Jahrzehnten durch die schleichende Inflation um vielstellige Milliardenbeträge enteignet. Denn im Gegensatz zu den betuchteren Geldanlegern, die sich mit ihren Großeinlagen durch erhöhte Zinsforderungen gegen alle Inflationsverluste abzusichern verstehen, lag die Verzinsung der normalen Sparguthaben in vielen Ländern und Jahren unter den Inflationssätzen.

Aber auch aufgrund unserer jüngeren Geschichte haben wir allen Grund, uns mit Fragen der Geldwertstabilität zu befassen. So sind z. B. in diesem Jahrhundert, im Zuge der beiden Weltkriege, in den meisten Ländern die Währungen ein- und in etlichen sogar zusammengebrochen, nachfolgend dann auch noch die davon betroffenen Volkswirtschaften. Ganze Generationen wurden dabei um die Früchte ihres Fleißes gebracht und Millionen Menschen ins Unglück gestürzt. Dass es zu solchen Währungs- und Wirtschaftszusammenbrüchen keiner Kriege bedarf, erleben wir zur Genüge auch in unserer Zeit.

Macht man sich z. B. noch einmal die Größenordnungen und die Abläufe solcher Nachkriegsinflationen klar, dann kann man über die Unbedarftheit der jeweiligen Verantwortlichen nur den Kopf schütteln. Ähnlich wie Anfang der 90er Jahre in Russland, hat man auch in und nach den beiden großen Kriegen im vergangenen Jahrhundert, vor allem nach dem ersten von 1914 bis 1918, zur Abdeckung der Kriegskosten und aufgehäuften Schulden oft jahrelang die Notenpresse laufen lassen. Und weil als Folge dieser Geldüberhänge die Preise stiegen, gaben die Leute ihr Geld immer rascher aus, was über die steigende Umlaufgeschwindigkeit einer nochmaligen Erhöhung der Geldmenge gleichkam. Damit stiegen die Preise und damit wiederum die Nachfrage noch rasanter an.

Diesem Preisauftrieb entsprechend gab man immer noch mehr Geld in Umlauf und drehte damit die Preisschraube immer schneller. Am Ende stiegen die Preise so schnell, dass man – wie in Deutschland 1923 – den Arbeitenden den Lohn mehrmals täglich auszahlte, damit sie ihn möglichst rasch, vor dem erneuten Preisanstieg, ausgeben konnten. Zum Stillstand kam dieser Wahnsinn schließlich nur durch den Mangel an Papier bzw. der Unmöglichkeit, die vorhandenen Scheine, Briefmarken oder Preisschilder mit immer längeren Null-Kolonnen immer schneller zu überdrucken. Am Ende kosteten normale Briefmarken bereits Milliarden Mark und die gesamte umlaufende Geldmenge lag bei der schier unvorstellbaren Größe von rund 500 Trillionen, also einer 500 mit 18 Nullen!

Solche Hyperinflationen, aber auch die gemäßigten unserer Tage, sind erst durch die Einführung des Papiergeldes möglich geworden. Denn solange Geld mit Edelmetall identisch war, konnte es nur bei großen Gold- oder Silberfunden bzw. nach gewaltsamen Raubzügen zu Überversorgungen mit Geld kommen. Heute braucht man zur Geldvermehrung nur eine Druckmaschine sowie Papier und Farbe. Umso schwerwiegender ist heute die Verantwortung der Notenbanken bzw. der Politik. Ganz sicher haben die Verantwortlichen in der Zwischenzeit dazugelernt. Aber von Stabilität der Kaufkraft ist man auch in den großen Industrienationen noch weit entfernt und nichts deutet darauf hin, dass man sie endlich in den Griff bekommen wird. Das gilt auch für die Euroländer, wie die Darstellung 24 erkennen lässt.

Zwar ist der Durchschnittswert von 1991 bis 1999 von 4,7 auf 1,3 Prozent gesunken, nicht zuletzt durch die festgelegten Beitrittskriterien zur Euro-Währung, aber seit 1999 geht es schon wieder aufwärts. Auch der Korridor zwischen den Ländern mit den Höchst- und Niedrigsätzen wurde bis zum Startjahr deutlich verengt, öffnet sich jedoch bereits wieder. Interessant ist auch, die jeweils Klassenbesten und -schlechtesten in den einzelnen Jahren auszumachen. Besonders überraschend ist, dass Irland, Primus in den Jahren 1996 und 97, in den nachfolgenden drei Jahren die negative Spitzenrolle übernommen hat. Gerade aber diese Unberechenbarkeiten der Entwicklungen in den einzelnen Ländern und das erneute Auseinanderdriften der Inflationssätze, macht es der EZB schwer, eine für alle richtige Geldmengenpolitik zu betreiben.

Darstellung 24:

Inflationsentwicklung in den Euro-Ländern 1991–2000

Veränderungen gegenüber dem Vorjahr in Prozent

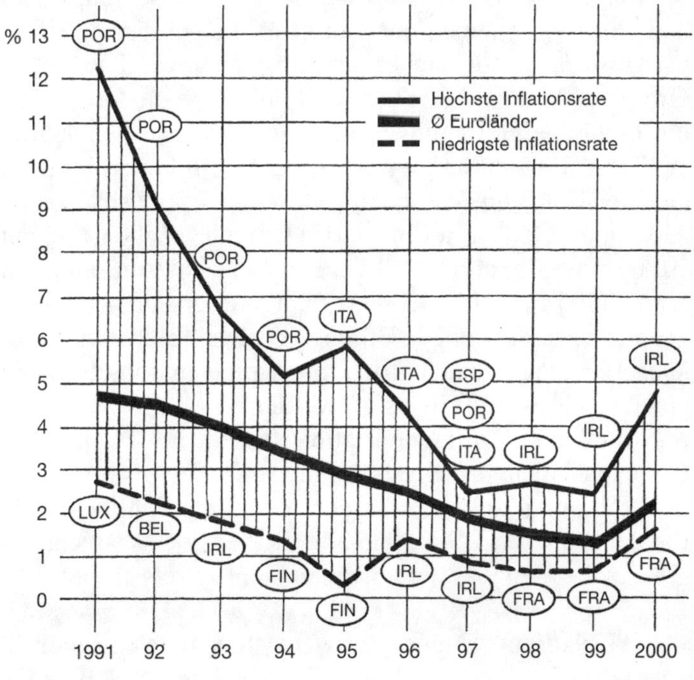

Quelle: Institut der deutschen Wirtschaft

Kann man Inflation als Betrug bezeichnen?

Wenn der Tuch- und Baustoffhandel jedes Jahr klammheimlich alle Meterstäbe um einige Zentimeter kürzen würde, dann wäre das nach einhelliger Auffassung Betrug.

Ebenso, wenn Veranstalter mehr Eintrittskarten verkaufen, als Plätze vorhanden sind. Besonders perfide wäre der Betrug, wenn die Täter solche strafbaren Handlungen bei anderen lautstark anprangern würden.

Genauso verhalten sich aber unsere Notenbanken: Sie bedrohen alle mit Gefängnis, die mit gefälschten, ungedeckten Geldscheinen die Kaufkraft des gesamten Geldes verwässern – und machen es selbst in unvergleichlichen Größenordnungen! So lagen beispielsweise die festgestellten Geldscheinfälschungen in Deutschland in den Jahren 1987 und 1988 zusammen bei rund 1,1 Millionen DM. Im gleichen Zeitraum aber hat die Deutsche Bundesbank rund 23 Milliarden(!) zu viel an Geld in Umlauf gegeben, also gut 20 000 mal mehr als alle Falschgeldproduzenten zusammen! Und weil dieses staatlich hergestellte überschüssige Geld, genau wie das kriminelle Falschgeld, nicht durch wirtschaftliche Leistungen gedeckt ist, muss seine Inumlaufsetzung genauso als Betrug eingestuft werden.

Notenbanken in Demokratien des Betrugs zu bezichtigen mag manchen wie Blasphemie vorkommen. Aber auch hier kann man sich auf offizielle Äußerungen stützen, z. B. die des früheren US-Notenbankers Henry C. Wallich, der gleichzeitig den Ökonomen einen Denkzettel verpaßte:

> »Inflation ist immer ein wenigstens teilweise moralisches Problem. Inflation ist eine Form des Betrugs. Mir scheint auch, dass Ökonomen viel dazu beigetragen haben, den Weg für eine Inflation zu bahnen, wie wir sie jetzt haben ...«

Nicht weniger deutlich und ebenfalls den moralischen Aspekt ansprechend, hat sich 1980 der damalige Präsident der Deutschen Bundesbank, Ottmar Emminger, geäußert:

»... stabiles Geld ist eine Voraussetzung für die Aufrechterhaltung einer gesunden Marktwirtschaft und schließlich auch eine moralische Frage: Nur gesundes Geld ist ein ehrliches Geld. Oder wie einer meiner Vorgänger, Herr Blessing, gesagt hat: Inflation ist Betrug am Volk.«

So wie man mit Fug und Recht den Krieg als größtes denkbares Gewaltverbrechen bezeichnen kann und den Zins als größte denkbare Ausbeutung, so die Inflation, mit der die Sparer um die Früchte ihrer Arbeit gebracht werden, als größten denkbaren Betrug. Bezeichnend ist bei diesen drei größten Kapitalverbrechen, dass zwei davon, nämlich Zins und Inflation, direkt mit Geld und Kapital zu tun haben und das dritte, der Krieg, zumindest indirekt, wie wir im 30. Kapitel noch sehen werden. Geradezu bedenklich ist darum der Tatbestand, dass selbst die demokratischen Staaten, die ansonsten Gewalt, Ausbeutung und Betrug im Kleinen verfolgen, die größten denkbaren Formen dieser Verbrechen immer noch als legitim betrachten.

Können auch die Käufer Inflationen auslösen?

Marktpreise werden durch Angebot und Nachfrage bestimmt. Nachfragen kann jeder nur in Höhe seines Einkommens. Einkommen entstehen durch Leistungen, aus denen wiederum das Angebot resultiert. Gibt jeder sein Einkommen regelmäßig aus, bzw. überlässt er Einkommensüberschüsse leihweise anderen, bleibt das Verhältnis zwischen Angebot und Nachfrage stabil: Der Markt wird regelmäßig geräumt, die Beschäftigung bleibt erhalten, ebenso das allgemeine Preisniveau und damit die Kaufkraft des Geldes.

Da niemand mehr Geld ausgeben kann, als er eingenommen und damit geleistet hat, können die Nachfrager also von sich aus keine Inflation auslösen. Von ihrer Seite kann es nur zu Störungen des Gleichgewichts durch Zurückhalten von Geld kommen. Die Folgen von Geldzurückhaltungen aber sind nicht inflationärer, sondern deflationärer Natur: Geldmangel, liegen bleibende Angebote, Preisverfall und Arbeitslosigkeit.

Auch die Behauptung, Käufer könnten durch Beschleunigung der Nachfrage und damit des Geldumlaufs Inflationen auslösen, ist graue Theorie. Zwar können die Verbraucher ihr gesamtes Einkommen in der ersten Woche des Monats ausgeben, dafür aber in den drei restlichen nichts mehr. Ohne Ausweitung der Geldmenge setzt also ein beschleunigtes Ausgeben von Geld ein beschleunigtes Einnehmen voraus. Die Nachfrager, die schneller ausgeben wollen, müssen also zuerst einmal schneller Geld verdienen. Schneller verdienen heißt aber mehr leisten. Da mit dieser Mehrleistung jedoch auch das Angebot steigt, bleibt der Gleichklang mit der Nachfrage gewahrt und damit auch die Kaufkraft des Geldes. Zu einer inflationären Nachfragebeschleunigung kann es also nur dann kommen, wenn die Geldmenge ohne Leistungssteigerung erweitert wird. Dazu aber ist – wie bereits dargelegt – nur die Notenbank in der Lage.

Allerdings können die Nachfrager *indirekt* an einer Inflationsauslösung beteiligt sein. Dann nämlich, wenn sie vorher Geld aus dem Kreislauf zurückgehalten und die Notenbanken in der Zwischenzeit das fehlende Geld durch zusätzliche Banknoten ersetzt haben. Kommt es dann irgendwann zu einer Enthortung und Reaktivierung der zurückgehaltenen Bestände, führt das zu einer Übernachfrage mit entsprechenden Folgen für das Preisniveau. Aber auch dieser Preisschub geht letztlich auf das Konto der

Notenbank, die ja das ungedeckte doppelte Geld herausgegeben und nicht verhindert hat, dass vorher Geld dem Kreislauf entzogen wurde.

Beeinflussen Einzelpreiserhöhungen die Inflation?

Gemessen wird die Inflation an den Veränderungen des Preisniveaus, also dem Durchschnitt aller Preise. Als Maßstab dafür dient im Allgemeinen der Preisindex für die privaten Lebenshaltungskosten. Der Index der Lebenshaltung wird von den Statistischen Ämtern in fast allen Ländern regelmäßig mit Hilfe eines ›Warenkorbes‹ ermittelt, in dem durchweg mehrere hundert Ge- und Verbrauchsgüter enthalten sind. Durch Vergleiche mit den Vormonats- oder Vorjahrespreisen der Korbgüter ergeben sich dann die jeweiligen Veränderungs- bzw. Inflationsraten.

Dieses Feststellungsverfahren der Preisveränderungen ist jedoch fragwürdig, weil man dabei nicht zwischen geldmengenbedingten Gesamtpreisveränderungen und marktbedingten Einzelpreisveränderungen unterscheidet. Beide werden gleichermaßen als Ausgabenerhöhungen registriert. Dabei handelt es sich im Fall der Einzelpreiserhöhungen um keine Ausweitungen der gesamten Korbausgaben, da jeder Haushalt sein Geld immer nur einmal ausgeben kann. Machen wir uns das an einem Beispiel klar:

Werden aufgrund einer Missernte die Kartoffeln teurer, dann muss der Haushalt entweder mehr als bisher für Kartoffeln ausgeben oder weniger Kartoffeln kaufen. Kauft der Haushalt weiterhin die bisherige, aber teurer gewordene Kartoffelmenge, dann ist er gezwungen, die Nachfrage nach anderen Gütern zu reduzieren. Reduzierungen der Nachfrage aber drücken auf die Preise der davon betroffenen Güter, so dass sich über die veränderten Einzelmengen das Gesamtpreisniveau des Warenkorbs schließlich wieder einpendelt. Kauft der Haushalt wegen der gestiegenen Preise weniger Kartoffeln, entsteht auf Grund der rückläufigen Nachfrage auch hier ein Druck auf die Preise.

Dieser Tatbestand wird bei der heutigen Ermittlung der Warenkorbausgaben jedoch nicht berücksichtigt. Man geht einfach davon aus, dass die nachgefragten Mengen im Warenkorb trotz der Einzelpreiserhöhung gleich bleiben und damit die Haushalte insgesamt mehr als vorher ausgeben. Das Ergebnis dieser Fehlrechnung wird dann als Inflation deklariert, obwohl es damit nichts zu tun hat. Denn nur Ausweitungen der Geldmenge könnten die Nachfrager befähigen, trotz steigender Einzelpreise die gleichen Gütermengen wie bisher zu kaufen.

Wie ist das bei Erhöhungen der Löhne?

Bei Lohnerhöhungen muss man unterscheiden zwischen solchen, die durch Leistungsanstiege gedeckt sind und solchen, die darüber hinausgehen. Mit leistungsgedeckten Lohnerhöhungen – die selbstverständlich durch eine Ausweitung der Geldmenge unterfüttert werden müssen – bleibt die Kaufkraft stabil und auch die Einkommensverteilung zwischen Arbeitnehmern und Arbeitgebern. Bei ungedeckten Lohnerhöhungen, also Erhöhungen, denen keine erhöhten Leistungen gegenüberstehen, kommt es dagegen zu einer Umverteilung der Einkommen zugunsten der Arbeitnehmer und zu Lasten der Unternehmer. Solche Umverteilungen sind für die Unternehmen nur in einem begrenzten Umfang verkraftbar. Darüber hinaus führen sie zu Investitionsrückstellungen, Entlassungen und Betriebsschließungen. Gleicht die Notenbank zur Vermeidung solcher Folgen die überhöhten Lohnforderungen durch zusätzliches Geld aus, dann verteilt sich die ungedeckte Lohnerhöhung durch inflationäre Kaufkraftverwässerung auf alle Einkommen in der Volkswirtschaft. Auch hier kann es also immer nur zu Inflationen kommen, wenn die Notenbank die überhöhten Forderungen mit Mehrgeld unterfüttert. Das gilt nicht nur bei ungedeckten Lohnanstiegen, sondern auch für die so genannte ›importierte Inflation‹ als Folge gestiegener Einfuhrpreise, z. B. von Mineralöl oder anderen wichtigen Importgütern.

Können Inflationsraten durch gleich hohe Lohnanpassungen ausgeglichen werden?

Wenn im Laufe eines Jahres das allgemeine Preisniveau um drei Prozent gestiegen ist und die Löhne bei den nächsten Tarifverhandlungen um den gleichen Satz angehoben werden, dann scheint die Welt – wenn auch mit Verspätung – wieder in Ordnung zu sein. Das ist jedoch nur dann der Fall, wenn *alle* Einkommensbezieher mit einer solchen dreiprozentigen Einkommensanhebung zufrieden sind. Fordern jedoch auch die Geldkapitalbesitzer für ihre Vermögensbestände einen dreiprozentigen Inflationsausgleich, das heißt, um drei Prozentpunkte erhöhte Zinsen, dann stimmt die Rechnung nicht mehr. Denn ein Zinssatzanstieg von z. B. sechs auf neun Prozent, lässt die Zinseinkommen – wie bereits im Kapitel 7 dargelegt – nicht um drei, sondern um 50 Prozent ansteigen. Das heißt, die Zinsbelastung eines Normalverbrauchers, der eine Hypothek von 100 000 Dollar zu bedienen hat, steigt von 6 000 auf 9 000 Dollar an, also um 3 000 Dollar. Liegt sein Jahreslohn bei 30 000 Dollar, dann schlägt eine dreiprozentige Inflationsanpassung des Lohnes jedoch nur mit einem Plus von 900 Dollar zu Buche.

Das heißt, die Lohnerhöhung reicht noch nicht einmal, um ein Drittel der erhöhten Zinsbelastung auszugleichen. Um die darüber hinaus gestiegenen Zinslasten wird der Einkommensbezieher also ärmer.

Kasten H:
Beispiele für Mietberechnungen bei unterschiedlichen Zinssätzen, alle Werte in DM
(Euro: halbieren)

Wohnungsgröße:	50 qm	50 qm	50 qm
Baukosten je qm DM: Bodenkostenanteil:	2 500 500	2 500 500	2 500 500
Gesamtkosten je qm: Gesamtkosten Wohnung:	3 000 150 000	3 000 150 000	3 000 150 000
Berechnung der Kostenmiete:			
Verzinsung: Zinslast p.a.: Zinslast im Monat: laufende Sachkosten:	3 % 4 500 375 250	6 % 9 000 750 250	9 % 13 500 1 125 250
monatl. Kaltmiete: Kaltmiete je qm:	625 12,50	1 000 20,00	1 375 27,50
Zinsanteil in der Miete:	60 %	75 %	82 %

Von dieser Problematik werden jedoch nicht nur die verschuldeten Privathaushalte betroffen, sondern auch alle anderen. Denn wenn die Gesamtverschuldung in einer Volkswirtschaft über dem Volkseinkommen liegt (und das ist in fast allen Staaten bereits seit Jahrzehnten der Fall!), dann wird die Mehrheit der Bürger von dem vorbeschriebenen Effekt betroffen. Denn die verschuldeten Unternehmen wie auch der Staat sind letztlich gezwungen, die explosiv gestiegenen Zinsbelastungen, direkt oder indirekt, über Preise und Gebühren an die Endverbraucher bzw. Steuerzahler weiterzugeben.

Diese Kostenüberwälzungen als Folge von Inflationen werden besonders bei den Wohnungsmieten deutlich, die zu rund drei Vierteln aus Zinsen bestehen. Nach einer Faustregel erhöhen sich die Neubaumieten um zehn bis vierzehn Prozent, wenn die Hypothekenzinsen um einen Zinspunkt ansteigen. Das zeigen auch die Mietberechnungen im Kasten H.

Aus diesen Berechnungsbeispielen geht auch hervor, in welchem Umfang die Mieter, und mit ihnen die Gesamtgesellschaft, von Zinssenkungen profitieren würden. Schon eine Halbierung der Zinssätze von sechs auf drei Prozent würde bei der hier herangezogenen Wohnung von 50 qm eine Einsparung von DM 375 im Monat ergeben, was einer Mietsenkung von rund 38 Prozent entspricht.

Welche Wirkungen haben Zinserhöhungen bei Inflationen?

Der explosive Anstieg der Zinskosten in Inflationszeiten ist wahrscheinlich der Hauptgrund dafür, dass sich einmal angelaufene Inflationsentwicklungen so schwer abbremsen lassen. Denn da die meisten Notenbanken dem inflationsbedingten Umverteilungsdruck und der erhöhten Geldnachfrage durch Geldmengenausweitungen nachgeben, führen die gestiegenen Zinskostenanteile in den Preisen zu erneuten Preisauftrieben. Dabei werden die Größenordnungen dieser inflationsbedingten Zinslastanstiege aufgrund der wachsenden Verschuldungen immer atemberaubender. So stiegen beispielsweise in der Inflations- und

Hochzinsphase 1978–1982 die geldbezogenen Zinsströme bei den deutschen Banken auf das Doppelte an. Selbst die relativ geringere Inflations- und Hochzinsphase 1988–1992 ließ die Zinserträge der Banken von 243 auf 445 Mrd. DM hochschnellen, also um rund 83 Prozent. Die Zinsaufwendungen der Banken, also die Ausschüttungen an die Geldgeber, stiegen sogar von 171 auf 344 Mrd. DM und damit um 101 Prozent!

Man stelle sich einmal vor, die gesamten Einkommensteuern oder Gesundheitsausgaben – Posten, deren Größen 1988 in Deutschland mit den Bankzinserträgen vergleichbar waren – wären in vier Jahren auf das Doppelte gestiegen: Die Schlagzeilen in allen Medien hätten alles bisher Dagewesene übertroffen. Die Explosionen der Zinsbelastungen und Einkünfte in dreistelligen Milliardenhöhen wurden jedoch praktisch nicht zur Kenntnis genommen. Selbst die Gewerkschaften rühren dieses Problemfeld steigender Zinslasten und -einkommen nicht an. Sie streiten vielmehr jedes Jahr lautstark und medienwirksam auf der Vorderbühne mit den Arbeitgebern um den Rest des Kuchens, den das Kapital den Werteschaffenden übriggelassen hat. Der entscheidende Deal auf der Hinterbühne, der sich an den oben genannten Größen festmachen lässt, steht dagegen nie zur Debatte. Fast könnte man vermuten, dass den Gewerkschaften die Zinserträge aus ihren Streikkassen wichtiger sind als die Überwindung der vielfach größeren Zinsausbeutung ihrer Mitglieder. Außerdem macht eine durchgesetzte Anhebung der Tariflöhne von fünf Prozent ›optisch‹ mehr aus als eine von zwei, auch wenn im ersten Fall die Reallohnerhöhung ebenfalls nur zwei Prozent beträgt und der Rest inflationäre Luft ist. Aber wahrscheinlich sind auch den meisten Gewerkschaftlern die tatsächlichen Zusammenhänge nicht bekannt.

Im Sommer des Jahres 2000 hat die Deutsche Bundesbank zum 50. Geburtstag der D-Mark die Herausgabe von DM-Gedenkmünzen in Gold angekündigt, gewissermaßen zum endgültigen Abschied von der D-Mark. Aus dem Erlös dieses Münzverkaufs, mit dem die Bundesbank gleichzeitig einen kleinen Teil ihrer überflüssigen Goldbestände abbaut, soll dann erfreulicherweise mit 100 Millionen DM eine Stiftung ›Stabiles Geld‹ ins Leben gerufen werden. Es ist zu hoffen, dass sich diese Stiftung dann auch einmal intensiver mit den Möglichkeiten der Inflationsüberwindung befasst!

Und was ist mit der Deflation?

Im Gegensatz zu Inflationen, die Folge eines Zuviels an nachfragendem Geld sind, werden Deflationen durch einen Geldmangel ausgelöst. Aufgrund dieses Geldmangels kommt es zu Nachfrageausfällen und damit zu einem Warenstau. Da aber alle Produzenten und Ladenbesitzer zur Erfüllung ihrer Verpflichtungen auf den Verkauf angewiesen sind, versuchen sie durch Sonderangebote oder allgemeine Preissenkungen zu Geld zu kommen. Aufgrund dieser Preissenkungstendenzen werden die Verbraucher jedoch noch zögerlicher in ihrem Nachfrageverhalten, da ›morgen‹ ja alles noch günstiger sein könnte. Um liquide zu bleiben, lassen dann die Warenbesitzer ihre Vorlieferanten hängen, womit sich Kettenreaktionen an Engpässen und schließlich Firmenpleiten ergeben.

Aufgrund dieser Wechselwirkungen und der sich sehr rasch aufschaukelnden Rezessionserscheinungen, sind Geldengpässe wesentlich gefährlicher als Geldüberschüsse. Während diese – zumindest im Anfang – die Konjunktur beleben, können schon geringe Deflationsraten in kurzer Zeit eine Wirtschaft zusammenbrechen lassen.

Da die Notenbanken aus dem letzten großen Deflationsdesaster Anfang der 30er Jahre gelernt haben, versuchen sie darum, bei ihren Geldmengensteuerungen der Deflationsgrenze fern zu bleiben. Dafür nehmen sie ein bis zwei Prozent Inflation in Kauf. Da das allgemeine Praxis ist und die früheren geldstoffbedingten Knappheiten (Stichwort Gold!) im Papiergeld-Zeitalter kein Thema mehr sind, ist das Problem Deflation fast völlig in Vergessenheit geraten. Dass es dennoch auch in unserern Tagen aktuell werden kann, haben wir in den letzten zehn Jahren in Japan erlebt. Ausgelöst durch eine spekulationsbedingte Wirtschafts- und Bankenkrise, kam es dort zu einer lahmenden Konjunktur, die ebenfalls Preis- und daraufhin Einkommenssenkungen zur Folge hatte. Und da die gegen Null sinkenden Zinsen eine Geldanlage bei den Banken uninteressant machten und weitere Bankenpleiten zu befürchten waren, wurde Geld zunehmend zu Hause gehortet, womit sich die Geldmangelerscheinungen noch verstärkten. An diesem Verhalten ist der japanische Staat mit immer neuen Programmen zur Konjunkturbelebung gescheitert. Selbst der Versuch, die Bürger mit Gutscheinen in die Läden zu locken, schlug fehl: Nur mit einem Drittel ihrer Kaufkraft wurde eine zusätzliche Nachfrage ausgelöst, der größere Teil indirekt zur Aufstockung der Bargeldhaltungen in den Tresoren benutzt.

Im Gegensatz zu Inflationen, die letztlich immer auf das Konto der Notenbanken gehen, gehen heutige Deflationen also auf das Konto der Verbraucher, die nicht genügend kaufen und verbrauchen wollen. Das heißt, nicht Geldmangel von Seiten der Notenbanken ist die Ursache, sondern mangelnde Bereitschaft, das ausreichend vorhandene Geld auszugeben. Und wie das Beispiel Japan zeigt, sind die Notenbanken und Regierungen kaum in der Lage, einen solchen Käuferstreik aufzubrechen. Es sei denn, man könnte das praktizierte Festhalten des Geldes unterbinden, womit wir wieder beim Thema Umlaufsicherung sind.

9. KAPITEL

Das Problem der Geldhortung

»Der Bargeldumlauf wächst relativ stark, wenn die Zinsen besonders niedrig sind, weil es dann nicht viel kostet, sich liquide zu halten, der Zinsverlust ist gering ... Unter solchen Umständen nimmt auch das Horten von DM-Banknoten im Ausland zu.«
*Helmut Schlesinger**

Gibt es heute noch Geldhortung und welche Arten muss man unterscheiden?

»Wer hortet denn heute noch Geld?« Diese Frage wird mir nach Vorträgen immer wieder gestellt. Dabei denken die meisten nur an jene Hortung ›unter der Matratze‹, über die man ab und zu in den Zeitungen lesen kann. Viel gewichtiger und problematischer ist heute aber jene, die mit der Schattenwirtschaft und anderen illegalen Einkünften zusammenhängt, bis hin zu kriminellen Kassenbeständen. Hier werden häufig über Jahre hinweg große Bargeldbestände unter Verschluss gehalten, entweder um der Versteuerung oder der Strafverfolgung zu entgehen. So schreibt die Deutsche Bundesbank in ihrem Oktober-Monatsbericht 1992 von einer »außerordentlich kräftigen« Ausweitung der Bargeldmenge im August:

* Vormaliger Präsident der Bundesbank, am 24. 1. 1988 im Hessischen Rundfunk

> »Hierzu trugen offensichtlich Sondereinflüsse bei, in erster Linie wohl Bargeldhortungen als Folge der Neuregelung der Zinsbesteuerung und als Folge der Erschwerung der Geldwäsche.«

Viel bedeutender als solche zeitweisen Sondereinflüsse aber sind z. B. die langfristigen Hortungen von Hartwährungen in Weichwährungsländern. Mit diesen Hortungen versuchen sich die Bürger dieser Länder dem Inflationsbetrug ihrer eigenen Notenbanken zu entziehen. In manchen Weichwährungsländern laufen die ausländischen Geldscheine, vor allem Dollar und DM, aber auch als eine Art von Zweitwährung um. Doch gleichgültig, wofür sie verwandt werden: Aus der Sicht der Geld ausgebenden Länder müssen alle diese Geldbestände der ›Hortung‹ zugerechnet werden. Sie sind dem zuständigen Wirtschaftskreislauf genauso entzogen wie Geld unter der Matratze.

Welche Größenordnungen und Folgen haben Hortungen im Ausland?

Nach Schätzungen befinden sich von den in Umlauf gegebenen US-Dollarscheinen nur noch ein Drittel innerhalb der US-Landesgrenzen. Das Gros des US-Geldes ist inzwischen weltweit verstreut, überwiegend wahrscheinlich in Lateinamerika. Die zweitverbreitetste Währung, deren Verteilung sich vor allem auf Osteuropa konzentriert, ist die DM. In einem geringeren Umfang wird auch der Yen und der Schweizer Franken im Ausland gehalten.

Den Umfang der DM-Bestände im Ausland hat die Forschungsabteilung der Deutschen Bundesbank 1994 mit 30 bis 40 Prozent der gesamten Bargeldmenge ermittelt. Das heißt, von der gesamten herausgegebenen Bargeldmenge sind nur zwei Drittel im Inland.

Die Folgen solcher Geldabwanderungen ins Ausland sind für beide davon betroffenen Seiten problematisch: Die herausgebende Notenbank hat über einen erheblichen Teil der Geldmenge keine direkte Kontrolle mehr. Die Notenbank des Gastlandes muss mit einem Kaufkraftpotential in ihren Grenzen leben, auf das sie keinen Einfluss hat. Wird das Fremdgeld als Sparmittel benutzt, fehlen der eigenen Wirtschaft in entsprechender Höhe Kreditmittel. Läuft es als Zweitwährung um, erschwert es die Geldmengensteuerung und damit die Stabilitätsbemühungen der örtlichen Notenbank.

Für die Herausgeberländer – also vor allem die USA und Deutschland – mag die Beliebtheit des eigenen Geldes im Ausland schmeichelhaft und von Vorteil sein. Bedenkt man aber, dass diese verschwundenen Geldbestände einen offen gebliebenen Anspruch an die eigene volkswirtschaftliche Leistung darstellen, wird die Gefährlichkeit dieser Potentiale deutlich. Denn fließen größere Teile dieser Dollar- oder DM-Noten kurzfristig in ihr Ursprungsland zurück, ist ein Inflationsschub unvermeidlich.

Für die deutsche Wirtschaft kommt es durch die vorgesehene Einführung einer europäischen Währung allerdings zu einer kuriosen Entlastung. Denn tauschen die Halter in Osteuropa und anderswo ihre DM gegen Euro ein, dann müssen die gesamten Euroländer für die offenen Forderungen geradestehen und ggfs. auch für die inflationären Wirkungen, die eigentlich von den Deutschen alleine getragen werden müssten.

Welche Hortungen sind besonders kritisch?

Noch problematischer als die bisher genannten relativ stabilen Hortungen im In- und Ausland sind jedoch die extrem schwankenden Geldhaltungen in Spekulations- und Transaktionskassen. Ursache dieser schwankenden Kassenhaltungen ist der Tatbestand, dass mit sinkenden Zins- und Inflationsraten die Liquiditätsvorliebe wächst. Das heißt, mit der nachlassenden Attraktivität der Zinsen und der Peitschenwirkung der Inflation, leiht man sein Geld weniger gerne aus und hält mehr Kasse.

Solche spekulativen Liquiditätshaltungen konnten früher, zur Zeit der Gold- oder Silberwährungen, für eine Volkswirtschaft Existenz bedrohend werden. Denn da die gehorteten Nachfragemittel nicht ohne weiteres ersetzt werden konnten, kam es in den Volkswirtschaften aufgrund des Geldmangels zu deflationären Ein- oder Zusammenbrüchen. Im Zeitalter des Papiergeldes können solche Lücken natürlich relativ leicht geschlossen werden. Da mit diesem Ersatzgeld jedoch ein Doppelanspruch an die Volkswirtschaft geschaffen wird, entsteht mit diesem Ersatzgeld gleichzeitig ein Inflationspotential, das bei einer Reaktivierung der gehorteten Bestände wirksam wird. Diese schwankenden liquiden Geldhaltungen und kürzerfristigen Hortungen dürften der Hauptgrund dafür sein, dass die Notenbanken mit ihren Geldmengensteuerungs- und Stabilisierungsbemühungen bisher nur unzulängliche Erfolge verzeichnen konnten.

Über den Umfang dieser kritischen Inlandshortungen wurden bislang noch keine Untersuchungen angestellt. Vielmehr bezeichnet man nach wie vor die herausgegebene Geldmenge als die ›umlaufende‹, gleichgültig wie viel davon dem Umlauf – wo auch immer – entzogen ist. Lediglich die in den Bankkassen gehaltenen, relativ kleinen und konstanten Bestände, werden meist von der herausgegebenen Geldmenge in Abzug gebracht. Dabei wäre es nicht schwer, durch repräsentative Befragungen der Wirtschaftsteilnehmer die wirklich zur Nachfrage benötigten Geldbestände und deren Einsatzhäufigkeit zu ermitteln. Durch einen Abzug dieser ermittelten aktiven und damit allein konjunkturwirksamen Geldmenge von der gesamten herausgegebenen, ergäbe sich dann als ›Rest‹ die inaktive. Zieht man von diesem Rest dann noch die im Ausland ermittelten Bestände ab, hätte man das im Inland verbleibende Hortungsvolumen eingekreist. Damit würde man auch eine Grundlage zur Berechnung der wirklichen ›Umlaufgeschwindigkeit‹ erhalten, deren Ermittlung heute durch die großen inaktiven Geldanteile total verfälscht wird.

Heute kann man anhand der statistischen Unterlagen nur die Schwankungsüberschüsse der Geldhortungen ermitteln. Sie ergeben sich aus dem Unterschied der Geldhaltungen in Phasen niedriger und hoher Inflations- und Zinsraten.

Wie groß sind die niedrigzinsbedingten Hortungs-Ausweitungen?

Eine extreme Niedrigzinsphase, in der der Kapitalmarktzins über zwei Jahre bei knapp sechs Prozent und die Inflationsrate bei Null lag, gab es in Deutschland beispielsweise 1987 und 1988. Da in diesen beiden Jahren die reale volkswirtschaftliche Leistung um rund sechs Prozent zunahm, hätte auch die Geldmenge nur in diesem Ausmaß wachsen dürfen. Nach den Unterlagen der Deutschen Bundesbank nahmen jedoch die Sichtguthaben um 15 Prozent und die Bargeldbestände um 28 Prozent zu, während das Sozialprodukt real nur um sechs und nominell um neun Prozent stieg. Das heißt, die Bargeldmenge wurde in den beiden Jahren dreieinhalb Mal so viel ausgeweitet wie das Sozialprodukt. Diese Überentwicklung der Bargeldmenge ist im linken Teil der nachfolgenden Darstellung 25 wiedergegeben, verglichen mit der Zunahme des Sozialprodukts.

Darstellung 25:

Entwicklungsvergleich BSP, Bargeld und 1000-DM-Noten

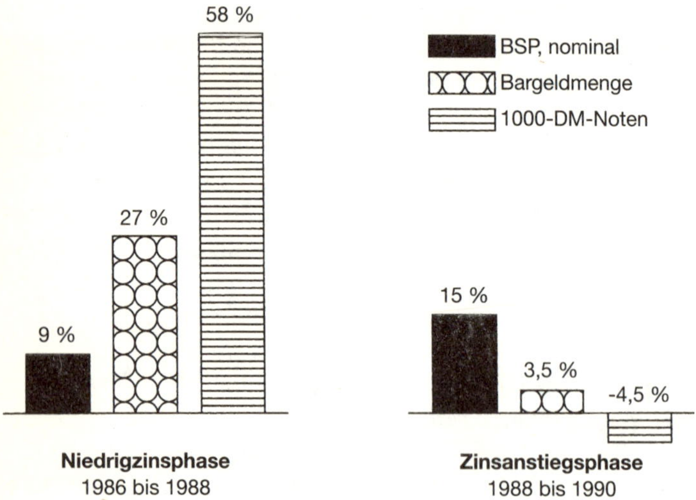

Geht man von den absoluten Größen aus, dann nahm die ›umlaufende‹ Bargeldmenge in den beiden Jahren von 112 Mrd. auf 143 Mrd. DM zu, also um 31 Mrd. Zur monetären Unterfütterung der realen Leistungssteigerung von real sechs Prozent aber hätten rund sieben Mrd. DM ausgereicht. Von den zu viel in Umlauf gesetzten 24 Mrd. DM gingen rechnerisch etwa drei Mrd. DM inflationstreibend in die Nachfrage, wodurch das BSP nominell um neun Prozent anstieg. Der ›Rest‹ des zu viel herausgegebenen Geldes in Höhe von rund 21 Mrd. DM wurde jedoch nicht nachfragewirksam. Das heißt, der bereits vorhandene Hortungssockel unbekannter Größe wurde allein in diesen zwei Jahren um 21 Mrd. DM, also in der Größe von fast einem Fünftel der vorher vorhandenen Bargeldmenge(!), ausgeweitet

Dass es sich bei dieser extremen Ausweitung weitgehend um gehortete Bestände handelt, bestätigt noch ein zweiter statistisch überprüfbarer Tatbestand, nämlich die überproportionale Zunahme der 1 000-DM-Scheine. Diese größten Noten nahmen – wie aus der Darstellung hervorgeht – in den zwei Jahren um sage und schreibe 58 Prozent zu, also fast neunmal mehr als das reale Sozialprodukt! An der gesamten Geldvermehrung in Höhe von 31 Mrd. waren diese größten und im Nachfragekreislauf kaum auftretenden Scheine mit fast der Hälfte beteiligt. Nimmt man die ebenfalls überproportional nachgefragten 500-DM-Scheine hinzu, dann konzentrierte sich die Geldvermehrung zu fast zwei Dritteln auf diese beiden großen Noten! Zusammengenommen wurden sie in den beiden Jahren viermal mehr vermehrt, als die Noten von 10 bis 100 DM.

Im rechten Teil der Darstellung ist die Entwicklung von Sozialprodukt und Bargeld in den beiden anschließenden Jahren wiedergegeben, in denen die Zinsen wieder in die Höhe gingen. Obwohl das Bruttosozialprodukt von Ende 1988 bis Ende 1990 real um 8,5 Prozent und nominal um 15,1 Prozent anstieg, nahm die gesamte Bargeldmenge in diesen beiden Jahren nur um 3,5 Prozent zu. Gemessen an der nominellen BSP-Entwicklung fiel sie also deutlich zurück! Hauptursache war diesmal die radikale Verringerung der 1 000- und 500-DM-Noten: Während sie in den beiden Vorjahren noch um 58 Prozent zugenommen hatten, gingen sie in diesen beiden Jahren um 4,5 Prozent zurück. Gemessen an dem nominellen BSP-Anstieg lag der Rückgang sogar bei fast 20 Prozent!

Welche Folgen haben Geldhortungen heute?

Früher wurden Geldhorte durch Entzug von Münzen aus dem Kreislauf aufgebaut. Die Folgen des daraus entstehenden Geldmangels waren Nachfragerückgang und Preisverfall, die entscheidenden Merkmale einer Deflation, deren eskalierende Entwicklung kaum zu stoppen ist. Auch die eingangs angeführten heutigen Hortungen ›unter der Matratze‹ oder in ›schwarzen Kassen‹ werden überwiegend durch Entzug von Geld aus den umlaufenden Beständen angesammelt. Wer heute jedoch bei sinkenden Zins- und/oder Inflationsraten seine Transaktions- oder Spekulationskassen kurzfristig aufstocken will, muss dies durch Abhebungen von seinem Bankkonto tun. Da solche massierten Geldabhebungen die Kassen der Geschäftsbanken überfordern, müssen diese sich bei der Notenbank ›frisches‹ Geld besorgen, vor allem in den für Hortungen beliebten großen Scheinen. Das heißt, der Aufbau dieser Hortungen ist nur mit der Notenpresse möglich.

Für die Banken sind solche Vorgänge gleich zweifach mit negativen Auswirkungen verbunden: Einmal werden ihnen durch die Geldabhebungen Einlagenbestände und damit Kreditpotentiale entzogen. Zum anderen müssen sie sich bei der Notenbank für das zusätzliche Bargeld höher verschulden und damit höhere Zinslasten tragen, ohne diese an die Geldnachfrager überwälzen zu können. Beides schlägt letztlich als Erhöhung der Kreditkosten und damit als Belastungsanstieg für die Wirtschaft durch. Die zunehmende Hortung bei niedrigen Zinsen bremst also nicht nur das weitere Fallen der Zinsen ab, sondern trägt schließlich sogar zu ihrem erneuten Anstieg bei. Das heißt, diese niedrigzinsbedingten Geldhortungen lösen zwar keinen akuten Geldmangel aus wie das früher der Fall war, aber sie verstärken den Druck auf einen Wiederanstieg der Zinsen. Dieser Druck wird zusätzlich noch durch das in Niedrigzinsphasen übliche Umparken langfristiger Guthaben auf kurzfristige Einlagen verstärkt.

Man kann also zusammenfassend sagen, dass früher, zur Zeit der edelmetallgebundenen Währungen, Geldhortungen deflationäre Entwicklungen nach sich zogen, heute jedoch Zinsauftriebe und das Entstehen von Inflationspotentialen. Allerdings wirken sich diese entstehenden Inflationspotentiale – nach Untersuchungen der Deutschen Bundesbank wie der Schweizerischen Nationalbank – erst mit einer Zeitverzögerung von etwa zwei Jahren aus. Die Deflationsfolgen bei den Hortungen in Edelmetall-Währungen folgten wesentlich rascher.

Lassen sich diese Geldhaltungsschwankungen auch langfristig nachweisen?

In der Darstellung 26 sind im oberen Teil die Schwankungen der liquiden Geldhaltungen in Deutschland ab 1960 wiedergegeben, gemessen in Prozenten des Sozialprodukts. In welchem Maß diese Geldhaltungen durch Veränderungen der Inflations- und Zinssatzhöhen beeinflusst wurden, zeigt der Vergleich mit den Zins- und Inflationsschwankungen im unteren Teil der Darstellung: Steigen deren Sätze an, werden die liquiden Geldhaltungen abgebaut; fallen die Sätze, nehmen die Geldhaltungen zu.

Das wird besonders deutlich bei der bereits beschriebenen extremen Zunahme der Geldhaltungen in der zweiten Hälfte der 80er Jahre, der ein ebenso extremes Absinken

Darstellung 26:

Wechselwirkung zwischen Zinshöhe und Geldhaltung

Deutschland 1960 bis 1995

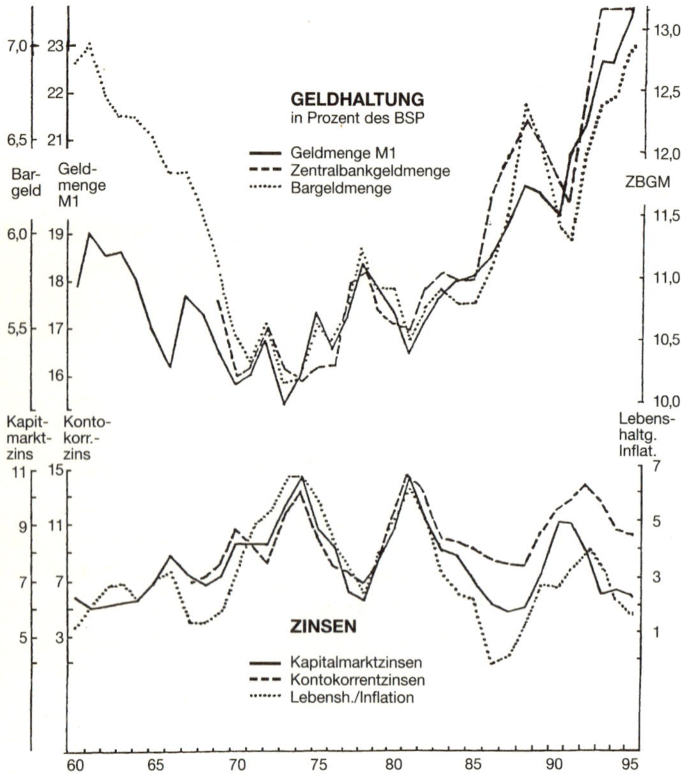

Quelle: Bundesbank

der Zins- und vor allem der Inflationssätze gegenüberstand. Wie erkennbar, treffen diese Gegenläufigkeiten nicht nur auf das Bargeld zu, sondern ebenso auf die

›Geldmenge M1‹ (Bargeld plus gesamte Sichteinlagen) sowie die in Deutschland bis 1987 als Steuerungsgröße benutzte ›Zentralbankgeldmenge‹, die zur Hälfte aus Bargeld bestand.

Wie die ›Parallelität‹ von Bargeld und M1 zeigt, werden die verstärkten Bargeldhaltungen nicht zu Lasten der Sichteinlagen aufgestockt, sondern vielmehr beide gemeinsam zu Lasten längerfristiger Guthaben.

Die von der Deutschen Bundesbank als Begründung für den überproportionalen Anstieg der Geldmenge herangezogenen Hinweise auf die 1988 eingeführte Quellenbesteuerung der Geldvermögen wie die zunehmenden kriminellen Geldhaltungen, mögen die Entwicklungen verstärkt haben. Sie können aber keinesfalls als Erklärung für die sich wiederholenden gegenläufigen Schwankungen zwischen Zinshöhe und liquider Geldhaltung herangezogen werden. Denn die kriminellen Geldhaltungen unterliegen bekanntlich einem laufenden Anstieg und keinesfalls einem solchen, der den Schwankungen der Zinshöhen folgt. Im Übrigen bestätigt auch die Schweizerische Nationalbank in ihrem Jahresbericht 1990 die Zusammenhänge zwischen Zinshöhe und Geldhaltung, und zwar bezogen auf die Auswirkungen der Zinssatzanstiege ab 1988/89 und die Haltungen der großen Noten:

> »Der Notenumlauf ging im Jahresdurchschnitt 1990 gegenüber dem Vorjahr um 2,1 Prozent zurück. Die Abnahme ist auf die gestiegenen Zinssätze zurückzuführen, welche den Anreiz erhöhten, Barbestände abzubauen und zinstragend anzulegen. Weil diese Umlagerungen der Entwicklung der kurzfristigen Zinssätze verzögert folgen, ist der beträchtliche Notenrückgang im Jahre 1990 Teil einer Spätfolge der Zinserhöhung im Vorjahr. Wie üblich konzentrierte

sich die Zinswirkung auf die großen Notenabschnitte von 500 und 1000 Franken, deren Umlauf um 4,4 Prozent abnahm, während die kleineren Abschnitte noch einen Zuwachs um 1,5 Prozent verzeichneten.«

Auch diese Aussage zeigt noch einmal, dass die Notenbanken die Geldversorgung und Geldmengensteuerung heute gar nicht optimal regeln können. Sowohl die Nachfrage nach Geld wie die Nichtnachfrage wird letztlich von den Marktteilnehmern bestimmt. Dabei ist das Hauptproblem, dass die Marktteilnehmer nicht nur darüber entscheiden, *wofür* sie das von ihnen nachgefragte Geld ausgeben, sondern ob sie es überhaupt ausgeben! Vor allem die ständigen Schwankungen dieser Hortungsgrößen gestatten keine wirksame Steuerung der Geldmenge. Die Geldhortungen werden darum so lange ein Problem sein, und das mit zunehmender Brisanz, wie man die geldrechtlichen und umlauftechnischen Voraussetzungen nicht ändert.

10. KAPITEL

Das Dilemma der Geldmengen-Steuerung und des Geldumlaufs

»Ich möchte bekennen, dass mich die praktischen Ergebnisse der Geldmengensteuerung sehr enttäuscht haben ... In der Theorie besteht weiter Einigkeit darüber, dass die Geldmenge allein noch nicht alles besagt, sondern es sehr auch auf die jeweilige Umlaufgeschwindigkeit des Geldes ankommt. Diese entzieht sich aber bisher einer genauen Berechnung. Bei der Berechnung der zulässigen Geldmengenvermehrung wird die Umlaufgeschwindigkeit ... mehr oder weniger geschätzt. Es fehlt also in der Praxis letztlich an einer exakten Geldmengenberechnung.«
*Karl Klasen**

Warum ist der Geldumlauf so wichtig?

Sinn und Ziel der Geldmengensteuerung ist das Gleichgewicht zwischen dem Leistungsangebot in der Wirtschaft und der nachfragenden Geldmenge. Steuern kann man aber bekanntlich nur etwas, das sich bewegt. Das gilt nicht nur für Schiffe oder Fahrzeuge, sondern auch beim Geld.

* ehemaliger Präsident der Bundesbank, »Die Welt« vom 3. 10. 1983

Das heißt: Will man die Nachfragekapazität über die Geldmenge steuern, muss man sich ihrer Bewegung sicher sein.

Trotz dieser logisch-plausiblen Beziehungen kommen die Notenbanken mit der Steuerung der Geldmenge und damit der Stabilerhaltung unserer Währungen immer noch nicht zurecht. Aber das ist leider noch nicht alles. Auch in der Frage, was eigentlich zu der zu steuernden ›richtigen Geldmenge‹ gehört, sind sich die Verantwortlichen nicht einig. Das klingt unglaublich, wird aber von ihnen selbst bestätigt. So z.B. von der Deutschen Bundesbank im Monatsbericht 1/92:

> »Da Geld nicht eindeutig und einheitlich definiert ist, gibt es analog dazu auch verschiedene Abgrenzungen für die Geldmenge.«

Auch bei der zuständigen Wirtschaftswissenschaft ist kein Rat in dieser Frage zu holen. So kann man in einem der verbreitetsten Lehrbücher, der »Volkswirtschaftslehre« des bekannten US-Ökonomen Paul A. Samuelson, lesen:

> »Der Versuch, die Geldmenge zu definieren, treibt akribische Experten an den Rand der Verzweiflung. Denn es gibt keine klare Trennungslinie im Kaleidoskop der Anlagen, die es ermöglichen würde, genau den Punkt festzulegen, an dem sich Geld von anderen Anlagen scheidet.«

Dabei wäre eigentlich alles so einfach: Um die ›richtige‹ Geldmenge einzukreisen, brauchte man nur zu untersuchen, was in der Praxis nachfragewirksam ist. Und um den Umlauf zu verstetigen, brauchte man nur den spekulativen Entzug und Missbrauch des Geldes zu unterbinden. Denn erst wenn der Geldumlauf verstetigt ist, kann über Geldmengen-Veränderungen die Nachfrage mit dem Angebot in Übereinstimmung gebracht und die Kaufkraft des Geldes stabilisiert werden. Ist diese Kaufkraftstabilität erreicht, ist zwangsläufig auch die Geldmenge ›richtig‹, gleichgültig wie groß sie jeweils ist. Man braucht dann nur noch den Preisindex zu beobachten und auf dessen Schwankungen mit entsprechenden Mengenkorrekturen zu reagieren. Dazu ein Beispiel:

Wenn ein Autofahrer die Aufgabe hat, die Geschwindigkeit eines Wagens stabil zu halten, dann braucht er sich über die dafür erforderliche Treibstoffmenge kaum Gedanken zu machen, sondern lediglich den Tachostand zu beobachten: Sinkt die Tachonadel unter die einzuhaltende Marke, dann führt er dem Motor mehr Treibstoff zu. Schlägt die Tachonadel nach oben aus, drosselt er die Zufuhr. Hält er den vorgegebenen Tachostand ein, dann ist die zugeführte Treibstoffmenge automatisch optimal dosiert. Voraussetzung dafür aber ist selbstverständlich, dass die Treibstoffzufuhr bzw. -reduzierung immer im vollen Umfang wirksam wird. Denn unmöglich wäre für den Fahrer die Einhaltung einer konstanten Geschwindigkeit, wenn ein Dritter die jeweiligen Entscheidungen des Fahrers über Entzug oder Zuführung des Treibstoffs konterkarieren könnte.

Genau hier liegt das Problem bei den heutigen Bemühungen der Notenbanken: Sie wissen zwar, wie viel ›Treibstoff‹ – sprich Bargeld – sie jeweils der Wirtschaft zugeführt haben, aber nicht, ob und in welchem Umfang diese Zuführungen bzw. deren Veränderungen wirksam sind oder werden. Kurz: Weil die Notenbanken nichts Genaues über den Geldumlauf wissen, tappen sie mit ihren Mengenregulierungen im Dunkeln.

Wie praktizieren die Notenbanken ihre Geldmengenregulierungen?

Um sich selbst für die Mengenregulierungen einen Anhaltspunkt zu geben, haben die meisten Notenbanken in den 70er Jahren damit begonnen, die für das nachfolgende Jahr erwartete bzw. erwünschte Geldmengenausweitung im Voraus festzusetzen. Diese geplante Ausweitungsrate wurde dann der Öffentlichkeit bekannt gegeben, in der stillen Hoffnung, dass sich der Wirtschaftsteilnehmer, vor allem die Tarifpartner, daran orientieren. Da man sich jedoch – wie bereits erwähnt – über ›die Geldmenge‹ nicht im Klaren ist, hat fast jedes Land mit einem anderen Geldmengen-Aggregat diese Steuerung versucht. In dem bereits angeführten Lehrbuch von Paul A. Samuelson liest sich das so:

> »Die genaue Definition ›der Geldmenge‹ ist ebenso eine Frage des Geschmacks wie der wissenschaftlichen Notwendigkeit. Neben M1 und M2 haben die Ökonomen mehr als ein Dutzend Geldmengenkonzepte definiert: M3, M1a, M1b, L...!«

Aus diesem Wirrwarr von ›Geldmengen‹ suchten sich dann die einzelnen Notenbanken die ihnen genehmste Größe aus. Die Deutsche Bundesbank, die Ende 1974 als erste Notenbank eine solche Mengenvorgabe einführte, hatte dafür sogar noch eine weitere, eigene ›Geldmenge‹ kreiert, nämlich die so genannte ›Zentralbankgeldmenge‹ (ZBGM). Diese bestand etwa zur Hälfte aus dem ›umlaufenden‹ Bargeld, zur anderen Hälfte aus den eingefrorenen Mindestreserven, die damals – bezogen auf Sicht-, Termin- und Sparguthaben – von den Geschäftsbanken bei der Bundesbank gehalten werden mussten. Andere

Notenbanken, vor allem im angelsächsischen Raum, orientierten sich an der von Samuelson genannten Geldmenge M1. Diese ›Geldmenge‹ setzt sich zusammen aus der Bargeldmenge und den Sichtguthaben der ›Nichtbanken‹, also der Wirtschaftsteilnehmer außerhalb des Bankenapparates. Obwohl über die Größe dieser Sichtguthaben nicht die Notenbanken bestimmen, sondern die Wirtschaftsteilnehmer mit ihren Zahlungsgewohnheiten, ist diese Mischgröße noch halbwegs logisch. Denn immerhin werden die Sichtguthaben, neben dem Bargeld bzw. an seiner Stelle, zur Nachfrage in der Wirtschaft benutzt. Inzwischen aber sind die Notenbanken in fast allen angelsächsischen Ländern von den Versuchen abgekommen, die Kaufkraftstabilität über Mengenvorgaben in den Griff zu bekommen. Vielmehr versuchen sie sich direkt an der Inflationsrate zu orientieren.

Die Europäische Zentralbank (EZB) hat, neben der Heranziehung diverser anderer statistischer Merkmale, die so genannte Geldmenge M3 als Hauptorientierungsgröße auserkoren, die auch von der Deutschen Bundesbank in den letzten zehn Jahren benutzt wurde. Allerdings bezeichnet die EZB diese Menge nicht als Orientierungs- sondern als Referenzgröße. Außerdem stützt sie sich bei ihren Mengensteuerungen auf diese Größe nur als ›zweite Säule‹, während die andere die Beobachtung der Inflationsentwicklung ist.

Die Zusammensetzung der Referenzgröße M3 wurde bereits im 4. Kapitel in der Darstellung 9 wiedergegeben. An den Bestandteilen und Größen lassen sich die unterschiedlichen Auffassungen über ›Geld‹ ebenso ablesen, wie die Tendenz, die Bargeldmenge – für die die Notenbanken allein verantwortlich sind und die sie auch alleine direkt beeinflussen können – in einem immer größeren Wust von Guthaben untergehen zu lassen. So lag Ende 1999 z. B. die umlaufende Bargeldmenge bei 350 Mrd. Euro, der Guthabenbestand in M3 jedoch bei 4 430 Mrd. Euro und damit fast beim 13fachen. Bei diesen Guthabenbeständen handelt es sich jedoch nicht um Geld, sondern um die Bestätigungen, dass man sein Geld – und damit seine Nachfragerechte an den Markt – anderen überlassen hat. Der Geldüberlasser und Besitzer des Guthabens kann über diese Nachfragerechte selbst erst wieder nach Abhebung des Guthabens verfügen. Damit aber entzieht er in gleicher Höhe der Bank die Möglichkeit zur Kreditvergabe und Weiterüberlassung der Kaufkraft an einen Dritten.

Weder durch die Ersparnis- und Guthabenbildung noch durch deren Auflösung wird also die Kaufkraft und damit die kauffähige Geldmenge in der Wirtschaft verändert. Sieht man von den als Zahlungsmittel benutzten Sichtguthaben ab, so ist also die Addition der Bargeldmenge mit weiteren Guthabenbeständen als ›Geldmenge‹ sachlich höchst fragwürdig und irreführend. Ebenso sind auch die Begriffsdefinitionen mehr als willkürlich, bei denen man die den Banken bis zu zwei Jahren überlassene Kaufkraft als ›Geld‹ bezeichnet, längere Überlassungen als ›Kapital‹.

Wie sieht das Ergebnis dieser Stabilitätsbemühungen aus?

Die Deutsche Bundesbank hatte schon mit ihrer ersten Geldmengenkreation im Jahr 1975, der Zentralbankgeldmenge, wenig gute Erfahrungen gemacht, vor allem weil diese zur Hälfte aus Bargeld bestand, dessen oft extreme Schwankungen die Zielvorstellungen über den Haufen warfen. Statt jedoch den Ursachen dieser Schwankungen nachzugehen und diese einzuschränken, stieg die Deutsche Notenbank 1988 von der Zentralbankgeldmenge auf die

Darstellung 27:

Entwicklung der Geldmengen in Deutschland – 1950 bis 2000

in Prozenten des BSP

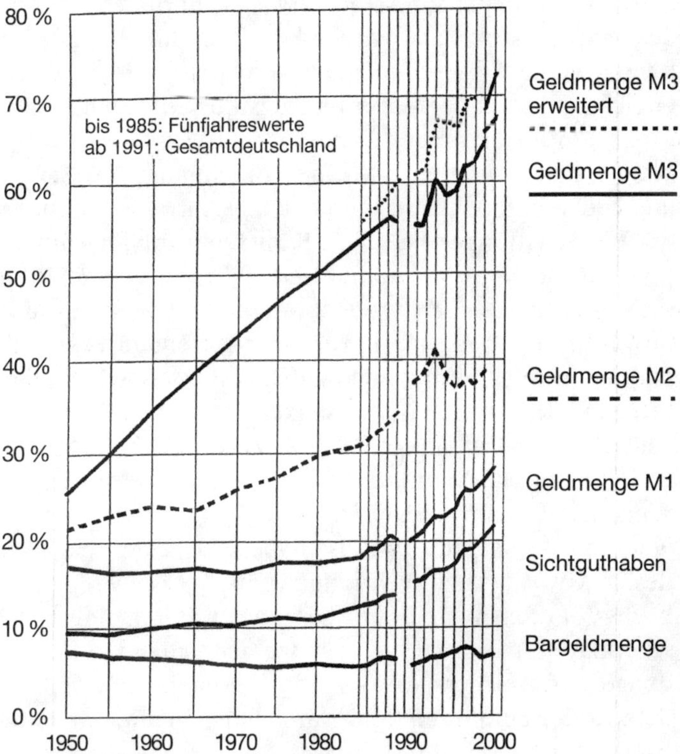

Quelle: Bundesbank

rund fünfmal größere Geldmenge M3 um, in der die Unruhe stiftende Bargeldmenge von der Hälfte auf ein Zehntel zusammenschmolz. Dabei war diese Geldmenge M3 als Orientierungsgröße für die Steuerung des Nachfragepotentials noch weniger geeignet als die vorher benutzte Zentralbankgeldmenge. Einmal wegen ihrer übergroßen Guthabenbestandteile, zum anderen wegen ihrer langfristigen Überentwicklung, gemessen an der volkswirtschaftlichen Leistung. Denn in Deutschland stieg die Geldmenge M3 in der Zeit von 1950 bis 2000 von etwa 25 auf rund 60 Prozent des Sozialprodukts an, während sich das Bargeld, schwankend zwischen sechs und acht Prozent, weitgehend im Gleichschritt mit der Wirtschaftsleistung entwickelte. Dies geht aus der Darstellung 27 deutlich hervor.

Selbst die Geldmenge M1, also die Summe von Bargeld und Sichtguthaben und damit das Nachfragepotential in der Wirtschaft, blieb bis 1985 relativ konstant, schwankend in einem Bereich zwischen 17 und 19 Prozent des BSP. Die Geldmenge M3 wächst jedoch nicht nur langfristig überproportional, sondern aufgrund der laufenden Ersparnisbildungen auch weitgehend unabhängig vom Sozialprodukt und der von den Notenbanken herausgegebenen Bargeld- bzw. Zentralbankgeldmenge. Das heißt, innerhalb der Geldmenge M3 kommt es zu deutlichen Größenveränderungen, ohne dass diese auf die Nachfrage in der Wirtschaft einen nachweisbaren Einfluss haben. Die Deutsche Bundesbank war darum auch immer häufiger gezwungen, die noch größeren Ausreißer dieses neugewählten Aggregates zu erklären, machmal mit sich widersprechenden Begründungen. In welchem Ausmaß die Geldmengen jeweils aus dem Ruder liefen, zeigt die Darstellung 28 mit den beiden Vierjahresergebnissen.

Die EZB hat zwar die Geldmenge M3 als Orientierungsgröße übernommen, misst ihr jedoch weniger Bedeutung zu, da sie sich bei ihren Geldmengen-Steuerungsversuchen auch an anderen Größen und Entwicklungen orientiert. Doch gleichgültig welche Aggregate und Methoden zur Geldmengensteuerung man wählt: Allen die-

Darstellung 28:

Wachstum der Zentralbankgeldmenge bzw. Geldmenge M3 in Deutschland

Ziel und laufende Entwicklung

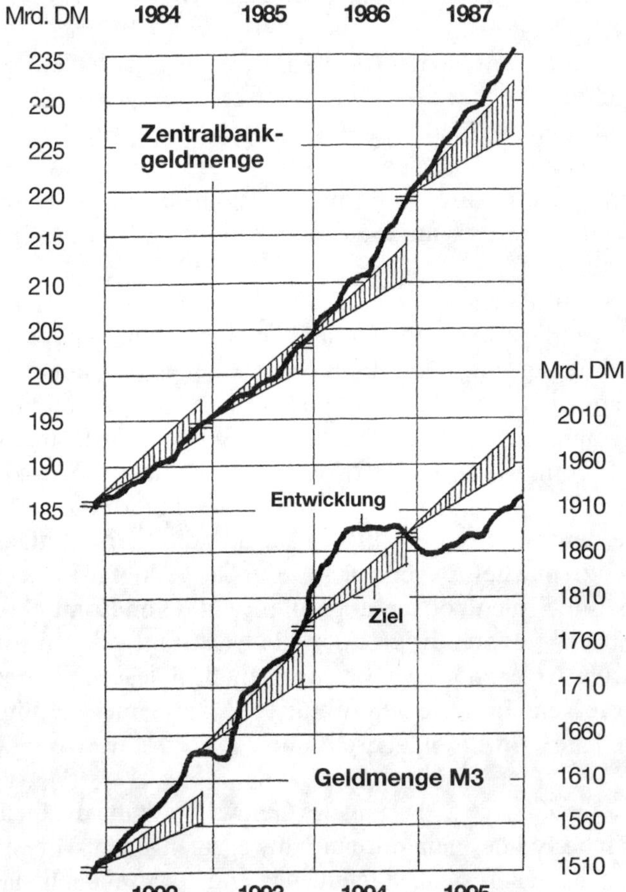

Quelle: Bundesbank

sen Bemühungen kann kaum Erfolg beschieden sein, solange der Geldumlauf weiterhin eine variable Zufallsgröße ist.

Was ist das größte Dilemma der Notenbanken?

Erinnern wir uns an den Autofahrer: Wenn er sich nicht mit Berechnungen der Benzinmengen belastet, sondern einfach mit dem Gaspedal auf die Tachonadel reagiert, kann er die gewünschte Geschwindigkeit präzise einhalten. Das allerdings nur dann, wenn niemand ihm dabei ins Handwerk pfuschen und auf die Benzinzuführung Einfluss nehmen kann.

Als Autofahrer braucht man sich über solche ›Einmischungen Dritter‹ keine Gedanken zu machen. Anders ist das aber bei den Notenbanken und der Geldmenge: Im Gegensatz zu dem Autofahrer sind die Notenbanken noch nicht einmal in der Lage, dem ›Motor Wirtschaft‹ Treibstoff zuzuführen, wenn sie das für erforderlich halten. Sie können lediglich versuchen, den Marktteilnehmern die Nachfrage danach durch günstigere Zinskonditionen schmackhafter zu machen. Aber selbst wenn das gelingt, wissen sie immer noch nicht, ob das abgerufene Geld nun Konjunktur und Kaufkraft stabilisierend in die Nachfrage oder in spekulative Anlagen oder Hortungen fließt! Dieses Dilemma hat die renommierte »Frankfurter Allgemeine Zeitung« am 4. 12. 1993 wie folgt beschrieben:

> »Ihr Ziel, die Sicherung des Geldwertes, kann die Deutsche Bundesbank nur auf Umwegen angehen: Mit dem Zins steuert sie die Geldmenge und erwartet dann, dass sich aus dem verfügbaren Geld ein Kaufverhalten ergibt, das seinerseits zu einer Nachfrage nach Gütern wird, die

wiederum sich im Gleichklang mit den realen Angebotsmöglichkeiten der Volkswirtschaft entwickelt.«

Und weiter heißt es zu dieser Steuerung um drei Ecken:

> »Ob die Steuerung der Geldmenge nach Maßgabe des möglichen Güterangebotes gelingt, hängt entscheidend von einer Bedingung ab: der Stabilität der Umlaufgeschwindigkeit des Geldes.«

Können die Notenbanken die Geldmenge begrenzen?

Dass die Notenbanken Geldmenge und Nachfrage nicht nach ihren Vorstellungen ausweiten können, wurde dargelegt. Sie sind aber auch nicht ohne weiteres in der Lage, eine übermäßige Ausweitung der Geldmenge zu verhindern. Konkret: Sie müssen – wie bereits im 8. Kapitel beschrieben – auch dann noch Neugeld nachdrucken, wenn diese Vermehrungen weit über die wirtschaftlichen Notwendigkeiten und sogar ihre selbst gesetzten Ziele hinausgehen. Das heißt, sie setzen selbst dann noch Mehrgeld in Umlauf, wenn sie wissen, dass dies in etwa zwei Jahren zu einem neuen Inflationsschub führen wird! Warum aber tun sie das? – Die Antwort ist einfach: Würden die Notenbanken die Unterfütterung einer überhöhten Bargeldnachfrage mit neuem Geld verweigern, dann müssten die Banken vor ihren Geld nachfragenden Kunden die Schalter schließen. Das aber würde zu panikartigen Geldabhebungen auch jener Sparer führen, die gar kein Geld benötigen. Zu welchen Folgen ein solcher Ansturm auf die Banken führen muss, haben wir im letzten Jahrhundert zur Genüge erlebt. Wie gesagt, niemand kann sich vorstellen, dass der Konstrukteur eines Motorwagens Dritten die Möglichkeit einräumen würde, an dem Fahrer vorbei in die Regelung der Kraftstoffzufuhr und damit der Geschwindigkeit einzugreifen. Die Verantwortlichen für unser Geld, die Notenbanken, bezeichnen diese Eingriffe jedoch geradezu als ein zu verteidigendes Stück persönlicher Freiheit. So schrieb die Deutsche Bundesbank auf die Frage, ob jedermann berechtigt sei, Geld aus dem Verkehr zu ziehen:

> »Die Möglichkeit, rechtmäßig erworbenes Geld dem Zahlungsverkehr auf gewisse Zeit zu entziehen, ist Ausfluss des Grundsatzes, dass der Eigentümer beweglicher Sachen hiermit ... nach Belieben verfahren darf ... Ein »Horten« von Bargeld kann somit von der Bundesbank nicht verhindert werden. Es sind hierdurch aber bisher praktisch keine ernsthaften währungspolitischen Probleme entstanden, auch nicht aus der Sicht der Steuerung des Geldumlaufs.«

Und auf ein Schreiben mit der Frage nach der Einordnung des Geldes als öffentliches oder privates Gut, antwortete die Deutsche Bundesbank:

> »Das Geldwesen, die staatlich gelenkte Ordnung der Geldwirtschaft eines Landes, erfüllt zweifelsfrei Funktionen, die allen am Wirtschaftsleben beteiligten Subjekten zugute kommen. Eine Zuordnung des Geldwesens zu Einrichtungen, die dem Wohl der Allgemeinheit dienen, ist allerdings nicht Bestandteil allgemeinen Sprachgebrauchs. Es bleibt Ihnen anheim gestellt, dies anzunehmen.«

Angesichts der in diesem Buch dargelegten ständigen Probleme bei der Stabilerhaltung der Geldkaufkraft, kann man über die erste Aussage nur den Kopf schütteln, nicht minder über die Aussage, dass es in das Belieben eines Jeden gestellt ist, das von den Notenbanken herausgegebene Geld als öffentliche Einrichtung oder als beliebig verfügbares Privateigentum zu sehen und es entsprechend zu behandeln.

Das bittere Lehrgeld der Notenbanken

Zweifellos haben die Notenbanken im vergangenen Jahrhundert aus ihren praktischen Erfahrungen viel gelernt. Zum Beispiel, dass man bei steigendem Preisniveau nicht die Geldmenge vermehren darf, dass die Bindung der Geldmenge an irgendwelche Gold- oder Devisenbestände zu großen Problemen führt, dass auch geringe Inflationsraten gefährlich sind oder dass man Wechselkurse und Kaufkraft nicht gleichzeitig stabilisieren kann, usw. Leider waren das aber alles Lernvorgänge im Nachhinein, die von den Bürgern mit großen Opfern bezahlt werden mussten. Man denke nur an die Hyperinflationen dieses Jahrhunderts, welche für die Bevölkerungen oft mit dem Verlust ihrer gesamten Ersparnisse verbunden waren, für Millionen sogar mit dem ihrer Existenz. Oder man erinnere sich der großen deflationären Rezession Anfang der 30er Jahre, die Millionen Menschen in aller Welt mit Arbeitslosigkeit und bitterer Not bezahlen mussten.

> »All die unglückseligen Ereignisse, die Reichtum und Glück auf der ganzen Welt so empfindlich getroffen haben, sind den Leitern der Notenbanken anzukreiden«,

schrieb damals kein geringerer als John Maynard Keynes. Und vielleicht muss man sogar die 50 Mio. Toten des 2. Weltkriegs mit auf das Konto unzulänglicher Kenntnisse der Notenbankverantwortlichen verbuchen. Denn ohne die große Rezession in Deutschland mit fast sieben Millionen Arbeitslosen, Folge vor allem der Geldmengenreduzierung durch die damalige Reichsbank, wäre der Welt der Aufstieg Hitlers höchstwahrscheinlich erspart geblieben.

Nach dem zweiten Weltkrieg und einer zweiten Enteignung fast aller Sparer, ging der Lernprozess im Nachhinein weiter: Festgeschriebene Wechselkurse führten jahrelang zu Ungleichgewichten und zu ungerechten Reichtums-Umverteilungen zwischen den Ländern, außerdem zu erneut auflebenden Inflationen. Auch die Gefährlichkeit dieser relativ geringen Preisauftriebe – lange Zeit von vielen Fachleuten als Stimulanz der Wirtschaft angesehen – hat man erst begriffen, als die den Inflationen folgenden Zinsauftriebe die Konjunktur mehrmals in die Knie zwangen.

Auch heute lassen sich die oft schrecklichen sozialen und ökonomischen Folgen fehlerhafter Notenbankpolitik in aller Welt kaum auflisten. Und geht man ihnen nach, dann hängen sie in fast allen Fällen mit jener unzulänglichen Geldmengensteuerung und Umlaufsicherung zusammen, die in diesem Kapitel behandelt wurde.

11. Kapitel

Geldschöpfung und -versorgung durch die Notenbanken

»Die Vorgänge um die Geldschöpfung und die Zusammenhänge zwischen Notenbankgeld und Buchgeld sind sehr komplex und daher schwer verständlich. Darüber hinaus werden in der Literatur sehr unglückliche irreführende Formulierungen verwendet, die manche veranlassen zu glauben, dass die Hauptursache für die Probleme in der heutigen Form der Geldschöpfung und insbesondere in der Buchgeldschöpfung durch Geschäftsbanken liegt.«
*Erhard Glötzl**

Erinnern wir uns: Aufgabe der Geschäftsbanken ist in erster Linie die Versorgung der Wirtschaft mit Krediten. Die Aufgabe der Noten- oder Zentralbanken besteht dagegen in der Versorgung der Wirtschaft mit dem für alle Vorgänge notwendigen Tauschmittel Geld.

Dieses gewissermaßen aus dem Nichts geschöpfte Geld bedarf noch nicht einmal – wie immer noch vermutet – einer Deckung durch irgendwelche Werte in den Kellern der Notenbanken. Das hat sich nicht nur bei der Ausgabe

---

* Technischer Direktor der Stadtwerke Linz, Österreich, in »Die Verwirrungen und die vermeintliche Giralgeldschöpfung durch Geschäftsbanken«, 2000

der DM durch die Deutsche Bundesbank nach dem Zweiten Weltkrieg gezeigt, die sich erst später nach und nach ein Polster von Gold und Devisen mit diesem selbst gedruckten Geld einkaufte. Das beweist auch der Tatbestand, dass eine noch so hohe Deckung durch Gold nicht vor inflationären Kaufkraftverlusten schützen kann, wie wir das z. B. in der Schweiz erlebt haben. Denn seine Deckung erhält das Geld alleine durch die Güter, die man mit ihm auf den Märkten erwerben kann. Deshalb ist für die Stabilität der Kaufkraft des Geldes auch die Abstimmung der Geldmenge auf die Wirtschaftsleistung entscheidend, ebenso aber auch die kontinuierliche und richtig dosierte Versorgung der Wirtschaft mit Geld.

Auch die von den Notenbanken bei der Ausleihe des Geldes an die Banken geforderte Hinterlegung von Wertpapieren dient nicht – wie manche annehmen – der Deckung des Geldes. Vielmehr sind diese nur als eine Art Pfand zu sehen, mit dessen Hilfe sich die Zentralbank das geschöpfte und ausgeliehene Geld auch dann noch zurückholen kann, wenn Banken nicht mehr rückzahlungsfähig sind.

Wie läuft die Geldversorgung der Wirtschaft mit Geld ab?

Wie schon im 4. Kapitel beschrieben wurde, bezogen auf die Tätigkeit der Deutschen Bundesbank, wird die Geldversorgung der Wirtschaft überwiegend über eine leihweise Zurverfügungstellung an die Geschäftsbanken abgewickelt. Dabei hat die Bundesbank einen oberen (Lombard)-Zins und einen unteren (Diskont-)Zins als Begrenzung des Refinanzierungsspielraums festgelegt. Zwischen diesen beiden so genannten Leitzinssätzen gab es dann noch den

Pensionssatz für kurzfristige Ausleihungen, der – wie in Darstellung 14 im 5. Kapitel gezeigt – nach und nach zur Hauptrefinanierungsquelle ausgebaut wurde. Mit diesem flexiblen Ausleihesatz konnte sich die Deutsche Bundesbank mit ihren Reaktionen besser auf die Entwicklungen an den Märkten und deren Geldbedarf einstellen. Dieses ›Abtasten‹ der Märkte erlaubte also eine präzisere Geldmengensteuerung, als dies mit den nur ab und zu korrigierten beiden anderen Zinssätzen möglich war.

Die Darstellung 29 gibt diese Zinssatzkorrekturen für den Zeitraum von 1984 bis 1998 für die DM wieder, danach die ersten Jahre für den Euro. Besonders deutlich zeichnet sich in dem Auf und Ab der Zinssätze die letzte Hochzinsphase ab.

Darstellung 29:

Geldmarktzinsen der Deutschen Bundesbank … und der EZB

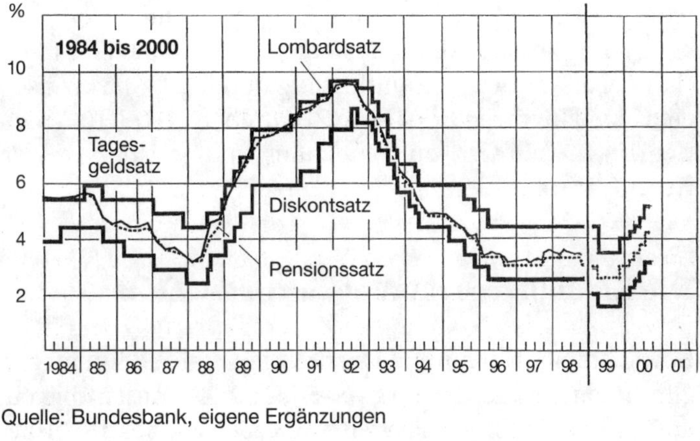

Quelle: Bundesbank, eigene Ergänzungen

Aus dieser Darstellung lässt sich aber auch entnehmen, in welchem Maße die stufenförmigen Veränderungen der so genannten Leitzinsen von den Zinssätzen beeinflusst wurden und werden, die sich laufend am Geldmarkt bilden: Immer wenn diese Geldmarktzinsen – hier der Tagessatz bzw. der mit ihm sich verändernde Pensionssatz – bei ihrem Anstieg den oberen Lombardzinssatz streiften, musste die Bundesbank die Lombardzinsen anheben, um nicht vom Markt überholt zu werden. Denn hätten die Marktzinsen den Lombardsatz überstiegen, würden die Banken ihren Geldbedarf bei der (dann billigeren) Notenbank stillen, statt erst untereinander ihre Liquiditätsüberschüsse auszutauschen.

Umgekehrt musste bei fallenden Marktzinssätzen der Diskontzins mit heruntergenommen werden, um dieses Steuerungsinstrument nicht wirkungslos zu machen. Da also der Markt die Zinsbildung der Notenbanken entscheidend mit beeinflusst, wenn nicht sogar bestimmt, ist der Ausdruck Leitzinsen inzwischen fragwürdig geworden. Auch wenn die Fachpresse dann freundlicherweise schreibt, »der Markt habe die Zinsanhebung (oder -senkung) der Notenbank bereits vorweg genommen«. Möglicherweise war diese Beeinflussung durch die Marktzinsen ein Grund für die Europäische Zentralbank (EZB), auf den Begriff ›Leitzinsen‹ zu verzichten und stattdessen den Begriff ›Refinanzierungssätze‹ einzuführen.

Die Liquiditätssteuerung durch die EZB

Betrachtet man die in der Darstellung 29 ab 1999 zum Vergleich eingetragene Startphase der EZB-Zuständigkeit, dann scheint sich auf den ersten Blick gegenüber der bisherigen Praxis nicht viel verändert zu haben. Auffallend sind lediglich die häufigeren und in kleineren Stufungen vorgenommenen Veränderungen der Refinanzierungssätze, vor allem im Jahr 2000. Stellt man die Abläufe jedoch einmal vergrößert dar, wie in der Darstellung 30, dann lassen sich die Veränderungen gegenüber der Praxis der Deutschen Bundesbank verdeutlichen.

Darstellung 30:

Zinsentwicklung und Liquiditätssteuerung im Eurosystem

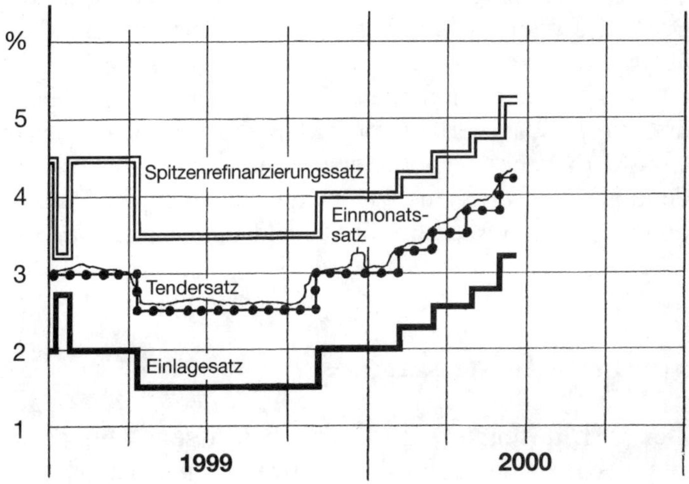

Quelle: Bundesbank

Wie aus dieser Darstellung hervorgeht, gibt es bei der EZB drei Zinssätze. Der obere, so genannte Spitzenrefinanzierungssatz entspricht im Wesentlichen dem bisherigen Lombardsatz. Auch bei der EZB können sich zu diesem Satz die Banken theoretisch unbegrenzt und unbefristet refinanzieren, was sie aber – eben wegen der Höhe dieses Satzes – nur im äußersten Notfall tun. Der unterste Einlagensatz, der optisch dem bisherigen Diskontsatz zu entsprechen scheint, dient jedoch nicht mehr der Refinanzierung, sondern bietet als Guthabenzins den Banken die Möglichkeit, überschüssige Zentralbankgeld-Liquidität über Nacht bei der EZB ohne allzu große Verluste zwischenzuparken. Das eigentliche Refinanzierungsgeschehen spielt sich also auch bei der EZB wieder in jenem Bereich *zwischen* diesen beiden Sätzen ab, im Bereich des so genannten Hauptrefinanzierungs- oder Tendersatzes. Über diesen Tendersatz werden rund zwei Drittel der gesamten Zentralbankgeldmenge an die Banken ausgeliehen, und zwar jeweils für 14 Tage. Das übrige Drittel wird als Dreimonatsgeld ausgegeben, zu einem leicht schwankenden Zinssatz, der sich am Markt orientiert. Sein Verlauf entspricht darum auch in etwa dem Verlauf des eingetragenen Einmonatssatzes an den Geldmärkten, also jenen Märkten, an denen die Banken untereinander ihre Zentralbankgeld-Liquiditäten austauschen.

Was heißt Tendersatz?

Der Begriff Tender besagt, dass bei diesem Refinanzierungsweg von der Zentralbank etwas vorgegeben wird, an das sich die Banken mit ihren ›Bietungen‹ bzw. ihrer Nachfrage ankoppeln können. Dabei unterscheidet man zwei Tenderarten, nämlich den Mengen- und den Zinstender. Beim Mengentender gibt die EZB den Zinssatz vor und die bietende Bank dann die Menge an, die sie zu diesem Zinssatz aufnehmen möchte. Beim Zinstender gibt die EZB umgekehrt die auszugebende Menge vor und die Banken bieten den Zinssatz, zu dem sie sich an der Verteilung beteiligen wollen (die EZB benutzt übrigens statt Banken den Begriff ›Monetäre Finanzinstitute, MFIs‹, zu denen neben den Kreditinstituten auch die Fonds gehören, die direkt vom Publikum Geld aufnehmen).

Die EZB hat vom Start im Jahr 1999 an das Mengentender-Verfahren angewandt, also jeweils die Höhe des Zinssatzes festgelegt, während die Menge, die im Wesentlichen mit der fälligen Tilgung identisch war, nicht eingegrenzt wurde. Allerdings heißt das nicht, dass die EZB die von den Banken geäußerten Mengenwünsche erfüllt, sondern sie orientiert sich letztlich an ihren eigenen Vorstellungen über den richtigen Umfang der Neuausgabe. Da als Folge dieser Eingrenzung die Banken meist zu kurz kamen, haben sie ihre Mengenforderungen zunehmend über ihren wirklichen Bedarf hinaus erhöht, um wenigstens hinterher einen größeren Anteil der verteilten Summe zu erhalten. Dieses Verhalten schaukelte sich so hoch, dass im Frühjahr 2000 die Banken bis zum Hundertfachen des Betrages nachfragten, den die EZB selbst auszugeben bereit war.

Damit war dieses ganze Bietungsverfahren, mit dem die EZB eigentlich den Markt noch differenzierter als bisher abtasten wollte, zu einer Farce geworden. Ende Juni 2000 schaltete die EZB darum vom Zins- auf den Mengentender um, bei dem sie das Zuteilungsvolumen bekannt gibt und die jeweilige Bank die Zinshöhe bietet, die sie für die genannte Menge zu zahlen bereit ist. Dabei können die Banken mehrere Mengen mit verschiedenen Zinshöhen nennen, jeweils ab einer Million Euro aufwärts. Bei der Verteilung werden sie dann, in der Reihenfolge ihrer gebotenen Zinsen, so lange bedient, wie der Vorrat reicht. Allerdings legt die EZB vorher schon einen Mindestzinssatz fest, den die Banken nicht unterschreiten dürfen. Das heißt, im Grunde werden bei diesem Vergabeverfahren beide Tenderarten kombiniert.

In Wirklichkeit sind die Verfahren, mit denen die EZB die Geldversorgung der Wirtschaft betreibt, noch viel komplizierter, als hier beschrieben. So gibt es neben den bislang genannten zweiwöchigen und dreimonatigen Krediten auch noch Übernacht- und sogar Innertagskredite, um kurzfristige Liquiditätskalamitäten auszugleichen usw. Doch das alles detailliert zu schildern übersteigt den Rahmen dieses Buches. Es sei hier nur noch einmal daran erinnert, dass all diese komplizierten und doch nur bedingt funktionierenden Verteilungsverfahren letztendlich nur der Versuch sind, trotz der fehlenden Größe Geldumlauf die Geldmenge irgendwie in den Griff zu bekommen.

Wer kann sich an den Bietungen beteiligen und wie laufen diese ab?

In den 11 Ländern, die sich bislang an der Gemeinschaftswährung Euro beteiligen, gibt es insgesamt – ohne Filialen gerechnet – rund 8 000 Banken. Davon sind die größeren, nämlich rund 2 500 Institute, zu den Bietungen zugelassen, darunter 1 500 aus Deutschland. Für die kleineren Institute ist die Teilnahme an den Bietungen zu aufwändig. Sie können sich billiger bei den größeren Banken bzw. am Geldmarkt refinanzieren, wo die Nachfrage nach Zentralbankgeld täglich ihren Ausgleich findet. Weil sich die Teilnahme an den Bietungen nur für größere Institute lohnt, nehmen auch von den 2 500 zugelassenen Banken nur rund 800 daran teil.

Insgesamt sind über diese Refinanzierungsgeschäfte der EZB rund 200 Mrd. Euro (Stand Mitte 2000) leihweise an die Banken ausgegeben worden, die wiederum laufend erneut getilgt und vergeben werden müssen. Für die zweiwöchigen Kredite, auf die zwei Drittel der Gesamtkredite entfallen, finden diese sich wiederholenden Vergaben jeden Donnerstag statt. Das heißt, an jedem Donnerstag wird rund ein Drittel der gesamten Zentralbank-Geldmenge, also rund 70 Mrd. Euro, eingezogen und erneut verteilt, jeweils mit leichten Mengenkorrekturen nach dem Ermessen der EZB. Von den Dreimonatskrediten, die bei etwa 60 Mrd. Euro liegen, wird jeden Monat ein Drittel revolvierend ausgetauscht, also rund 20 Mrd. Euro. Die verbleibende Spitzenrefinanzierungsmöglichkeit, die keinen Eingrenzungen unterliegt, spielt größenmäßig so gut wie keine Rolle. Die darüber aufgenommenen Mittel, die meist nur über eine Nacht oder innertags beansprucht werden, liegen deutlich unter einer Milliarde Euro.

Warum brauchen die Banken Zentralbankgeld?

Alle Vorgänge zwischen Publikum und Banken wie auch zwischen den Banken selbst, sind direkt oder indirekt auf Zentralbankgeld angewiesen. Das gilt nicht nur für die Einzahlungen und Auszahlungen am Bankschalter und damit die Veränderungen des Guthaben- und Kreditpotentials. Das gilt auch – was meistens nicht beachtet wird – für alle bargeldlosen Transaktionen.

Wenn jemand beispielsweise von seinem Girokonto 100 Euro an einen Lieferanten überweist, benötigt seine Bank dazu nicht nur den Überweisungsauftrag, sondern in Höhe der überwiesenen Summe auch Zentralbankgeld. Denn die empfangende Bank, die das Konto des Lieferanten betreut, schreibt den angewiesenen Betrag nur gut, wenn auf ihrem Zentralbankgeldkonto in gleicher Höhe ein Zentralbankgeldbetrag eingegangen ist.

Die Banken benötigen also für ihre laufenden Geschäfte nicht nur einen bestimmten Bestand an Zentralbankgeld in barer Form, sondern auch – für die Überweisungszwecke – in Form eines Zentralbankguthabens. So wie jeder Wirtschaftsteilnehmer normalerweise ein Girokonto als Puffer für seine laufenden Zahlungen oder Abhebungen unterhält, so auch die Banken für ihre laufenden Geschäfte. Und so wie jeder Wirtschaftsteilnehmer sein Verrechnungskonto nur mit Bargeld oder einem Kredit auffüllen kann (oder durch Übertragungen von anderen Konten oder Guthaben, die irgendwann einmal mit Bargeld aufgefüllt wurden), so können auch die Banken ihre Verrechnungsguthaben nur mit Bargeld oder Zentralbankgeld auffüllen.

Ähnlich wie bei den Verrechnungskonten des Publikums, schwanken auch die Bestände auf den Verrechnungskonten der Banken. Allerdings gibt es hier keine automatischen Überziehungskredite, sondern die Banken müssen notfalls ihre Liquidität am Geldmarkt auffüllen. Andererseits aber sind sie auch bemüht, ihre Zentralbankgeldguthaben möglichst niedrig zu halten, um Kreditzinsen einzusparen.

Die von den Banken gehaltenen Puffer in Zentralbankgeld dienen also vor allem dazu, die täglichen Zu- und Abgänge an Überweisungen durchzuführen bzw. auszugleichen. Dabei können die Banken diese Zu- und Abgänge nach dem so genannten Nettoverfahren abends so miteinander verrechnen, dass sie nur die Salden mit Zentralbankgeld ausgleichen. Oder sie können, nach dem Bruttoverfahren, jede einzelne Überweisung direkt mit Zentralbankgeld begleiten. Letzteres geschieht vor allem im Großzahlungsverkehr, also bei den Endabrechnungen der Bankzentralen und Clearingstellen, die von dem System der europäischen Zentralbanken vor allem für die länderübergreifenden Vorgänge eingerichtet sind.

Wie kommt es zu Übernacht- und Innertagskrediten?

Banken, bei denen die Abgänge im Tagesverlauf die Eingänge so übersteigen, dass ihr Puffer an Zentralbankgeld nicht mehr ausreicht, müssen umgehend bzw. spätestens vor Bankenschluss diese Lücke schließen. Ansonsten riskieren sie die Zurück-Überweisung ihrer getätigten Geschäfte bzw. sogar die Zahlungsunfähigkeit. Diese erforderliche Lückenschließung ist über den Geldmarkt möglich, an dem andere Banken oder Fonds ihre überschüssigen Zentralbankgeldbestände anbieten. Schafft eine Bank diese Lückenschließung nicht rechtzeitig, hat sie als letzte Rettung bis 18 Uhr die Möglichkeit, dies durch eine Refinanzierung bei der EZB zu tun. Im Hinblick auf die relativ hohen Kosten dieser Spitzenrefinanzierung und der Erwartung, dass ihr am nächsten Tag wieder genügend Zentralbankgeld zufließen wird, nehmen Banken diese Notkredite im Allgemeinen nur über Nacht auf. In besonders dringenden Fällen können die Banken ihre Zahlungsfähigkeit aber auch tagsüber für einige Stunden durch eine Refinanzierung bei der EZB absichern, vor allem wenn sie erwarten können, in kurzer Zeit über zugehende Gelder zu verfügen.

Umgekehrt können Banken evtl. Überschüsse an Zentralbankgeld, die sie auf dem Geldmarkt bis Bankenschluss nicht los geworden sind, bei der EZB als Einlage über Nacht verzinst zwischenparken.

12. KAPITEL

Die ›Geldschöpfung‹ durch die Geschäftsbanken

»Es kann an sich kaum bezweifelt werden, dass das Bankensystem insgesamt keine größere Geldmenge schaffen kann, als mit der von der Zentralbank geschaffenen Zentralbankgeldmenge vereinbar ist.«
Deutsche Bundesbank, Juli 1971

Mit dieser fast schon sibyllinischen Aussage zieht sich die Deutsche Bundesbank gewissermaßen aus der Schlinge. Denn würde sie die Geldschöpfungsmöglichkeit der Banken bejahen, wäre ihr Geldschöpfungsmonopol dahin und alle Geldmengensteuerungs-Bemühungen letztlich sinnlos. Würde sie jedoch die Geldschöpfungsmöglichkeit der Banken klar bestreiten, käme sie mit der herrschenden Wissenschaft in Konflikt. Außerdem würde sie sich die Möglichkeit nehmen, ggfs. die Banken als Sündenböcke bei inflationären Auswüchsen und anderen monetären Fehlentwicklungen mit einzubeziehen.

Was ist von Theorien zu halten?

Theorien sind hilfreich und nützlich, wenn man Vorgänge in der Wirklichkeit nicht überprüfen oder Abläufe ohne sie nicht verstehen kann. Doch selbst wenn diese Möglichkeiten gegeben sind und andere Ergebnisse zeigen, haben

Theorien oft noch ein langes Leben. Man denke nur an jene von der Mittelpunktfunktion der Erde. Fast jahrhundertelang hat man versucht, diese falsche Vorstellung mit immer neuen Theorien und Berechnungen am Leben zu halten. Ähnlich scheint es bei der Theorie von der Geld- bzw. Kreditschöpfung durch die Banken zu sein. In aktuellen Fachartikeln und Fachbüchern der Bankbetriebswirtschaft ist davon zwar kaum noch die Rede, in den volkswirtschaftlichen Lehrbüchern aber wird sie immer noch ausführlich behandelt, oft mit unterschiedlichen Erklärungen.

Manche Lehrbuchdarlegungen räumen z. B. nur jeder einzelnen Bank die Möglichkeit zur Geldschöpfung ein, andere setzen umgekehrt das Zusammenwirken mehrerer Banken voraus. Die einen ziehen zur Erklärung Kreislaufmodelle heran, andere begnügen sich mit Buchungs- und Bilanzmodellen. Wieder andere sehen in der Höhe der Bankgewinne einen Schöpfungsbeweis oder in der Existenz und Größe der Sichtguthaben. Dabei bleibt es häufig unklar, ob mit der Schöpfung nun diese Sichtguthaben gemeint sind – meist als Giral-, Buch- oder Bankengeld bezeichnet – oder ob sie sich auf die Kreditgewährungen bezieht. Doch so verschieden die Aussagen und Beweisführungen auch sind, in einigen Punkten stimmen sie alle überein: Sie bewegen sich immer nur im theoretischen Raum und machen kaum einmal den Versuch, die vertretenen Auffassungen anhand der wirtschaftlichen Realitäten zu überprüfen. Außerdem wird fast immer nur die Aktivseite des Bankgeschehens betrachtet, also die Kreditvergabe, nicht aber die Passivseite, die über die Herkunft der vergebenen Kreditmittel Auskunft gibt.

Ab und zu wird die Wirkung der Geldschöpfung in den Lehrbüchern auch etwas bagatellisiert. Zum Beispiel mit dem Hinweis, dass jede geschöpfte Kaufkraft irgendwann auch wieder zu einer Einlage wird, womit sich die Schöpfung gewissermaßen selbst abdeckt. Diese Argumentation ist allerdings so wenig überzeugend wie die eines Geschäftsmannes, der reinen Gewissens Falschgeld produziert, weil irgendwann die Kunden mit dem Falschgeld auch wieder in seinem Laden einkaufen werden.

Dass mit beiden Schöpfungen – dem Falschgeld wie den Krediten ohne Ersparnis – das Nachfragepotential ungedeckt vermehrt wird, dürfte einleuchtend sein. Denn nur Kredite, die aus leistungsbezogenen Ersparnissen stammen, sind durch reale Gegenwerte gedeckt. Wenn also die Banken tatsächlich ohne Einlagen der Sparer Kredite schöpfen oder aus einem Dollar an Kaufkraft ein Mehrfaches machen würden, wäre das genauso ein Fall für den Staatsanwalt wie die Inumlaufsetzung von Falschgeld.

Wie funktioniert die ›multiple Geldschöpfung‹?

Nach den meisten Lehrbuchaussagen sind die Geldschöpfungsmöglichkeiten der Banken im Prinzip unbegrenzt. Eingeschränkt werden sie lediglich durch die Kassenhaltung und jene Bankreserven, die sie bei den Zentral- bzw. Notenbanken freiwillig oder gezwungenermaßen halten. Und diese Beziehung zwischen der Höhe der Reserven und der Geldvermehrung wird in der Theorie von der multiplen Schöpfung sogar mathematisch exakt vorgerechnet: Liegen diese Rücklagen insgesamt bei fünf Prozent der Einlagenbestände, dann können die Banken aus jeder getätigten Bankeinlage das 19fache an Kredit schöpfen, bei Rücklagen von zehn Prozent das Neunfache und bei einer Rücklage von 20 Prozent das Vierfache. Das Schöpfungsergebnis ergibt sich also immer reziprok zur Höhe der einbehaltenen Reserven.

Diese sich wiederholenden Einlage- und Kreditgewährungsmöglichkeiten, aus denen man eine Schöpfung ableitet, werden in den Fachbüchern meist noch mit Darstellungen untermauert. Nachfolgend wird in Darstellung 31 einmal ein solches schematisches Durchlaufmodell wiedergegeben, das sich an ein einfacheres aus dem Buch von Bernhard Lietaer, »Das Geld der Zukunft«, anlehnt. Dazu heißt es erläuternd in dem Buch, dass »aus ursprünglich 100 Millionen Zentralbankgeld 900 Millionen als ›Kreditgeld‹ entstehen«.

Darstellung 31:

Schema der ›multiplen Geldschöpfung‹

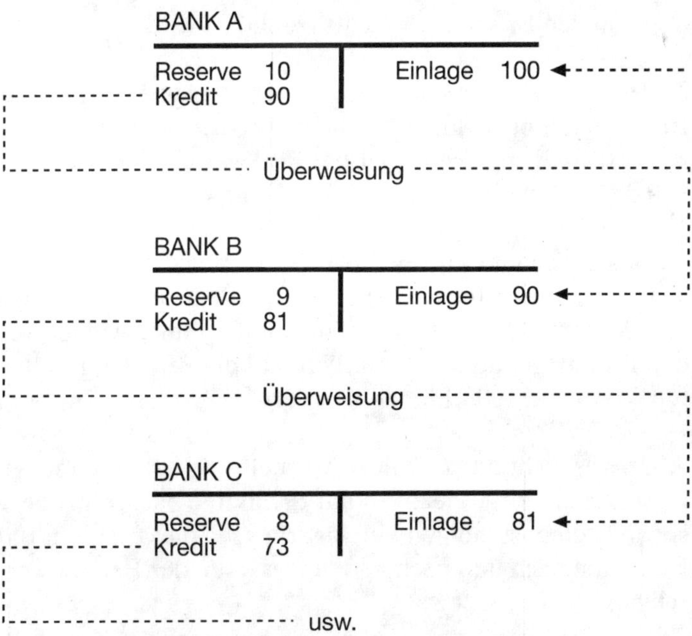

Addiert man bei diesem Schema die laufend gewährten Kredite zusammen, dann kommt man bereits nach drei Stationen auf einen Betrag von 244 Millionen. Weiter fortgesetzt – in einer allerdings unendlichen Reihe mit immer kleineren Werten – kommt man rechnerisch am Ende tatsächlich zu einer Summe von 900 Millionen und damit zu einer Verneunfachung der Ersteinlage von 100 Millionen.

Geht man jedoch den Vorgängen, unbelastet von der Theorie, einmal Schritt für Schritt nach, dann zeigt sich

1., dass jeder erneuten Verwendung der anfänglichen 100 Millionen für Kreditzwecke jedesmal auch eine erneute Einlage irgendeines Bankkunden vorausgegangen ist, dass also von den Banken gar nichts geschöpft wird.

2., dass die beschriebene Kette der Kreditgewährungen und Reservebildungen durch die Banken überhaupt nur möglich ist, wenn und solange keiner der Einleger über sein Guthaben durch Abhebung oder Überweisung verfügt.

3., dass es bei dem ganzen Ablauf zu keiner wie auch immer gearteten Vermehrung der im Umlauf gegebenen Geldmenge kommt, die sich auf jeder Stufe immer wieder aus den bislang gebildeten Reserven und dem zuletzt gewährten Kredit auf 100 Millionen addiert.

4., dass es nicht nur zu keiner Vermehrung der Geldmenge kommt, sondern – bezogen auf die aktive nachfragende – sogar zu einer ständigen Verringerung, da die gesamten 100 Millionen nach und nach in den Reserven der Banken verschwinden.

5., dass sich durch eine wiederholte Verwendung von Geld, ob zum Kaufen, Verleihen oder Schenken, niemals das Geld vermehrt, sondern lediglich die damit getätigten

Kauf-, Verleih- und Schenkungsvorgänge, die sich natürlich zu immer größeren Summen addieren lassen (s. umgekehrtes Clown-Beispiel im 3. Kapitel).

Diese hier aufgelisteten Tatbestände werden besonders deutlich, wenn man statt der Ablaufkette über Banken einmal eine über Geschäfte annimmt und statt der sich wiederholenden Verleihvorgänge Verkaufsvorgänge. Auch hier kann man annehmen, dass jeder Geschäftsinhaber zehn Prozent der Einnahme in die Reserve nimmt und der jeweilige Rest – direkt oder indirekt – in einem weiteren Laden erneut kaufend eingesetzt wird. Am Ende würde sich die gleiche Summe an Kaufvorgängen addieren lassen wie bei der ›multiplen Kreditschöpfung‹ an Kreditvorgängen. Dennoch käme wohl niemand auf die Idee, dass dabei aus 100 Million Zentralbankgeld 900 Millionen Kaufgeld entstanden sind und sich damit das Geld vermehrt hat.

Wo liegt der Denkfehler in der Theorie?

Der Fehler in dieser klassischen Geldschöpfungstheorie ist darin zu sehen, dass man die sich laufend erneut bildenden Guthaben bzw. Kreditposten mit dem eingangs eingespeisten Geld zusammenaddiert und aus dem Ergebnis dieser Addition eine Geld- bzw. Kreditschöpfung ableitet. Oder anders ausgedrückt: dass man die mehrfache Verwendung des Geldes mit seiner Vermehrung gleichsetzt, also das Transportmittel mit den Transportvorgängen. Sowenig aber wie es durch eine wiederholte Verwendung von Waggons für Transportzwecke zu einer Vermehrung der Waggons kommt, sowenig kommt es bei einer wiederholten Verwendung von Geld für Kauf- oder Verleihzwecke zu einer Vermehrung des Geldes.

Der Denk- und Auslegungsirrtum der Geldschöpfungstheorie ist sicher nicht zuletzt auf den Tatbestand zurückzuführen, dass man alle Guthaben- und Kreditbestände immer noch als Geld ansieht. Dabei handelt es sich in Wirklichkeit bei diesen Beständen nur um Buchungsposten, die – wie schon mehrfach angeführt – den Umfang der *Überlassungen* von Geld und die daraus resultierenden Rückzahlungsverpflichtungen dokumentieren, ohne dass sich die umlaufende Geldmenge vergrößert. Deshalb sind auch alle Zusammenfassungen von Geld und Guthaben als ›Geldmenge‹ so fragwürdig. Das gilt vor allem für die Additionen der so genannten Geldmengen M2 und M3.

Welche Argumente für die Geldschöpfung werden sonst noch vorgebracht?

Als Begründung für die Existenz der Geldschöpfung werden häufig vor allem folgende Argumente eingebracht:

- **»Die Goldschmiede im Mittelalter haben auch bereits für hinterlegte Goldmünzen mehrere umlauffähige Quittungen ausgestellt, ausgehend von der Erfahrung, dass diese nicht gleichzeitig zur Einlösung vorgelegt werden.«**

Hier bleibt wieder unbeachtet, dass die Banken – wie im Kapitel 11 beschrieben – nicht nur bei einer Inanspruchnahme des Kredits durch Barabhebungen über Zentralbankgeld verfügen müssen, sondern auch bei allen Überweisungen. Das bestätigt auch die Aussage von Wendelin Hartmann, Direktoriumsmitglied der Deutschen Bundesbank, aus dem Jahr 1994: »Die Banken untereinander akzeptieren kein Giralgeld, sondern erwarten den Ausgleich ihrer Geldmarktforderungen in Zentralbankgeld.«

- **»Durch die Umwandlung von Bargeld in Giralgeld erhöht sich die gesamte Geldmenge, da ja das Geld jetzt zweimal da ist, als Giralgeld und Bargeld.«**

Hier wird übersehen, dass das bei einer Bank eingezahlte und in der Bankkasse liegende Bargeld nicht mehr zur umlaufenden und nachfragewirksamen Geldmenge gezählt wird. Erst durch die Abhebung eines anderen Bankkunden, dessen Sichtguthaben sich damit entsprechend verringert, wird dieses Bargeld wieder als Tauschmittel aktiv. Darum ist es auch völlig gleichgültig, ob man die multiplen Schöpfungsmodelle mit Bar- oder Giralgeld durchspielt oder zwischenzeitlich die Zahlungsmittelform wechselt. Denn durch die Einzahlung von Bargeld auf ein Girokonto »ändert sich die Gesamtgeldmenge nicht, da hier lediglich eine Umwandlung einer Geldart in eine andere vorgenommen wird.« (Otmar Issing, Chefvolkswirt der EZB, in seinem Lehrbuch »Einführung in die Geldtheorie«).

- **»Über die Sichtguthaben können sowohl die Einleger als auch die Banken verfügen, womit sich die Nachfragemöglichkeit in der Wirtschaft verdoppelt.«**

Hier bleibt unbeachtet, dass die Banken nur zwischenzeitlich über die Einlagen verfügen können, also bis die Einleger das selbst tun. Es gibt also keine gleichzeitige Nutzung durch zwei Beteiligte, sondern nur eine nacheinander stattfindende. Damit aber kommt es zu keiner Ausweitung der Geldmenge, sondern nur zu einer effektiveren Nutzung bzw. Erhöhung der Einsatzhäufigkeit (Umlaufgeschwindigkeit).

- **»Die multiple Geldschöpfung ist zwar nicht mit Bargeld möglich, wohl aber mit Giralgeld.«**

Hier wird wieder außer Acht gelassen, dass die Überweisungen der Kunden von ihrem Girokonto gewissermaßen nur der Schatten der ablaufenden Vorgänge mit Zentralbankgeld-Übertragungen sind. Konkret: Wenn die Bank A in der Darstellung 31 im Auftrag ihres Kreditkunden an die Bank B 90 Millionen überweist, werden diese dem Empfänger nur dann gut geschrieben, wenn bei der Bank B ein gleichhoher Betrag in Zentralbankgeld eingegangen ist.

- **»Das Übersteigen der Sichtguthaben über die Bargeldmenge ist ein Beweis für die Geldschöpfung durch Banken.«**

In Wirklichkeit ist die Zunahme der Sichtguthaben nur ein Beweis dafür, dass das Publikum aus praktischen Gründen den unbaren Zahlungen immer mehr den Vorzug gegeben hat, ähnlich wie einst bei der Verschiebung zwischen Münzen und Banknoten. Würden sich die Zahlungsgewohnheiten morgen umkehren, gingen die Sichtguthabenbestände wieder zurück und die Zentralbanken müssten mehr Bargeld drucken. Sowenig aber bei diesem Rückgang der Giralgeldnutzung Geld vernichtet wird, sowenig ist es umgekehrt vorher entstanden.

- **»Der Dissens in der Geldschöpfungsfrage resultiert aus den unterschiedlichen Auffassungen, was als Geld gesehen werden muss.«**

In Wirklichkeit ist die Wahl des Geldbegriffs für das anstehende Problem ohne Belang. Denn gleichgültig zu welcher Geldmenge man die nacheinander entstehenden Guthaben zählt: Entscheidend für die Schöpfungsfrage ist alleine, ob die Banken aus den Einlagen ihrer Kunden das Doppelte oder sogar ein Mehrfaches an Kaufkraft schaffen können! Im Übrigen gehören Kredite – ob geschöpft oder nicht – niemals zu irgendeiner Geldmenge. Dazu zählen allenfalls die Guthaben. Dass diese aber nicht von den Banken ›geschöpft‹ werden, sondern – wenn schon einer etwas schöpft – alleine von den Einlegern, macht das Durchlaufbeispiel in der Darstellung 31 deutlich.

- **»Die Banken können durch buchhalterische Bilanzverlängerungen ihre Kreditvergabemöglichkeiten erweitern.«**

Hier ist zuerst einmal festzuhalten, dass mit Buchungen, auch in Bilanzen, nie etwas Reales geschöpft, sondern nur etwas real Entstandenes festgehalten werden kann. Aber auch mit Krediten, die man ohne Einlagen aus dem Nichts schöpfen würde, kann man in der Praxis nichts anfangen, denn gleichgültig ob der Kreditnehmer seine geliehene Kaufkraft abhebt oder überweist, benötigt die ausführende Bank in gleicher Höhe Zentralbankgeld.

- **»Die Schöpfung ist zwar nicht zwischen den Banken möglich, wohl aber innerhalb einer Bank, weil dort bei einer Überweisung innerhalb des Hauses keine Übertragung von Zentralbankgeld erforderlich ist.«**

Auch diese Vermutung geht ins Leere. Denn in diesem Fall ändert sich auch nichts an den Guthabenbeständen in der Bank: Das Konto des Überweisenden vermindert sich im gleichen Umfang, wie das des Empfängers ansteigt!

Auch die heute oft herangezogenen Überschussreserven-Theorie hat mit Schöpfung nichts zu tun. Sie besagt lediglich, dass Überschüsse an Zentralbankgeld die Banken befähigen, auch ohne Kundenersparnisse zusätzliche Kredite zu vergeben. Das aber ist eine Selbstverständlichkeit. Solange Banken noch Kreditinteressenten haben, werden sie diese Überschüsse an Zentralbankgeld also für Kredite einsetzen oder sehr schnell an andere Banken oder die Zentralbank zurückgeben, alleine schon, um Zinsen einzusparen. Das zeigt sich auch daran, dass die Überschussreserven – die von der Bundesbank wie heute von der EZB als Überschüsse über die Mindestreserven gemessen werden – fast bei Null liegen.

Wären diese Überschussreserven tatsächlich der Schlüssel für eine mehrfache Schöpfung, dann würden die Banken diese Reserven gewiss nicht so klein halten, sondern möglichst ausweiten. Denn sie könnten ja über diese angeblich möglichen Schöpfungen ein Mehrfaches jener Zinsen erwirtschaften, die sie an die Notenbank für das zusätzlich erforderliche Zentralbankgeld zahlen müssen.

Gibt es Indizien für die Geldschöpfung der Banken?

Der Fahndung nach Beweisen für die Geldschöpfung ist in der Empirie kein Erfolg beschieden. Ähnlich erfolglos ist auch die Suche nach Indizien. Wohl aber sprechen viele Indizien für das Gegenteil. So zum Beispiel der Tatbestand, dass die Industrieländer, trotz riesiger Kreditbestände, meist geringere Inflationsraten haben als Länder mit geringeren Banktätigkeiten. Gäbe es in den Industrienationen eine Geld- oder Kreditschöpfung durch die Banken, dann müssten die Ergebnisse eher umgekehrt sein.

Ein weiteres Indiz gegen die Theorie ist, dass sich aus den Gewinnberechnungen der Banken keinerlei Anhaltspunkte für Schöpfungen ergeben. Denn solche Vermehrungen müssten sich auch in den Gewinnen niederschlagen, da ja die Zinsen aus den geschöpften Krediten in vollem Umfang den Banken zugute kommen. Zieht man zur Überprüfung der Gegebenheiten die von der Deutschen Bundesbank laufend veröffentlichten Betriebsergebnisse der gesamten deutschen Banken heran, dann ergibt sich z. B. für das Jahr 1995 folgendes Bild:

Gesamte Zinserträge:	499 Mrd. DM = 100 %
– Zinsaufwendungen:	365 Mrd. DM = 73 %
= Zinsüberschuss:	134 Mrd. DM = 27 %

Das heißt, die Banken haben rund drei Viertel der eingenommenen Zinsen an die Sparer und sonstigen Geldgeber ausgezahlt und ein Viertel für sich behalten. Diese Verteilung entspricht in etwa auch dem langfristigen Durchschnitt. Die aus dem verblcibenden Viertel sich ergebenden Bankgewinne berechnen sich wie folgt:

Zinsüberschuss:	134 Mrd. DM	= 27 %
+ Provisionsüberschuss:	27 Mrd. DM	
– Verwaltungskosten u. a.:	123 Mrd. DM	
= Überschuss vor Steuern:	38 Mrd. DM	
– Steuern:	19 Mrd. DM	
= Gewinn:	19 Mrd. DM	= 4 %

Nach Steuern verblieben den deutschen Banken also – trotz zusätzlicher Provisionsüberschüsse – nur 19 Mrd. = 4 Prozent der Zinserträge. Bezieht man diesen Gewinn auf das Eigenkapital der Banken in Höhe von 317 Mrd. DM im Jahr 1995, ergibt sich eine Verzinsung dieses Eigenkapitals vor Steuern von zwölf und nach Steuern von sechs Prozent. Sicherlich ist das eine gute Quote, aber irgendwelche Bankgewinne, die sich nur durch Schöpfungen erklären ließen, kann man daraus kaum ableiten.

Weiter spricht gegen die Schöpfungstheorie, dass selbst signifikante Veränderungen der Bank- bzw. Mindestreserven, zu denen sich die Schöpfungen angeblich reziprok entwickeln, keine Spuren bei den Kreditgewährungen hinterlassen. So wurde beispielsweise in der Bundesrepublik Deutschland die Höhe der Mindestreserve von 1973 bis 1981 halbiert und in den 90er Jahren noch einmal um zwei

Drittel gekürzt, ohne dass es zu jener Kreditexplosion gekommen wäre, von der die multiple Geldschöpfungstheorie ausgeht. (s. Darstellung 8 im 4. Kapitel) In der Schweiz wurden diese Mindestreserven sogar vor einigen Jahrzehnten völlig abgeschafft, ohne entsprechende feststellbare Folgen.

Ein weiteres Indiz ist, dass sich die Banken gewiss nicht so sehr um die Sparerkunden bemühen würden, wenn sie deren Geld für die Kreditausweitung gar nicht brauchten. Und schließlich wäre noch zu fragen, warum sich die US- und andere Regierungen zur Schließung ihrer Defizite Kredite aus aller Welt zusammenholen, obwohl die nationalen Banken diese Etatlücken durch eigene Schöpfungen schließen könnten. Vor allem vor dem Hintergrund, dass dann nicht nur die Bankgewinne im Lande bleiben, sondern auch die zu zahlenden erheblichen Zinsbeträge, die jetzt ins Ausland fließen und die Leistungsbilanz belasten. Doch auch hier sind die Dinge letztlich ohne jeden mysteriösen Hintergrund. Dafür soll noch einmal Otmar Issing Zeugnis geben, veröffentlicht 1995 in der »Frankfurter Allgemeinen Zeitung«:

> »Deutschland ist in den Jahren nach der Vereinigung zu einem Kapitalimporteur geworden. Zwischen den Ersparnissen der Deutschen und der Nachfrage nach Finanzmitteln klafft eine Lücke, die durch ausländische Kapitalgeber geschlossen werden muss.«

Die Liste der Gegenindizien ließe sich fortsetzen. So z. B. mit dem Tatbestand, dass man in den 50er Jahren in Deutschland oft Wochen oder Monate auf die Auszahlung zugesagter erststelliger Hypotheken warten musste, obwohl die Restfinanzierung stand und die Absicherung durch Grundstück und Rohbau gegeben war. Begründung der Banken: »Wir haben zur Zeit keine Mittel.« Konkret: Sie waren auf neue Einlagen, rücklaufende Kredite oder die Überlassung von Überschüssen anderer Banken angewiesen. Heute ›schwimmen‹ die Banken eher in Geld und haben Schwierigkeiten, seriöse Kreditnehmer zu finden. Doch auch das ist nicht die Folge von ›Geldschöpfungen‹, sondern die der Geldguthaben-Überentwicklungen, bedingt vor allem durch den Zinseszinseffekt. Die daraus resultierenden Probleme, mit denen wir uns im nachfolgenden Buchteil eingehender befassen werden, sind völlig unabhängig von der Geldschöpfungsfrage existent und stehen auch unabhängig davon zu einer Lösung an.

Teil III

Die problematischen Folgen im Geldbereich

13. KAPITEL

Die Überentwicklung der Schulden

»Ein immer größerer Teil unserer Arbeit wird von bestehenden Verpflichtungen absorbiert, denen wir nicht ausweichen können. Dies erklärt vieles, was uns bisher rätselhaft war: Den steigenden Stress am Arbeitsplatz; die Querelen in den Familien wegen Geld ... die um sich greifende Umweltvernichtung.«
*Paul C. Martin**

Von Überentwicklung spricht man, wenn sich etwas rascher entwickelt als normal. Wenn z. B. bei einem heranwachsenden Menschen die Leber oder die Gliedmaßen rascher wachsen als der gesamte Organismus. Oder wenn bei einem ausgewachsenen Menschen einzelne Körperteile alleine weiterwachsen. Entsprechend kann man von einer Überentwicklung der Schulden sprechen, wenn diese rascher anwachsen als der gesamte Wirtschaftsorganismus, also rascher als das Sozialprodukt.

Ein solches Überentwicklungsproblem machte Anfang der 80er Jahre zum ersten Mal Schlagzeilen, als einige Entwicklungsländer ihre Schulden nicht mehr bedienen konnten. Doch bei diesen damals viel diskutierten Verschuldungen der Entwicklungs- und Schwellenländer handelte es sich nur um die sichtbar gewordene Spitze eines weltweit

* Wirtschaftsjournalist, »Zahlmeister Deutschland«, 1991

eskalierenden Schulden-Eisbergs. So war allein die öffentliche Verschuldung in der Bundesrepublik schon Mitte der 80er Jahre größer als die gesamte Außenschuld Lateinamerikas, die der USA sogar um ein Mehrfaches. Das zeigt auch die Darstellung 32, in der die Entwicklungs- und Größenrelationen in den Jahren 1975, 1980, 1987 und 1995 miteinander verglichen werden.

Wie ersichtlich, nahm die Auslandsverschuldung in den Entwicklungsländern aufgrund der geringen Ausgangsgröße zwar rascher zu, die gesamte Inlandsverschuldung in Deutschland aber lag 1995 fast beim Dreifachen und die in den USA beim Achtfachen.

Natürlich kann man Inlands- und Auslandsverschuldung nicht ohne weiteres vergleichen. Während die Auslandsverschuldung bei den Industrienationen nur eine untergeordnete Rolle spielt, dominiert sie in den Entwicklungsländern. Das hängt hauptsächlich mit den geringen Ersparnissen und dem wenig entwickelten Bankwesen zusammen. Und die wenigen Reichen in diesen Ländern legen ihr Geld meistens im Ausland an, allein schon wegen der oft instabilen politischen Verhältnisse und der inflationären Inlandswährungen. Als Folge dieser Ersparnisverlagerungen ins Ausland gehen dem Inland auch noch die daraus resultierenden Zinsen als Kaufkraft verloren. Neben den ungerechten Austauschverhältnissen liegen also in diesen monetären Transfers die hauptsächlichen Gründe für den Zwang zur Kreditaufnahme im Ausland.

Erschwerend kommt noch hinzu, dass all diese Transfers in harten Devisen gezahlt werden müssen, die nur durch Exporte verdient werden können. Für die Normalbürger im Land, die am Ende der Kette letztlich alle Lasten tragen müssen, ist dieser Aspekt allerdings zweitrangig: Sie werden auf jeden Fall in Höhe der aufzubringenden Schuldenzinsen ärmer, ganz gleich ob diese einem Geldgeber im Inland oder im Ausland zufließen.

Darstellung 32:

Eskalation der Verschuldung in aller Welt

Von 1975–1995 in Mrd. Dollar

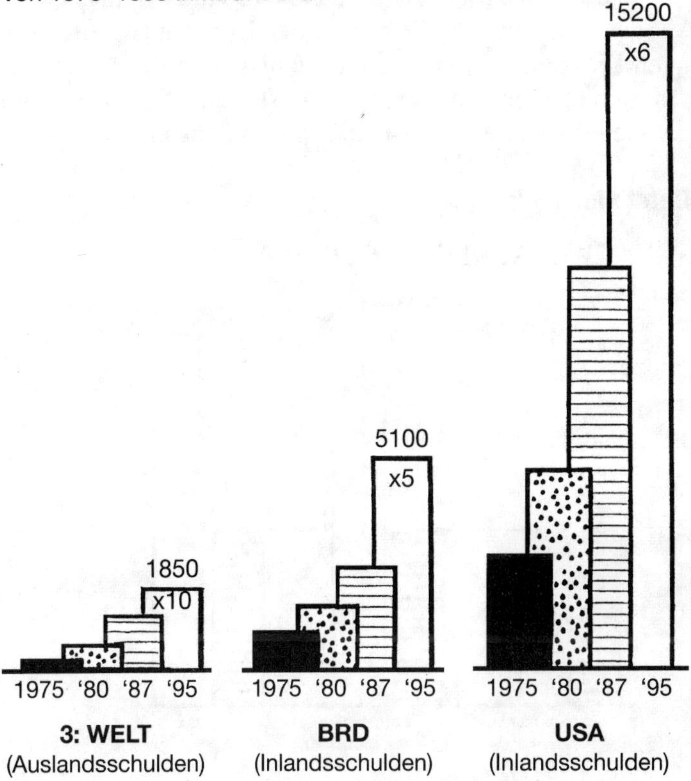

Wie muss man Verschuldungen bewerten?

Schulden muss man immer an den Verdienst- und Leistungsgrößen des Kreditnehmers messen. Wenn ein Normalverdiener 50 000 Dollar oder Euro Schulden hat, dann drückt ihn das wesentlich mehr als einen Spitzenverdiener mit einem gleich hohen Kredit. Genauso muss man auch die Verschuldungen in und zwischen den Ländern an den jeweiligen Einkommen und Leistungsfähigkeiten der Volkswirtschaften messen. Das ist in der Darstellung 33, bezogen auf die Gegebenheiten des Jahres 1987, geschehen.

Darstellung 33:

Verschuldungen in Prozent des BSP

Stand Ende 1987

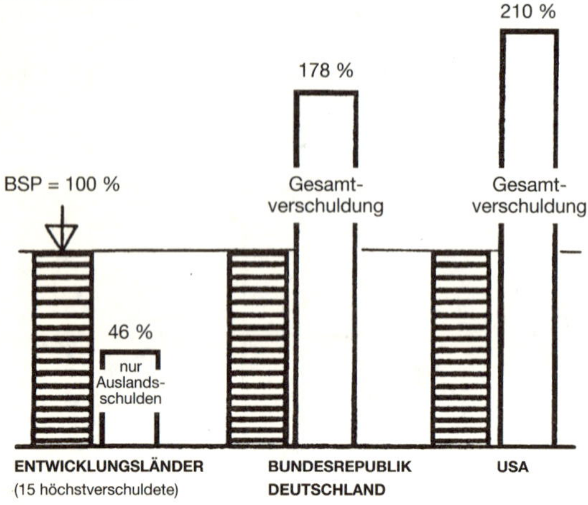

Für die Entwicklungsländer wurden hier die 15 höchstverschuldeten Volkswirtschaften herangezogen und deren Auslandsschuld mit dem Sozialprodukt verglichen. Bei der BRD und den USA steht jeweils die gesamte Inlandsschuld der Wirtschaftsleistung gegenüber. Wie aus der Grafik ersichtlich, lagen die Auslandsschulden der Entwicklungsländer mit 46 Prozent knapp unter der Hälfte ihres Sozialprodukts.

Aufschlussreich ist auch die Umrechnung der jeweiligen Schuldengrößen auf die betroffene Bevölkerung. Danach ergab sich z. B. 1987 für die Entwicklungs- und Schwellenländer ein Pro-Kopf-Anteil an Auslandsschulden von etwa 350 Dollar, während jeder Bundesbürger damals schon mit 36 000 Dollar und jeder US-Bürger mit rund 45 000 Dollar Inlandsschulden belastet war. Zieht man neuere Zahlen heran, dann ergab sich für 1995 in den Entwicklungsländern ein Pro-Kopf-Anteil von etwa 640 Dollar, in Deutschland von 58 000 und in den USA von 90 000 Dollar.

Wer sind die Schuldenmacher in den Industrienationen?

Im Allgemeinen unterscheidet man in den Statistiken drei Wirtschaftssektoren, nämlich die privaten Haushalte, die Unternehmen und den Staat. Auf diese Sektoren bezogen werden meist auch alle Einkommen, Ausgaben, Vermögen usw. ermittelt und ausgewiesen, ebenso die Verschuldungen. Wie sich die Gesamtschulden auf die genannten Sektoren verteilen und im Laufe der Zeit entwickelt haben, geht am Beispiel Deutschland aus der Tabelle I hervor. In ihr wird außerdem ein Vergleich gezogen mit der Entwicklung des Sozialprodukts.

Tabelle I:
Entwicklung und Verteilung der Verschuldung in Deutschland von 1950 bis 2000, nominelle Größen in Mrd. DM

1950	1960	1970	1980	1990	1998	Anstieg
private Haushalte:						
1	9	33	141	271	417	× 417
Produktionsunternehmen:						
39	168	468	1 124	2 003	5 173	× 133
Wohnungswirtschaft:						
5	71	222	599	1 013	1 925	× 385
öffentliche Haushalte:						
21	53	124	483	1 057	2 394	× 114
Gesamtverschuldung:						
66	301	847	2 348	4 344	9 902	× 150
BSP zum Vergleich:						
105	303	676	1 485	2 426	3 649	× 23

Die am Ende der Zeilen ausgewiesenen Anstiegsfaktoren machen nicht nur die erheblichen Größen- und Entwicklungsunterschiede in den einzelnen Schuldensektoren deutlich, sondern vor allem auch die Überentwicklung der Gesamtschulden gemessen an der Wirtschaftsleistung. So lag 1998 die Gesamtverschuldung der deutschen Volkswirtschaft bei 270 Prozent des BSP. In den USA hatte sie im gleichen Jahr bereits die Grenze von 300 Prozent überschritten.

Natürlich ist es etwas fragwürdig, eine sich ansammelnde Bestandsgröße wie die Schulden mit der sich jährlich erneuernden Flussgröße des Sozialprodukts zu vergleichen. Wenn man jedoch bedenkt, dass aus diesem Sozialprodukt die überproportional wachsenden Schulden jedes

Darstellung 34:

Gesamtverschuldung in Relation zum BSP

Deutschland, 1950 bis 2000

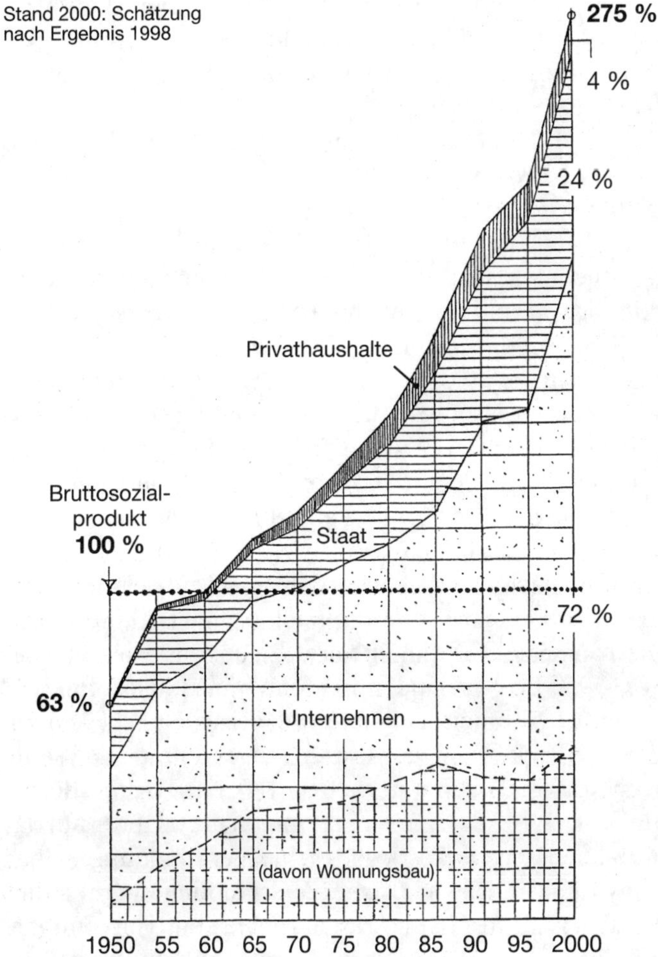

Quelle: Bundesbank

Jahr mit Zinsen bedient werden müssen, dann wird die enge Beziehung zwischen der Schulden- und der Leistungsgröße erkennbar.

Die aus der Tabelle hervorgehende Überentwicklung der Gesamt- und Einzelschulden gegenüber der Wirtschaftsleistung wird in der Darstellung 34 noch einmal grafisch umgesetzt, und zwar jeweils in Fünfjahresabständen und in Prozenten des BSP.

Während die Gesamtverschuldung in Deutschland 1950 noch bei 63 Prozent des BSP lag und 1975 fast 140 Prozent erreichte, wird sie Ende 2000 etwa bei 275 Prozent der Wirtschaftsleistung liegen. Aus den Sektorenmarkierungen lässt sich entnehmen, dass die Staatsverschuldung anfangs eher rückläufig war und die Zunahme erst ab 1970 einsetzte.

Bezogen wiederum auf die gesamte Schuldenmasse, liegt der Staatsanteil im Jahr 2000 mit etwa 24 Prozent sogar etwas niedriger als im Schnitt der letzten Jahre. Da die privaten Konsumentenschulden mit vier Prozent kaum zu Buche schlagen, liegt das Gros der Schulden auf dem Unternehmenssektor, in den allerdings auch die privaten Baukredite einbezogen sind.

Leichter nachvollziehbar wird die gesamte Schuldenproblematik, wenn man ihre Relationen einmal auf eine einzelne Person bezieht. Nehmen wir dazu an, dass ein Normalbürger 1950 Privatschulden in Höhe seines Jahreseinkommens hatte. Nehmen wir weiter an, dass sein Einkommen seitdem jedes Jahr um vier Prozent zugenommen hat, seine Verschuldung jedoch um sieben Prozent. Unter diesen Bedingungen ist sein Jahreseinkommen in 50 Jahren auf das rund Siebenfache angestiegen, seine Verschuldung jedoch auf das 29fache. Das heißt, die Verschuldung nimmt in der gesamten Zeit viermal so rasch zu wie sein Einkommen. Die Folge ist, dass dieser Normalbürger auch laufend überproportional steigende Zinsen tragen muss. Wenn er z. B.

bei einem Zinssatz von sechs Prozent im ersten Jahr ebenso viel Prozente seines Einkommens für die Bedienung seiner Schulden abzweigen musste, sind es nach 50 Jahren schon 24 Prozent, also ein Viertel seiner Einnahmen.

Es bedarf keiner Erklärung, dass eine solche Auseinanderentwicklung zwischen Einkommen und Schulden auf Dauer untragbar wird. Denn rechnerisch ist es nur eine Frage der Zeit, bis der Betroffene nur noch für die Schuldenzinsen arbeiten muss. Da er nicht von der Luft leben und schließlich alles Einkommen abgeben kann, bricht diese Auseinanderentwicklung bereits lange vorher zusammen.

Hat dieses Einzelbeispiel mit der Wirklichkeit zu tun?

Das vorbeschriebene Beispiel und die darin gewählten Größenrelationen entsprechen ziemlich genau der bundesdeutschen Wirklichkeit. Das zeigt sich, wenn man – wie in der Darstellung 35 geschehen – die Entwicklung der verfügbaren Einkommen mit dem auf jeden Erwerbstätigen rechnerisch entfallenden Anteil der Gesamtverschuldung vergleicht.

Wie die zusätzlich unter den Säulen eingetragenen nominellen DM-Beträge zeigen, sind in Deutschland die verfügbaren Einkommen je Erwerbstätigen in den 50 Jahren zwar nominell erheblich angestiegen, nämlich von 3 300 DM auf 71 300 DM pro Kopf und damit auf das 22fache. Die auf jeden entfallenden Schuldenbeträge nahmen jedoch gut viermal so schnell zu, nämlich von 3 300 DM auf 309 000 DM und damit auf das 94fache.

Rechnet man die Schuldenzinsen in Arbeitszeiten um, dann musste 1950 jeder Erwerbstätige etwa drei Wochen

Darstellung 35:

Relation zwischen Einkommen und Gesamtverschuldung

Je Erwerbstätigen in Deutschland

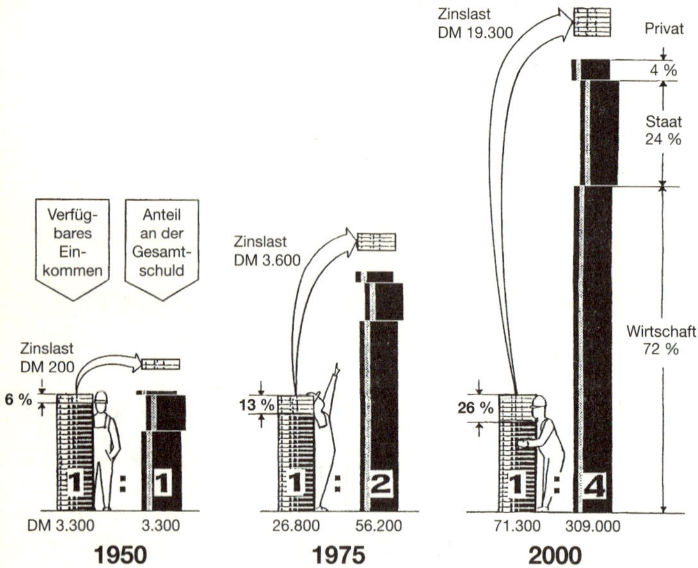

Quelle: Bundesbank – eigene Umrechnung

für diesen Posten arbeiten, 1970 waren es etwa sieben Wochen und 2000 rund 14 Wochen, also ein gutes Vierteljahr. Da mit den hier dargelegten Größen jedoch nur die schuldenbezogenen Zinsen erfasst sind, kommen in Wirklichkeit noch diejenigen für das schuldenfreie Sachkapital hinzu, deren Größenordnung den Statistiken allerdings nicht zu entnehmen ist. Zusammen mit der Verzinsung des wirtschaftlich eingesetzten Bodens dürften die hier angeführten Größen mindestens noch einmal um die Hälfte steigen.

Die in der Grafik dargelegten Zahlen und Säulenhöhen lassen schon optisch erkennen, dass die bisherige Entwicklung nicht mehr lange weitergehen kann. Irgendwann müssen entweder die arbeitenden Menschen unter der ständig steigenden Schuldendienstbelastung zusammenbrechen oder das im Übermaß wachsende monetäre System.

14. KAPITEL

Staatsverschuldungen

»Die Verschuldung der öffentlichen Hände beginnt zu einer wirklichen Bedrohung unseres Gemeinwesens zu werden. Das Vertrauen der Bevölkerung in die Fähigkeit, die immer weiter ausufernde Staatsverschuldung zu bändigen, ist praktisch geschwunden.«
*Kurt Biedenkopf**

Als Ronald Reagan Anfang 1981 Präsident der USA wurde, hat er den Bürgern die Schwere seines Amtes vor der Fernsehkamera demonstriert. Er zeigte ihnen ein Paket Dollarnoten im Wert von einer Million und verwies darauf, dass die gesamte Staatsverschuldung aufeinander getürmt eine Höhe von siebzig Kilometern habe. Als er acht Jahre später sein Amt verließ, hat er diese Show aus gutem Grund nicht wiederholt: Die aufeinander geschichteten Dollarnoten der Staatsschuld hatten nämlich inzwischen eine Höhe von über 200 Kilometern erreicht. Da von der gleichen Partei, musste sich sein Nachfolger Bush diese Demonstration natürlich verkneifen. Und dessen Nachfolger Clinton war so klug, sich nicht vorschnell festzulegen.

Zu dieser Schuldenentwicklung in den USA schrieb bereits am 6. Februar 1991 die deutsche Wirtschaftszeitung »Handelsblatt«:

* Ministerpräsident in Sachsen, »Die Welt«, 28. 11. 1989

»Als die Reagan-Bush-Administration 1981 antrat, um die »fiskalpolitische Verantwortungslosigkeit« der Demokraten zu beenden und den Haushalt bis 1984 auszugleichen, hatten alle Präsidenten seit George Washington insgesamt Staatsschulden in Höhe von 925 Milliarden Dollar aufgehäuft. Sie haben sich seither in etwa vervierfacht, und mit rund 200 Milliarden liegt der Netto-Zinsaufwand pro Jahr mittlerweile fast so hoch wie die gesamten Kosten des Staatsbetriebs ohne Militär und Transferzahlungen.«

Rechnet man den Zuwachs der öffentlichen Schulden in den USA einmal auf die 80er Jahre um, dann lag die Zunahme p.a. bei rund 300 Mrd. Dollar, pro Banktag also bei 1,25 Mrd. Alleine von der staatlichen Schuldenverwaltung mussten also täglich Kreditausweitungen in dieser Größenordnung geordert werden, und zwar zusätzlich zu der noch größeren Nachfrage durch Unternehmen und Privathaushalte. Und da in den USA diesem steigenden Kreditbedarf keine ausreichenden Ersparnisse gegenüberstanden, musste man die benötigten Mittel zunehmend im Ausland aufnehmen, vor allem in Ländern wie Japan, die über hohe Ersparnisbildungen verfügten. Die öffentlichen Haushalte in den Vereinigten Staaten leben also nicht nur über ihre Verhältnisse, sie müssen auch noch jedes Jahr höhere Zinszahlungen an ausländische Gläubiger leisten. Das aber ist mit entsprechenden Reichtumsabflüssen aus den USA verbunden. Verhindern könnten die USA diesen Abfluss nur, wenn sie im Umfang der wachsenden Auslandsverschuldung ihre Exportüberschüsse steigern würden. In Wirklichkeit aber werden die Folgen der Überschuldung noch durch ein Außenhandelsdefizit verschärft.

Was die Eskalationen der Staatsverschuldung betrifft, so sieht es in den übrigen Industrienationen nicht viel anders aus. Auch was die Reaktionen der Politiker auf den jeweils übernommenen Schuldenstand betrifft. So hat auch der deutsche Bundeskanzler Helmut Kohl in seiner Regierungserklärung am 13. 10. 1982 laut geklagt:

> »Ende dieses Jahres wird sich der Schuldenstand des Bundes auf über 300 Milliarden DM erhöhen; bei Bund, Ländern und Gemeinden zusammengenommen auf über 600 Milliarden DM; mit Bahn und Post zusammen addiert auf rund 700 Milliarden DM. Allein der Zinsendienst der öffentlichen Hand wird Ende dieses Jahres rund 60 Milliarden DM betragen ... Die Neuverschuldung reicht kaum noch aus, um die jährliche Zinslast zu bezahlen.«

Liest man den letzten Satz, dann hätte man eigentlich schon damals stutzig werden müssen. Denn er besagt genau das, was die Geld gebenden Industrienationen den überschuldeten Entwicklungsländern seit 1981 ständig vorgeworfen haben, nämlich die Bedienung der vorhandenen Schulden durch die Aufnahme neuer. Und hätte Kohl – ähnlich wie Reagan – die Schulden mit Geldscheinbündeln von 1 000-DM-Noten demonstriert, dann wäre in seiner Regierungszeit von 16 Jahren die Säule sogar von 70 auf 230 km Höhe angewachsen. Dies zeigt auch die Darstellung 36, in der die Entwicklung der gesamten öffentlichen Verschuldungen in Deutschland von 1970 bis 1998 wiedergegeben ist – im Vergleich mit den gesamten Staatseinnahmen.

Wie daraus ersichtlich, nahmen Anfang der 70er Jahre die Schulden noch im Gleichschritt mit der Wirtschaftsleistung zu. Ab 1974 aber ging die Schere zwischen beiden Größen immer mehr auseinander und der einst so fette Bundesadler droht immer mehr zu einem Pleitegeier zu verkommen. Dies zeichnet sich auch deutlich ab, wenn man – wie in

Darstellung 36:

Entwicklung der öffentlichen Einnahmen und Schulden Deutschland 1970 bis 2000

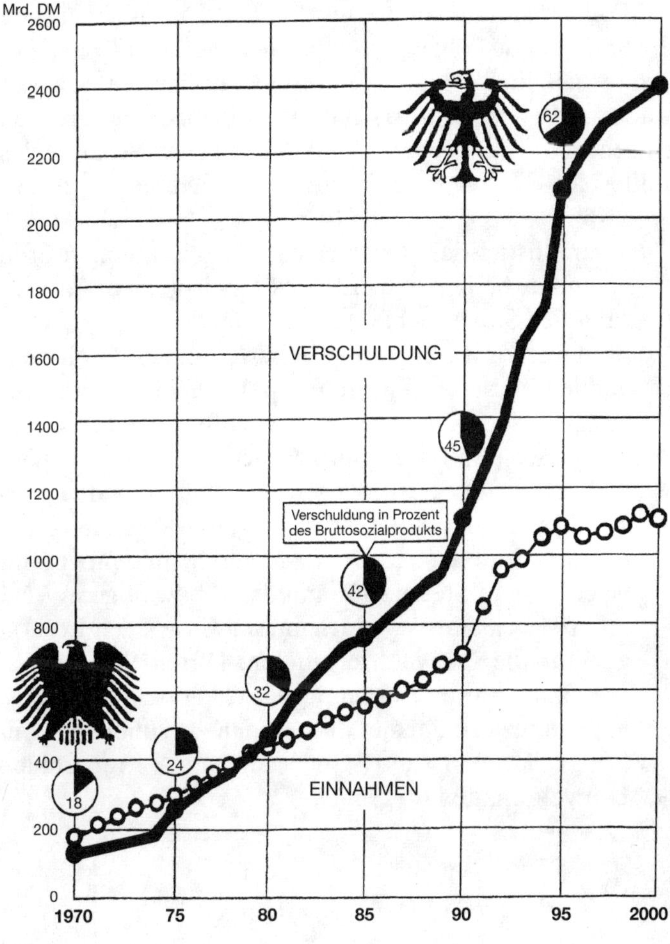

Quelle: Bundesbank

den Kreissegmenten – die öffentlichen Schulden an der Wirtschaftsleistung misst.

Diese ausufernde Staatsverschuldung ist jedoch keinesfalls nur eine Frage der Belastung des Staatshaushalts oder der schwindenden Bewegungs- und Gestaltungsfreiheit von Politikern und Regierungen. Sie hat auch andere schwer wiegende Folgen, die meist nicht genügend beachtet werden, z. B. im ökologischen Bereich. Darauf hat u. a. der Bundes-Arbeitskreis Wirtschaft und Finanzen des größten deutschen Umweltverbandes, BUND, in einer Analyse des Bundeshaushaltsplans 1992 einmal hingewiesen:

> »Der Anstieg der Staatsverschuldung ist aus mehreren Gründen bedenklich. Erstens bewirkt eine Ausweitung der Staatsnachfrage grundsätzlich eine Zurückdrängung privater Investitionen bedingt durch steigende Zinssätze. Zweitens sinkt die Flexibilität der Haushaltspolitik, da ein immer größerer Teil für Zinszahlungen und Tilgung aufgebracht werden muss. Und drittens ist der Staat wegen der zunehmenden Verschuldung gezwungen, an seiner an Wachstum orientierten Politik festzuhalten, um den Schuldenberg mit wachsendem Steueraufkommen zu bewältigen. Wirtschaftswachstum ist jedoch mit schwer wiegenden Folgen für die Umwelt verbunden. Durch Wirtschaftswachstum werden erhebliche ökologische Folgekosten produziert, die die Mehreinnahmen überkompensieren können und gleichzeitig zu irreparablen Umweltschäden führen.«

Warum sind Staatsverschuldungen besonders folgenschwer?

Wer einen Kredit aufnimmt, schafft damit normalerweise Dauerwerte, mit deren Hilfe er den Kredit mit Zinsen bedienen und eines Tages zurückzahlen kann. Diese Dauerwerte, z.B. Gebäude oder Produktionsanlagen, dienen gleichzeitig der Absicherung des Geldgebers bzw. der geldgebenden Bank. Denn notfalls, wenn der Schuldner zahlungsunfähig ist, kann der Kreditgeber auf diese Werte zurückgreifen. Natürlich ist diese Absicherung selbst bei Immobilien keine volle Garantie. Denn werden viele Schuldner zeitgleich zahlungsunfähig, kann aufgrund des Überangebots an Objekten der Tageswert unter die Verschuldungshöhe fallen. So gingen beispielsweise die Immobilienpreise in Großbritannien von 1988 bis 1991 um 25 Prozent zurück, weil aufgrund der Rezession Zehntausende von Häusern versteigert werden mussten.

Bei Staatsverschuldungen ist die Lage, zumindest anfangs, günstiger. Staaten sind die einzigen Schuldner, die eine dauernd sprudelnde Geldquelle haben, auf die sie nach Bedarf zurückgreifen können, nämlich den Steuerzahler. Wie fragwürdig allerdings auch diese Quelle werden kann, zeigt uns die Geschichte. Zu diesen Sackgassenentwicklungen, aus denen auch ein Staat sich nicht mehr herausmogeln kann, kommt es schneller, als man denkt. Vor allem, wenn verantwortungslose Politiker im Hinblick auf Wahlen (und solche stehen immer an!) lieber neue Schulden machen, als an das Portemonnaie der Bürger heranzutreten. Dass es diese Probleme nicht erst seit unseren Tagen gibt, zeigen die Zitate aus den vergangenen Jahrhunderten in dem separaten Kasten J. Selbst die Deutsche Bundesbank äußerte schon vor Jahren mit vorsichtigen Worten ihre Sorge:

> »Der durch Wahltermine ›verkürzte Zeithorizont‹ und die mangelnde politische Repräsentanz künftiger Generationen sind zwei der Hauptfaktoren, die in der Demokratie eine ... Tendenz zur überhöhten Staatsverschuldung bewirken.«

So Prof. Dr. Otmar Issing in einem Vortrag in Innsbruck, am 6. 3. 1992.

Was bei öffentlichen Schulden als Sicherheit für die Geldgeber verbleibt, sind zwar auch überwiegend Dauerwerte. Aber was können Gläubiger mit den Dauerwerten des Staates anfangen? Zum Beispiel mit einer Turnhalle oder einem Stück Autobahn? Mit einer Kaserne, Kanone oder Kläranlage?

Kasten J: – Aussagen zur Staatsverschuldung

»Wenn Staatsschulden einmal bis zu einem gewissen Grad angehäuft sind, so lässt sich, glaube ich, kaum ein einziges Beispiel für ihre richtige und vollständige Bezahlung anführen.«

Adam Smith, 1776

»Es leuchtet ein, wo mit der Anleihe nicht gleichzeitig eine Steuererhöhung stattfindet, kann der Zins der gemachten Anleihe nur noch durch neue Anleihen gedeckt werden.«

Lorenz von Stein, 1860

»Nichts ist richtiger, als dass jeder Staat, der immerfort borgt, der nie die vorher gemachten Schulden abzahlt, endlich untergehen muss.«

Karl August von Struensee, 1800

So pünktlich und zuverlässig die staatlichen Schuldenmacher auch über Jahre und Jahrzehnte hinweg die Zinsen zahlen mögen: An irgendeiner Stelle platzt einmal der immer weiter aufgeblasene Schuldenballon, mit oder ohne Revolution und Bürgerkrieg. Und was dann die Gläubiger noch zurückerhalten, bzw. was durch die letzte Notbremse des Staates, nämlich die inflationäre Entwertung des Geldes und damit aller Ansprüche, von ihren ganzen Ersparnissen noch übrig bleibt, wissen wir aus der Geschichte.

Was ist mit der Staatsverschuldung in den Industrienationen?

Zieht man zur Beantwortung dieser Frage einmal die so genannten G7-Länder heran und drückt deren öffentliche Verschuldungen in Prozenten des jeweiligen Sozialprodukts aus, dann ergibt sich für den Zeitraum 1975 bis 1995 das in der Darstellung 37 wiedergegebene Entwicklungsbild.

Wegen der besseren Übersicht wurden die sieben Länder auf zwei Grafiken verteilt und in der linken Grafik, neben den drei größten Industrienationen, auch die durchschnittliche Schuldenentwicklung der sieben Länder eingetragen. Der jeweilige Verschuldungsstand in den fünf Stichjahren, kann an der linken Skala abgelesen werden.

Was zuerst ins Auge springt, ist der Tatbestand, dass in sechs der sieben Länder die Verschuldungen in den 20 Jahren deutlich zugenommen haben, besonders stark in Italien, Kanada und Japan. Wie aus den jeweils eingetragenen Zunahme-Prozentwerten neben den Länderbezeichnungen zu entnehmen, schneiden die USA und Deutschland insgesamt noch am besten ab. Letzteres ist umso erstaunlicher, als Deutschland die nicht unerheblichen Kosten der Wiedervereinigung zu verkraften hatte.

Darstellung 37:

G7-Länder, Entwicklungen der öffentlichen Verschuldungen 1975 bis 1995

In Prozenten des jeweiligen Bruttoinlandsprodukts

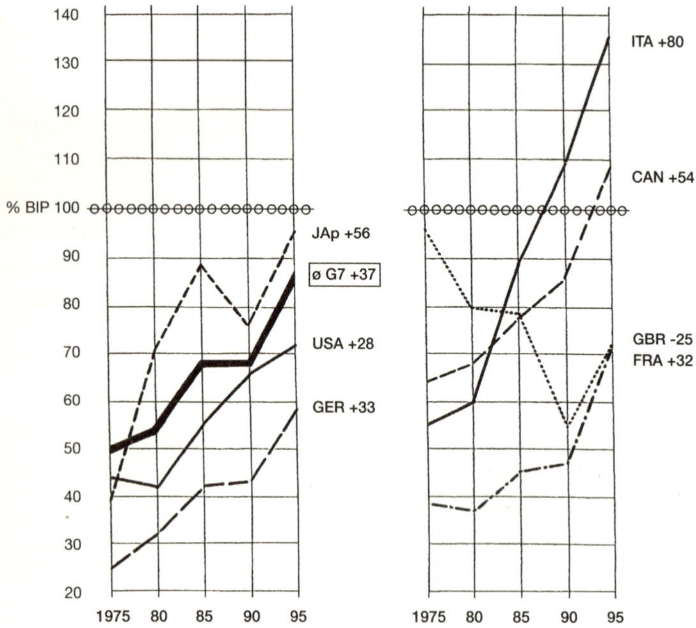

Quelle: Bundesbank

Als einziges Land konnte Großbritannien seine öffentlichen Schulden zwischen 1975 und 1990 relativ verringern. Allerdings z. T. mit fragwürdigen Methoden, wie dem Ausverkauf staatlicher Versorgungseinrichtungen, vor allem von Elektrizitäts- und Wasserwerken. Zum Teil wurde die Sanierung der öffentlichen Haushalte auch auf Kosten der sozial schwachen Bevölkerungsschichten durchgeführt. Nicht zuletzt als Folge dieser Maßnahmen sind für rund 30 Prozent der Briten die Realeinkommen in den letzten zehn Jahren stagniert bzw. abgesunken, und das trotz allgemeinen Wirtschaftswachstums.

Sicht man sich die Entwicklungsschübe in der Darstellung genauer an, dann fällt auf, dass sich der Schuldenanstieg in der zweiten und vierten Fünfjahresperiode jeweils beschleunigte. Das geht auch aus dem Durchschnittswert hervor. Diese schubartigen Zunahmen hängen jeweils mit den Hochzinsphasen Anfang der 80er und 90er Jahren zusammen, in deren Folge jeweils mit der Konjunktur auch die Staatseinnahmen zurückgingen, bei gleichzeitigem Anstieg der Sozialkosten. Als Ausweg verbleibt den Staaten dann oft nur noch die Ausweitung der Kreditaufnahmen.

... und in den Euroländern?

Wie hier die Schuldenhöhen auseinander liegen und wie sie sich von 1992 bis 1997 entwickelt haben, geht aus der Darstellung 38 hervor.

Bekanntlich wurde in den Maastricht-Kriterien für die Teilnahme an der gemeinsamen Währung u. a. eine Verschuldungsgrenze von 60 Prozent des BIP festgelegt. Deutlich wird aus der Darstellung, wie alle darüber liegenden Staaten versucht haben, zumindest ihre Verschuldungszunahmen abzubremsen bzw. sogar die Bestände etwas abzubauen. Am erfolgreichsten war damit Irland, das 1993 noch bei 96 Prozent lag und bis 1999 die Marke von 60 Prozent sogar unterschritt.

Darstellung 38:

Entwicklungen der öffentlichen Verschuldungen in den westeuropäischen Staaten, 1992–1997

In Prozenten des Bruttoinlandsprodukts

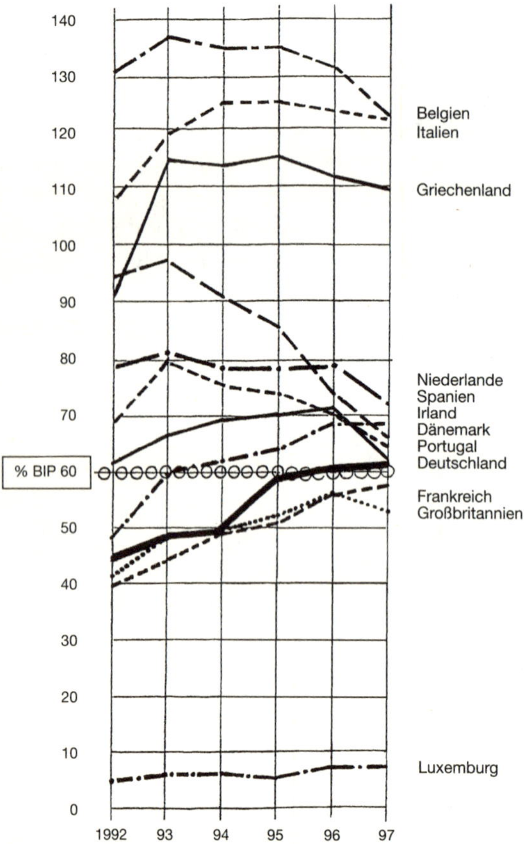

Quelle: Jahresgutachten 1995/96 – EWI 1997

Die Erfolge der drei Spitzenschuldner waren allerdings – wie kaum anders zu erwarten – höchst bescheiden. Selbst im Jahr 2000 lagen ihre Sätze noch über 100 bzw. 110 Prozent und man fragt sich, wie und bis wann sie das gesteckte Ziel eigentlich erreichen sollen. Dass Belgien und Italien trotz dieser signifikanten Zielüberschreitungen aufgenommen wurden und Griechenland wohl ebenfalls die gleiche Großzügigkeit erfahren wird, ist überraschend. Und wie lange sich die anderen Länder an die Zielgröße gebunden sehen, ist abzuwarten. Interessant ist jedenfalls, dass die Länder unterhalb der Marke die Zeit bis zum Eintritt nutzten, um noch etwas zuzulegen, wobei Spanien, 1992 noch bei 48 Prozent, sogar deutlich über das Ziel hinausschoss.

Wie war das mit der Verschuldung in Osteuropa?

Auch wenn die Vorgänge in den 80er Jahren bereits Geschichte sind, lohnt sich ein kurzer Rückblick. Das zumindest bezogen auf die Auslandsverschuldungen dieser Länder, die bei dem Zusammenbruch eine entscheidende Rolle gespielt haben dürften. In der Darstellung 39 sind die Entwicklungen dieser Auslandsschulden von 1980 bis 1989 in Milliarden Dollar wiedergegeben.

Wie erkennbar, war Polen der Spitzenreiter in Sachen Westverschuldung. Die so genannte Schuldenkrise brach auch nicht erst 1982 in Lateinamerika aus, sondern bereits 1981 mit der Zahlungsunfähigkeit dieses Landes. Rückblickend schrieb dazu das Handelsblatt am 14. 11. 1991:

> »Obgleich zahlungsunfähig und von den internationalen Kapitalmärkten verdrängt, stieg die polnische Auslandsverschuldung von 1981 bis 1990 von 26 auf 48

> Milliarden Dollar. Die Verdoppelung der Auslandsschuld resultierte ausschließlich aus der Nichtbezahlung fälliger Zinsen; es wurde kein einziger Dollar getilgt oder als Realkapital zur Stärkung der polnischen Exportwirtschaft importiert.«

In diesen wenigen Sätzen zeichnet sich das Schicksal eines Staates ab, der sich zur Bedienung seiner Schulden immer wieder neu verschulden muss. Dieses Hineingeraten in die Schuldenfalle dürfte auch den meisten anderen Ostblock-Staaten den Todesstoß gegeben haben.

Auffallend ist in der Grafik, dass die Verschuldungsentwicklung bei den meisten Staaten in der ersten Hälfte der 80er Jahre deutlich nach unten zeigt. Das mag mit der Zurückhaltung westlicher Banken zusammenhängen, diesen Ländern nach den Erfahrungen mit Polen weitere Kredite zu gewähren. Möglicherweise war es aber auch ein (vielleicht abgesprochener) letzter Versuch der Länder, sich aus den Fesseln westlicher Verschuldung zu befreien. Doch angesichts der maroden Wirtschaftsverhältnisse bestand dazu kaum eine Chance. Durchgehalten hat das allein Rumänien. Es konnte nach den RWG-Statistiken seine Schulden von nahe zehn Mrd. Dollar 1981 bis 1989 auf eine Milliarde herunterfahren. Aber unter welchen Opfern für die Bevölkerung: Regelmäßige Stromabschaltungen, Reduzierung der Fernheizung auf zehn Grad, Einschränkung der Versorgung, auch im Nahrungsmittelbereich, verbunden mit Billigstexporten in alle Welt, um Devisen zur Schuldentilgung ins Land zu holen.

Ohne dem Weltwährungsfond anzugehören, hat also Rumänien in extremer Weise jene Rezepte angewandt, die diese Institution im Allgemeinen den überschuldeten Entwicklungs- und Schwellenländern empfiehlt.

Darstellung 39:

Auslandsverschuldung der Ostblockstaaten/ 1980–1989

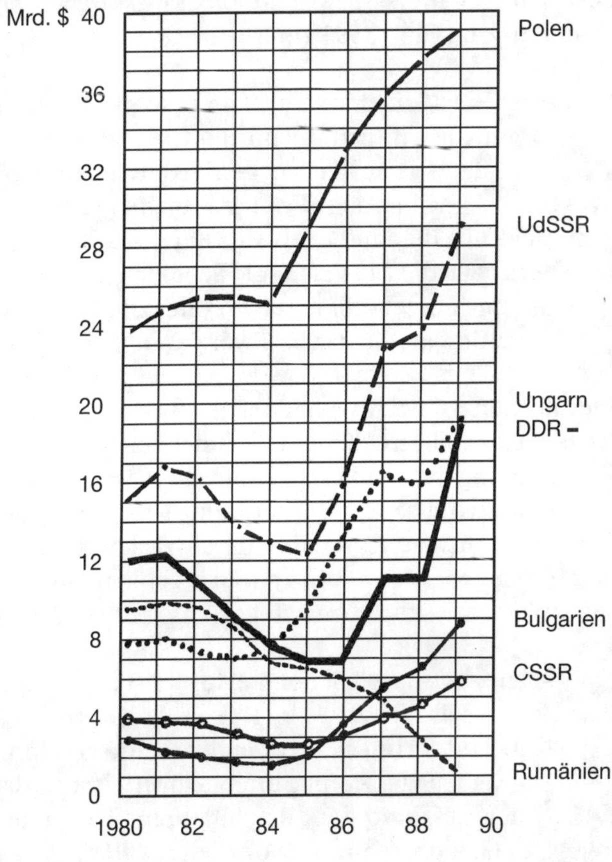

Quelle: RWG-Statistiken

Auch in der ehemaligen DDR wurde die Westverschuldung von 12 Milliarden Dollar Anfang der 80er Jahre auf knapp sieben Milliarden 1985 zurückgefahren, um anschließend in wenigen Jahren auf vorher nicht erreichte Größen hochzuschießen. Hier spielte sich im Prinzip das Gleiche ab wie in Polen. Das geht aus den Worten des ehemaligen DDR-Devisenbeschaffers Schalck-Golodkowski hervor, den »Die Zeit« am 11. 1. 1991 zitiert:

> »Der Präsident der Außenhandelsbank, Professor Polze, musste jährlich, allein um die Zahlungsfähigkeit des Staates zu sichern, neue Kredite in Höhe von fünf bis sechs Milliarden D-Mark aufnehmen. Wir hatten ja nicht nur die laufenden Einfuhren zu bezahlen, sondern auch die Zinsen für die Schulden und die Zurückzahlung aufgenommener Kredite. Uns haben die Zinsen erdrückt, die Zinslast war gewaltig.«

Den absolut wie relativ stärksten Anstieg der Westschulden hatte die damalige UdSSR zu verzeichnen. Über die damalige Situation in diesem Land mag ein Auszug aus der Börsenzeitung vom 25. 8. 1989 Auskunft geben, also noch vor dem eigentlichen Zusammenbruch des Ostblocks, auch wenn sich die darin erwähnten Problementwicklungen inzwischen mehrfach überschlagen haben:

> »Der Staatshaushalt der UdSSR weist nach Berechnungen des DIW 1989 ein Rekorddefizit von 100 Mrd. Rubel oder etwa 10 Prozent des Bruttosozialproduktes auf. Seine Finanzierung erfolgte überwiegend durch die Notenpresse, so dass die Inflation zugenommen hat. Der Geldüberhang wird offiziell auf 70 bis 80 Mrd. Rubel geschätzt, inoffiziell ist von der doppelten Summe die Rede. Die Auslandsverschuldung der UdSSR von 54 Mrd. Dollar und ihr Schuldendienst von 19 Mrd. Dollar im Jahr liegen erheblich höher, als angenommen.«

Wie glücklich wären die Regierenden in den GUS-Staaten, wenn diese Sätze heute noch Gültigkeit hätten! Das gilt vor allem für die Inflation, in deren Folge der Wert des Rubels schon 1992 auf 0,2 US-Cent abgesunken war, von den nachfolgend wiederholten so genannten Währungsreformen nicht zu reden, bei denen jeweils die Bevölkerung ihrer Ersparnisse enteignet wurde. Dass unter solchen Gegebenheiten nicht nur die Zahlungsunfähigkeit des Staates auf der Strecke bleibt, sondern auch die Arbeitsmoral und das ganze Wirtschafts- und Gesellschaftsgefüge zusammenbrechen, liegt auf der Hand.

15. KAPITEL

Unternehmensschulden, Privatschulden, Schuldenüberwindung

»Kreditfinanzierte Unternehmen machen meist erst andere kaputt, bevor sie selber dran sind.«
*Lothar Späth**

Vergleicht man anhand der deutschen Zahlen einmal die Verhältnisse im Unternehmenssektor, dann zeigt sich im Prinzip das gleiche Bild wie bei den Staaten: Die Schulden nehmen rascher zu als die Leistung, aus der sie alleine bedient werden können. Dies zeigt die Darstellung 40, in der die Verschuldungszunahme der westdeutschen Unternehmen mit ihrer Bruttowertschöpfung verglichen wird.

Während 1950 die Verschuldung der Unternehmen erst bei 50 Prozent ihrer jährlichen Wertschöpfungsgröße lag, hatte sie 1990 bereits 150 Prozent erreicht. Mit einem realen Anstieg auf das 19fache nahm die Verschuldung in den 40 Jahren genau dreimal so rasch zu wie die Unternehmensleistung, die real auf das 6,3fache gesteigert werden konnte. Die Folge dieser Schulden-Überentwicklung schlägt sich auch hier in immer größeren Zinsanteilen nieder, die aus dem wirtschaftlichen Ergebnis an die Geldgeber abzuführen sind. Dazu schrieb Carl Zimmerer bereits 1990 in Nr. 13 der Zeitschrift »Kreditwesen«:

---

* früherer Ministerpräsident von Baden-Württemberg, 1982

Darstellung 40:

Wertschöpfung der westdeutschen Produktionsunternehmen im Vergleich zur Verschuldung

1950 bis 1990 / in Preisen von 1985

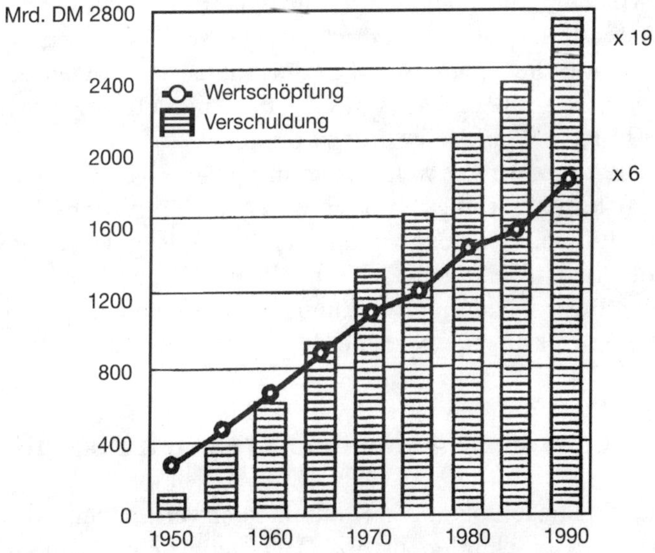

»Im Durchschnitt aller Wirtschaftsunternehmen wird jetzt mehr als ein Viertel des Cash-flow durch Zinsverpflichtungen aufgezehrt. Während der siebziger Jahre hatte sich die Quote noch in einer Spanne zwischen 8 und 13 Prozent bewegt, und selbst Mitte der achtziger Jahre hatte sie erst bei rund 15 Prozent gelegen. So ist es heute treffender als je zuvor, von einer »dept economy« – einer zu stark auf Verschuldung basierenden Volkswirtschaft – zu sprechen.«

Der Schweizer Werner Rosenberger, ehemaliger Präsident der Internationalen Vereinigung für Natürliche Wirtschaftsordnung (INWO), hat für unsere Epoche sogar den Begriff »Schuldenzeitalter« geprägt. Nach seiner Auffassung hat es noch nie in der Geschichte der Menschheit eine Verschuldung in dieser Größenordnung gegeben. Ursache dafür ist weniger die weltweite wirtschaftliche Verflechtung als vielmehr die Folge einer fünfzigjährigen Geldvermögenseskalation und des ständigen Wirtschaftswachstums, mit dem bisher – zumindest in den Industrienationen des Westens – größere ökonomische bzw. monetäre Zusammenbrüche vermieden werden konnten.

Allerdings wird es weltweit immer schwieriger, die Wirtschaftsleistung wenigstens halbwegs dem Tempo der Überschuldungsentwicklung anzupassen, und das nicht nur aus ökologischen Gründen. Es bleibt also die Frage, ob und wie lange diese Scherenentwicklung noch ausgehalten bzw. einer Korrektur zugeführt werden kann.

Konsumentenschulden – ein Kredit mit Zukunft?

Wie in den nachfolgenden Kapiteln noch verdeutlicht wird, müssen die Schulden in der Welt im gleichen Umfang zunehmen wie die Ersparnisse. Dabei ist es gleichgültig, wer diese Schulden letzten Endes macht. Da wir die zunehmende Überschuldung im öffentlichen und unternehmerischen Sektor bereits festgestellt haben und die sich hier abzeichnenden Grenzen, bleibt eigentlich nur noch der Sektor der privaten Haushalte übrig.

Wie die Entwicklungen auf diesem Sektor aussehen, zeigt der Vergleich der privaten Verschuldungsentwicklung in der Darstellung 41, dem wieder die Gegebenheiten in den G7-Ländern zugrunde liegen. Dabei sind hier die

Darstellung 41:

G7-Länder, Verschuldung der Privathaushalte

in Prozenten des Bruttoinlandsprodukts, 1975–1995

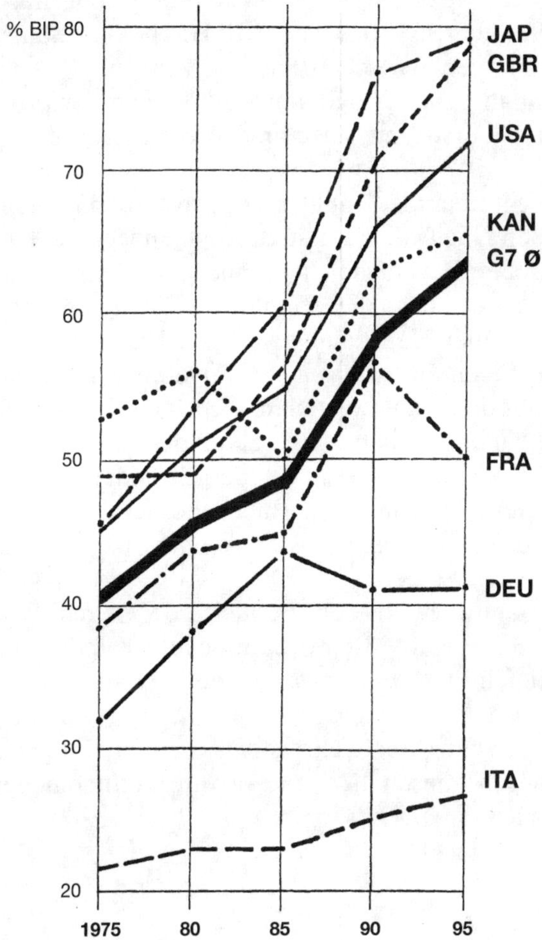

Quelle: Bundesbank

gesamten privaten Schulden erfasst, also diejenigen, die für Konsumzwecke aufgenommen wurden wie solche für Zwecke des Wohnungsbaus bzw. -erwerbs.

Wie aus der Darstellung hervorgeht, lagen die privaten Schulden in Japan, USA, Kanada und Großbritannien bereits 1995 über 75 Prozent des BIP. Das heißt, sie entsprachen bereits der Wirtschaftsleistung von drei Quartalen. Gemessen an dem verfügbaren Einkommen der privaten Haushalte überstiegen sie damals bereits den Jahresertrag.

Vergleicht man die Schulden der privaten mit jenen der öffentlichen Haushalte (Darst. 37), dann liegen die Durchschnittsgrößen fast auf gleicher Höhe. Allerdings ist hier zu berücksichtigen, dass die öffentlichen Schulden von der Gesamtheit aller Haushalte bzw. Erwerbstätigen gemeinsam zu bedienen sind, während die privaten Schuldenlasten sich nur auf diejenigen verteilen, die selbst Kredite aufgenommen haben. Das aber ist – zumindest in den meisten europäischen Staaten – bislang nur eine Minderheit. Umgelegt auf diese verschuldeten Haushalte liegen die Lasten also deutlich über den Jahreseinkommen bzw. z. T. beim Mehrfachen derselben.

Interessant ist bei diesem Vergleich der beiden Schuldnergruppen, dass die öffentlichen Schulden in den hochzinsbedingten Flautezeiten der ersten 80er und 90er Jahre jeweils beschleunigt anstiegen, während das bei den privaten Schulden eher umgekehrt ist. Das heißt, bei steigenden bzw. höheren Zinsen lässt die private Aufnahmebereitschaft für Kredite nach.

Welche Folgen hat der Kauf auf Pump?

Während mit dem Bau oder Kauf eines Hauses ein notfalls veräußerbarer Gegenwert für den aufgenommenen Kredit geschaffen wird, besteht die Deckung von Konsumentenschulden praktisch nur aus dem laufenden Einkommen des Kreditnehmers. Bis zu einer gewissen Höhe sind jedoch auch solche Kreditaufnahmen für Konsumzwecke sicherlich problemlos, solange sie in einem gesunden Verhältnis zum Einkommen stehen. Kritisch wird es aber, wenn zu ihrer Bedienung die laufenden Einkünfte nicht mehr reichen und die entstehenden Zinslöcher mit neuen Schulden geschlossen werden müssen. Das mag in vielen Fällen das Resultat leichtfertiger Ausgaben sein. Meist jedoch ist es die Folge plötzlicher Einkommensrückgänge durch Arbeitslosigkeit, Krankheit oder unvorhergesehener anderer finanzieller Belastungen. Obwohl die Anzahl der Haushalte mit Konsumentenschulden in Deutschland z. B. nur bei etwa zwölf bis fünfzehn Millionen liegt, gelten bereits 2,5 Millionen – also jeder sechste – als überschuldet. Darunter sind besonders viele junge Familien und Alleinerziehende.

Da in unseren Gesellschaften, auch in den reichen Industrienationen, Kinder fast immer zu einem deutlichen Engpass bei den Familieneinkommen führen, versuchen allzu viele, diesen plötzlichen Einkommensrückgang durch Kreditaufnahmen auszugleichen. Der überall präsente Lebensstandard der Kinderlosen (die sich später ihre Rente von den Kindern der anderen verdienen lassen!) verführt zusätzlich zu dieser Flucht in die Verschuldung. Denn wer möchte in unseren Prestigegesellschaften schon seinen sozialen Abstieg sichtbar werden lassen!

Wie so ein Abstieg abläuft, konnte man in einem Zeitungsbericht aus dem Jahr 1990 lesen:

> »Am Anfang stand ein Kredit von 10 000 Mark. Bei der Rückzahlung gab es Schwierigkeiten. Der Kreditvertrag wird gekündigt, hohe Verzugszinsen werden fällig, Bearbeitungsgebühren, Pfändungskosten usw. Neue Kredite zum Tilgen der Zinsen und des alten Darlehens werden aufgenommen. Am Ende die gleichen Schwierigkeiten – ein Teufelskreis.
>
> Zehn Jahre später hat der Kreditnehmer zwar insgesamt 10 000 Mark zurückgezahlt, blickt aber auf einen noch abzutragenden Schuldenberg von gut 32 000 Mark. Aus anfangs 10 000 Mark, die man einmal ausgeben konnte, ist eine Belastung von 42 000 Mark herangewachsen.«

Was den auf diese Weise Überschuldeten oft bleibt, ist weniger als die Sozialhilfe. Alles andere wird gleich vom Lohn gepfändet. Das Interesse an jeder Arbeit erlischt. Der weitere Abstieg ist in vielen Fällen vorgezeichnet: Zerrüttete Ehen, Alkohol, Drogen oder gar Kriminalität. Opfer sind in den meisten Fällen die Kinder. Die in fast aller Welt zunehmenden Zahlen obdachloser Jugendlicher hängen sicherlich nicht zuletzt mit diesen Abstiegen in Armut und Verschuldung zusammen. Hans Tietmeyer, der vormalige Präsident der Deutschen Bundesbank, hat 1991 dazu angemerkt:

> »Ein wichtiger Faktor für das Konsumverhalten scheint auch die Verführung zum Gegenwartskonsum zu sein... Gleichzeitig erweckt die Kreditwerbung den Eindruck zusätzlicher Ausgabenspielräume. Dieser Eindruck wird wohl auch unterstützt durch die zunehmende Verbreitung bargeldloser Zahlungssysteme, welche den Zugang zu Krediten erleichtert und erweitert haben.«

Kann man die Überschuldung überwinden?

Dass ständig zunehmende Verschuldungen, die rascher als die Wirtschaftsleistung wachsen, auf Dauer zum Zusammenbruch der Gesellschaft führen müssen, liegt auf der Hand. Das vor allem, wenn man an die Zinslasten denkt. Natürlich ist – wie allzu oft gehabt – auch eine ›Lösung‹ des Problems über eine entsprechend hohe Geldinflationierung möglich: Die Schuldner können sich dann mit wertlosem Geld der Verpflichtungen entledigen, auf Kosten der Geldgeber, die auf diese Weise ihrer Ersparnisse beraubt werden. Aber diese Art der Entschuldung, auf die vor allem überschuldete Staaten zurückgreifen, endet erfahrungsgemäß ebenfalls in einem Zusammenbruch. Entkommen kann man der ganzen Misere nur durch einen Abbau der Schulden. Aber das ist graue Theorie.

Um beispielsweise nur die öffentliche Verschuldung in Deutschland auf Null zu bringen, müsste der Staat jedem Bürger, vom Baby bis zum Greis fast 30 000 DM aus der Tasche ziehen. Dieser Weg würde uns zwar billiger kommen als das Stehenlassen der Schulden, ist aber kaum praktikabel.

Selbst wenn sich alle Arbeitleistenden in Deutschland verpflichten würden, ohne Lohnerhöhung jede Woche zehn Stunden zusätzlich zu arbeiten, um damit dem Staat im Jahr 500 oder 600 Milliarden für Zusatztilgungen zukommen zu lassen, wäre eine solche Lösung nicht realisierbar. Denn das würde erfordern, dass jene Leute, die mangels Verwendungsmöglichkeit über Jahrzehnte Geld angesammelt und an den Staat verliehen haben, dieses Geld für diese zusätzlichen Leistungen auch ausgeben.

Lassen sie das vom Staat zurückgezahlte Geld aber weiter bei den Banken stehen, müssen diese versuchen, neue Schuldner für diese Geldersparnisse zu finden. Das heißt jedoch, die Staatsverschuldung würde zwar verschwinden, aber dafür müssten an anderer Stelle – wo auch immer – neue Schulden in gleicher Höhe gemacht werden.

Eine wirkliche Reduzierung der öffentlichen Verschuldung wäre nur möglich, wenn der Staat alle Geldvermögen mit einer Sondersteuer in Höhe der staatlichen Zins- und Tilgungszahlungen belasten würde. Das heißt, er müsste einen entsprechenden Anteil der Gesamtersparnisse bzw. deren Zuwächse gewissermaßen konfiszieren. Diese ›eleganteste‹ Lösung, die man mit Freibeträgen für die kleinen Sparer garnieren könnte, dürfte in einem Rechtsstaat jedoch schwerlich umzusetzen sein. Und da sich Politiker sehr schwer tun, wenigstens die Neuverschuldung durch höhere Steuern oder Ausgabenreduzierungen des Staates abzufangen, bleibt uns nur der bittere Marsch in die weitere Überschuldung. Denn ohne Korrektur unseres heutigen Geldsystems werden die Geldvermögen weiter eskalieren und damit die Volkswirtschaften zu immer größeren Verschuldungen zwingen.

Verringern sich die Schulden durch Zahlungsunfähigkeiten?

Kann jemand seinem Nachbarn einen Kredit nicht zurückzahlen und verzichtet dieser großzügig darauf, dann verschwindet selbstverständlich mit der Schuld auch eine gleich hohe Forderung aus der Welt. Diese gleichzeitige ›Vernichtung‹ von Forderungen und Schulden war früher bei den Direktvergaben von Krediten die Regel: Gleichgültig, ob an einen Privatmenschen oder ein Unternehmen verliehen, musste der Geldgeber seine Ansprüche bei der Zahlungsunfähigkeit des Schuldners meist in den Schornstein schreiben.

Mit dieser gleichzeitigen Vernichtung von Geldschulden und Geldvermögen wurde ungewollt erreicht, dass beide Größen ›nicht in den Himmel‹ wuchsen. Überschuldungsentwicklungen in den heutigen Größenordnungen kamen also kaum zustande. Vielmehr regulierte sich auf diese Weise der Markt gewissermaßen selbst, wenn auch für den Einzelnen oft auf brutale Weise. Das aber ist heute bei der allgemeinen staatlich sanktionierten Eigentumsgarantie und vor allem bei den bankvermittelten Krediten anders: Muss eine Bank auf eine Forderung verzichten, dann merkt der Sparer davon nichts. Auch bei großen Verlusten hat bislang noch keine Bank die Einlegerguthaben zum Ausgleich gekürzt. Selbst dann nicht, wenn die Verluste, wie beispielsweise bei den Schulden der Dritten Welt oder den Pleiten großer Unternehmen, Milliardenhöhen erreichen. Solche ausgleichenden Kürzungen der Einlagen sind den Banken nicht gestattet. Ihnen bleibt also nur der Weg, die Verluste anderweitig auszugleichen. Das geschieht vor allem durch bankinterne Rückversicherungen. Aber auch durch entsprechend höhere Risikoaufschläge, die in unsicherer werdenden Zeiten zunehmend in die Zinsmargen eingerechnet werden. Das heißt, die gesamten Kreditkunden, auch die pflichtbewußten pünktlichen Zahler, werden entsprechend höher belastet.

Rund die Hälfte dieser Verluste zahlt im Übrigen in den meisten Ländern jeweils der Steuerzahler. Denn die Banken können ihre abgeschriebenen Forderungen von den zu versteuernden Einkommen absetzen, auch wenn Missmanagement oder Leichtfertigkeit der Banker die Verlustursache sind. Statt diejenigen zur Kasse zu bitten, die seit Jahren über die Zinserträge von den Krediten profitieren (und möglicherweise durch diese Zinsen den Kreditnehmer in den Ruin getrieben haben!), zahlt die Allgemeinheit die Zeche.

Lässt sich das Schuldenproblem durch Tilgungen lösen?

Selbstverständlich kann jede einzelne Schuld durch Rückzahlung aus der Welt geschafft werden. Versilbert beispielsweise ein privater Schuldner sein Hab und Gut und trägt die Einnahme zur Bank, dann ist er seine Schulden los. Würden allerdings alle privaten Schuldner das versuchen, ginge der Preis für Häuser, Hausrat und gebrauchte Autos so in den Keller, dass die Schulden nur noch zu einem Bruchteil abgetragen werden könnten. Außerdem kämen die Banken in die größten Schwierigkeiten. Sie müssten nämlich für die zurückgezahlten Milliarden schnellstens neue Schuldner finden. Das gilt z. B. auch für die Sondertilgung, die der deutsche Finanzminister mit der 98-Mrd.-DM-Einnahme aus der UMTS-Versteigerung vornehmen will. Hier haben es die Banken relativ einfach, weil die Mobilfunk-Unternehmen den Kauf der Funklizenzen weitgehend in gleicher Höhe mit Kreditaufnahmen bei den Banken finanzieren müssen.

Die Banken brauchen diese neuen Schuldner alleine schon, um ihren laufenden Zinszahlungs-Verpflichtungen gegenüber den Guthabenbesitzern nachkommen zu können. Und da diese Zinsgutschriften die bereits vorhandenen Ersparnisse laufend erhöhen, bleibt die Gesamtverschuldung nicht nur erhalten, sondern sie steigt zwangsläufig weiter an.

Diese Kreditgewährung aus den anwachsenden Geldersparnissen ist jedoch nicht nur wegen der Zinszahlungen an die Sparer erforderlich. Sie ist auch erforderlich – und das ist ein ganz entscheidender Grund für die zunehmenden monetären Miseren –, um die sich sonst bei den Banken ansammelnden Geldüberschüsse wieder in die Nachfrage zurückzuführen. Denn ohne diese Rückführung würden sich Nachfrageunterbrechungen im Wirtschaftskreislauf ergeben, mit schweren Folgen für Konjunktur und Geldwert.

Das heißt, mit dem Anwachsen der Ersparnisse sind nicht nur immer größere Kredite möglich, sondern erforderlich. Die Folge ist, dass mit den wachsenden Geld-Ersparnissen in jeder Volkswirtschaft und Gesellschaft auch der Zwang zu einer wachsenden Verschuldung verbunden ist.

Der deutsche Wirtschaftsprofessor Rüdiger Pohl, über viele Jahre Mitglied des Sachverständigen-Gremiums, das die Bundesregierung berät, hat das in einer Veröffentlichung in der »Zeit« vom 11. 12. 1987 deutlich gemacht:

> »Wohlgemerkt: Staatliche Kreditaufnahme ist kein Selbstzweck. Aber wenn – wie heute in der Bundesrepublik – das Kapitalangebot aus privaten Ersparnissen steigt, gleichzeitig die Kapitalnachfrage ... der Unternehmen wegen der schwachen Investitionsneigung gering bleibt, dann muss der Staat das am Markt entstehende Kapitalüberangebot aufnehmen, weil anderenfalls eine deflationäre Wirtschaftsentwicklung einsetzen würde.«

Selbstverständlich sollte der Staat nach Möglichkeit ganz auf Kreditnachfrage verzichten, da dieser Finanzierungsweg – auch für die sozialste Maßnahme – langfristig immer der unsozialste ist. Denn mit jedem Kredit werden die bereits Reichen auf Kosten der anderen noch reicher. Aber wie das Zitat zeigt, kann der Staat in bestimmten Situationen, die Folge unserer geldbezogenen Fehlstrukturen sind, zur Schuldenaufnahme geradezu gezwungen sein. Denn das Risiko eines deflationären Konjunktureinbruchs ist so groß, dass daneben eine höhere Verschuldung nur als kleineres Übel erscheint. Und wie schwer es ist, eine einmal ins Stocken geratene Wirtschaft wieder in Gang zu bringen, haben wir in den letzten Jahren in Japan erleben müssen.

16. Kapitel

Überentwicklung der Geldvermögen

»Es sind gar nicht primär Konsum- und Gewinnsucht, die den Kapitalismus rastlos vorwärtstreiben, sondern die durch Zins und Zinseszins lawinenartig wachsenden Geldvermögen und ein unerbittlicher Zwang, unter dem die Schuldner stehen, nämlich mit jeder Produktion auch den Zins erwirtschaften zu müssen.«
*Josef Hüwe**

Der Begriff Geldvermögen ist verbunden mit der Vorstellung von Reichtum und Wohlstand. Man denkt dabei an Truhen voller Geldstücke oder Tresore voller Geldscheinbündel. Zum Geldvermögen gehören aber nicht nur solche Bargeldbestände, sondern auch die Ansprüche auf Rückerhalt von Geld, das man anderen geliehen hat. Dabei spielt es keine Rolle, ob diese Geldüberlassungen länger- oder kurzfristig getätigt sind, ob an einen Nachbarn oder eine Bank.

Unter Geldvermögen versteht man also die Summe von Geld und Geldguthaben. Trotz dieser üblichen Zusammenfassung muss man jedoch zwischen beiden Bestandteilen präzise unterscheiden. Denn Geld ist immer das Primäre, die Voraussetzung dafür, dass man Geld überhaupt verlei-

* Wirtschaftspublizist, »Zinswirtschaft heute – Zum veränderten Erscheinungsbild des Kapitalismus«, Nov. 1991

hen und somit Geldguthaben erwerben kann. Außerdem kann das Geld und damit die Geldmenge nur von der dafür zuständigen Notenbank vermehrt werden, die Geldguthaben jedoch von jedem Wirtschaftsteilnehmer. Und sowenig die Guthaben durch die Vermehrung der Geldmenge zunehmen, so wenig nimmt die Geldmenge durch die Vermehrung der Guthaben zu. Auch die Auswirkungen der jeweiligen Vermehrungen sind völlig unterschiedlich. So führt die Übervermehrung der Geldmenge zur Inflation, die der Guthaben zur Überschuldung.

Wie setzen sich Geldvermögen zusammen?

Welche Posten unter dem Begriff Geldvermögen üblicherweise erfasst werden, geht aus der Darstellung 42 hervor. Ausgehend von den Veröffentlichungen der Bundesbank, sind darin die deutschen Geldvermögen des Jahres 1998, die damals bei 9 492 Mrd. DM lagen, in Milliardenbeträgen wiedergegeben und aufgeschlüsselt:

Auf der Basis einer Bargeldmenge von 242 Mrd. DM, baut sich also ein vielmals größeres Geldvermögen auf, zu dem sogar die Aktien gezählt werden. Sicher ist das für viele Leser überraschend, denn Aktien sind weder Geld noch ein Anspruch auf Rückerhalt von Geld. Sie dokumentieren vielmehr die Beteiligung an einem Unternehmen, also an Sachvermögen, in das man sich eingekauft hat. Die offizielle Begründung für die Einbeziehung der Aktien in die Geldvermögen ist, dass diese ähnlich wie Wertpapiere gehandelt und leicht in Geld umgewandelt werden können. Diese Begründung ist sachlich höchst fragwürdig. Denn diese Möglichkeit zur Rückverwandlung in Geld trifft ebenso auf Gold, Edelsteine und letztlich sogar auf alle Handelsgüter zu. Sogar die jeden Morgen neu gebackenen

Darstellung 42:

Zusammensetzung der Geldvermögen nach Anlagearten

Stand 1998 in Mrd. DM

Aktien	1.557	16 %
Sonstige Forderungen	1.669	18 %
Geldanlagen in Wertpapieren	1.646	17 %
Versicherungseinlagen	1.081	11 %
Einlagen bei Banken und Bausparkassen	3.297	35 %
Bargeld	242	3 %
Gesamte Geldvermögen	9.492	100 %

Brötchen werden bis zum Mittag zu Geld gemacht, ohne dass man sie zu den Geldvermögen zählt.

Ebenso fragwürdig ist, dass diese Aktien inzwischen sogar zum Tages- bw. Kurswert in die Geldvermögen aufgenommen werden. Denn im Gegensatz zu den Geldguthaben, die einen fest umgrenzten Anspruch auf die Erfüllung einer Geldforderung darstellen, ist bei den Aktien niemand zu einer Rückgabe des dafür hergegebenen Geldes verpflichtet. Deshalb sind die Tageskurse nichts anderes als Hoffnungswerte und allenfalls die Nennwerte akzeptabel.

Wem gehören die Geldvermögen?

Wie die Schulden werden auch die Geldvermögen statistisch den drei Sektoren Privathaushalte, Unternehmen und Staat zugeordnet. Dabei werden allerdings häufig nur die Guthaben erfasst, die durch Ausleihungen zwischen den drei Sektoren entstehen, Geldüberlassungen innerhalb dieser Sektoren jedoch nicht. Kredite eines Unternehmens an ein anderes Unternehmem oder eines Bürgers an seinen Nachbarn finden also in der Statistik keinen Niederschlag. Ebenfalls nicht die Direktkredite von Kaufhäusern oder Autohändlern an ihre Kunden oder die Vermittlungen privater Geldverleiher.

Als konkretes Beispiel für die Entwicklungen und Verteilungen der Geldvermögen sollen – wie bei den Schulden – wieder die deutschen Gegebenheiten in Form einer Tabelle K herangezogen werden:

Tabelle K:
Verteilung der Geldvermögen

Deutschland 1950 bis 1998, ab 1991 Gesamtdeutschland (nominelle Größen in Mrd. DM)

	1950	1970	1990	1998	Anst. 1950–98
private Haushalte	25	518	2 900	5 683	× 227
Unternehmen	20	211	1 410	3 179	× 159
öffentl. Haushalte	15	191	515	630	× 42
gesamtes Geldvermögen	60	920	4 825	9 492	× 158
BSP zum Vergleich	105	676	2 426	3 769	× 36

Vergleicht man die absoluten Größen, dann verfügen die privaten Haushalte in Deutschland über den Hauptanteil der Geldvermögen. Ebenfalls verzeichnen sie den schnellsten Anstieg ihrer Bestände in den dargestellten 48 Jahren. Die Zunahme der Geldvermögen bei den Unternehmen entsprach dagegen dem allgemeinen Durchschnitt, während die öffentlichen Geldvermögen deutlich zurückfielen.

Vergleicht man die Anstiegsfaktoren der Geldvermögen mit denjenigen des BSP, dann zeigt sich auch hier wieder die Scherenöffnung, die wir bereits bei den Schulden festgestellt haben.

Wie haben sich die Anteile der Sektoren verändert?

In Prozenten des BSP aufgetragen, wie in Darstellung 43 geschehen, wird die übermäßige Entwicklung der Geldvermögen in Deutschland besonders anschaulich. So mussten 1950 mit jeder Mark Sozialprodukt erst 57 Pfennig Geldvermögen mit Zinsen bedient werden, im Jahr 2000 sind es bereits 260 Pfennig. Das heißt, genauso wie die Schulden, haben auch die Geldvermögen etwa 4,5-mal rascher zugenommen als die Wirtschaftsleistung!

Deutlich werden aus der Darstellung auch die Verschiebungen zwischen den Sektoren. Während Anfang der 50er Jahre alle drei Sektoren mit etwa einem Drittel an dem Gesamtbestand beteiligt waren, verfügten die Privathaushalte 2000 über rund 60 Prozent. Die Unternehmen konnten ihren Drittelanteil halten, während der Staat der große Verlierer war. 1960 noch auf 40 Prozent liegend, fiel sein Anteil bis 1990 auf elf und bis 2000 auf sieben Prozent zurück. Besonders stark haben dabei die Privathaushalte

Darstellung 43:
Geldvermögen in Relation zum BSP

Deutschland, 1950 bis 2000

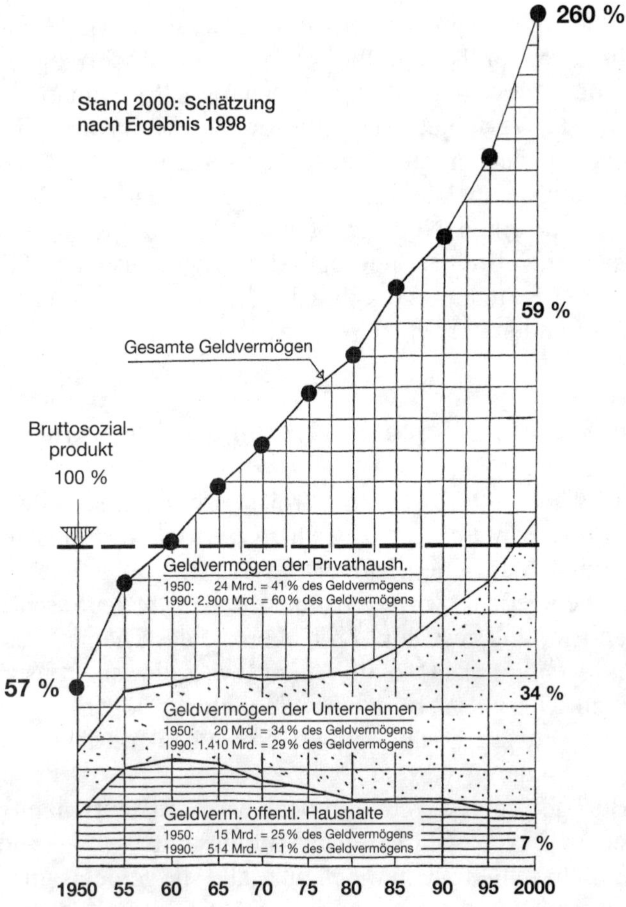

Quelle: Bundesbank

ihre Position in den 70er Jahren ausweiten können, während in den letzten 20 Jahren vor allem die Unternehmen zulegten, beide praktisch auf Kosten des Staates.

Grundsätzlich könnte man diese Konzentration der Geldvermögen in den Händen der privaten Haushalte positiv bewerten. Denn in einer Demokratie soll nicht der Staat wohlhabend und damit übermächtig sein, sondern die Bürger, die letztlich auch alle Werte schaffen. Problematisch ist bei diesen Verschiebungen nur, dass diesen großen Geldvermögen der Privathaushalte entsprechend große Verschuldungen im Bereich der Wirtschaft und des Staates gegenüberstehen. Noch problematischer aber ist, dass sich diese Geldvermögen innerhalb der Privathaushalte immer extremer verteilen und sich dabei keinesfalls bei den Werteschaffenden konzentrieren.

Wie verteilen sich die privaten Geldvermögen?

Über diesen interessanten Bereich gibt es seltsamerweise in kaum einem Land offizielle fortgeschriebene Statistiken. Während man jeden Monat mit Bergen oft unwichtiger Daten eingedeckt wird, z. B. über die Anzahl der ausgebrüteten Eier und geschlüpften Küken, ist das Thema Vermögensverteilung fast so unbekannt wie ein unentdeckter Erdteil. Das gilt nicht nur für die Geldvermögen, sondern genauso für die Sachvermögen, vor allem für die Bodenwerte und deren Verteilung.

Bezogen auf die Geldvermögen wird den deutschen Bürgern zwar vom Statistischen Bundesamt in Wiesbaden jedes Jahr mitgeteilt, in welchem Maße alle gemeinsam wieder reicher geworden sind. Ebenso werden auch die Durchschnittswerte ausgewiesen. So entfielen beispielsweise 1998 rechnerisch auf jeden Bürger rund 116 000 DM und auf jeden Beschäftigten bzw. Haushalt sogar rund 280 000 DM, wenn man die gesamten Geldvermögen von 9 492 Mrd. DM heranzieht. Verteilt man die privaten Geldvermögen in Höhe von 5 683 Mrd. auf die Beschäftigten bzw. Haushalte um, dann liegen die Beträge bei 167 000 DM, verteilt auf alle Bürger bei 69 000 DM.

Rechnet man von diesen Beträgen jeweils die Konsumentenkredite ab, dann erhält man das so genannte Nettogeldvermögen. Diese Nettogeldvermögen, umgerechnet in Prozent des verfügbaren Einkommens, werden in der Darstellung 44 für die G7-Länder und die Stichjahre 1985 und 1995 wiedergegeben.

Darstellung 44:

G7-Länder, Geldvermögen der Privathaushalte, 1985–1995

Nettogeldvermögen und Ersparnis in % des verfügbaren Einkommens

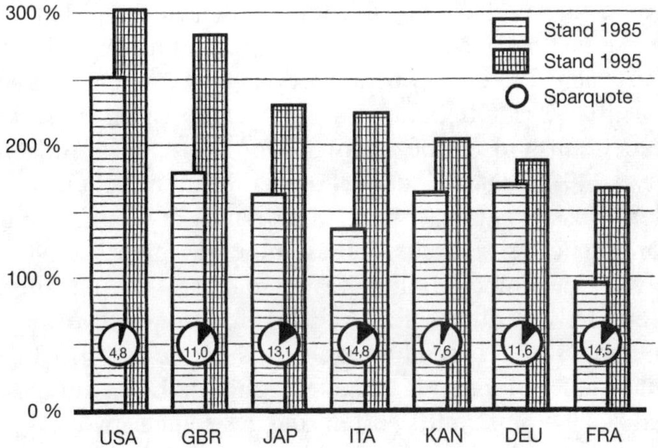

Quelle: Institut der deutschen Wirtschaft/BBk

Betrachten wir zuerst die Situation im Jahr 1985, dann dürften die hohen Vermögensbestände in den USA, in Großbritannien und Kanada wahrscheinlich mit den langfristigen Ersparnisbildungen zusammenhängen, die – im Gegensatz zu den übrigen Ländern – durch den letzten Weltkrieg kaum dezimiert wurden. Dagegen hängt der hohe Bestand in Deutschland wie auch in Japan wohl eher mit den hohen Sparquoten zusammen. Diese unterschiedlichen Sparquoten dürften auch die Ursache für die unterschiedlichen Entwicklungen zwischen 1985 und 1995 sein. Der aus dem Rahmen fallende geringe Anstieg der Bestände in Deutschland in den zehn Jahren ist wahrscheinlich mit den deutlich geringeren Haushaltsvermögen in den neuen Ländern zu erklären, die zu einer Absenkung des gesamtdeutschen Durchschnitts geführt haben.

Gibt es Anhaltspunkte für die Verteilung der privaten Geldvermögen?

Sollte aufgrund der angeführten Größen ein deutscher Bürger seine Sparbücher überprüfen und dort nichts Nennenswertes entdecken, dann kann er davon ausgehen, dass sein Nachbar das Doppelte des ihm statistisch Zustehenden haben muss, also – bezogen auf das Haushaltsvermögen – etwa 340 000 DM. Sind auch dessen Konten recht bescheiden, müsste beim nächsten Nachbarn zwangsläufig fast das Dreifache der Durchschnittssumme zu finden sein, also etwa eine halbe Million. Dabei müssten wir bei diesen Beträgen eigentlich auch noch das Gros der Geldvermögen in den Unternehmen hinzuzählen, da diese ja letztlich fast alle wieder privaten Haushalten gehören. Doch mit diesen ganzen Durchschnittswerten und Extrembeispielen kommen wir immer noch nicht dahinter, wie die Geldvermögen tatsächlich verteilt sind.

Selbstverständlich gibt es einige Statistiken, aus denen gewisse Anhaltspunkte für die Vermögensverteilung zu entnehmen sind, z. B. die Erklärungen zur Einkommen- oder Vermögenssteuer. Allerdings kann man mit diesen Besteuerungsgrundlagen nicht allzu viel anfangen. Denn einmal gibt es bei diesen Erfassungen erhebliche Freigrenzen und Absetzungsmöglichkeiten, zum anderen sind die Grauzonen der Vergesslichkeit zu berücksichtigen, gerade wenn es um die Angaben zum Geldvermögen geht. Und das geheiligte Bankgeheimnis in den meisten Ländern sorgt dafür, dass es sich bei diesen Grauzonen um keine Bagatellen handelt.

Der Wirklichkeit näher – zumindest relativ – kommt man in Deutschland mit den Ergebnissen der so genannten ›Einkommens- und Verbrauchstichprobe‹. Diese Erhebung wird alle fünf Jahre vom Statistischen Bundesamt auf freiwilliger Basis bei rund 50 000 Haushalten durchgeführt. Die jeweiligen Haushalte müssen dabei ein Jahr lang Aufzeichnungen über ihre Einkommen und Ausgaben machen, eine Arbeit, für die sie ein kleines Entgeld bekommen.

Beim Schlussgespräch dieser Untersuchung werden die Haushalte dann von ihrem Betreuer, unter dem Versprechen der Verschwiegenheit gegenüber dem Finanzamt, auch nach ihren wesentlichsten Geldvermögensarten sowie ihren Konsumentenschulden befragt. Aus diesen angegebenen Größen errechnet man dann für jeden Haushalt das Nettogeldvermögen.

Was kann man den Stichprobenerhebungen entnehmen?

Die sich aus der Erhebung ergebende Verteilung der deutschen Nettogeldvermögen ist in der Darstellung 45 für das Jahr 1983 wiedergegeben. Dieses Jahr wurde für die Darstellung herangezogen, weil man damals die Auswertung der Ergebnisse besonders differenziert auf 26 Haushaltsgruppen verteilt hat. Bei den späteren Erhebungen hat man diese Verteilung nur noch auf eine geringere Zahl von Gruppen bezogen, womit die besonders interessanten Spitzengrupppen, sowohl der Vermögenden als auch der Schuldner, in größeren Gruppen untergingen.

Wie die Darstellung zeigt, hatten 1983 acht Prozent der Privathaushalte ein ›negatives Nettogeldvermögen‹ (wie die Statistiker das so rücksichtsvoll nennen!), also mehr Schulden als Vermögen bzw. nur Schulden. Bei der Spitzengruppe dieser Schuldenmacher lag der Minussaldo damals bereits bei 72 000 Mark. Wohlgemerkt: Nur für Konsumentenschulden! Also für Möbel, Reisen und natürlich die Autofinanzierung, mit der auch heute noch die Konjunktur (auf Pump) angeheizt wird.

Fünf Prozent aller Haushalte hatten nach der Auswertung einen Nullsaldo, das heißt, entweder so viel Schulden wie Vermögen oder von beidem nichts. Die restlichen 87 Prozent der Haushalte waren besser dran. Sie verfügten über ein ›positives Nettogeldvermögen‹. Allerdings stiegen auch bei dieser Mehrheit die Geldvermögen anfangs nur sehr zögerlich an, um gegen Ende umso kräftiger in die Höhe zu schießen, nämlich bis zu 340 000 DM in der damaligen Spitzengruppe. Da sich inzwischen die Geldvermögen in Deutschland verdreifacht haben, muss man auch die angegebenen Werte entsprechend hochrechnen.

Darstellung 45:

Geldvermögen privater Haushalte Ende 1983

Ergebnis der Einkommens- und Verbraucherstichprobe

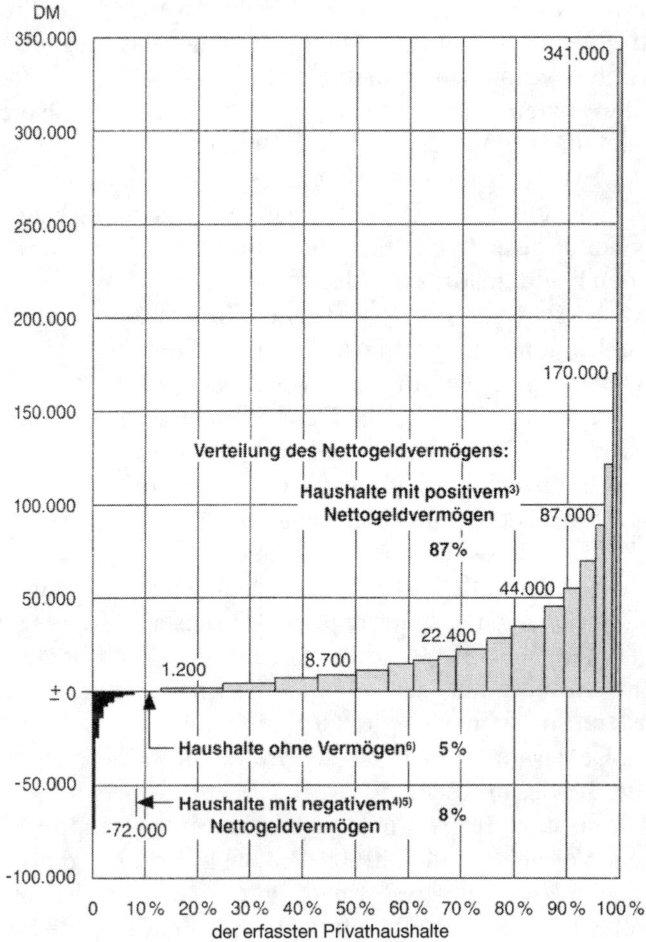

Quelle: Wirtschaft und Statistik 5/1985

Teilt man einmal die Haushalte in zwei Hälften und rechnet bei jeder Hälfte die jeweiligen Nettogeldvermögen zusammen, dann hatte nach dieser Erhebung die ärmere linke Hälfte gerade vier (!) Prozent des gesamten Geldvermögens in der Hand, die andere Hälfte den ›Rest‹ von 96 Prozent! Dabei konzentriert sich allerdings das Gros der gesamten Vermögen in dieser reicheren Hälfte nochmals bei den letzten zehn Prozent der Haushalte. Doch auch dieses detaillierte Verteilungsbild ist relativ geschönt, da in dieser Erhebung die Haushalte mit einem Monatseinkommen von mehr als 25 000 Mark nicht in Erscheinung treten. Das heißt, dort wo die Statistik besonders interessant zu werden beginnt, hört sie leider vorher auf.

Nach Auskunft des Statistischen Bundesamtes wurde diese Einkommensgruppe nicht mit aufgenommen, weil sich daraus zu wenige an der Erhebung beteiligt hatten. Das ist aber auch verständlich. Denn einmal sprechen diese Superreichen nicht gerne über ihr Vermögen und zum anderen dürfte sie ein Honorar von ein paar Mark kaum verlocken, für die Statistiker ein ganzes Jahr lang über alle Einkommen und Ausgaben Buch zu führen.

Nicht zuletzt als Folge dieser fehlenden Spitzenzahlen bewegt sich auch das Gesamtergebnis dieser Befragungen weit unter jenen Größen, die von der Bundesbank als Geldvermögensbestände der privaten Haushalte ausgewiesen werden. So lagen diese laut Bundesbank 1983 bei 1 824 Mrd. DM, während sich aus den Befragungen des Statistischen Bundesamtes nur 504 Mrd. DM ergaben.

Die in der Grafik wiedergegebene Spitzengruppe mit einem Vermögen von 340 000 DM sagt also über die tatsächlichen Spitzenvermögen so gut wie gar nichts aus. Schon ein einfacher Millionär hat eine dreimal so hohe Vermögenssäule, ein Milliardär eine dreitausendmal so hohe!

Wie sieht es mit den Vermögensverteilungen in der Welt aus?

Neben dem Tatbestand, dass die zunehmenden Geldvermögen die Ursache und das Spiegelbild der im Gleichschritt wachsenden Überschuldung sind, ist auch die Zunahme der Verteilungsdiskrepanzen bedenklich. Dies gilt nicht nur für die hier geschilderten Verhältnisse in Deutschland, sondern in der ganzen Welt. So hieß es z. B. Anfang 2000 in einem Bericht über die Entwicklungen in den USA, der sich auf die Aussagen des MIT-Professors Lester C. Thurow stützte, »dass das Gehaltniveau von leitenden Geschäftsführern und Vorstandsvorsitzenden in den letzten 30 Jahren vom 44fachen auf das 212fache des amerikanischen Durchschnittseinkommens angestiegen ist«. Außerdem war in dem Bericht zu lesen, dass die Zahl der Milliardäre in den USA von 13 im Jahr 1982 auf 218 im Jahr 1998 zugenommen habe und dass das Vermögen von Bill Gates, des reichsten Mannes in den Staaten, dem Vermögen von 40 Prozent der Amerikaner entspricht, also dem der 110 Millionen am Ende der Reichtumspyramide. Dieser Vergleich erinnert an jene Meldung der UNO, nach der bereits 1996 die 358 reichsten Menschen auf der Erde ein Vermögen auf sich konzentriert hatten, dass dem Jahreseinkommen von 45 Prozent der Menschheit entsprach. Und die Kluft zwischen den ärmsten 20 Prozent der Menschheit und den reichsten 20 Prozent hat sich nach der gleichen Aussage seit 1960 mehr als verdoppelt, und zwar von 30 : 1 auf 78 : 1.

Aber nicht nur in den USA hat sich der Reichtum überproportional entwickelt. Auch in der kleinen Schweiz nahm die Zahl der Milliardäre in den letzten zehn Jahr auf das Fünffache zu und – wie die »Süddeutsche Zeitung« am 22. Oktober 1999 schrieb – besitzen drei Prozent der

Schweizer Bevölkerung 374 Mrd. Franken an zu versteuerndem Reinvermögen und damit fast ebenso viel wie die übrigen 97 Prozent der Steuerpflichtigen.

Gehen wir noch einmal nach Deutschland zurück, dann haben sich dort von 1990 bis Ende 1999 die Geldvermögen knapp verdoppelt, mit einem durchschnittlichen Zuwachs von 7,5 Prozent. Dies teilte die Deutsche Bundesbank in ihrem Monatsbericht vom Juni 2000 mit, in dem sie auch anführt, dass dieser Zuwachs zu einem Viertel aus Kurssteigerungen von Wertpapieren stammt und der Rest aus normalen Ersparnissen. Nach einer Meldung der Bundesbank aus dem Jahr 1997, schlagen dabei die Zinsgutschriften mit 80 Prozent der Neuersparnisse zu Buche.

Wie entstehen Geldvermögen und woher kommt das Überwachstum?

Wie jeder von uns weiß, kommt man normalerweise nur zu Geldvermögen, wenn man von seinem Einkommen etwas auf die Seite legt. Mit Glück kann man natürlich auch beim Lotto oder Toto zu ansehnlichem Vermögen kommen. Doch wenn man bedenkt, dass z. B. die Geldvermögen in Deutschland in den 90er Jahren im Durchschnitt p.a. um 500 Mrd. DM zugenommen haben, tagtäglich also um 1 370 Millionen, dann schmelzen die paar Hundert Lottomillionäre im Jahr zu einer unerheblichen Größe zusammen. Vergegenwärtigt man sich jedoch, dass allein die deutschen Banken in den 90er Jahren täglich Zinsen in Höhe von mehr als 1 000 Millionen an die Sparer ausgeschüttet haben, dann kommen wir der Sache näher: Geldvermögen entstehen bzw. vermehren sich nicht nur aus zurückgelegten Arbeitseinkommen oder Lotteriegewinnen, sondern vor allem durch die Zinsgutschriften auf die bereits vorhandenen Geldvermögen. Das heißt, sie vermehren sich gewissermaßen ›von alleine‹! Und diese wundersame Selbstvermehrung nimmt mit dem Überwachstum der Geldvermögen immer rascher zu, beschleunigt noch bei steigenden Zinssätzen. Da aber auch in der besten Wirtschaft nichts vom Himmel fällt und alle zur Verteilung kommenden Einkünfte nur aus Arbeit entstehen, müssen die Arbeitleistenden im gleichen Umfang relativ ärmer werden, wie die bereits Reichen relativ reicher.

Der Zins- und Zinseszinseffekt, der die vorhandenen Geldvermögen mit Verdoppelungsraten wachsen lässt, bewirkt also eine ständige Einkommensumschichtung von der Arbeit zum Besitz, die sich nach mathematischen Gesetzmäßigkeiten beschleunigt. Dabei sammeln sich auf den Konten der Vermögensbesitzer nicht nur die Zinsen aus den Geldvermögen an, sondern auch die Renditen aus den Sachvermögen, die sich in ihrer Höhe tendenziell an den Geldzinssätzen orientieren.

Auf dieses Überwachstum der Geldvermögen hat Rüdiger Szallies, Geschäftsführer der Gesellschaft für Konsumforschung in Nürnberg, bereits 1991 in der Zeitschrift »Sparkasse«, hingewiesen:

> »Während sich das Nettoeinkommen der Bundesbürger in den letzten 25 Jahren vervierfacht hat, stieg die Sparquote ... um den Faktor 8. Das private Geldvermögen ... wuchs um den Faktor 16. Bereits Anfang dieser Dekade wird das private Geldvermögen die 3-Billionen-DM-Grenze überschreiten und sich bis zum Jahr 2000 auf ca. 5 Billionen DM hinaufkatapultiert haben.«

Die Wirklichkeit hat diese Prognose allerdings noch überholt. Denn die 5-Billionen-Grenze wurde bereits Anfang 1997 überschritten und Mitte 2000 sind bei den privaten Geldvermögen bereits 7 Billionen fällig!

Darstellung 46:

DER MONETÄRE TEUFELSKREIS

Eskalation der Geldvermögen und Schulden

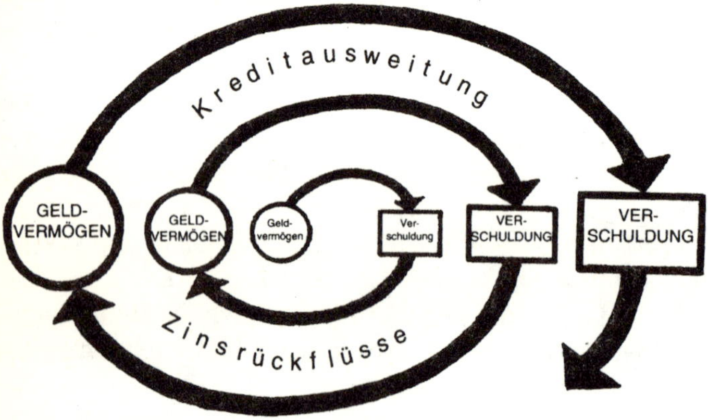

Folgen:
steigende Zinseinkommen
wachsende Geldvermögen
größeres Kreditpotential

Folgen:
steigende Zinslasten
rückläufige Arbeitseinkommen
zunehmender Wachstumszwang

Mit diesen immer höheren Geldvermögen nimmt jedoch nicht nur die *Möglichkeit* zu erhöhter Verschuldung zu, sondern auch der *Zwang* dazu. Denn im gleichen Umfang, in dem sich bei den Geldvermögensbesitzern neue Überschüsse an Kaufkraft sammeln, fehlt diese in der Wirtschaft. Da diese Lücke nur in einem geringen Umfang durch die Geldvermögensbesitzer selbst geschlossen wird, gleichgültig ob über Ausgaben oder Investitionen, muss das Gros dieser Überschüsse durch zusätzliche Kredite in den Kreislauf zurückgeschleust werden. Diese Zurückschleusungen sind jedoch wieder mit Zinsen verbunden, die ein weiteres noch beschleunigteres Wachstum der Geldvermögen bewirken, woraus sich erneut ein entsprechend vergrößerter Verschuldungszwang ergibt.

Die Darstellung 46 gibt diese sich selbst nährende Problementwicklung wieder, die im Prinzip einem positiven Rückkopplungsprozess entspricht. Alle Systeme und Prozesse aber, die nach diesem Prinzip funktionieren, sind zum Zusammenbruch verurteilt.

Aufgrund der gegebenen Geldstrukturen befinden sich die heutigen Volkswirtschaften also in einem mehrfachen Dilemma: Schleusen sie die sich ansammelnden Geldvermögen nicht in die Wirtschaft zurück, droht eine geldmangelbedingte Rezession oder gar Depression. Führen sie die Geldvermögensausweitungen jedoch über Kredite in den Kreislauf zurück, droht eine Überschuldung mit zunehmenden sozialen Spannungen. Und versuchen sie diesen sozialen Spannungsgefahren durch ständiges Wirtschaftswachstum aus dem Weg zu gehen, beschleunigen sie den ökologischen Zusammenbruch.

Was sagt die Wissenschaft zur Geldvermögens-Überentwicklung?

Während die Geldvermögensexplosionen und -konzentrationen wenigstens in den Schlagzeilen der Printmedien ab und zu Spuren hinterlassen, sind sie für die Wissenschaft bislang kaum ein Thema. Allenfalls einige Außenseiter streifen es einmal. So z. B. der US-Ökonom Ravi Batra, der sich mit seinem Titel »Die große Rezession von 1990« zwar aufs Prognose-Glatteis wagte, doch zumindest einmal auf die zunehmenden Reichtumskonzentrationen als Auslöser ökosozialer Spannungen und damit einer möglichen Krise hingewiesen hat:

> »Nach einem Bericht der New York Times hat sich die Zahl der Milliardäre in den Vereinigten Staaten im Jahre 1986 von 14 auf 26 erhöht und damit innerhalb eines Jahres nahezu verdoppelt. Sie nehmen damit einen immer größeren Anteil des Volkseinkommens auf Kosten der Armen für sich in Anspruch.
>
> Von den superreichen Amerikanern verfügen fünf Prozent über mehr Einkommen als 40 Prozent der Gesamtbevölkerung. Und unter den Allerreichsten der Reichen verfügt ein Prozent über ein größeres Vermögen als 90 Prozent der Bevölkerung.«

Wie fragwürdig jedoch selbst die geldbezogenen Kenntnisse eines sozial engagierten Wirtschaftswissenschaftlers sind, kommt am Ende seines Buches zum Vorschein. Vor den Folgen der von ihm erwarteten Rezession warnend, erteilt er den Lesern Verhaltenshinweise, die diese Rezession geradezu erzeugen müssen. Das trifft z. B. auf seinen Vorschlag zu, bei beginnendem Zusammenbruch der Aktienmärkte sämtliche Wertpapiere abzustoßen, ein Verhalten, das den Supercrash an der Börse erst recht garantieren würde. Und im fortgeschrittenen Stadium der angelaufenen Krise rät er den vermögenden Lesern, als »vernünftige Strategie ... ein Drittel auf dem Bankkonto, ein Drittel im Safe und ein Drittel zu Hause« aufzubewahren. Dass es mit der Befolgung dieses Rates zu einem panikartigen Run auf die Banken kommen würde und damit erst recht zu einer Beschleunigung des Zusammenbruchs, ist ihm offensichtlich nicht bewusst. Ebenso, dass alle Dollars in den USA nicht reichen würden, wenn auch nur ein Bruchteil der Bürger ein Drittel ihrer Vermögen zu Hause deponieren wollte!

Im Übrigen bedarf es gar nicht einer solchen großen Krise. Wenn eines Tages die Banken die Verschuldungsrisiken nicht mehr auffangen können und dem Staat nur noch die Flucht in eine inflationäre Geldvermehrung übrig bleibt, dann werden schließlich auch die Geldbesitzer Opfer ihres Vermögens-Überwachstums. Dazu schrieb der in Aachen lehrende Ökonom Karl-Georg Zinn bereits im »Jahrbuch für Nationalökonomie und Statistik 1986«:

> »Die Wachstumsrate des Geldvermögens der privaten Haushalte der Bundesrepublik betrug seit 1980 im Jahresdurchschnitt über 12 %. Entsprechend hoch lag auch der Anstieg der Zinseinkommen, damit war eine starke Zunahme der Zinseinkommensquote verbunden. Diese Entwicklung wirft die Frage auf, wie lange sich die Zunahme des Zinseinkommensanteils fortsetzen kann und welche Konsequenzen für Inflation und Beschäftigung aus dem Zinsquotenanstieg resultieren. Da die starke Geldvermögensbildung nicht mit einem entsprechenden Zuwachs des Realvermögens verbunden war... stellt sich weiterhin das Problem einer möglichen (wachsenden) Diskrepanz von Geld- und Realvermögensbeständen.«

17. KAPITEL

Die Überentwicklung der Zinsströme

»Die weltweit überproportional wachsenden Zinsströme, der sich daraus ergebende Zwang zum Wirtschaftswachstum und die damit einhergehende ökologische Katastrophe zwingen uns ... bereits aus purem Eigeninteresse zum Umdenken.«
*Hugo Godschalk**

Dass mit der Überentwicklung der Geldvermögen und Schulden auch die Zinsströme überproportional ansteigen, ist verständlich. Die Größen der Zinsströme werden jedoch nicht nur vom Umfang der Vermögens- und Schuldenbestände bestimmt, sondern auch von den schwankenden Zinssätzen. Bevor wir diesen Zinssatzschwankungen genauer nachgehen, vorab zur besseren Übersicht erst einmal eine Tabelle der langfristigen Entwicklungen der Zinsstromgrößen, bezogen auf die Verhältnisse in Deutschland. Dabei werden, mangels anderer Zahlen, die Zinserträge und -aufwendungen der Banken herangezogen, die von der Deutschen Bundesbank jährlich als Zusammenfassung veröffentlicht werden. Als Differenz zwischen diesen beiden Größen verbleibt die Bankmarge, mit der die Vermittlungskosten der Bank abgedeckt werden. Dabei sind die Personalausgaben mit rund 50 Prozent der größte Einzelposten.

* Ökonom in »Gerechtes Geld – gerechte Welt«

Tabelle L:
Entwicklung der Bankzinserträge und -aufwendungen in Deutschland, im Vergleich mit Geldvermögen, Schulden und BSP, 1950 bis 1998, in Mrd. DM

	1950	1960	1970	1980	1998	Anstieg
Geldvermögen	59	337	926	2 390	9 492	× 161
Schulden	66	303	852	2 327	9 902	× 150
Bruttosozialprodukt	105	303	676	1 485	3 727	× 35
Zinserträge der Banken	3,0*	12	49	172	603	× 201
(in % BSP/BIP	3 %	4 %	7 %	12 %	16 %)	
Zinsaufwendungen der Banken	2,2*	8	35	132	455	× 207
Zinsüberschuss	0,8	4	14	40	148	× 185
*) eigene Ansätze						

Dass die bankbezogenen Zinsertrags- und -aufwandsgrößen stärker angestiegen sind als die Bestandsgrößen der Geldvermögen und Schulden, hängt vor allem mit der zunehmenden Einschaltung der Banken bei allen Ersparnisbildungen und Kreditvergaben zusammen. So wurden in Deutschland in den ersten Nachkriegsjahrzehnten noch viele Kredite, vor allem für Hypotheken, direkt zwischen Privatpersonen und Unternehmen vergeben.

Es sei noch einmal daran erinnert, dass es sich bei den hier angeführten Zinsen nur um jene handelt, die mit dem Geldkapital verbunden sind. Die Verzinsungen des schuldenfreien Sachkapitals – also des wirtschaftlich eingesetzten Eigenkapitals – sind mit den obigen Zahlen also nicht erfasst. Aber auch die den Statistiken zu entnehmenden geld- bzw. bankbezogenen Zinsgrößen geben nicht den vollen Umfang der Zinslasten und -einkommen wieder. Denn die volkswirtschaftlichen Gesamtrechnungen (VGR) enthalten im Allgemeinen nur die Zinsströme *zwischen* den drei Wirtschaftssektoren, also zwischen Unternehmen, Staat und Privathaushalten. Die *innerhalb* der Sektoren anfallenden Verleihvorgänge und Zinsen werden dagegen nicht erfasst, ebenso wenig alle Zinsen, die mit direkt eingeräumten Kaufkrediten u. ä. zusammenhängen.

Rechnet man die bankbezogenen Zinswerte einmal auf die Arbeitstage um, dann haben die deutschen Kreditinstitute im Jahr 1998 an jedem der etwa 240 Bank- und Werktage rund 1 650 Millionen DM an Zinsen eingezogen und rund 1 250 Millionen DM den Geldgebern gutgeschrieben. Zwar muss man von den ganzen bankbezogenen Zinsgrößen in der Tabelle rund ein Viertel für die bankinternen Kreditgewährungen abziehen, wenn man die volkswirtschaftlich relevanten Größen erhalten will. Dafür aber muss man mindestens in gleicher Größenordnung jene geldbezogenen Zinsströme hinzurechnen, die nicht mit Bankeinlagen und -krediten zusammenhängen. Neben den Zinseinkünften aus Versicherungsanlagen gehören hierzu vor allem die Erträge aus Wertpapieren, Schuldverschreibungen und Investmentfonds, aber auch die oben genannten Zinsen aus Kreditgewährungen innerhalb der Sektoren.

Wie verändern sich die Zinsströme in der Volkswirtschaft?

Wie aus der Tabelle L hervorgeht, entwickeln sich die Geldvermögen und Schulden zwar deutlich rascher als das Sozialprodukt, langfristig aber relativ kontinuierlich. Entsprechend kontinuierlich würden auch die Zinsbelastungen wachsen, wenn die Zinssätze auf gleicher Höhe blieben. Diese Zinssätze unterliegen jedoch in ihrer Entwicklung ständigen Schwankungen, die vor allem in Hochzinsphasen bzw. Zins-Anstiegsphasen gravierende Folgen haben. Denn dann addieren sich die Wirkungen der steigenden Zinssätze mit jenen aus den sowieso gegebenen Überanstiegen der Geldvermögen und Schulden auf. Diese fast explosiven Anstiege gehen aus der Tabelle M hervor, in der mit der Zeitspanne von 1988 bis 1992 die letzte Hochzinsphase erfasst wird.

Tabelle M:
Veränderung der Zinsstromgrößen im Vergleich mit anderen realwirtschaftlichen Größen in der Hochzinsphase 1988–1992, Westdeutschland, Werte in Mrd. DM

	1988	1992	Veränderungen:	
A: Gesamtwirtschaft:				
Bruttoinlandsprodukt:	2 096	2 794	698	+ 33 %
Bruttolöhne und -gehälter:	949	1 226	277	+ 29 %
Nettolöhne und -gehälter:	648	816	168	+ 26 %
B: Produktionsunternehmen:				
Nettowertschöpfung:	1 350	1 780	430	+ 32 %
Brutto-E. unselbst. Arb.:	847	1 116	269	+ 32 %
aus Unternehmertätigkeit:	316	380	64	+ 20 %
bezahlte Schuldenzinsen:	131	252	121	+ 92 %
C: Banken:				
Kontokorrent-Zinssätze:	6,1 %	12,0 %		+ 96 %
Kapitalmarktzinsen:	6,0 %	8,1 %		+ 35 %
Zinserträge der Banken:	243	445	202	+ 83 %
Zinsaufwend. der Banken:	171	344	173	+ 101 %
Bankmarge:	72	101	29	+ 40 %

Wie daraus hervorgeht, schlagen die Zinsanstiege im ersten Stadium vor allem bei den Unternehmereinkommen zu Buche. In der Hochzinsphase 1978 bis 1982, in der die Kapitalmarktzinsen von sechs auf zehn Prozent kletterten, gingen diese Einkommen aus Unternehmertätigkeit sogar absolut zurück, gefolgt – wie auch nach 1992 – von einem steilen Anstieg der Firmenpleiten.

Aus diesen Vergleichen geht hervor, dass die Zinsbelastungen der Wirtschaft innerhalb von vier Jahren zweieinhalbmal so schnell zunahmen wie die Wirtschaftsleistung, die Zinseinkommen der Geldgeber (Zinsaufwendungen der Banken) sogar dreimal so schnell.

Wie sieht die langfristige Auseinanderentwicklung aus?

So problematisch und fragwürdig die Größe Sozialprodukt auch in vieler Hinsicht ist: im Vergleich mit seiner Entwicklung lassen sich die Veränderungen anderer Größen und deren Abweichungen deutlich machen. Das zeigt auch die Darstellung 47, in der zur Ergänzung der vorstehenden Tabelle die prozentualen Entwicklungen des nominellen BSP und der Bankzinserträge sowie einiger lohnbezogener Größen in Westdeutschland gegenübergestellt werden.

Die Grafik lässt auf den ersten Blick erkennen, in welchem Maß Zinsbelastung und Sozialprodukt in dem dargestellten Zeitraum auseinander gedriftet sind. Während das BSP ›nur‹ auf das 4,2fache zunahm, stieg die Verzinsung in drei Schüben auf das Zehnfache an. Das heißt, gemessen an der Leistung der Volkswirtschaft war die bankbezogene Schuldenzinsbelastung 1993 fast 2,5-mal so hoch wie 1970.

Deutlich sichtbar werden hier vor allem auch die Wirkungen der Zinsanstiegsphasen, die aus der zusätzlich ein-

Darstellung 47:

Bankzinserträge, Sozialprodukt und Löhne

Entwicklungsvergleich 1970–93 in Prozenten, Westdeutschland

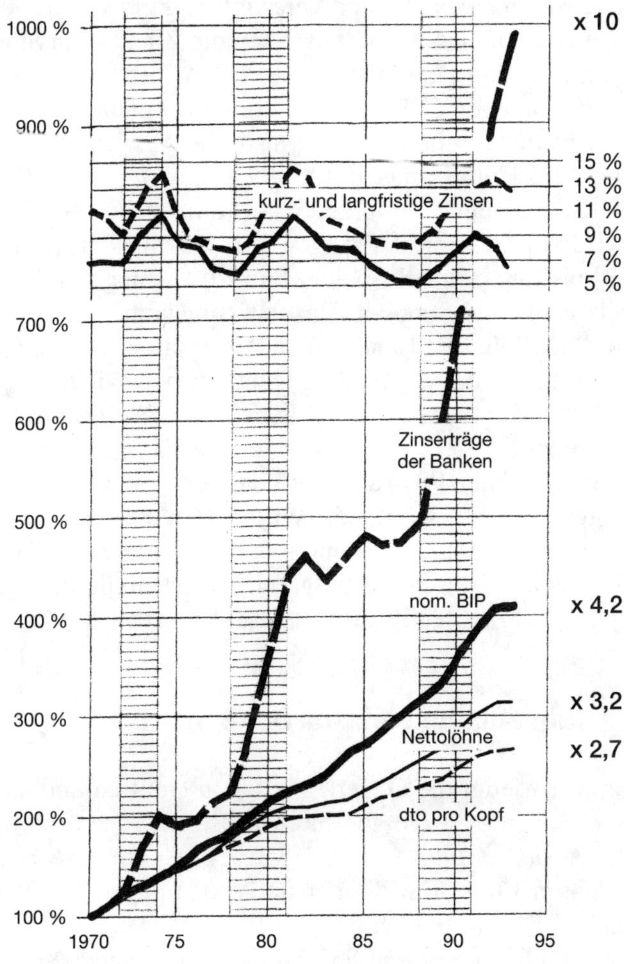

Quelle: Bundesbank

geblendeten Zinskurven und den Schraffuren zu ersehen sind. Sinken die Zinssätze wieder, bricht zwar auch der Zinslast-Anstieg ab, jedoch ohne wieder auf den alten Stand zurückzugehen. Ursächlich dafür ist der zwischenzeitliche weitere Anstieg der Verschuldung: So wie dieser ständige übermäßige Schuldenanstieg die Zinslastkurve in Zinsanstiegsphasen beschleunigt ansteigen lässt, so verhindert er bei fallenden Zinssätzen deren Rückgang. Bei den Zinssatzanstiegen addieren sich also die Anstiegseffekte, während die Entlastungseffekte der sinkenden Zinssätze durch die steigende Schuldenmasse aufgezehrt werden. Das wird vor allem in der langen Zinssenkungsphase von 1980/81 bis 1988 deutlich, in der es nur zu einem geringfügigen relativen Rückgang der Zinsbelastung kam.

Aufschlussreich sind auch die beiden zusätzlich eingetragenen Lohnkurven, die beide gegenüber der Wirtschaftsentwicklung deutlich zurückgeblieben sind. Aufgrund der zugenommenen Zahl der abhängig Beschäftigten ist die Diskrepanz bei den Pro-Kopf-Einkommen besonders groß. Und diese gemessen an der Wirtschaftsentwicklung zu niedrigen Pro-Kopf-Einkommen werden dann beim Ausgeben nochmals durch die steigenden Zinsanteile in allen Preisen in ihrer realen Kaufkraft geschmälert!

Die geldbezogenen Zinsen beim Staat

Ziehen wir wieder die Gegebenheiten in Deutschland heran, dann lagen dort die gesamten Zinslasten der öffentlichen Haushalte 1998 bei 134 Mrd. DM. Umgerechnet waren das pro Tag 367 Millionen und pro Stunde gut 15 Millionen.

Diese täglich gezahlten 367 Millionen DM entsprechen etwa dem Gegenwert von rund 1 000 großen Etagenwohnungen. Mit den öffentlichen Zinszahlungen eines Jahres ließen sich also rund 370 000 Wohnungen finanzieren, was dem durchschnittlichen Wohnungsbauvolumen eines Jahres oder fast der Wohnsubstanz einer Großstadt mit einer Million Einwohnern entspricht! Dieses Bauvolumen eines Jahres verschenkt der Staat gewissermaßen jedes Jahr auf Kosten seiner Steuerzahler. Allerdings nicht an sozial schwache Bürger oder Familien mit Wohnbedarf, sondern in Form der Zinsen eher an solche, die meist schon über ein Haus oder sogar mehrere verfügen, zumindest aber über ein größeres Geldvermögen.

Noch griffiger werden die vom Staat eingezogenen und gezahlten Zinsen, wenn man sie einmal auf die Bürger umrechnet. Pro Kopf ergibt sich dann für 1998 ein Betrag von rund 1 700 DM, umgerechnet auf jeden Beschäftigten bzw. jeden Haushalt von rund 4 000 DM. Das heißt, jeder Erwerbstätige in Deutschland musste 1992 rechnerisch fast einen Monat lang nur für die Schuldenzinsen von Bund, Ländern und Gemeinden arbeiten. Da die Gesamtverschuldung der deutschen Volkswirtschaft jedoch fast viermal so groß wie die der öffentlichen Haushalte ist, liegt die gesamte geldbezogene Zinsbelastung je Erwerbstätigen sogar bei 16 000 DM!

Das Thema Zinsendienst des Staates ist zwar erst nach der Wiedervereinigung stärker in die Schlagzeilen gerückt, wie aus der Zinszahlungskurve in der folgenden Darstellung 48 hervorgeht, jedoch bereits seit Anfang der 70er Jahre ein wachsendes Problem.

Vor allem vermitteln die zusätzlich in der Grafik eingetragenen jährlichen Kreditaufnahmen bereits optisch, dass während der ganzen Jahrzehnte die Neukreditaufnahmen den Zinszahlungen entsprochen haben müssen. Das zeigt sich auch, wenn man die jeweiligen Beträge in den letzten 30 Jahren addiert.

Darstellung 48:

Kreditaufnahmen und Zinszahlungen der öffentlichen Haushalte

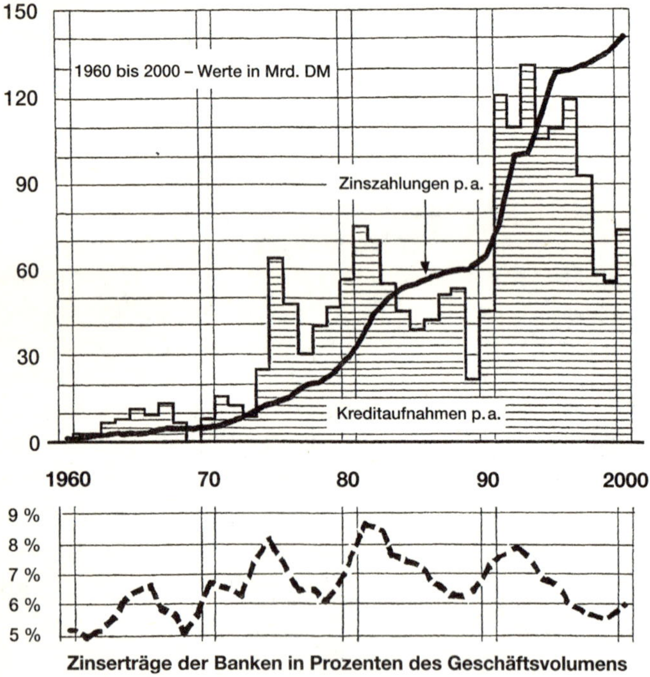

Quelle: Bundesbank

Anfang der 70er Jahre musste man den Posten Schuldenzinsen in den deutschen Staatsausgaben noch ›unter ferner liefen‹ suchen. Anfang der 80er Jahre hatte er beim Bund bereits den dritten Platz im Etat erobert, gleich hinter den Ausgaben für Arbeit und Soziales und jenen für die Verteidigung. Mitte der 80er Jahre zogen die gesamten öffentlichen Zinszahlungen bereits an den Verteidigungsausgaben vorbei, inzwischen belegen sogar die Bundeszinsen alleine den zweiten Platz. Und schon 1999 musste der deutsche Finanzminister rechnerisch jede vierte Steuermark für die Bedienung der Schulden zurücklegen.

Der Tatbestand der Übereinstimmung von Neukreditaufnahmen und Zinszahlungen wurde inzwischen auch von offizieller Seite bestätigt, nämlich durch den Staatssekretär im Bundesfinanzministerium, Manfred Overhaus. Nach einem Bericht in der Wochenzeitung »Die Zeit« vom 14. 1. 1999, sagte er auf einer Tagung zum Thema Staatsverschuldung in Berlin:

> »In einer langfristigen Betrachtung kann man also ganz klar sagen, dass sich diese ganze Veranstaltung nicht gelohnt hat. Denn hätten wir dauerhaft auf Kredite verzichtet, müssten wir heute keine Zinsausgaben leisten und hätten keine Zinsrisiken zu fürchten. Wir hätten aber für Investitionen genauso viel ausgegeben wie bisher, denn in dieser Rechnung sind die Investitionsausgaben voll aus Steuermitteln finanziert worden, weil die Krediteinnahmen für die Zinsausgaben verbraucht wurden.«

Wie sieht das in den anderen Staaten aus?

Wie jeder andere, können auch Staaten jede Mark nur einmal ausgeben. Das gilt auch für die Zinsen: In dem Maße, wie sie hierfür mehr zu zahlen haben, müssen andere Ausgaben eingeschränkt, die Einnahmen erhöht oder noch mehr Schulden gemacht werden.

Gottfried Bombach, Prof. für Nationalökonomie an der Universität Basel, hat schon Anfang 1991 in der Zeitschrift »Der Monat« des Schweizerischen Bankvereins geschrieben:

> »Das eigentliche Problem liegt nicht in der Existenz einer Staatsschuld ... sondern im Zwang ihrer Verzinsung. Eine hohe Zinslastquote kann den Handlungsspielraum von Regierungen entscheidend einschränken.«

Da diese Gefahr immer deutlicher zu Tage trat, hat man bereits mit der Einführung des Euro versucht, die Länder an die Leine zu legen. Denn da man zur Schließung der Löcher im Etat auch noch die Ausgaben im Arbeits- und Sozialbereich zu kürzen begann, drohte in einigen Ländern die Zinslast auf den ersten Rang der Staatsausgaben zu rücken.

Bezogen auf die gesamten Staatsausgaben mussten die EWU-Länder 1980 sieben Prozent für den Zinsendienst aufwenden, 1995 waren es bereits elf Prozent. Dabei gibt es gravierende Unterschiede. Während in Deutschland, Frankreich und Irland diese Größe 1995 bei knapp acht Prozent lag, erreichte sie in Irland und Portugal bereits 14 bzw. 15 Prozent. In Belgien lag sie sogar bei 18 und in Italien bei 24 Prozent.

Kein Wunder, dass auch die Politiker in den anderen Ländern es seit 30 Jahren ähnlich gemacht haben wie in Deutschland und wie es sonst nur in Bananenrepubliken üblich ist: Man leiht sich, statt die Bürger zur Kasse zu bitten, einfach neues Geld! Das bestätigte im Frühjahr 1999 der Landeszentralbank-Direktor von Nordrhein-Westfalen, Prof. Reimut Jochimsen:

> »Für die Gesamtheit der elf EWU-Länder gilt, dass die Neuverschuldung gerade ausgereicht hat, die Zinslast aus der Verschuldung zu decken. Im Zeitraum 1970 bis 1998 war die Defizitquote mit 3,57 Prozent des BIP praktisch genauso hoch wie die Zinslastquote mit 3,63 Prozent.«

Um die Verschuldungen nicht noch mehr eskalieren zu lassen, haben sich die Verantwortlichen in fast allen Ländern durch den Verkauf staatlicher Einrichtungen, des so genannten Tafelsilbers, etwas Luft für die Zinszahlungen verschafft. Aber solche Ausverkäufe öffentlicher Güter (die eigentlich den Bürgern gehören, weil von diesen bezahlt), sind nur ein Mal möglich. Außerdem sind sie in den meisten Fällen auch noch mit anschließenden Einnahmeverlusten verbunden.

Weil man trotzdem immer mehr ins Schleudern kommt, beabsichtigen inzwischen einige Regierungen, die Kreditaufnahmen abzubremsen. Die Regierungen in Deutschland und in den USA wollen sogar die Schuldenbestände dezimieren. Angesichts der guten Konjunktur und der derzeit hohen Staatseinnahmen, könnte das zumindest in den nächsten Jahren auch gelingen. Allerdings können all diese Entschuldungspläne morgen schon wieder Makulatur sein, wenn sich die Inflation belebt und damit die Zinsen – wie bereits der Fall – wieder nach oben gehen. Schon ein Anstieg der Zinssätze um zwei Prozentpunkte würde die heutigen Zinslasten der Staaten um rund ein Drittel ansteigen lassen. Außerdem würde mit den steigenden Zinslasten die allgemeine Konjunkturlage beeinträchtigt und in der Folge die Steuereinnahmen sinken. Und wenn dann an den Börsern noch die Spekulationsblase platzt, mit deren Hilfe sich die Konsumenten reich gerechnet und auf großem Fuß gelebt haben, sind die Folgen noch katastrophaler. Das gilt angesichts des riesigen Außenhandelsdefizits gerade auch für die USA. Obwohl dieses Land als einziges in der Welt seine Auslandsschulden mit selbst gedruckten Dollarscheinen abbauen kann, würde das auch dort nicht ohne Folgen bleiben. Allerdings auch nicht für jene Länder, deren Wirtschaft von Exporten in die USA abhängig sind.

Was wäre, wenn der Staat die Bürger direkt zur Kasse bitten würde?

Man stelle sich einmal vor, der Staat würde dem Bürger das Geld für die Bedienung der öffentlichen Schulden direkt aus der Tasche ziehen. Dann müsste er sich z. B. in Deutschland, zur Bedienung der jährlich fälligen 140 Mrd. DM Zinsen, bei jedem Erwerbstätigen mit rund 4 000 DM refinanzieren. Oder der Staat müsste die Steuern entsprechend erhöhen, z. B.: die Lohnsteuern um 40 Prozent oder die Mehrwertsteuer von derzeit 16 auf 32 Prozent. Schon die Ankündigung einer solchen Maßnahme würde die Öffentlichkeit Kopf stehen lassen. Wahrscheinlich würden dann sogar die Gewerkschaften wach werden und den Politikern vorrechnen, dass die ganzen mühsam erkämpften Lohnerhöhungen der letzten 25 Jahre futsch sein würden. Doch gegen die versteckte Beutelschneiderei durch immer höhere Schulden und Zinsen, die uns alle vielmals mehr kostet und noch die zukünftigen Generationen in einem unvorstellbaren Maße belastet, wird kaum einer laut. Die versteckte Ausbeutung nehmen wir sogar schicksalsergeben hin.

> »In Deutschland ist eine Zinsspirale in Gang gekommen, die jeden Bankkaufmann frösteln lässt. In den Berufsschulen wird die brutale Dynamik von Zins und Zinseszins gern am Beispiel der Seerosen erklärt: In einem Teich verdoppelt sich die Zahl der Seerosen mit jedem Tag. Nach einem Jahr ist das Gewässer zur Hälfte bewachsen. Die Preisfrage lautet: Wann ist der Teich zu 100 Prozent dicht? Antwort: Einen Tag später.«

Das schrieb der »Spiegel« 1992 einmal. Aber er irrte sich zumindest in einem Punkt: Bisher haben kaum Bankkaufleute ihr Frösteln irgendwo zum Ausdruck gebracht. Sie machen vielmehr betont in Optimismus und freuen sich über die Zuwachsraten ihrer Bankgeschäfte. Warnungen hört man allenfalls einmal aus dem Lager der Notenbanken. Doch was nützen solche Warnungen der zuständigen Geldbehörden, wenn auch sie gegen die Ursachen der Überschuldung, nämlich das Überwachstum der Geldvermögen, nichts unternehmen! Vor allem nichts gegen die Ursache der Geldvermögenseskalation: der Zinshochhaltung durch künstliche Verknappung des Geldes.

18. Kapitel

Zinsgrößen im Unternehmenssektor

»Der Unternehmer ist ein Arbeiter, der im Unternehmergewinn seinen Arbeitslohn verdient, der ihm vom Gewinn bleibt, nachdem ihm die Banken den Zins abgenommen haben, den der Unternehmer erst aus den Arbeitern herauswirtschaften muss. Insofern bildet der Unternehmergewinn keinen Gegensatz zur Lohnarbeit, sondern nur zum Zins.«
*Karl Marx**

Auch bei den Unternehmen steigen, im Gleichschritt mit den Schulden, die Zinsbelastungen überproportional an. Nicht nur gemessen an der Leistung, sondern auch im Verhältnis zu den mit den Krediten geschaffenen bzw. durch sie abgesicherten Sachvermögenswerten (s. 15. Kapitel).

So lag nach den Unterlagen des Statistischen Bundesamtes die Zinsbelastung der westdeutschen Produktionsunternehmen im Jahr 1970 mit 37 Mrd. DM noch bei acht Prozent der Nettowertschöpfung, 1993 mit 272 Mrd. DM aber bereits bei 15 Prozent. Legt man die Zinslast von 272 Mrd. DM einmal auf die knapp 23 Mio. Beschäftigten im Unternehmenssektor um, dann war 1993 jeder Arbeitsplatz im Durchschnitt mit rund 12 000 DM Zinsen belastet, 1988 – also fünf Jahre früher und zu Beginn der Hochzinsphase – war es erst die Hälfte.

* »Das Kapital«, 3. Band

In welchem Maße die Schere zwischen der Wertschöpfung und den geleisteten Zinszahlungen bei den westdeutschen Unternehmen in der Zeit von 1970 bis 1993 auseinander gegangen ist (danach wurden die westdeutschen Werte nicht mehr separat veröffentlicht), geht aus der Darstellung 49 hervor.

Ähnlich wie bei der gesamten Volkswirtschaft (Darstellung 47) wirken sich für die Unternehmen also die kurzfristigen Veränderungen der Zinssätze besonders gravierend aus.

Wie die BSP-Entwicklung zeigt auch die der Wertschöpfung in den Unternehmen einen relativ gradlinigen Verlauf. Umso stärker – und zwar gegenläufig zueinander – schwanken auf Grund der Zinssatzveränderungen die beiden anderen Kurven, nämlich die der geleisteten Zinsen und der Einkommen aus Unternehmertätigkeit. In welchem Maße dabei die Zinslasten eskalieren, zeigen einige Zahlen: In der Hochzinsphase 1978–1982 stiegen sie von 72 auf 138 Mrd. DM an, in der Phase 1988–1992 von 147 auf 272 Mrd. DM, also jeweils fast auf das Doppelte. Umgerechnet pro Kopf der Beschäftigten war das von 1988 auf 1992 ein Anstieg von 6 400 DM auf 11 800 DM. Dabei geben solche Durchschnittszahlen, die auch die unverschuldeten Betriebe mit erfassen, die Realitäten in den verschuldeten kaum wieder. So musste z. B. die Deutsche Telecom Ende der letzten Hochzinsphase je Arbeitsplatz 36 000 DM Zinsen aufbringen, was etwa zwei Drittel der Lohnkosten entsprach.

In den anschließenden Zinssenkungsphasen erholen sich zwar jeweils die Unternehmereinkommen und nähern sich wieder der Leistungsentwicklung. Da sich jedoch die zwischenzeitlichen Gewinneinbrüche bzw. Kostensteigerungen auf den weitgehend gesättigten Märkten kaum noch über Preiserhöhungen ausgleichen lassen, bleiben den

Darstellung 49:

Zinsbelastung und Nettowertschöpfung der Produktionsunternehmen

im Vergleich zu den Einkommen aus Unternehmertätigkeit

Prozentuale Entwicklung 1970 bis 1993, Westdeutschland

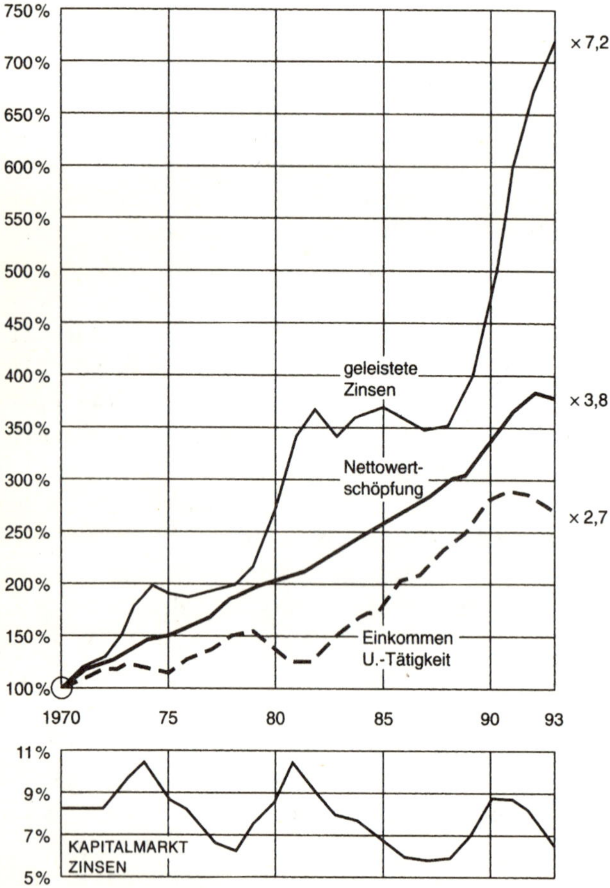

Unternehmen fast nur Rückstellungen von Investitionen bzw. Kürzungen im Lohnsektor übrig. Diese Maßnahmen, wie auch die den Zinsanstiegen nachfolgenden Insolvenzzunahmen, verstärken noch die negativen Folgen des zinsbedingten Konjunktureinbruchs.

Wie wirken sich Zinsanstiege in der Wohnungswirtschaft aus?

Der Wohnungsbau ist traditionell ein besonders schuldenbelasteter und damit zinsempfindlicher Sektor. Kaum ein Mietshaus oder Eigenheim wird ohne Fremdmittel erstellt. So lag die Verschuldung der gesamten Wohnungswirtschaft (in die statistisch auch die Privathypotheken einbezogen werden) in Deutschland Ende 1998 bei 1 925 Mrd. DM (s. auch Tabelle I).

Geht man von einer Verzinsung von sechs Prozent aus, dann hatte der Wohnungsbausektor 1998 für die Fremdfinanzierungen eine Zinslast von 116 Mrd. DM zu verkraften, was auf jede der rund 37 Millionen Wohnungen im Durchschnitt p.a. mit rund 3 100 DM zu Buche schlug, pro Monat also mit knapp 260 DM. Bei der Mietberechnung kommt zu dieser Verzinsung des Fremdkapitals selbstverständlich auch noch jene für das Eigenkapital hinzu. Zusammengenommen ergeben sich daraus Zinslasten in mindestens doppelter Höhe, also von 500–700 DM je Wohneinheit und Monat. Bezogen auf die Kostenmiete ergibt sich so ein Kostenanteil von etwa 70 bis 80 Prozent.

In der Schweiz sind die Wohnungen in einem besonders extremen Umfang mit Hypotheken belastet. Das hängt wahrscheinlich mit den dort üblichen langfristig laufenden Wohnungsbau-Krediten zusammen, die häufig keinen regelmäßigen Tilgungen unterliegen. Bei einer Bevölkerung von 7,3 Millionen, 3,5 Millionen Wohnungen und einer hypothekarischen Gesamtbelastung von rund 600 Mrd. Schweizer Franken, entfallen auf jeden Bürger also etwa 80 000 SF Hypothekenschulden und auf jede Wohnung 170 000 SF. Bei einer Verzinsung von vier Prozent (die Schweizer Sätze liegen durchweg zwei Prozentpunkte unter den deutschen) wären das 6 800 SF im Jahr und 570 SF im Monat alleine für die Hypotheken.

Wegen dieses großen Zinsanteils in den Mieten haben Veränderungen der Zinssätze in der Wohnungswirtschaft auch besonders schwer wiegende Folgen. Schon ein Anstieg der Hypothekenzinssätze von einem Prozentpunkt bewirkt nach einer bekannten Faustregel eine Erhöhung der Kostenmiete von 10 bis 14 Prozent. Das heißt, ein Anstieg der Hypothekenzinsen von beispielsweise sechs auf neun Prozent, wie von 1988 bis 1990 in Deutschland der Fall, führte bei den Neubauwohnungen zu einem Anstieg der Zinsanteile in den Kostenmieten von 50 Prozent! Solche Mieterhöhungen können aber auch bestehende Mietverhältnisse treffen, dann nämlich, wenn das Kapital mit flexiblen Zinssätzen aufgenommen wurde.

Welche Auswirkungen Zinssatzänderungen auf die Quadratmetermiete haben, geht auch aus der Darstellung 50 hervor, ebenso aus den Berechnungen im 8. Kapitel, Kasten H.

An den heutigen hohen Zinsanteilen in den Mieten kommen wir unter den gegebenen Verhältnissen nicht vorbei. Denn wenn mit einer Erzielung der kostendeckenden Miete nicht gerechnet werden kann, wird die Wohnung nicht gebaut. Auch von keinem genossenschaftlichen oder gewerkschaftlichen Wohnungsunternehmen! Es sei denn, der Staat schließt auf irgendeine Weise die Kostenlücke bei der Kapitalbedienung. Die ganzen öffentlichen Wohnungsbauförderungen, mit denen heute die Mieten verbilligt wer-

Darstellung 50:

Kostenmiete je Quadratmeter:

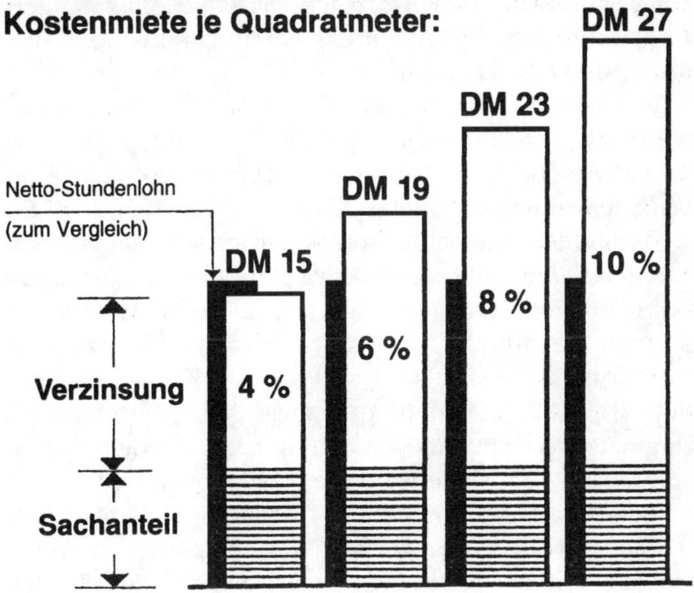

den, laufen darum im Grunde nur darauf hinaus, die Zinsansprüche der Geldgeber bzw. der Gebäude- und Bodenbesitzer staatlicherseits sicherzustellen.

Was ist mit den gesamten Zinsbelastungen?

Bisher haben wir uns nur mit den geldbezogenen Zinslasten befasst. Zinsen fallen aber nicht nur bei kreditfinanzierten Objekten an, sondern ebenso bei eigenfinanzierten. Denn wer sein Geld in eine Sachanlage investiert – ob in eine Produktionsanlage oder ein Miethaus – tut dies nur, wenn das damit geschaffene Sachvermögen mindestens den gleichen Zins erbringt wie das Geld bei der Bank. Man kann sogar davon ausgehen, dass bei jeder Investition ein höherer Zinssatz als bei den Banken üblich einkalkuliert wird, da man zumindest für das unternehmerische Risiko einen Aufschlag erwartet.

Wenn wir also die gesamten Zinslasten in einer Volkswirtschaft ermitteln wollen, müssen wir zusätzlich zu den Schuldengrößen auch die der unverschuldeten zinstragenden Sachvermögen kennen. Konkret: Das gesamte in der Wirtschaft eingesetzte Sachvermögen, einschl. des Bodens, muss als Grundlage der volkswirtschaftlichen Zinsstromberechnungen herangezogen werden. Der Geldzins diktiert nur die Höhe, mit der das Sachvermögen mindestens zu verzinsen ist. Das heißt, die gesamte Zinslast in einer Volkswirtschaft resultiert aus dem gesamten wirtschaftlich eingesetzten Sachvermögen, multipliziert mit dem geltenden Zinssatz, gleichgültig ob verschuldet oder nicht.

Im Gegensatz zu den geldbezogenen Zinsen, gibt es über die des schuldenfreien Sachvermögens jedoch im Allgemeinen keine statistischen Unterlagen. Selbst für den Gesamtbestand aller wirtschaftlich eingesetzten Sachvermögen findet man nur unzulängliche Ausgaben. Außerdem werden in den Statistiken im Allgemeinen nur die so genannten »reproduzierbaren Sachvermögen« ausgewiesen. Über die nicht reproduzierbaren, das sind vor allem der Boden und die Bodenschätze, gibt es so gut wie gar kein Zahlenmaterial. Da jedoch auch der wirtschaftlich genutzte Boden der Verzinsung unterliegt, ist man bei den heranzuziehenden Gesamtgrößen weitgehend auf Schätzungen angewiesen.

Wie groß ist das zu verzinsende Gesamtvermögen?

In Deutschland wurde das reproduzierbare Anlagevermögen (Gebäude und Ausrüstungen) zum Netto-Wiederbeschaffungswert (Tageswert!), für Ende 1996/Anfang 97 mit rund 10 300 Mrd. DM ausgewiesen. Zusammen mit den Vorratsbeständen in der Wirtschaft und dem öffentlichen Tiefbau ergibt sich ein Betrag von rund 12 500 Mrd. DM. Rechnet man jetzt noch den Boden und die wirtschaftlich ausgebeuteten Bodenschätze mit einer Summe von 3 500 Mrd. DM hinzu (allein der Verkehrswert der Grundstücke in den Händen der Privathaushalte wurde für 1997 von der Deutschen Bundesbank mit 2 500 Mrd. DM angeführt!), dann kommt man auf rund 16 000 Mrd. für den Gesamtwert des volkswirtschaftlichen Sachvermögens. Ausgehend von diesen Werten ergibt sich für das Jahr 1997 eine Situation, wie sie in der Darstellung 51 grafisch wiedergegeben ist.

Um die Relationen anschaulicher zu machen, sind in der Darstellung die Flächengrößen den jeweiligen DM-Werten in etwa angepasst. Der Wert der gesamten Sachvermögen in Deutschland ist dabei als rechteckiger Block dargestellt, das Sozialprodukt als Kreisfläche. Ein Viertel des Vermögensblocks wird als privatgenutzter Teil – hauptsächlich Wohnungseigentum – mit 4 000 Mrd. DM in Abzug gebracht. Der übrige Teil des Blocks in einer Größe von 12 000 Mrd. DM, entspricht dann dem wirtschaftlich eingesetzten und zu verzinsenden Sachvermögen. Über beide Teile hinweg ist nach dem Stand von 1996 die Gesamtverschuldung in Höhe von 8 500 Mrd. DM punktiert eingetragen.

Die gesamte zur Verzinsung anstehende Größe setzt sich demnach aus der wirtschaftlich eingesetzten Gesamtverschuldung in Höhe von etwa 8 500 Mrd. DM (von der etwa

Darstellung 51:

Kapitaleinsatz und Kapitalverzinsung in Deutschland

Überschlagsrechnung für das Jahr 1997 in Mrd. DM

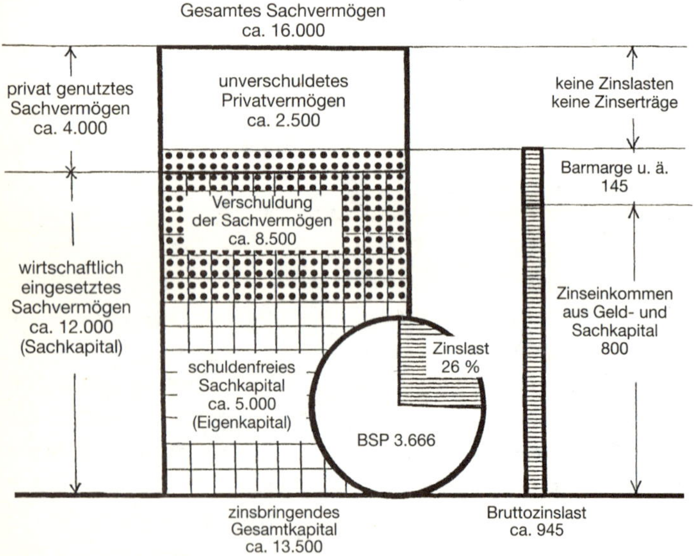

Quelle: Bundesbank

1,500 Mrd. in den Privatsektor übergreift) und dem schuldenfreien Teil des wirtschaftlich eingesetzten Sachvermögens in Höhe von 5 000 Mrd. DM zusammen. Nach dieser Überschlagsrechnung stand also Ende 1996 ein Betrag von 13 500 Mrd. zur Verzinsung an.

Legt man eine durchschnittliche Verzinsung aller Kapitalien von sieben Prozent zugrunde (Sollzins), dann ergibt sich eine gesamte Bruttozinslast von rund 945 Mrd. DM, die in der Säule rechts wiedergegeben ist. Nach Abzug der

Bankmarge und ähnlichen Kostenanteilen verbleibt eine Nettozinslast von 800 Mrd. DM, die wiederum etwa mit den Zinserträgen der gesamten Geld- und Sachkapitalbesitzer identisch ist.

Bezieht man den Bruttozinsbetrag von 945 Mrd. DM auf das Bruttosozialprodukt, dann ergibt sich ein Gesamtzinslast-Anteil von rund 26 Prozent.

Rechnet man die Zinslast von 945 Mrd. auf jeden Haushalt bzw. jeden Erwerbstätigen um, dann ergab sich 1997 für jeden eine Gesamtzinslast von etwa 25 000 DM, wovon wiederum etwa 15 000 DM auf die Verschuldung entfielen, davon knapp 4 000 DM auf die des Staates.

Sind die Zinslasten auch auf andere Weise zu ermitteln?

Natürlich kann man bei solchen Überschlagsrechnungen mit teilweise geschätzten Zahlen manches anzweifeln. Versuchen wir darum noch mal auf einem anderen Weg, der für jeden sicher überschaubar ist, der Wirklichkeit auf die Spur zu kommen:

In Deutschland gab es 1997 rund 34 Millionen Haushalte bzw. Beschäftigte. Das heißt, auf jeden Haushalt kam eine Wohnung bzw. Eigenheim und ein Arbeitsplatz. Nehmen wir für beide Investitionen – also Wohnung und Arbeitsplatz jeweils einschließlich Boden – je einen Tageswert von nur 180 000 DM an und für den Wert der öffentlichen Infrastrukturen – von den Straßen über Schulen, Krankenhäusern und Kasernen bis hin zu den Versorgungssystemen – 120 000 DM, dann kommen wir auf durchschnittliche Investitionen je Haushalt in Höhe von insgesamt 480 000 DM. Multipliziert mit den 34 Mio. Haushalten ergibt sich auf diese Weise wieder ein gesamtes Sachvermögen von gut 16 000

Mrd. DM. Der aus der Grafik zu entnehmende und zu verzinsende Gesamtbetrag kann also kaum als zu hoch eingeschätzt werden.

Sicher kann man auch über die Höhe der durchschnittlichen Zinssätze streiten. Aber bei den öffentlichen Kalkulationen in den Gemeinden werden seit Anfang der 80er Jahre im Allgemeinen Verzinsungen in Höhe von 7,5 Prozent zugrunde gelegt. Und das Eigenkapital in der Wirtschaft strebt bekanntlich sogar zweistellige Rendite an!

Auch der Tatbestand, dass alleine die Zinserträge der Banken inzwischen über 600 Mrd. DM lagen, ist ein Indiz dafür, dass die hier errechnete Gesamtzinsbelastung nicht zu hoch gegriffen sein dürfte.

Wie hoch sind die Gesamtzinsen in den Einzelpreisen?

Bezogen auf das Volkseinkommen, das in Deutschland 1997 eine Größe von 2 750 Mrd. DM hatte, lagen die Bruttozinslasten mit ihren 945 Mrd. bei 34 Prozent. Bezieht man die Zinslast auf das verfügbare Einkommen in Höhe von 2 350 Mrd. DM, dann lagen sie bei 40 Prozent. Umgelegt auf die Ausgaben der Haushalte in Höhe von 2 200 Mrd., ergibt sich sogar ein Anteil von 43 Prozent. Bezieht man also die gesamten Zinsen auf die Ausgaben der Haushalte, die letztlich als Endverbraucher alle Lasten zu tragen haben, dann kann man davon ausgehen, dass die Haushalte im Schnitt, direkt oder indirekt, mit jeder ausgegebenen Mark inzwischen etwa 40 Pfennig Zinslasten tragen.

Diese 40 Pfennig, bezogen auf jede ausgegebene Mark, geben natürlich einen Durchschnittsbetrag wieder. Die tatsächlichen Zinsanteile in den einzelnen Preisen sind – wie bereits im 5. Kapitel beschrieben – selbstverständlich sehr unterschiedlich. Sie werden nicht nur von den eingesetzten Kapitalgrößen und Zinssätzen beeinflusst, sondern auch von dem jeweiligen Verhältnis der Kapitalkosten zu den Personal- und Materialkosten sowie allen anderen Posten in den Kalkulationen, z. B. der Abschreibung.

Da man private Kalkulationen nur selten einsehen kann, sind in der Darstellung 52 als Beispiele einmal die Berechnungen einiger öffentlicher Preise aus dem Haushalt der Stadt Nürnberg von 1991 wiedergegeben.

Sind Lohnkosten und Abschreibung besonders gering, dann dominieren – wie bei der Mietberechnung – die Zinslasten die Preisgestaltung in einem besonders hohen Maße. Geht man von einer Verzinsung von nur 5 Prozent und einer Abschreibung über hundert Jahre aus (wie bei Wohngebäuden in etwa üblich), dann müssen die Nutzer oder Mieter – zu der einmaligen Abschreibung über die hundert Jahre hinweg – die Baukosten gewissermaßen über die Zinsen noch fünfmal zusätzlich bezahlen. Oder anders ausgedrückt (und das gilt für sämtliche Sachvermögen!): Alle in einer Volkswirtschaft genutzten Sachgüter werden alle zwanzig Jahre über die Zinsen erneut finanziert. Und das neben der in allen Preisen enthaltenen Abschreibung, mit der die Ersatzbeschaffung der Objekte abgesichert ist!

Wenn also z. B. die Mieten im Allgemeinen als zu hoch empfunden werden, dann liegt das nicht an der Skrupellosigkeit der Vermieter (die Wohnungen der ehemaligen gewerkschaftseigenen »Neuen Heimat« waren auch nicht billiger!), sondern an dem Tatbestand, dass alle Sachvermögen in unserem Wirtschaftssystem während ihrer Lebensdauer laufend mit Zinsen bedient werden müssen.

Zu beachten ist bei allen bisher angeführten Berechnungsbeispielen noch, dass dabei nie die darin enthaltenen gesamten Zinskosten ausgewiesen werden, sondern immer nur diejenigen, die auf der letzten Kalkulationsebene hin-

Darstellung 52:

Zinsen im Preis – Kalkulationsbeispiele

Aus dem Haushalt der Stadt Nürnberg 1991, in Tsd. DM

1. Abfallbeseitigung

a)	Sachkosten	56.793	70,7 %
b)	Personalkosten	16.349	20,3 %
c)	Abschreibung	4.154	5,2 %
d)	Kapitalverzinsung	3.075	3,8 %
	insgesamt	80.351	100,0 %

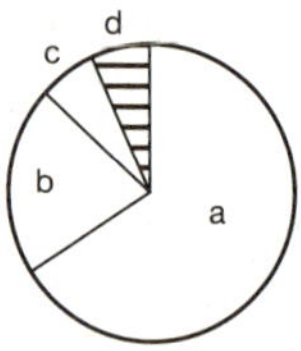

2. Meistersingerhalle

a)	Sachkosten	2.568	45,2 %
b)	Personalkosten	1.404	24,7 %
c)	Abschreibung	590	10,4 %
d)	Kapitalverzinsung	1.123	19,7 %
	insgesamt	5.685	100,0 %

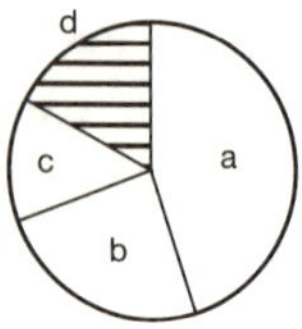

3. Abwasserbeseitigung

a)	Sachkosten	36.424	37,3 %
b)	Personalkosten	23.248	23,8 %
c)	Abschreibung	15.426	15,8 %
d)	Kapitalverzinsung	22.474	23,1 %
	insgesamt	97.572	100,0 %

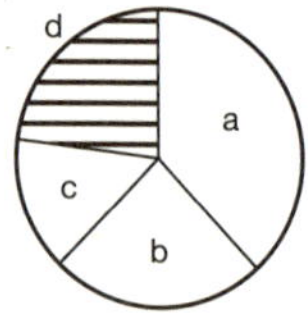

4. U-Bahn

a)	Sachkosten	2.734	11,5 %
b)	Personalkosten	3.511	14,8 %
c)	Abschreibung	7.162	30,1 %
d)	Kapitalverzinsung	10.347	43,6 %
	insgesamt	23.754	100,0 %

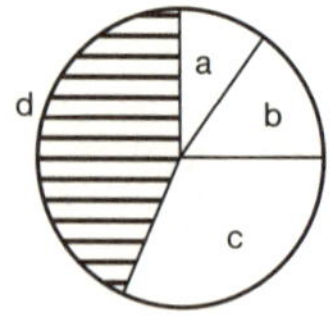

5. Kleingärten

a)	Sachkosten		
b)	Personalkosten	724	33,6 %
c)	Abschreibung	244	11,3 %
d)	Kapitalverzinsung	1.185	55,1 %
	insgesamt	2.153	100,0 %

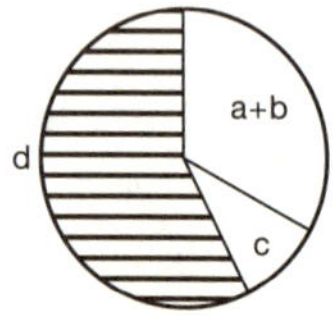

Auswertung: G. Riegel/H. Creutz

zugekommen sind. Denn die in diese Kalkulationen eingehenden Sachkosten bestehen wiederum – siehe Darstellung 19 – aus Arbeits- und Kapitalkosten unterschiedlicher Zusammensetzung, die sich jeweils auf den Vorstufen gebildet haben. Im Gegensatz zur Mehrwertsteuer, bei der die auf den Vorstufen angefallenen Beträge jeweils abgezogen werden, kommt es bei den versteckten Zinsen also zu einer ständig wachsenden Akkumulation. Daraus ergeben sich dann auch die in der Gesamtberechnung der Zinslasten ausgewiesenen Zinsanteile in den Endverbraucherpreisen von durchschnittlich 40 Prozent.

19. KAPITEL

Zinslasten und Zinseinkünfte der Privathaushalte

»Der Zins ist ein Tribut, den der Schaffende – vom Industriearbeiter bis zum Bauern und Unternehmer – dem Geldleiher entrichten muss, damit überhaupt gearbeitet werden kann. Der Zins wird in den Preis aller Waren eingerechnet und dadurch auf die Konsumenten abgewälzt. Er ist eine erdrückende Last für die große Mehrheit und eine mühelose Einnahmequelle für eine kleine Minderheit der Bevölkerung. Der Zins ist arbeitsfreies Einkommen und daher ethisch nicht zu verantworten.«
*Hansjürg Weder**

Was ist mit den direkten Zinsen?

Bisher haben wir uns nur mit den Zinslasten beschäftigt, die wir alle als Endverbraucher über Preise, Steuern und Gebühren auf versteckte Weise zahlen, fast immer ohne es zu wissen. Darin enthalten sind aber auch diejenigen, die von den Haushalten direkt gezahlt werden. Das sind vor allem die Zinsen, die mit den Krediten zur Finanzierung des Eigenheims oder der Eigentumswohnung zusammen-

* Schweizer Nationalrat, 1990

hängen. Sie werden meist über gleich bleibend hohe Monats- oder Jahresraten gezahlt, die neben den (abnehmenden) Zinsen eine (zunehmende) Tilgung enthalten. Das Risiko solcher Investitionskredite ist relativ gering, da sie durch die geschaffenen Gebäude und meistens auch noch durch das Grundstück abgesichert sind. Kritischer, weil nicht durch langlebige Sachvermögen gedeckt, sind jedoch die Zinsbelastungen durch Konsumentenkredite. Die Entwicklung dieser Lasten geht aus der Darstellung 53 hervor, in der sich auch wieder die explosiven Veränderungen in den Hochzinsphasen abzeichnen.

Gerade diese plötzlichen Belastungsanstiege zwingen manche Haushalte zu noch höheren Kreditaufnahmen. Umgekehrt sehen sich die Banken in Hochzinsphasen zu erhöhter Werbung für Konsumkredite gezwungen, einmal weil auf Grund der hohen Zinsen die Geldeinlagen bei ihnen rascher wachsen, zum anderen weil die Kreditaufnahmen der Unternehmen dann tendenziell zurückgehen. Als Folge solcher Entwicklungen, oft aber auch aus Leichtfertigkeit, geraten immer mehr Familien in ausweglose Situationen.

Vergleicht man auch hier die Zinskurve mit dem (verkleinert dargestellten) relativ linearen Verlauf der Löhne, dann werden sowohl in der Scherenöffnung zwischen beiden wie den eingetragenen Multiplikatoren die auseinander driftenden Entwicklungen seit 1960 überdeutlich.

Ende 1997 mussten die privaten Konsumentenkredite in Deutschland in Höhe von 370 Mrd. DM mit 39 Mrd. DM Zinsen bedient werden. Für die Baukredite in Höhe von 1 420 Mrd. DM fielen etwa 100 Mrd. DM Zinsen an. Allerdings hat nur rund ein Viertel der Haushalte mit Baukrediten zu tun und der Anteil der Haushalte mit Konsumentenkrediten ist noch geringer. Im Gegensatz zu den Bürgern in den USA haben sich die Haushalte in Deutschland – wie

Darstellung 53:

Zinsen auf Konsumentenschulden

in Mrd. DM

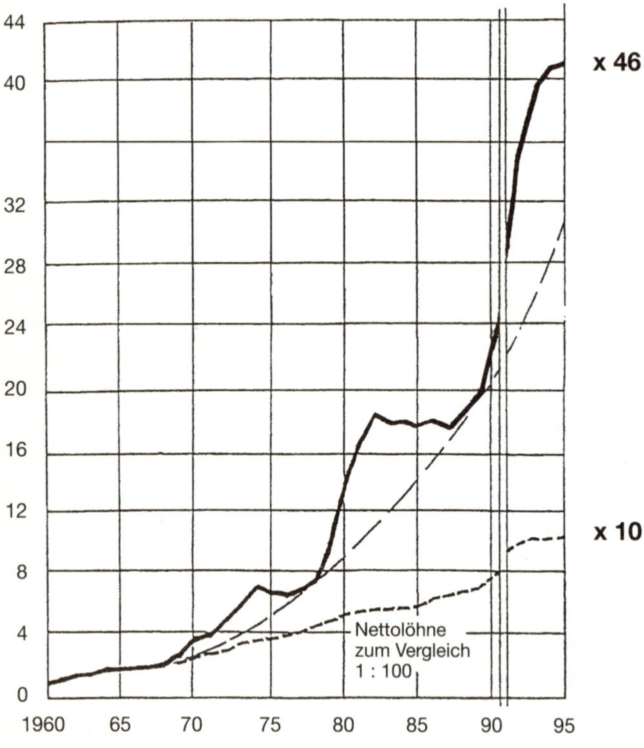

Quelle: Bundesbank

auch in den meisten anderen europäischen Ländern – trotz aller Werbung bisher erst in begrenztem Umfang in den Sog der Konsumkreditaufnahmen ziehen lassen. Wie Meldungen aus dem Frühjahr 2000 zu entnehmen ist, sind in Deutschland nur etwa 4,5 Millionen = 12 Prozent der Haushalte mit solchen Krediten belastet, allerdings gelten bereits zwei Millionen als überschuldet. Das heißt, sie sind nicht mehr in der Lage, ihren übernommenen Verpflichtungen nachzukommen.

Wie groß sind die Zinseinkünfte der Privathaushalte und wie verteilen sie sich?

Mit rund 5 400 Mrd. DM verfügten die deutschen Privathaushalte 1997 über den größten Teil der gesamten Geldvermögen, während ihre Verschuldungen für Hypotheken und Konsumzwecke – wie oben angeführt – nur bei 1 800 Mrd. DM lagen. Entsprechend waren die den Privathaushalten zufließenden Zinserträge auch deutlich höher als die direkt aufzubringenden Zinslasten. Nun kann man zwar für statistische Zwecke die Lasten von den Erträgen abziehen und auf diese Weise eine Netto-Zinslast errechnen. Aber in der Praxis der einzelnen Haushalte sieht das völlig anders aus, da die Netto-Zinszahler nicht mit den Netto-Zinsempfängern identisch sind. Darauf hat auch die Münchener »Abendzeitung« bereits 1991 hingewiesen:

> »Im vergangenen Jahr kassierten die privaten Haushalte in den alten Bundesländern 136 Mrd. DM, für die sie nicht zu arbeiten brauchten. Sie ließen ihr Geld für sich arbeiten. Genauer: Sie ließen jene für sich arbeiten, die Kredite aufgenommen haben und dafür Zinsen zahlen mussten.«

In Wirklichkeit flossen also diese Zinsen schwerpunktmäßig an einen kleinen Teil der Haushalte, während die anderen überwiegend dafür arbeiten mussten. Das rechnete auch die »Abendzeitung« ihren Lesern vor:

»Allerdings – nicht jeder Haushalt hat Vermögenseinkommen, und wenn, dann oft nur in bescheidener Höhe. Das Gros der privaten Haushalte – 80 Prozent – bekam nämlich nur 26 Prozent vom Vermögens-Einkommenskuchen; die übrigen 74 Prozent vom Kuchen – das sind rund 100 Milliarden DM – gingen an nur 20 Prozent der Haushalte.«

Rechnet man diese Prozentanteile in DM-Beträge um, dann mussten sich damals vier Fünftel der Haushalte mit 35,4 Mrd. DM Zinseinnahmen begnügen, während ein Fünftel 100 Mrd. DM unter sich verteilen konnte. Für die erstgenannten 22 Millionen Haushalte ergaben sich damit im Durchschnitt Zinseinnahmen von 1 640 DM im Jahr, während die übrigen 5 Millionen durchschnittlich 18 630 DM kassierten, also mehr als das Elffache. Unter der Überschrift: »Die Kluft wird immer breiter! – 20 Prozent der Haushalte gehören 80 Prozent des Volksvermögens«, berichtete die Presse 1995 über ähnliche Verhältnisse aus den USA.

Was sind die niedrigsten und höchsten Zinseinkommen?

Die niedrigsten Zinseinkommen liegen verständlicherweise bei Null. Die Größe dieser Haushaltsgruppe ohne Zinseinkommen ist nicht genau zu quantifizieren. Geht man von Darstellung 45 im 16. Kapitel aus, dann sind das etwa 13 Prozent der Haushalte.

Noch schwerer als die Zinseinkommen der unteren Gruppen sind die der wohlhabenden Haushaltsminderheit zu erfassen, vor allem weil deren Zinseinkünfte überwiegend aus Sachvermögen stammen. Schon 1990 konnte man in deutschen Tageszeitungen lesen: »600 Superreiche sitzen auf 300 Milliarden.« Obwohl die Zahl der Superreichen und ihrer Milliarden sich inzwischen längst verdoppelt und verdreifacht haben dürften, lohnt sich eine nähere Betrachtung:

Im Schnitt verfügte jeder der 600 reichsten Deutschen bereits 1990 über 500 Mio. DM. Legt man eine durchschnittliche Verzinsung dieses Vermögens in Höhe von nur sechs Prozent zugrunde, dann hatte jeder dieser 600 Haushalte damals schon ein jährliches Zinseinkommen von 30 Mio. DM, ein monatliches von 2,5 Mio. DM.

Im Dezember 1992 berichtete das Wirtschaftsmagazin »forbes« von 95 bundesdeutschen Milliardären, die zusammen über ein Vermögen von 233 Mrd. DM verfügten. Dieses Vermögen entsprach – um es fassbarer zu machen – dem Lebensarbeitsverdienst von etwa 150 000 Normalverdienern, wenn man für jeden anderthalb Millionen ansetzt. Wohl gemerkt: Dem Verdienst, nicht den viel geringeren Ersparnissen dieser Arbeitleistenden!

Nehmen wir auch bei diesen 95 Milliardären eine bescheidene Verzinsung von nur sechs Prozent an, dann wurden sie im Jahr 1992 gemeinsam um 14 Mrd. DM reicher. Pro Kopf waren das rund 147 Mio., pro Woche 2,8 Mio. und pro Tag 400 000 DM. Geht man davon aus, dass jeder Erwerbstätige inzwischen jede dritte Stunde für die Kapitalrenditen arbeitet, dann mussten 1992 allein für diese 95 Milliardäre rund eine Million Arbeitnehmer jede Woche 13 Stunden Arbeit leisten!

Besonders problematisch ist, dass die Superreichen nur einen Bruchteil ihrer Zinserträge verkonsumieren können. Selbst beim großzügigsten Lebenswandel kann man tagtäglich kaum 400 000 DM ausgeben. Die Folge ist, dass das Gros der Zinseinnahmen erneut gegen Zinsen angelegt werden muss, wodurch sich bereits bei sechs Prozent Verzinsung die Vermögen alle zwölf Jahre verdoppeln. Das heißt, in 24 Jahren kommt es zu einer Vervierfachung, in 36 Jahren zur Verachtfachung und in 48 Jahren zur Versechzehnfachung der Vermögen! In Wirklichkeit liegen die Verzinsungen solcher großen Vermögen natürlich höher, was das Tempo der heutigen Vermögenszunahmen und -konzentrationen erklärt.

Woher erhält Fräulein Quandt täglich 650 000 DM?

Einen besonders exemplarischen Fall schilderte »Bild« am 27. Juli 1990 unter der Überschrift:

> *»Fräulein Quandt, 3 Milliarden, heiratet Herrn Klatten, 4 600 brutto«,*

um dann im weiteren Text aufzudecken, dass Fräulein Quandt – Tochter des damals noch lebenden Hauptaktionärs von BMW und von ihm mit den drei Milliarden ausgestattet – inkognito jenen Jan Klatten kennen lernte, weil sie nicht ihres Geldes wegen begehrt werden wollte. Bei der schließlich anstehenden Hochzeit lüftete sie dann das Geheimnis und Herr Klatten hat sie trotzdem geheiratet. Das würdigt auch die »Bild«-Zeitung, und schreibt:

> »Der gebürtige Hamburger hat die Liebesprobe bestanden und braucht nicht mehr für 4 600 Mark brutto im Monat zu arbeiten. Er hat schließlich im Nobel-Ort Kitzbühel (Österreich) ein scheues Mädchen geheiratet, das alleine an Zinsen täglich über 650 000 Mark verdient.«

Beim Einkommen des Herrn Klatten ist das Wort »verdienen« sicher angebracht. Allerdings fragt man sich, ob das auch für die 650 000 DM zutrifft, die das bisherige Fräulein Quandt gewissermaßen jeden Tag auf ihrem Konto als Gutschrift erhält. Denn diese 650 000 DM pro Tag stammen – wie alle zu verteilenden Werte – zwar auch aus Arbeitsleistungen, aber eben nicht aus solchen von Fräulein Quandt. Das ist auch dem cleveren Journalisten aufgefallen, der ergänzend schreibt:

> »Jan hätte sich zwölf Jahre als Angestellter abplagen müssen, um die Tageseinnahmen seiner Frau zu verdienen.«

Da jedoch der Betrag nicht alle zwölf Jahre, sondern täglich fällig ist, müssen in Wirklichkeit 12 × 365 = 4 380 Normalverdiener à la Klatten jeden Tag ihren vollen Verdienst an Fräulein Quandt abliefern. Da aber auch Normalverdiener nicht nur von Luft und Liebe leben können und mindestens zwei Drittel ihres Lohns für sich selbst benötigen, sind in Wirklichkeit dazu dreimal so viele ›Klattens‹, nämlich 13 140 erforderlich, die jeden Tag ein Drittel ihres Tagesverdienstes hergeben. Und da auf die gleiche Weise wie die 650 000 DM für Fräulein Quandt auch die damals aktuellen 500 bis 600 Mrd. DM an gesamten Zinseinkommen erwirtschaftet werden mussten, galt und gilt das ebenso für alle anderen Arbeitleistenden in der Volkswirtschaft. Konkret: 30 bis 40 Prozent seines Einkommens zahlt inzwischen jeder Arbeitleistende in den Topf der Zinslotterie!

20. KAPITEL

Die Überentwicklung der Spekulationen

»Spekulanten mögen unschädlich sein als Seifenblasen auf einem steten Strom der Unternehmungslust. Aber die Lage wird ernsthaft, wenn die Unternehmungslust die Seifenblase auf einem Strudel der Spekulation wird.«
*John Maynard Keynes**

In einer jungen Volkswirtschaft, das heißt in einer Volkswirtschaft, die nach einem Zusammenbruch mit neuem Geld neu begonnen hat, sind Spekulationen anfangs so gut wie unbekannt. Alle Einkommen fließen wieder in den Konsum, überschüssige Einkommen direkt oder über Bankeinlagen in die dringend notwendigen Investitionen.

Dieser Zustand verändert sich im Laufe der Jahre, bedingt vor allem durch zwei Entwicklungen, die sich gegenseitig verstärken: Einmal geht mit den eintretenden Sättigungsprozessen der Bedarf an notwendigen Investitionen zurück. Zum anderen sammeln sich bei Minderheiten immer größere Einkommensüberschüsse als Geldvermögen an. Sowohl diese Geldvermögensakkumulationen als auch die nachlassenden Anlagemöglichkeiten und die damit sinkenden Renditen verführen dann dazu, mit seinem Geld auch in riskantere Geschäfte einzusteigen. Man-

---

* John Maynard Keynes, »Allgemeine Theorie der Beschäftigung, des Zinses und des Geldes«, Darmstadt 1974, S. 134

che begnügen sich dabei mit den vom Staat zunehmend zugelassenen Spielcasinos, andere setzen bei Lotto und Toto ihr Geld aufs Spiel und wieder andere finden es interessanter und vor allem sicherer, an den Börsen zu spekulieren. Mit immer neuen und immer komplizierteren Variationen werden diese Börsen schließlich selbst zu einer Art Spielcasino. Und damit sich an diesem Börsen-Monopoly nicht nur ein paar Superreiche beteiligen können, sondern auch der ›kleine Mann‹, bieten clevere Finanzmakler und -agenturen mit ›Investmentfonds‹ und ähnlichen Einrichtungen auch diesem eine Möglichkeit, mit bescheidenen Einsätzen mitzuspielen.

Dass so was auch bei breit gestreutem Risiko danebengehen kann, erlebten Hunderttausende bei einem der ersten weltweit agierenden Fonds, der von dem fast schon legendären Bernie Cornfield in den 60er Jahren gegründet und keine zehn Jahre später in die Zahlungsunfähigkeit gemanagt wurde.

Wie verhalten sich die Banken?

Anfangs skeptisch und die Fonds als Konkurrenz betrachtend, sind die Banken schließlich selbst in immer größerem Umfang in diese Geschäfte eingestiegen. Alleine schon, um die Kunden und deren Geld nicht an andere zu verlieren. So bieten inzwischen sogar die kleinsten Sparkassen ihren weniger betuchten Kunden die Möglichkeit, sich an diesem Spiel zu beteiligen. Außerdem konnten die Banken auf diese Weise die sich bei ihnen anhäufenden Ersparnisse wieder renditeträchtiger unterbringen und darüber hinaus waren sie bei jedem Spielvorgang als Provisionskassierer mit dabei.

Doch damit nicht genug: Schließlich begannen die Banken sogar mit den Kundeneinlagen selbst ›große Räder‹ zu drehen, um auf diese nicht ganz risikolose Weise die Zinsen für die ihnen anvertrauten Ersparnisse zu erwirtschaften. Dazu wurden besondere Abteilungen mit mehr oder weniger versierten Spezialisten eingerichtet, die im Anfang allzu oft (und zu lange unbehelligt) nebenbei einige eigene ›Pferdchen‹ mitlaufen ließen. Nur wenn sie eine Bank in ernsthafte Schwierigkeiten brachten und damit die Sache nicht mehr zu vertuschen war, kam so was einmal an die große Glocke. Man erinnere sich nur an die Pleite der deutschen Herstatt-Bank mit ihren cleveren Devisenbeschaffern, oder an die Geschichte mit jenem angestellten Spekulanten, der in den 90er Jahren an der Börse von Singapur die alteingesessene britische Baringsbank an den Rand des Abgrunds brachte. Wie viele Millionen und Milliarden auf diese Weise insgesamt in den Sand gesetzt wurden, wird man nie erfahren.

Aber nicht nur solche Spezialisten aus der Umgebung der Banken und Börsen wagten sich mit immer größeren Summen in die Spekulationsgefilde. Auch große Unternehmen mit übergroßen ›Kriegskassen‹ stiegen in die lukrativen Geschäfte ein, bei denen die kleinen Mitspieler mit weniger Insiderwissen meist den Kürzeren ziehen. Die Provision der Banken einsparend, richteten sich die ganz großen Unternehmen sogar eigene Spekulationsabteilungen ein mit Dutzenden von Mitarbeitern, die auf diese Art die überschüssigen Milliarden ›arbeiten‹ ließen. In welchem Maße man mit solchen Geschäften Gewinne machen kann, lässt sich z. B. an der ›Explosion‹ der liquiden Mittel der Firma Siemens ablesen, die seit 1980 von drei auf fast 30 Milliarden DM angestiegen sind. Weniger Glück hatte bekanntlich das VW-Werk mit dieser Masche. Hier verschwand einmal auf nicht ganz legale Weise ein Betrag von einer halben Milliarde, was fast nicht bemerkt worden wäre.

Die Folge solcher Entwicklungen war und ist, dass unser Geld, einmal als Tauschmittel erdacht, immer mehr zu einem Spekulationsmittel verkommt. Je mehr jedoch diese falsch verstandene Freizügigkeit des Geldverkehrs zunimmt, desto gefährlicher und explosiver wird die gesamte Situation.

Welche Folgen haben Aktienspekulationen?

Während Aktien früher oft als eine Art Lebensversicherung angesehen wurden – manchmal sogar über Generationen hinweg wie z. B. bei den legendären Suezkanal-Papieren –, sind sie heute fast nur noch Spekulationsobjekte. Zwar bieten auch die Dividenden einen Kaufanreiz, doch angesichts des Auseinanderdriftens zwischen Kurs- und Nennwert sind die Kursgewinne immer entscheidender. In der inzwischen erreichten Börseneuphorie werden sogar Aktien von Unternehmen zu Phantasiepreisen gehandelt, die seit Jahren nur Verluste schreiben und noch nie eine Dividende ausgeschüttet haben.

Da zu jedem Kaufvorgang an den Börsen jeweils zwei gehören und beide jeweils glauben richtig zu handeln, ist das Ende offen. Wer tatsächlich die richtige Nase hatte, zeigt sich erst hinterher.

Normalerweise sind – wie bei einer Spielbank – von Spekulationsverlusten nur andere Mitspieler betroffen. Kommt es aber zu einem überzogenen Börsenboom und irgendwann zu einem Platzen des Ballons, dann wird von den davon ausgehenden Irritationen und Störungen auch das normale Wirtschaftsgeschehen erreicht. Das vor allem im Bereich der Banken, wenn diese allzu leichtfertig Börsenkäufe mit Krediten finanziert haben. Allerdings kommt es bei diesen Kurseinbrüchen nicht zu ›vielstelligen Milliardenverlusten an Geld‹, wie machmal selbst in Wirtschaftsjournalen zu lesen ist. Verloren gehen dabei weitgehend nur hochgerechnete Gewinnhoffnungen, also spekulative Luft, die man selbst in den Ballon hineingeblasen hat. Und zu diesen Verlusten kommt es nur dann, wenn man a) die Aktien zu einem höheren Wert gekauft hat und b) sie nach dem Kurseinbruch zu einem niedrigeren Preis verkauft. Doch da in solchen Situationen auch die Notenbanken manchmal den Kopf verlieren und – mangels funktionierender Umlaufsicherung – die Notenpresse laufen lassen, kann ein solcher Crash ggfs. sogar die Geldkaufkraft und damit die gesamte Wirtschaft gefährden.

Welche vielfältigen Auswirkungen spekulative Überentwicklungen haben, hat Wilhelm Hankel schon vor Jahren in seinem Buch »Vorsicht unser Geld« dargelegt:

> »Wenn der Kapitalumschlag das 15 bis 20fache des Güterumschlages per Zeitperiode erreicht, dann schlägt dieser ›spekulative Faktor‹ auch 15 bis 20-mal stärker zu Buche als ... die in Inlandswährung fakturierten Export- und Importpreise. Man verdient am reinen Geldhandel mehr als am ›ehrlichen‹ Warengeschäft. Aber nicht nur das. Die einstmals sicheren Geldmaßstäbe und -kosten werden unsicher – insbesondere der Zinsmaßstab.«

Und die Folge für uns alle hat er ebenfalls beschrieben:

> »70 Prozent Bezieher fester und von der Konjunktur abhängiger Arbeits- und Leistungseinkommen, vornehmlich in der Ersten und industrialisierten Welt, können nur müde oder resigniert lächeln, wenn ihnen die Vorzüge eines freien, deregulierten und gänzlich vaterlandslosen Welt-Kapitalmarktes gepriesen wer-

den. Sie leiden unter den Folgen von Weltdepression, Schuldenkrise, Währungswirrwarr und Zinseskalation und ahnen, dass die hektische und unkontrollierte Roulette- und Kasinoatmosphäre dieser Märkte der eigentliche und tiefere Grund aller hausgemachten Probleme ist: von Arbeitslosigkeit bis Börsenunsicherheit und Firmenpleiten.«

Wie groß sind die Aktienbestände in der Welt und wie verteilen sie sich?

Nach Zahlen der Weltbank lag das gesamte weltweite Aktienkapital Ende 1997 bei einem Kurswert von 20 178 Mrd. Dollar. Wie sich diese Milliarden prozentual auf die zwölf aktienreichsten Länder verteilten, geht aus den schwarzen Säulen und der linken Skala in der Darstellung 54 hervor.

Mit rund 8 500 Mrd. Dollar und damit fast der Hälfte des Aktien-Gesamtbestandes lagen die USA weit an der Spitze, gefolgt von Japan mit rund 15 Prozent und Großbritannien mit knapp 9 Prozent. Deutschland lag zwar an vierter Stelle, gehörte aber mit 3,3 Prozent bereits in das Verfolgerfeld der übrigen neun Länder, deren Schlusslicht mit einem Prozent des Aktienbestandes Brasilien war. Alle anderen hier nicht aufgeführten Länder in der Welt hatten also noch weniger und mussten sich gemeinsam mit 16 Prozent der Aktien zufrieden geben, also etwa so viel, wie Japan alleine besaß.

Der erstaunlich niedrige Aktienbestand in Deutschland hat im Wesentlichen zwei Ursachen. Einmal ziehen die deutschen Unternehmen für ihre Finanzierungen durchweg Bankkredite vor, da sie damit der Offenlegung ihrer Bilanzen ebenso entgehen wie dem Mitspracherecht der

Darstellung 54:

Das Welt-Aktienkapital und seine Verteilung – Kurswert 1997: 20.178 Mrd. $

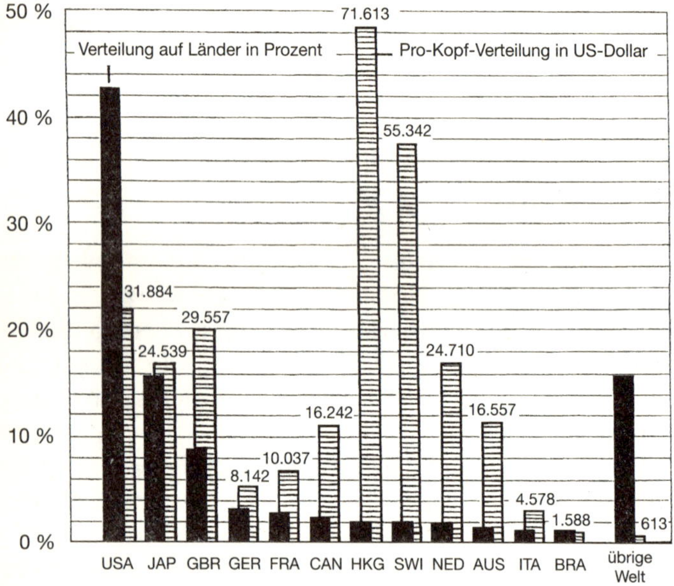

Quelle: Weltbank/iw

Aktionäre. Zum anderen legen auch die deutschen Bürger ihre Ersparnisse lieber gegen feste Zinsen an. Insgesamt sind nur 16 Prozent der gesamten Geldvermögen in Aktien untergebracht, bei den Privathaushalten sogar nur 9 Prozent, im Gegensatz zu den USA, wo etwa 40 Prozent der privaten Ersparnisse in Aktien gehalten werden.

Wie sieht es mit den Pro-Kopf-Anteilen bei den Aktien aus?

Auch die Umrechnung der Aktienbestände auf die Bürger ist – wieder bezogen auf die zwölf aktienreichsten Länder – in Darstellung 54 durch die hellen Säulen wiedergegeben, jeweils in Dollar pro Kopf. Daraus geht hervor, dass bei dieser Aufschlüsselung nicht die US-Bürger, sondern, mit einem erheblichen Vorsprung, die Bürger Hongkongs und der Schweiz rechnerisch die reichsten sind. Zumindest in Hongkong dürfte allerdings der hohe Kopfbetrag auf ausländische Aktieninhaber bzw. ausländische Unternehmen zurückzuführen sein, die dort ihren Firmensitz haben. Auf die Bürger der USA, Japans, Großbritanniens und der Niederlande entfallen immerhin noch Anteile zwischen 20 000 und 30 000 Dollar, während sich die deutschen Bürger mit gut 8 000 Dollar als Drittletzte zufrieden geben müssen.

Für den ›Rest der Welt‹ sieht die Sache bei der Pro-Kopf-Verteilung noch trostloser aus als bei dem Bestandsanteil. Hier musste sich jeder Bürger mit 613 Dollar Aktien zufrieden geben, gegenüber dem Durchschnittswert in den zwölf Ländern, der immerhin bei 19 000 Dollar lag, also mit einem Dreißigstel!

Wie sind die Verteilungsrealitäten?

Natürlich sind die hier angeführten Pro-Kopf-Verteilungen auf die Gesamtbevölkerung wiederum mit vielen Fragezeichen zu versehen. Denn sie sagen nichts über die Anzahl der Bürger aus, die überhaupt über Aktien verfügen, ebenso nicht über deren Bestandskonzentrationen. In Deutschland sind das z. B. nur 18 Prozent der Bevölkerung, in Großbritannien und in den USA dagegen 25 und in Schweden sogar 35 Prozent. In Japan verfügen dagegen nur 9 Prozent der Bevölkerung über Aktien, was angesichts des hohen Gesamtbestands entweder auf eine Konzentration in den Händen von Banken und Unternehmen schließen lässt oder von einigen Familien.

So verfügte beispielsweise in Deutschland die bereits erwähnte Gesamtfamilie Quandt – Hauptaktionär bei BMW – 1997 über ein Aktienpaket von mehr als 9 Mrd. DM, und damit über fast ein Drittel des gesamten Firmenkapitals. Aber auch diese Familie Quandt ist wiederum relativ arm, wenn sie ihr Aktienvermögen beispielsweise an jenem von Bill Gates misst, der 22 Prozent der Microsoft-Aktien in den Händen hält. Da deren Wert 1997 bei 200 Mrd. Dollar lag, war sein Vermögen mit etwa 44 Mrd. Dollar bzw. rund 88 Mrd. DM fast zehn Mal größer als das der Quandts. Und da die Kurse von Microsoft zwischenzeitlich auf 500 Mrd. Dollar angestiegen sind und damit das Aktienpaket von Gates auf 110 Mrd. Dollar, hat sich der Abstand noch vergrößert. Wie fragwürdig allerdings solche heutigen Börsenwerte wirklich sind, wird deutlich, wenn man den Wert von Microsoft von 500 Mrd. Dollar einmal auf die 29 000 Beschäftigten dieses Unternehmens umrechnet. Es ergibt sich dann je Arbeitsplatz ein Betrag von etwa 18,5 Millionen Dollar bzw. gut 34 Millionen DM!

Die Irrealität solcher Börsenwerte hat auch der »Spiegel« Anfang 1999 auf andere Weise vorgerechnet: Mit seinen 29 000 Beschäftigten und einem Umsatz von 14,5 Mrd. Dollar war der Börsenwert von Microsoft größer als der von acht deutschen Großkonzernen zusammengenommen, die mit 1,3 Millionen Beschäftigten einen Umsatz von 378 Mrd. Dollar gemacht haben!

Welche Größen bestimmen das Geschehen an den Börsen?

Bisher haben wir uns nur mit den Aktienbeständen und deren Werten befasst. Das Geschehen an den Börsen wird jedoch entscheidend von dem Umsätzen bestimmt, die mit diesen Aktien abgewickelt werden. Dabei müssen wir zwei verschiedene Umsatzfelder unterscheiden, nämlich den Handel mit neu herausgegebenen Aktien und den Handel mit bereits vorhandenen. Aus der Darstellung 55 gehen die Unterschiedlichkeiten dieser Bestands- und Handelsgrößen hervor, bezogen auf die Vorgänge an den deutschen Börsen im Jahre 1998.

Darstellung 55:

Börsengrößen in Deutschland

Zahlen für 1998 in Mrd. DM

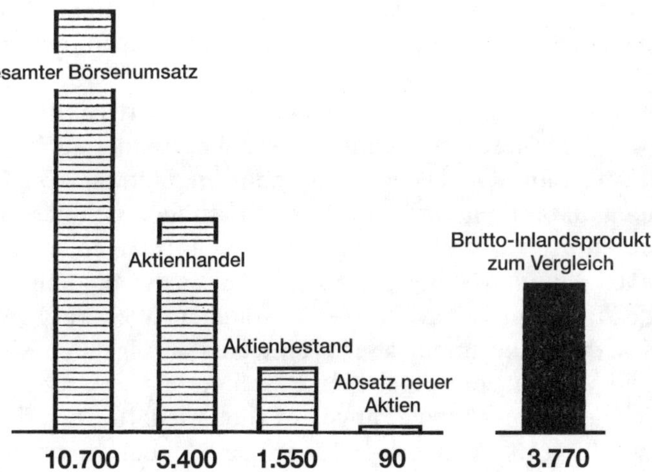

Quelle: Deutsche Börse/Bundesbank

Betrachtet man das Geschehen aus der Sicht der Realwirtschaft, dann hat für diese nur die kleinste Größe in der Darstellung eine Bedeutung, nämlich der Absatz neuer Aktien, der für 1998 mit 90 Mrd. DM ausgewiesen ist. Denn nur im Umfang dieser Neuemissionen wurden der Wirtschaft neue Geldmittel zugeführt und der Gesamtbestand der Aktien erhöht. Da dieser Bestand – ausgewiesen mit 1 550 Mrd. DM – im gleichen Jahr jedoch um 300 Mrd. zunahm, resultiert die Differenz zu jenen 90 Mrd. DM aus Steigerungen der Börsenkurse.

Betrachten wir jetzt den Aktienhandel, dann lag dieser wiederum beim Dreieinhalbfachen des Bestandes, was vereinfachend besagt, dass alle Aktien im Laufe des Jahres dreieinhalb Mal umgeschlagen worden sind. Die mit 10 700 Mrd. doppelt so hohe Säule des gesamten Umsatzes an den Wertpapierbörsen kommt dadurch zustande, dass dort, neben den Aktien, auch festverzinsliche Papiere gehandelt werden, also Schuldverschreibungen usw. Die in der Darstellung 55 rechts eingetragene Säule des Bruttoinlandprodukts (BIP) lässt erkennen, dass dieser Gesamtumsatz an den deutschen Wertpapierbörsen 1998 fast drei Mal so groß war wie die Jahresleistung der deutschen Wirtschaft!

Neben diesen Wertpapierbörsen gibt es aber auch noch die Termin-, Geld- und Devisenbörsen. Und die Umsätze an all diesen Finanzhandelsplätzen erhöhen sich nicht nur durch die Ausweitung der gehandelten Mengen, sondern auch – zumindest bei den Aktien – durch die mit dem Handel hochgepuschten Kurswerte. Vor allem aber erhöhen sie sich durch die immer rascher aufeinander folgenden Käufe und Verkäufe der gegebenen Bestände.

Diese Umsatzsteigerungen wurden wiederum erst durch die elektronischen Abwicklungen des Handels rund um die Uhr und den Globus möglich. Während früher Aktien oft über Generationen gehalten wurden, wird die Haltedauer heute immer kürzer. So sind z. B. in Deutschland die Börsenumsätze von 1980 bis 1998 auf rund das 130fache angestiegen. In New York und anderswo haben diese Anstiege sogar Größenordnungen erreicht, die mit den herkömmlichen Börsen nicht mehr bewältigt werden konnten. Statt des so genannten Parketthandels, der von einem aufgeregt gestikulierenden und schwitzenden Menschengewimmel bestimmt war, hat man dort die Abwicklungen zunehmend auf elektronische Anlagen umgestellt. So wurden an der Hightech-Börse Nasdaq, die 1971 in New York ihre Tätigkeit aufnahm, 1999 an Spitzentagen mehr als eine Milliarde Aktien umgeschlagen, wobei in Einzelfällen neu herausgegebene Aktien in wenigen Stunden mehrfach ge- und verkauft wurden. Das Computernetz dieses elektronischen Aktienmarktes ist insgesamt auf zwei Milliarden Vorgänge täglich ausgelegt – fünf Millionen pro Minute! – und soll im Jahr 2000 auf bis zu acht Milliarden Aktienbewegungen täglich ausgeweitet werden. Alleine für diese Nachrüstung werden 500 Mio. Dollar investiert!

Verantwortlich für diese immer größeren und hektischeren Bestandsumschichtungen sind aber kaum die privaten Aktienbesitzer, sondern in erster Linie wenige Dutzend Großbanken, Investmentfonds, Versicherungen und vor allem auch Pensionskassen in der Welt, die über vielstellige Milliardenvermögen aus den Händen von Millionen Anlegern und Rentensparern verfügen. Allein in den US-Pensionskassen waren 1998 Anlagen in Höhe von 7,4 Billionen Dollar zusammengeballt, 1970 waren es erst 200 Milliarden.

Durch ständige Käufe und Verkäufe dieser Bestände, bei oft nur marginalen Nettogewinnen, versuchen all diese Player mit ihren Jahresergebnissen die der Konkurrenz zu übertreffen, um noch mehr Kunden für ihr Unternehmen zu gewinnen. Zusätzlich heizen natürlich auch Börsen, Broker und Banken die Geschäfte an, die bei jedem Vorgang

Darstellung 56:

Wachstum der Weltwirtschaft und der Aktienwerte

1975 bis 1999 in Prozent
inflationsbereinigt

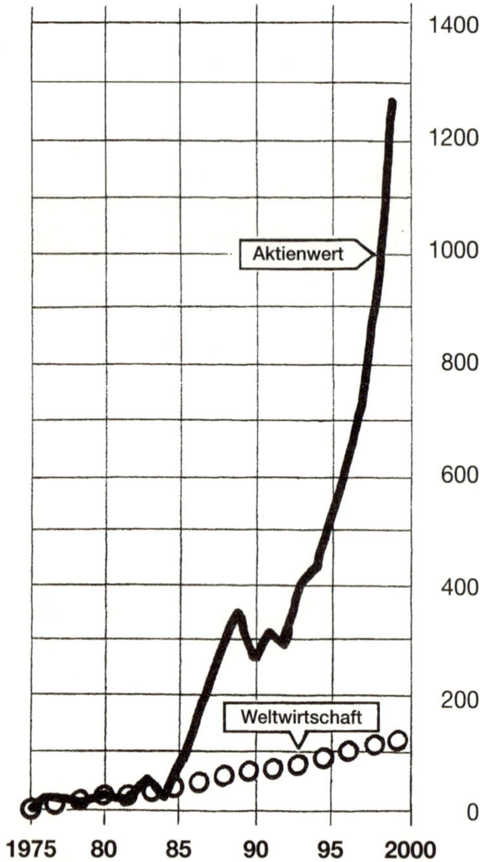

Quelle: Datastream, IWF, OECD

mit Provisionen beteiligt und damit immer Gewinner sind. Auch wenn diese Provisionen nur zwischen 0,2 und 1 Prozent der Umsätze liegen, ist dies ein Bombengeschäft. An dem Finanzplatz London lebt davon z. B. ein großer Teil der dort insgesamt im Geldgewerbe beschäftigten 1,2 Millionen Leute, die – je nach Abgrenzung – sieben bis zehn Prozent des britischen Sozialprodukts erwirtschaften! Alleine im Bereich des Devisenhandels wird in London täglich ein Gegenwert von rund 640 Mrd. Dollar umgesetzt, etwa ein Drittel des globalen Devisenumsatzes. Inzwischen übersteigen die gesamten weltweiten Finanztransaktionen den normalen Welthandel um mehr als das 50fache, und das mit zunehmender Tendenz. 1975 hatten die Transaktionen noch bei einem Viertel des Welthandels gelegen!

In welchem Maße sich auf diese wundersame Weise die weltweiten Aktienwerte von der Realität gelöst haben, gibt die Darstellung 56 wieder: Während sie sich bis 1985 noch im Gleichschritt mit der Weltwirtschaft entwickelten, haben sie sich in den anschließenden 15 Jahren geradezu explosiv von dieser realen Basis entfernt.

Bedenkt man, dass in den USA die Gewerkschaften etwa zehn Prozent der gesamten Aktien halten, wird die Gespaltenheit der Interessenlage erklärbar, ebenso bei den Aktienpaketen des Vatikan. Denn bekanntlich lassen sich die höchsten Kurssteigerungen und damit Zugewinne an der Börse bei Rationalisierungen und Entlassungen von Arbeitskräften einfahren.

Aktienspekulation und Realwirtschaft

Aufgrund der börsenbezogenen Schlagzeilen und seitenlangen Kursnotierungen in den Zeitungen, werden die Vorgänge an den Börsen bezogen auf die Realwirtschaft oft überschätzt. Für diese haben Finanzierungen über Bankkredite und Schuldscheinausgaben immer noch eine größere Bedeutung als jene über Aktien. Auch die oft irrealen Kursschwankungen der Aktien haben weder einen direkten Einfluss auf die allgemeine Wirtschaftstätigkeit noch auf die Sachwert- oder Auftragssubstanz der jeweils betroffenen Unternehmen. Allenfalls das Prestige der Firmen wird von solchen Kursveränderungen beeinflusst, was sich mittelfristig natürlich auch auf die Auftragslage auswirken kann, vor allem aber auf die Finanzierungsgewinne, die Unternehmen mit der Neuausgabe von Aktien ggfs. machen.

Bei Kurseinbrüchen wird auch nicht – wie häufig selbst in Wirtschaftszeitungen zu lesen – realer Reichtum vernichtet und schon gar kein Geld. Denn Aktien sind kein Geld, noch nicht einmal ein Geldguthaben, mit dem man von irgendjemandem Geld zurückfordern kann. Aktien bestätigen lediglich einen Besitzanteil an einem Firmenvermögen, also an Gebäuden, Maschinen, Lagerbeständen, Patenten usw. Diese aber verändern sich durch Kurseinbrüche nicht und schon gar nicht werden sie dadurch vernichtet.

Die den Einbrüchen vorausgehenden oft völlig irrealen Kursanstiege kommen häufig bereits durch Vermutungen, Gerüchte oder Empfehlungen von Analysten zustande. Der daraus resultierende Nachfrageschub löst dann den angekündigten Kursanstieg oft erst aus, und dieser wiederum einen sich verstärkenden Schneeballeffekt.

Können die Kurse schwanken?

Selbstverständlich können Kurse durchaus um die realen Werte eines Unternehmens pendeln und auch als Folge berechtigter Erwartungen deutlich darüber hinaus steigen. Doch solche Anstiege werden sich nie allzu weit von den

Realitäten abheben. Zu einem solchen Abheben aber muss es zwangsläufig kommen, wenn die Zunahme der Spekulanten bzw. des für Spekulationen eingesetzten Geldes über die Zunahme der gehandelten Aktien hinausgeht, konkret: wenn die Nachfrage nach Aktien größer ist als das Angebot. In solchen Fällen entsteht – genau wie auf den Gütermärkten – ein Preisauftrieb, den man im Grunde als eine Art partieller Inflation bewerten kann. Während solche partiellen Preisauftriebe bei Gütern jedoch die weitere Nachfrage abbremsen, ziehen sie auf den spekulativen Aktienmärkten noch mehr Nachfrager an. Damit verstärkt sich der Schneeballeffekt aus sich selbst heraus. Solche Überentwicklungssysteme können jedoch nur so lange funktionieren, wie sich die Zahl der Mitspieler bzw. deren eingeschossenes Geld ständig erhöht. Da diese Möglichkeit der Ausweitung jedoch irgendwann an natürliche Grenzen stösst, muss es auch irgendwann zu einem abrupten Ende dieser Eskalationen kommen.

Im Prinzip handelt es sich also bei diesen Überentwicklungen an den Börsen – ob in den Zwanziger Jahren oder in unseren Tagen – um eine Art von Kettenbrief- oder Pyramidenspielsystem, bei dem das Gros der Mitmacher, vor allem die erst in der Schlussphase eingestiegenen, schließlich die Zeche bezahlen müssen. Die Vorgänge sind also im Ansatz auch vergleichbar mit jenen groß angelegten Abzockereien, wie sie vor einigen Jahren in Bulgarien und Albanien und sogar in Deutschland praktiziert worden sind, mit Gewinnversprechungen von 70 und mehr Prozent. Auch sie funktionierten nach dem Lawinenprinzip so lange, wie immer mehr Teilnehmer immer mehr Geld hineinsteckten, und sie brachen zusammen, als dies nicht mehr gesichert war. Und wie bei diesen Spielen am Ende nicht nur Hoffnungen, sondern auch Geldvermögen vernichtet werden, so ist das auch bei den Börsenspekulationen bei einem großen Crash mit Firmenzusammenbrüchen der Fall. Denn während bei einer festverzinsten Bankeinlage, selbst bei der Pleite einer Bank, die Einlage normalerweise durch Sicherungsfonds und notfalls auch den Staat gesichert ist, gibt es das an der Börse nicht. Dort bleibt nur der reale Restwert des Unternehmens als Deckung übrig.

Angesichts der positiven Wirkung einer solchen Vernichtung zu viel vorhandener Geldvermögen, könnte man einen solchen Crash also als einen Beitrag werten, mit dem sich das kapitalistische System noch einmal für einige Zeit über die Runden rettet bzw. neu beginnen kann, ohne Revolution und Schlimmeres.

Gibt es auch partielle Kurseinbrüche?

Natürlich können solche massiven Vermögensverluste an den Börsen auch partiell stattfinden, z. B. bezogen auf bestimmte Branchen. Nach Zeitungsberichten vom Mai 2000 haben z. B. Amerikas Onlineunternehmen fast ausnahmslos zwischen 50 und 90 Prozent ihres Börsenwerts verloren. Und ein Drittel der 272 Internetaktien, die 1999 erstmals gehandelt wurden, sind inzwischen weniger wert als zum Zeitpunkt ihrer Ausgabe (»Die Zeit« vom 11. 5. 2000). Hier haben die Käufer also allesamt durchweg deutliche Verluste wegstecken müssen, letztlich zugunsten der ausgebenden Unternehmen, die oft den größten Teil des eingesackten Geldes für Werbung ausgegeben haben.

Mit den Geldvermögen der Spekulanten ist aber keinesfalls wie manche annehmen – das eingesetzte Geld aus der Wirtschaft verschwunden. Denn das ist ja auf irgendeine Weise ausgegeben worden und jetzt z. B. in den Taschen jener Subunternehmen, die von den Pleitefirmen mit Aufträgen beschäftigt wurden. Doch selbst wenn die Firmengründer einige Millionen auf die Seite schaffen und auf irgendwelchen Konten unterbringen konnten, ist auch das Geld über die damit getätigten Kreditvergaben der Banken weiterhin im Umlauf.

Zu welchen fast schon absurden Zuständen es über die Kurseuphorien an den Börsen kommt, vor allem auf den so genannten Neuen Märkten, wird an den oft völlig irrealen Diskrepanzen zu den tatsächlichen Firmenwerten deutlich. So konnte in den USA eine Firma, die über Internet Flugtickets verkaufte, einen größeren Börsenwert verbuchen als mehrere Fluggesellschaften zusammen. Manche Firmen verschenken sogar auf der Straße Gutscheine, um den Umsatz zu fördern, oder kaufen Kundenadressen für Preise, die höher sind als der zu erwartende Jahresumsatz, usw. Kurz, die über die Börsen bei Aktionären und Kapitalgebern eingesammelten Milliarden werden in manchen Fällen regelrecht auf den Kopf gehauen.

Derivate und andere Variationen der Spekulation

Durch die Geldanlage an den Aktienbörsen wird der normale Kreditmarkt von allzu großen Angeboten an Geld entlastet. Das heißt, die Zinsen an den Kapitalmärkten geraten weniger in Gefahr, nach unten in Richtung deflationskritischer Grenzen abzusinken. Da aber auch die normalen Anlagemöglichkeiten an den Börsen ihre Grenzen finden und man die Kurse nicht ins Endlose hochtreiben kann, werden immer neue Möglichkeiten ausgebrütet, die überschießenden Geldvermögen auf andere Weise ein- und aufzufangen. Dazu gehören z. B. die so genannten Derivate, also abgeleitete Finanzprodukte, denen andere Finanzgeschäfte zugrunde liegen. Sie werden zwar unter den verschiedensten Namen wie Futures, Optionen oder Swaps gehandelt, sind aber mehr oder weniger mit Wetten zu vergleichen, Wetten auf Veränderungen von Zinsen, Aktien- oder Wechselkursen. Bei diesen Wetten kann man mit kleinen Einsätzen große Gewinne machen, aber natürlich auch große Verluste.

Auch für diese Derivatgeschäfte haben sich nicht nur kaum kontrollierte eigene Märkte entwickelt, sondern auch große spezielle Fonds. Einer der größten dieser so genannten Hedge-Fonds, der allerdings nur für Banken und normale Fonds mit Einlagen in mehrstelligen Milliardengrößen zugänglich war, der LTCM, machte Ende 1998 mit einer Milliardenpleite Schlagzeilen. Und da die Verluste für manche an den Geschäften beteiligten Banken existenzbedrohlich und die daraus möglichen Folgen unabsehbar waren, hatten sich sogar die amerikanische Zentralbank und einige Großbanken in der Welt an einer Rettungsaktion über Nacht beteiligt. Nach Insiderangaben sollen dazu mehr als drei Mrd. Dollar erforderlich gewesen sein.

Dieses Beispiel zeigt noch einmal, dass am Ende aller Spekulationen allzu oft die Allgemeinheit die Verluste bezahlen muss, und damit auch diejenigen, die an diesen ganzen Börsenlotterien nicht beteiligt waren. Oder anders ausgedrückt: Dass auch hier die Gewinne fast immer privatisiert, die Verluste aber oft sozialisiert werden. Besonders peinlich und blamabel war bei der LTCM-Pleite, dass er von zwei Professoren gemanagt wurde, die ausgerechnet für ihre Forschungen in Finanzfragen vor wenigen Jahren den Nobelpreis erhalten hatten!

Aber nicht nur solche Derivate haben große Hebelwirkungen. Auch an den normalen Aktienbörsen kommt es oft durch relativ geringe Umsätze zu ernormen Wertverlusten oder -gewinnen, auch wenn sich diese erst einmal nur auf dem Papier der Kurstabellen niederschlagen. Wenn z. B. der Kurs von 100 000 Aktien bei 100 steht und heute an der Börse 5 000 dieser Aktien angeboten, aber nur 1 000 nachgefragt werden, dann wird zwangsläufig – wenn der Handel nicht ausgesetzt wird – der Preis der Aktien an der Börse deutlich unter die bisherige Marke von 100 absinken. Das aber betrifft nicht nur die 1 000 verkauften Papiere, sondern auch die Kurse der übrigen 99 000 Aktien. Der Gesamtumfang der Verluste ist also auf dem Papier um ein Vielfaches höher als die an der Börse realisierte Differenz.

Das Problem der Wechselkursspekulation

Ein anderes Spielfeld neben den Wertpapierbörsen sind die Devisenbörsen, an denen Währungen ge- und verkauft werden. Dabei geben die so genannten Wechselkurse jeweils den Preis einer Währung wieder, ausgedrückt in einer anderen. Ein Wechselkurs von 1:2 zwischen Dollar und DM besagt beispielsweise, dass man für einen Dollar zwei Mark geben muss bzw. für einen Dollar zwei Mark erhält.

Vor nicht allzu langer Zeit konnte man an den Wechselkursen noch die tatsächliche Kaufkraft der verschiedenen Währungen ablesen, denn sie spielten sich tendenziell so ein, dass man mit dem eingetauschten Geld im anderen Land in etwa die gleichen Gütermengen erwerben konnte wie mit dem eigenen Geld im eigenen Land. Solche Kurse, die die ›Kaufkraftparität‹ der Währungen widerspiegeln, veränderten sich entsprechend langsam. Entweder als Folge unterschiedlicher Leistungsentwicklungen in den Volkswirtschaften oder unterschiedlicher Kaufkraftveränderungen der beteiligten Währungen.

Diese Zeiten paritätischer Wechselkurse sind jedoch

längst vorbei. Der Kauf und Verkauf von Währungen findet heute nur noch zu einem Bruchteil für Handels- oder Urlaubszwecke statt. Vielmehr hat man das dafür benötigte Geld inzwischen selbst zu einem Handelsobjekt gemacht, in das man mit seinen Finanzanlagen laufend ein- und umsteigt. Das heißt, ausländisches Geld wird letztlich nur gekauft, manchmal nur für Tage oder Stunden, um es dann erneut – ohne es genutzt zu haben oder überhaupt nutzen zu wollen – wieder zu verkaufen. Beeinflusst werden diese Ein- und Umstiegsentscheidungen vor allem von Zinssatzunterschieden oder von erwarteten Wechselkursänderungen, die man mit diesen massierten Käufen oder Verkäufen oft erst auslöst.

Was sind die Folgen der Währungsspekulationen?

Eingebürgert hatte sich dieser spekulative Missbrauch der Währungen bereits Anfang der 70er Jahre, als die weitere Aufrechterhaltung der in Bretton Woods festgelegten starren Wechselkurse immer fragwürdiger wurde. Denn wer damals die immer notwendiger werdende Abwertung des Dollars durch Käufe der zu niedrig eingestuften Währungen vorwegnahm, konnte in kurzer Zeit Gewinne einfahren, die alle anderen Möglichkeiten leistungsloser Einkommen weit in den Schatten stellten.

Auch bei den später immer wieder versuchten Festschreibungen der Wechselkurse boten sich solche Geschäfte an. Je größer dabei die zum Einsatz kommenden spekulativen Geldmassen wurden, umso weniger waren die Staaten bzw. Notenbanken in der Lage, die Wechselkurse über längere Zeiträume durch Stützungskäufe oder -verkäufe gegen die Spekulation zu verteidigen. Man denke nur an die Spekulationen gegen Pfund und Lira Anfang der 90er

Jahre, mit denen selbst die Bank von England in die Knie gezwungen wurde. Dabei konnte von einem einzelnen Spekulanten namens George Soros in wenigen Tagen ein Gewinn in Höhe von fast einer Milliarde Dollar gemacht werden. Und während im Allgemeinen Gewinne an den Börsen zu Lasten anderer Spekulanten gehen, müssen bei solchen Spekulationen gegen die Notenbanken die Steuerzahler die Zeche bezahlen.

Auch bei diesen Spekulationen an den Devisenmärkten kommt es letztlich immer darauf an, im richtigen Moment ein- und wieder auszusteigen. Verpasst man den richtigen Moment des Umsteigens bzw. vertraut man allzu lange den Versprechungen fester Wechselkurse, wie z. B. in den Tigerstaaten 1998, kann dies zumindest bei längerfristigen Anlagen mit Milliardenverlusten verbunden sein. Deshalb werden solche Anlagen tendenziell mit immer kürzeren Laufzeiten getätigt. Das verringert zwar das Risiko der Anleger, vergrößert aber das der sowieso am kürzeren Hebel sitzenden und fast immer ärmeren Länder. Ein massiver Rückzug ausländischen Kapitals hat für die davon betroffenen Länder wirtschaftliche und gesellschaftliche Folgen, die weit über die Verluste der Spekulanten hinausgehen. Man denke nur daran, welche gewaltigen Konjunktureinbrüche die ostasiatischen Länder 1998 verkraften mussten, bis hin zu Verarmungen und Notlagen in der Bevölkerung, die in einigen Fällen zu gewaltsamen Reaktionen und fast bürgerkriegsähnlichen Aufständen führten. Die Verluste der Anleger wurden dagegen meist noch durch Maßnahmen der Banken oder Einsätze des Weltwährungsfonds ausgebügelt.

Grundsätzlich betrachtet, verhalten sich die Spekulanten in solchen Fällen wie Verkehrsrowdies, die eine Massenkarambolage mit vielfachen Sach- und Personenschäden auslösen und dann mit einigen Kratzern auf der eigenen

Karosserie Fahrerflucht begehen, und das auch noch, ohne eine Bestrafung befürchten zu müssen. Dass auch die Regierungen in den von solchen Kapitalrückzügen betroffenen Ländern eine Mitschuld trifft, z. B. durch zu lange Bindungen an nicht mehr realistische Kurse, zu hohe Zinsversprechen oder auch politische Fehler, ist sicher unbestritten, aber keine Entschuldigung für die reichen Nationen, die in diesen Ländern ihre weiterhin wuchernden Geldvermögens-Überschüsse möglichst ohne eigenes Risiko abzuladen versuchen.

Schon vor Jahren hat die Weltbank festgestellt, dass etwa 15 bis 20mal so viele Milliarden weltweit über die Grenzen transferiert werden, wie der Welthandel erforderlich macht. Inzwischen sind die Diskrepanzen vielmals größer. Das heißt, unsere Welt ist von gewaltigen Kapitaltransfers belastet, die keine Käufe oder Investitionen im Sinn haben, sondern nur auf Spekulationsgewinne aus sind. Und wie die Geier bei einem verendenden Wild, sammeln sie sich vor allem in der Nähe ›verendender‹ Wechselkurse bzw. Währungen oder lösen ihr Absterben sogar selbst aus. Dabei pokern manchmal sogar staatliche Banken gegen ihre eigene Notenbank. – Der Irrsinn ist nicht mehr zu überbieten!

Konsequenzen

Unvorstellbar große und immer größer werdende Milliardenbeträge an überschüssiger Kaufkraft vagabundieren inzwischen um den Erdball und überrollen Notenbanken und Politiker, die – wenn sie handeln – meist noch das Falsche tun. Betrachtet man das Ganze aus der Distanz, dann lassen sich sowohl die Regierungen (die das Wohl des Volkes mehren sollen!), als auch die Notenbankverantwortlichen (die die Währungen stabil halten wollen!), von den Spekulanten förmlich an der Nase vorführen. Von Spekulanten, denen sie die Möglichkeit und Genehmigung zu diesem ›Spiel‹ offiziell eingeräumt haben, bei dem sie selbst aber zunehmend unterliegen.

Schon 1992 hatte der Direktor der Rothschild-Bank in Paris und Berater französischer Staatspräsidenten, Bernhard Esambert, in einer Fernsehsendung die »wahnsinnige Vorherrschaft des Geldes« beklagt, die zu »einem System geführt hat, das absolut nicht mehr demokratisch kontrolliert werden kann, weder von den Zentralbanken noch von den Nationen«. Und sogar der vormalige Präsident der Deutschen Bundesbank, Hans Tietmeyer, sah sich auf der Tagung der Weltelite in Davos 1996 zu dem Stoßseufzer genötigt:

> »Ich habe bisweilen den Eindruck, dass sich die meisten Politiker immer noch nicht darüber im Klaren sind, wie sehr sie bereits heute unter der Kontrolle der Finanzmärkte stehen und sogar von diesen beherrscht werden.«

Immer mehr werden also die monetären Märkte zu einer Art von Weltregierung, die die Politiker zu Statisten und Gehilfen degradiert. Und immer mehr werden dabei die Finanzmärkte zu einer Art von Kriegsschauplatz, wie sich an den Schlagzeilen der Zeitungen ablesen lässt. Während anfangs noch locker vom »Dollar-Monopoly« die Rede war, schrieben bereits 1992 die Zeitungen von einem »Guerillakrieg am Devisenmarkt«, bei dem »die entscheidende Waffe« der Dollar ist, von einer »Schlacht um das Pfund« oder »Frontalangriffen auf den Franc«, die allerdings noch einmal »zurückgeschlagen« werden konnten.

Auch die Einschätzungen dieser Form der Wirtschaft, die vom Spielcasino- über Turbo- und Brutalokapitalismus bis zum Raubtierkapitalismus reichen, zeigen eine Entwicklung auf, die sich der Gewalt immer mehr zu öffnen scheint, einer allerdings unauffälligen Art von Gewalt, die sich – ähnlich wie die versteckte Ausbeutung über den Zins (die von manchen als die raffinierteste Sklaverei bezeichnet wird) – auf eine kaum messbare Weise ständig zunimmt. Und trotzdem bleibt die ›weiße Weste‹ der Nutznießer unbefleckt. Und an den ›Hofberichten‹ der ›ehrenwerten Gesellschaft‹ ergötzt sich die Masse unserer Bürger in Dutzenden von Magazinen auch dann noch, wenn sie selbst den Gürtel enger schnallen müssen.

Damit der ›Guerillakrieg zwischen den Währungen‹ auch morgen noch weiter aufgeheizt werden kann, werden die jungen Menschen an den Schulen dazu eingeladen, in die ›Geheimnisse der Börse‹ einzusteigen und mit fiktivem Kapital das Spekulieren einzuüben. Den Erfolgreichsten werden Preise in echtem Geld in Aussicht gestellt. Über die Gefahren dieses ›coolen‹ Spiels hören sie natürlich nichts, noch weniger von seinen Hintergründen.

Statt vom Lohn der Arbeit, glauben heute schon immer mehr junge Menschen, morgen durch Spekulationen viel besser leben zu können. Und die Frage, woher ohne Arbeit die Spekulationsgewinne eigentlich kommen sollen, stellt man ebenso wenig wie die nach der Herkunft der Zinseinkünfte. – Geld regiert nicht nur die Welt, es macht sie zunehmend zu einem Irrenhaus!

Darf die Freizügigkeit des Kapitalverkehrs eingeschränkt werden?

Freiheit und Freizügigkeit können in komplexen Beziehungen immer nur im Rahmen einschränkender Regelungen und klarer Grenzen praktiziert werden. Grenzen für die

Freiheit ergeben sich immer dann, wenn ihre Wahrnehmung für andere mit Einschränkungen, Nachteilen oder Gefährdungen verbunden ist. Totale Freiheiten enden zwangsläufig in Anarchie.

Wer z. B. die Freizügigkeit des Straßenverkehrs so versteht, dass man mit beliebiger Geschwindigkeit auf jeder Straßenseite in jede beliebige Richtung fahren, alle Vorfahrtsregelungen usw. außer Kraft setzen und den gesamten Verkehr dem ›freien Spiel der Kräfte‹ überlassen kann, wird den Verkehr zum Chaos und die Straßen zu einem Schlachtfeld machen.

Genau dieses Freiheitsverständnis aber hält man heute beim Kapitalverkehr für natürlich und notwendig. Und diese Art von ›Freiheit‹ wird von den Verantwortlichen in der Politik auch noch verteidigt. Selbst die von dem US-Ökonom James Tobin schon vor Jahrzehnten vorgeschlagene geringe Steuer auf alle Spekulationsvorgänge, mit der zumindest deren Hektik etwas abgebremst werden könnte, wird weitgehend abgelehnt. Statt den Missbrauch der gewährten Freizügigkeit durch sinnvolle Regelungen einzuschränken, glaubt man vielmehr, weltweit die letzten noch vorhandenen Reste irgendwelcher Regelungen abbauen zu müssen, damit sich der Markt selbst helfen kann. Dabei ist genau das Gegenteil der Fall: Ein völlig unregulierter Markt zerstört sich selbst, nicht anders als jeder andere ungeregelte Organismus!

Was heute an den Börsen abläuft, ob mit Aktien, Devisen, Derivaten oder anderen immer neuen Finanzinstrumenten, kommt einem Tollhaus näher als einem Gebäude, das den Menschen Raum und Möglichkeiten zum Leben und Arbeiten gewährt. Hier hat sich etwas verselbständigt, was sich nur noch unter dem Begriff ›Fieberwahn‹ subsummieren lässt. Ausgangspunkt und Auslöser all dieser ›Metastasen‹, ist ein Geldsystem, das von seiner Konstruktion her zu einer sich beschleunigenden Selbstvermehrung konzipiert ist und damit – ganz gleich auf welche Art – zu seiner Selbstzerstörung.

Teil IV

Die gesellschaftlichen und wirtschaftlichen Auswirkungen

21. KAPITEL

Geld und Gerechtigkeit - Die soziale Frage

»Es gibt ungerechte Strukturen, die wohl nicht aus bösem Willen entstanden sind, sondern aus mangelnder Kenntnis der Sachverhalte. Eine solche ungerechte Struktur liegt in unserem herkömmlichen Geld vor. Unser herkömmliches Geld ist mit einem Systemfehler behaftet, der die freie Marktwirtschaft verfälscht, indem er den Geldbesitzer gegenüber allen anderen Marktteilnehmern in hohem Maße privilegiert.«
*Peter Knauer SJ**

Wann sind Einkommen ungerecht?

Bei ungerechten Einkommen denkt man meist an einen Ladenbesitzer, der zehnmal so viel verdient wie eine Verkäuferin, oder an einen Schlagerstar, der für einen Abend 20 000 Dollar oder Euro kassiert. Doch solange mich niemand zwingt, einen bestimmten Laden oder eine bestimmte Veranstaltung zu besuchen, stören mich diese hohen Verdienste nicht. Aufregen kann mich allerdings, wenn der Ladenbesitzer oder der Schlagersänger den größten Teil ihrer Einkommen zur Bank tragen, weil sich

* Moraltheologe, in »Gerechtes Geld – gerechte Welt«, 1991

diese Ersparnisse dann, ohne jede zusätzliche Leistung, in zehn Jahren verdoppeln und in zwanzig Jahren vervierfachen. Denn bei dieser Vermehrung werde auch ich zur Kasse gebeten, obwohl ich weder den Laden noch die Veranstaltungen des Schlagersängers jemals aufgesucht habe!

Einkommen, die man ohne jede Leistung erhält, sind also viel ungerechter als alle leistungsbezogenen, auch wenn diese manchmal noch so sehr auseinander klaffen. Außerdem übertrumpfen diese leistungslosen Einkommen die leistungsbezogenen um ein Vielfaches. So beträgt das Einkommen eines Normalverdieners je Arbeitstag z. B. 100, das eines Spitzenverdieners vielleicht sogar 1 000 Dollar. Diese 1 000 Dollar pro Tag aber kassiert bei sieben Prozent Verzinsung auch ein fünffacher Millionär, und zwar ohne einen Handschlag zu tun. Ein 50facher Millionär kassiert diesen Betrag sogar alle 144 Minuten und ein 500facher Millionär etwa viermal in der Stunde, womit er in 24 Stunden auf rund 100 000 Dollar kommt. Und einem fünffachen Dollarmilliardär fallen die 1 000 Dollar alle 90 Sekunden in den Schoß, was sich im Tages- und Nachtverlauf auf rund eine Million Dollar addiert!

Seltsamerweise regt sich über solche leistungslosen Mammuteinkommen kaum jemand auf. Vielleicht liegt das daran, dass man sich ein zehnfaches Einkommen noch vorstellen kann, aber kein hundert-, tausend- oder zehntausendfaches. Oder daran, dass jeder davon träumt, selbst einmal zu diesen Zinsgewinnern zu gehören, und sei es auch nur durch einen Lotteriegewinn.

Welches Unrecht geht von Inflationen aus?

Inflationen bewirken einen Kaufkraftverlust des Geldes. Dieser Kaufkraftverlust lag in Deutschland beispielsweise in den letzten 50 Jahren insgesamt bei fast 80 Prozent. Das heißt, die DM von 1950 war im Jahr 2000 kaum noch 20 Pfennig wert. Geht man vom langfristigen Durchschnitt aus, dann gingen jedes Jahr etwa drei Prozent der Kaufkraft verloren.

Im Allgemeinen nimmt man an, dass die Folgen einer solchen Inflation von drei Prozent durch eine Anhebung der Löhne und Gehälter um diesen Satz ausgeglichen werden können. Das trifft jedoch nur dann und so lange zu, wie sich der inflationäre Preisauftrieb nur auf die Handels- und Leistungspreise auswirkt. Versuchen jedoch nicht nur die Leistungserbringer, sondern auch die Geldguthabenbesitzer ihre inflationsbedingten Verluste auszugleichen, dann kommt es zu problematischen Effekten, weil diese Geldvermögen die leistungsbezogenen Größen inzwischen mehrfach übersteigen. So lagen beispielsweise 1998 die gesamten Geldvermögen bei 9492 Mrd. DM und damit beim 2,6fachen des Sozialprodukts, beim 3,5fachen des Volkseinkommens, beim 4,5fachen der Haushaltsausgaben und beim Sechsfachen der Bruttolöhne und -gehälter, von 1600 Mrd. DM. Erhöhen also die Geldguthabenbesitzer zum Inflationsausgleich ihre Zinsforderungen z. B. um drei Prozent, dann schlägt dieser Erhöhungsbetrag mit 297 Mrd. DM zu Buche, während ein dreiprozentiger Inflationsausgleich bei den Bruttolöhnen und -gehältern nur eine Erhöhung von 48 Mrd. erbringt. Das heißt, mit der Lohnanhebung von drei Prozent können zwar die inflationsbedingt erhöhten Preise ausgeglichen werden, nicht aber die inflationsbedingten Anhebungen der Zinsforderungen. Außerdem müssen diese zwangsläufig – wenn auch mit Verspätung – in den Preisen durchschlagen oder sie müssen durch Senkungen der Löhne und/oder anderen Arbeitseinkommen ausgeglichen werden.

Im Gleichschritt mit der allgemeinen dreiprozentigen Einkommensanpassung würden sich die Zinserträge und -lasten nur dann erhöhen, wenn sie ebenfalls um drei Prozent ansteigen würden. Das heißt, ein Zinsbezieher der über ein Geldvermögen von 10 000 DM verfügt und bei sechs Prozent Verzinsung 600 DM Zinsen erhält, dürfte dann statt der bisherigen 600 DM nur 618 DM verlangen, so wie auch ein Arbeiter mit 600 DM Wochenlohn nur eine Erhöhung um 18 DM als Inflationsausgleich erhält. Der Geldvermögensbesitzer bezieht aber seine Mehrforderung von drei Prozent auf die 10 000 DM Vermögen und beansprucht statt der bisherigen 600 DM nun 900 DM, was einer Erhöhung seiner Einnahmen um 50 Prozent entspricht!

Aus der Sicht des Sparers, der die inflationsbedingten Kaufkraftverluste seines Guthabens ausgleichen will, erscheint das richtig und gerecht. Man kann aber mit Recht fragen, warum die Sparer diese Absicherung ihrer Vermögen zu Lasten der Allgemeinheit durchsetzen können, die dabei der Verlierer ist. Denn da das Gros aller Zinsen letztendlich über die Preise an die Endverbraucher weitergegeben wird, werden dafür alle Bürger herangezogen, auch diejenigen, die selbst keine oder nur geringe Ersparnisse haben.

Besonders gravierend wirkt sich dieser Effekt bei den Wohnungsmieten aus, die sich – wie im Kapitel 18 dargelegt – mit jedem Zinsanstieg um einen Prozentpunkt um 10 bis 14 Prozent erhöhen. Diese Anhebung der Mieten ist in der Schweiz sogar gesetzlich geregelt: Bei einem Anstieg der Hypothekenzinsen von 0,5 Prozent, können die Mieten um sieben Prozent angehoben werden.

Zu welchen Ungerechtigkeiten führt der Zins?

Geht man von den gesamten Zinstransfer-Größen aus, dann stehen allen Zinslasten entsprechend große Zinserträge gegenüber. Das heißt, der Saldo aller Zinsströme ist rechnerisch immer gleich Null. Weiterhin kann man davon ausgehen, dass fast jeder Bürger sowohl Zinszahler als auch Zinsempfänger ist. Wären beide Zinsströme bei jedem Haushalt ausgeglichen, gäbe es durch den Zins kein Gerechtigkeitsproblem. In Wirklichkeit aber stehen den Zinszahlungen nur in den seltensten Fällen gleich hohe Zinserträge gegenüber. Diese Asymmetrie der zu tragenden und der erhaltenen Zinsgrößen ist die Ursache der damit verbundenen Umverteilung. Da jedoch alle zur Verteilung anstehenden Einkommen allein aus Arbeit stammen, handelt es sich bei allen Zinsströmen letztlich immer um eine Einkommensumschichtung von der Arbeit zum Besitz.

Die vom Deutschen Sparkassenverlag herausgegebene Zeitschrift »Wirtschaftsspiegel« hat diesen Tatbestand im Leitartikel ihrer Ausgabe zum Weltspartag 1989 wie folgt bestätigt:

> »Der Zins hat eine schöne und eine hässliche Seite. Es ist schön, seine Sparguthaben ohne weiteres Zutun vermehrt zu sehen. Die Zinsbelastungen für Bankkredite sind aber eine Quelle steten Missvergnügens. Im schlimmsten Falle bedeuten sie den wirtschaftlichen Ruin.«

Und weiter heißt es in dem Text:

> »Zwar kann jeder Geschäftsfähige in den ›Genuss‹ beider Seiten kommen, aber bei einer Gesamtbetrachtung von Zinsgeben und Zinsnehmen zeigt sich, dass

Freud und Leid recht asymmetrisch verteilt sind. Grund ist die ungleiche Vermögensverteilung.«

Diese ungleiche Vermögensverteilung bewirkt, dass zwar jeder Bürger mit allen seinen Aus- und Abgaben Zinsen zahlen muss, dass aber die Höhe der an ihn zurückfließenden Zinsen von der Höhe seines Vermögens bestimmt wird.

Wie im Kapitel 18 dargelegt, kann man als Faustregel inzwischen davon ausgehen, dass im Schnitt 40 Prozent aller Ausgaben in den Zins-Umverteilungstopf fließen. Bei Jahresausgaben eines Haushalts in Höhe von 30 000 Euro sind das z. B. 12 000 Euro. Ausgeglichen werden diese Zinslasten also nur dann, wenn er in Höhe von 12 000 Euro auch über Zinseinnahmen verfügt. Das aber würde, bei einer Verzinsung von fünf Prozent, ein zinsbringendes Vermögen von 240 000 Euro erfordern, also ein Vermögen, das dem Achtfachen der Jahresausgaben entspricht. Die jeweiligen Relationen zwischen zinsbringendem Vermögen und den jährlichen Ausgaben entscheiden also darüber, ob der Haushalt zu den Gewinnern oder Verlierern des Zins-Monopoly-Spiels gehört.

Die Vermutung liegt nun nahe, dass etwa die Hälfte der Haushalte bei diesem Spiel gewinnt und die andere Hälfte verliert. Das wäre auch der Fall, wenn die Verteilung der Vermögen wie der Ausgaben linear bzw. mit gleicher Progressivität ansteigen würde. Das aber trifft nicht zu. Zwar wachsen in der Realität beide Größen mit zunehmender Beschleunigung, aber der Anstieg der Vermögen ist deutlich steiler als derjenige der Einkommen und Ausgaben. Dadurch verschiebt sich der Umverteilungsschnittpunkt zu den größeren Vermögen hin. Das heißt, die Anzahl der Verliererhaushalte ist wesentlich größer als die der Gewinner.

Wie verteilen sich die Vermögen?

Die Größe der Vermögen haben wir am Beispiel Deutschland bereits in Kapitel 16 dargelegt, in der Darstellung 45 auch schon etwas über die Verteilung der Geldvermögen. Als Einstieg in die Verteilung der gesamten Privatvermögen in Deutschland wird in der Darstellung 57 Zahlenmaterial verwendet, das vom Deutschen Institut für Wirtschaftsforschung (DIW) in Berlin im Wochenbericht 4/96 veröffentlicht worden ist. Daraus geht sowohl die Zusammensetzung der Vermögen wie deren Verteilung auf sieben Haushaltsgruppen hervor.

Die Zahlen in den Tabellen und vor allem deren grafische Umsetzung lassen die Unterschiedlichkeit der Vermögensverteilung innerhalb der Haushalte erkennen. Dabei ist allerdings das Vermögen der reichsten Haushaltsgruppe nur begrenzt darstellbar. Denn setzt man bei der Gruppe B (Durchschnitt 50 000 DM) eine Höhe von zwei Millimetern ein (etwa so hoch wie die Druckbuchstaben dieses Buches), dann entspricht ein Vermögen von fünf Millionen fast der Höhe einer Buchseite. Zur Darstellung eines Vermögens von 5 Milliarden aber müsste man 1 000 Bücher hochkant aufeinander stellen!

Würde man die eigengenutzten Immobilien, die ja keine Zinsen erbringen, aus den Gruppen herausrechnen, wäre die Diskrepanz der ersten fünf Gruppen zu den beiden letzten und reichsten Gruppen noch gravierender. Denn in diesen letzten Gruppen konzentrieren sich, neben den Geldvermögen, vor allem die Zins bringenden Anlagevermögen, während die eigengenutzten Immobilien hier nur eine geringere Rolle spielen.

Darstellung 57:

Privatvermögen in Deutschland
Bestände und Verteilung, 1993

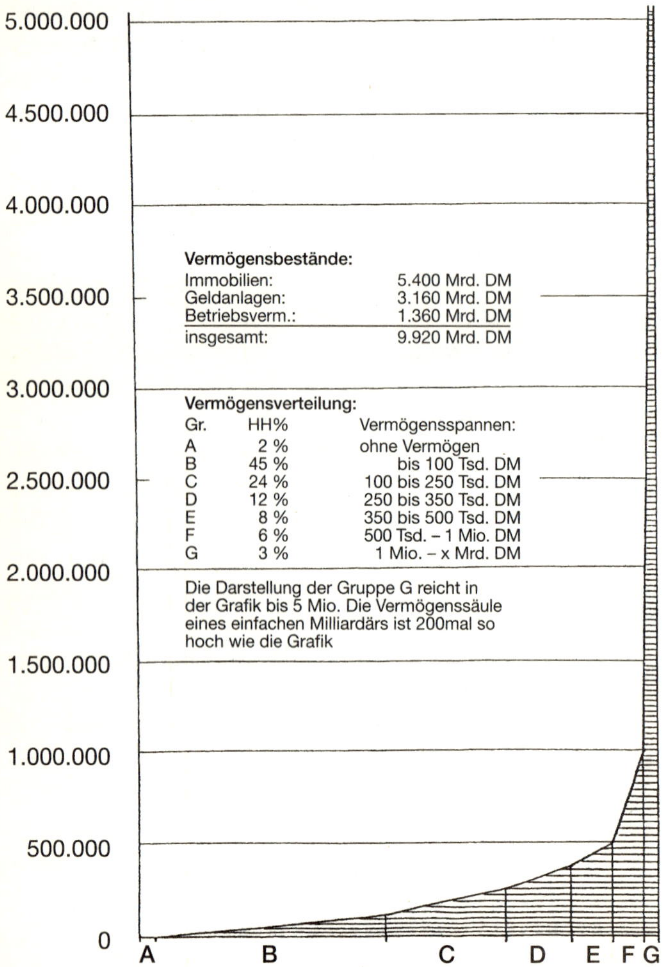

Quelle: Deutsches Institut für Wirtschaftsforschung/DIW

Wie kann man die Größe der Zinsströme ermitteln?

In der Darstellung 58 sind als Grundlage der Zinsströme die Verteilung der privaten Vermögen und verfügbaren Einkommen der Haushalte in Westdeutschland wiedergegeben, verteilt auf zehn gleich große Haushaltsgruppen. Für diese Darstellung wurden diverse statistische Unterlagen ausgewertet, unter Hinzuziehung einiger älterer Untersuchungen der Professoren Engels, Mierheim, Wicke und Miegel, abgestimmt auf die westdeutschen Gegebenheiten des Jahres 1990.

Die schwarzen Säulen in der Darstellung stehen für das zinsbringende Vermögen der Haushalte, die hellen für deren verfügbare Einkommen. Die eingetragenen Zahlen geben die Durchschnittswerte für jeden einzelnen Haushalt in den jeweiligen Gruppen in Tausend DM wieder.

Um die Ausgaben der Haushalte zu ermitteln, auf die bezogen die jeweiligen Zinslasten nachstehend verteilt werden, wurden bei den Einkommenssäulen die Ersparnisquoten abgetragen. Dabei wurde berücksichtigt, dass die Ersparnisbildungen bei den kleinen Einkommem äußerst gering sind und mit den Einkommen überproportional ansteigen. Ähnliches gilt für die Zinserträge, da die großen Vermögen durchweg höher verzinst werden als die kleinen. Diese Zinserträge wurden auf die Vermögenssäulen gestrichelt aufgesetzt.

Wenn man jetzt in einem vergrößerten Maßstab die Zinserträge der zehn Gruppen grafisch wiedergibt und ihnen die in den Ausgaben enthaltenen Zinslasten gegenüberstellt, dann ergibt sich das in der Darstellung 59 zu sehende Verteilungsbild.

Darstellung 58:

Verteilung der Einkommen und Vermögen auf zehn Gruppen mit je 2,7 Mio. Haushalten

Stand: 1990

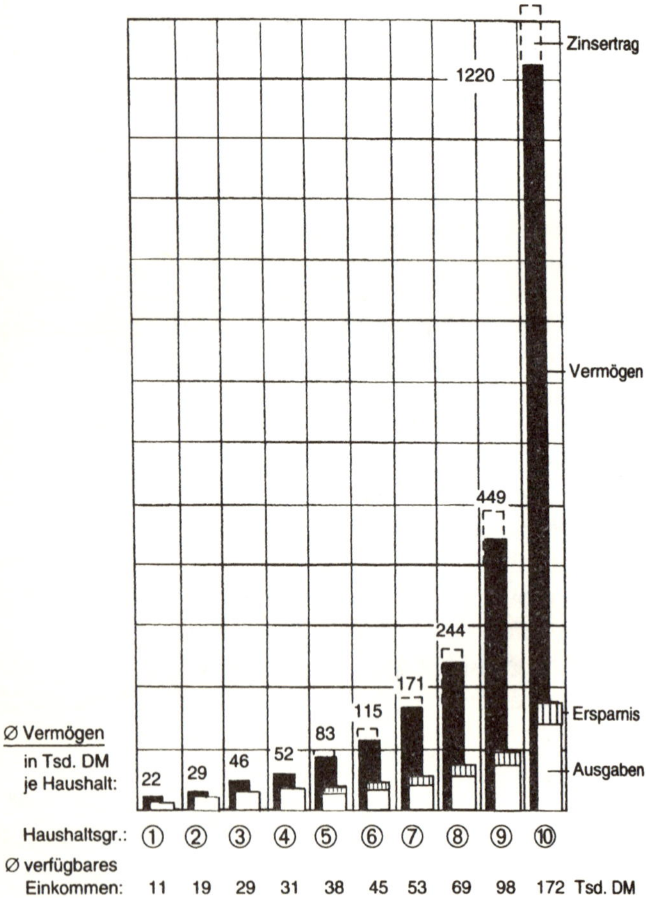

Darstellung 59:

Gegenüberstellung der Zinsbelastungen und Zinserträge der Haushalte

Aufgeteilt auf zehn Gruppen je 2,7 Mio. Haushalte

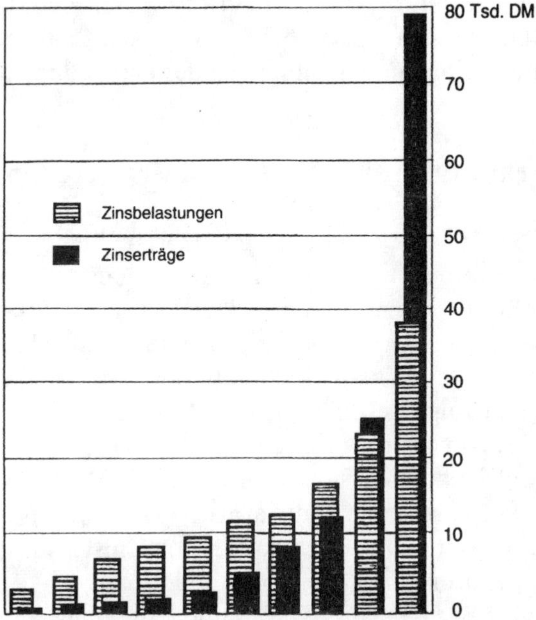

Haushaltsgruppen nach Einkommen gestaffelt	①	②	③	④	⑤	⑥	⑦	⑧	⑨	⑩
Zinserträge:	0,7	0,9	1,4	1,8	3,3	4,6	7,7	12,2	24,7	79,3
Zinslasten:	3,1	5,1	7,7	8,2	9,9	11,6	13,1	16,8	23,0	38,3
Zinssaldo:	-2,4	-4,2	-6,3	-6,4	-6,6	-7,0	-5,4	-4,6	+1,7	+41,0

Wie daraus ersichtlich, übersteigen bei den ersten acht Haushaltsgruppen die Zinslastanteile deutlich die Zinserträge. Innerhalb der neunten Gruppe kommt es dann zu einer Umkehrung der Situation und in der zehnten Haushaltsgruppe liegen die Zinserträge weit über den zu tragenden Zinslasten. Die aus den Zahlen dieser beiden Gruppen zu errechnende positive Differenz entspricht logischerweise der negativen Gesamtdifferenz bei den acht ersten Haushaltsgruppen. Das heißt, die Nachteile der Zinstransfers bei etwa 85 Prozent der Haushalte schlägt sich in gleicher Höhe als Gewinn bei den reichen 15 Prozent der Haushalte nieder. Wie sich das für die einzelnen Haushalte auswirkt, geht aus der Saldenberechnung in der Darstellung hervor.

Was ergibt sich aus der Saldenberechnung?

Die Auswirkungen der zinsstrombedingten Umverteilungen werden noch deutlicher, wenn man – wie in der Darstellung 60 – die positiven und negativen Saldierungsergebnisse in einem nochmals vergrößerten Maßstab aufträgt.

Vergleicht man die Situation in den einzelnen Gruppen, dann zeigt sich, dass in absoluten Zahlen die Haushaltsgruppen 4–6 die größten Negativ-Salden zu verkraften hatten. Relativ, also gemessen an dem Verhältnis zum Einkommen, waren jedoch die ärmsten Haushaltsgruppen 1 und 2 die größten Verlierer, da hier den Zinslasten so gut wie keine Zinserträge gegenüberstanden.

Außer den (dunklen) Säulen, die einer angenommenen durchschnittlichen Guthabenverzinsung von 5,6 Prozent entsprechen, sind zusätzlich auch noch die Säulengrößen bei einem Durchschnittszins von 8,4 Prozent eingetragen. Sie lassen erkennen, in welchem Maß mit steigenden Zinssätzen sowohl die Verluste als auch die Gewinne in die Höhe gehen, konkret: in welchem Umfang die zinsbedingten Umverteilungen von den ärmeren zu den reicheren Haushalten zunehmen und welcher soziale Sprengstoff mit Hochzinsphasen verbunden ist. Der Vergleich der unterschiedlichen Zinssätze lässt aber auch erkennen, welche

Darstellung 60:

Salden der Zinslasten und Zinserträge der privaten Haushalte

Aufgeteilt auf zehn Gruppen von je 2,7 Mio. Haushalten

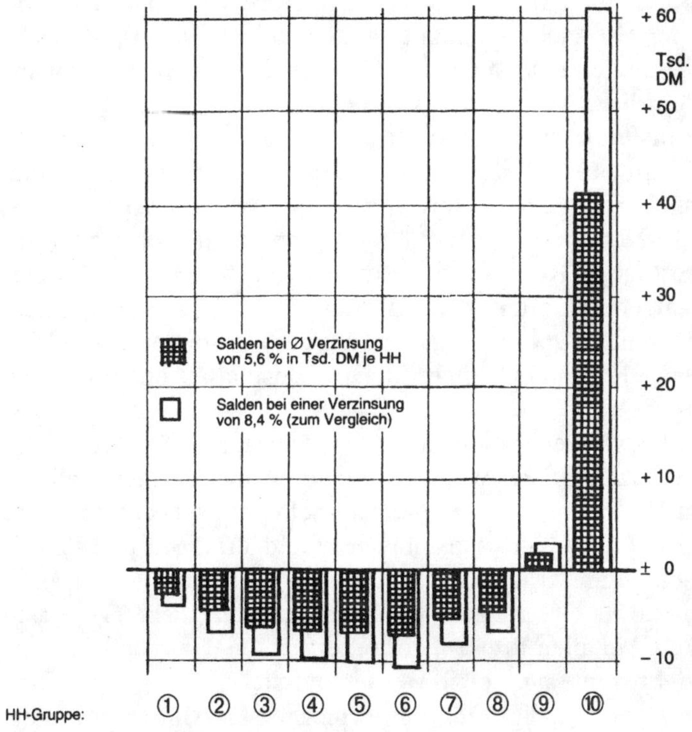

Gesamte Einkommensverschiebung von den acht ersten zu den zwei letzten Haushaltsgruppen: jährlich 116 Mrd., täglich 318 Mio. DM

(bei 8,4 % Verzinsung : jährlich 174 Mrd., täglich 477 Mio. DM)

positiven Effekte von Zinssenkungen unter die heute üblichen Sätze ausgehen könnten.

Wie groß sind die gesamten Zinstransfers zwischen Gewinnern und Verlierern?

Addiert man bei den ersten acht Haushaltsgruppen die gesamten negativen Salden, dann ergaben sich bei dieser Berechnung für 1990 Verluste in Höhe von rund 116 Mrd. DM. Die gleiche Summe ergab sich als Gewinnsaldo für die letzten beiden Gruppen. Das heißt konkret: 1990 wurden die acht ärmeren Haushaltsgruppen durch die Zinstransfers netto um 116 Mrd. ärmer und die zwei reichsten Gruppen – weitgehend die zehnte – um die gleiche Summe reicher. Bei einem Durchschnittszins von 8,4 Prozent hätte der Nettoverlust bzw. der -gewinn sogar 174 Mrd. DM betragen. Rechnet man diese Transfergrößen auf die Kalendertage um, dann flossen jeden Tag netto etwa 318 Millionen DM von den acht Verlierergruppen zu den beiden Gewinnergruppen, in Hochzinsphasen entsprechend mehr.

Inzwischen haben sich diese Transferbeträge, verstärkt noch durch die Wiedervereinigung mit der ehemaligen DDR, auf mindestens das Doppelte vergrößert. Und aufgrund des Überwachstums der Geldvermögen und Schulden nehmen sie zwangsläufig auch weiterhin überproportional zu. Das gilt auch für den durchschnittlichen Zinslastanteil in allen Preisen, der bereits Ende der 90er Jahre bei 40 Prozent angesiedelt werden musste.

Der ehemalige Oberbürgermeister von München, Georg Kronawitter, SPD, hat zu diesen Vorgängen bereits Anfang der 90er Jahre einmal kommentiert:

> »In der Bundesrepublik ist, binnen zehn Jahren, eine riesige Verschiebung von Vermögen und Reichtum zuwege gebracht worden, die jedes soziale Gleichgewicht zerstört hat. Ich bin sicher, dass die Verteilungs-

> kämpfe heftiger werden, aber immer weniger zu verteilen sein wird.«

Allerdings hat diese Umverteilung nicht erst zehn Jahre vor diesem Zitat begonnen, sie tritt nur immer deutlicher hervor.

22. KAPITEL

Die Folgen der zinsbedingten Einkommens-Umverteilung

»Die Tatsache, dass ein Fünftel der Menschheit immer reicher und vier Fünftel immer ärmer werden, das liegt natürlich an unserer Wirtschaftsart und ganz speziell an unserem Geldsystem. Ich glaube, dass an diesem Geldsystem etwas geändert werden muss, um zu irgendeiner Art von Gleichgewicht in der Welt zu kommen.«
*Michael Ende**

Die Hintergründe der ›Neuen Armut‹

Der frühere deutsche Gewerkschaftsführer Ernst Breit hat bereits Ende der 80er Jahre davon gesprochen, dass in Deutschland einer zunehmenden verschämten Armut ein zunehmender unverschämter Reichtum gegenübersteht. Und in einer süddeutschen Zeitung war nicht viel später davon zu lesen, dass »die Armut in der reichen Republik wächst«, gleichzeitig aber auch die Zahl der Millionäre. In Deutschland hat man für diese Entwicklung den Begriff ›Neue Armut‹ geprägt und in der Schweiz ›Working Poor‹, um zum Ausdruck zu bringen, dass diese Armut nicht nur die Arbeitslosen trifft. Selbst in den Parlamenten hat es

* Buchautor, aus einem Programmheft des Münchener Volkstheaters

bereits Debatten zu diesem Thema gegeben und es wurden so genannte ›Armutsberichte‹ vorgelegt. Die andere Seite der Medaille, die Entwicklung des Reichtums, hat bisher leider weniger Beachtung gefunden, obwohl dessen Zunahme letztlich die Ursache der Armutsentwicklung ist, auch wenn das im ersten Moment widersprüchlich erscheint.

Kann es auch ohne Reichtum Armut geben?

Reichtum ist ohne Zweifel ein relativer Begriff. Achtzig Prozent der Erdbewohner werden z. B. einen Sozialhilfeempfänger in den Industrienationen als reich einstufen und ihn um seinen Wohlstand beneiden. Aus der Sicht eines Managers in den reichen Ländern ist er dagegen arm. Sinnvoll ist es darum, Arm und Reich zuerst einmal vor dem Hintergrund der nationalen Gegebenheiten zu analysieren. Grundlage solcher Analysen könnte zwar auch die Verteilung der Vermögen sein, mangels ausreichender Unterlagen ist es aber einfacher, die Einkommen dafür heranzuziehen, aus denen sich letztlich die Vermögen bilden.

Um für solche Analysen auch länderübergreifende Anhalts- und Vergleichsgrundlagen zu schaffen, hat man sich in den Sozialwissenschaften auf einen groben Raster geeinigt: Von Armut spricht man, wenn das Haushaltseinkommen unter 50 Prozent des Landesdurchschnitts liegt, von Reichtum, wenn das Einkommen die doppelte Höhe des Durchschnitts übersteigt. Das heißt, Einkommensunterschiede im Mittelfeld können bis zum Verhältnis 1:4 auseinander liegen. Erst darunter bzw. darüber kommt es zu den angeführten Klassifizierungen Arm bzw. Reich.

Natürlich kann man über solche Grenzziehungen streiten. Aber immerhin erlauben und erleichtern sie sowohl den Vergleich zwischen Vergangenheit und Zukunft innerhalb der Länder wie auch Vergleiche zwischen ihnen, selbst bei unterschiedlich entwickelten Ländern oder Regionen. Vor allem aber – und damit kommen wir zu dem entscheidenden Thema – wird mit Hilfe dieser Grenzziehungen nachweisbar, dass Armut und Reichtum einander bedingen, und das gilt vor allem für deren zunehmende Polarisierung.

Wie unterscheidet sich die Armut in Europa?

Legt man den vorgenannten Armutsmaßstab von 50 Prozent des Durchschnittseinkommens an die Mehrzahl der EU-Länder an, dann ergeben sich die in der Darstellung 61 veranschaulichten Anteile.

Darstellung 61:

Armut in der Europäischen Union

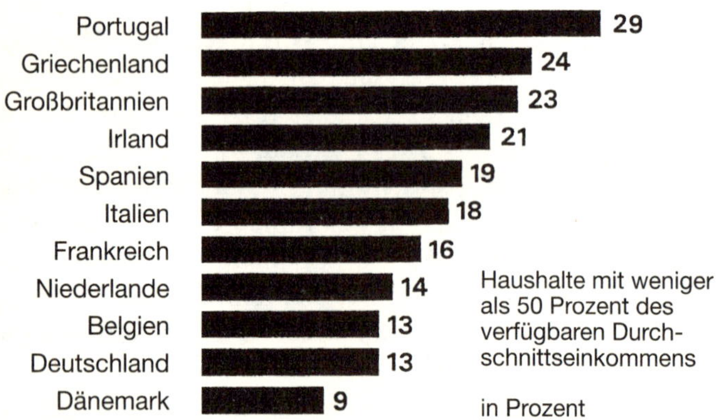

Quelle: eurostat 1997

Wie ersichtlich, sind die hier ausgewiesenen Unterschiede erheblich. In Portugal, Griechenland und Großbritannien gibt es etwa zwei- bis dreimal mehr arme Haushalte als in Dänemark, Deutschland oder Belgien. Auch wenn die hohe Armut in Großbritannien etwas irritiert, wird man die Gegebenheiten in den südeuropäischen Ländern allzu rasch als eine Bestätigung bekannter Vorurteile deuten. Doch diese Deutung wäre nur zutreffend, wenn für die Einstufung der Armut in den Ländern die europäischen Durchschnittswerte herangezogen würden. Die in der Grafik wiedergegebenen Armutsanteile beziehen sich jedoch immer auf den Durchschnitt des betreffenden Landes. Sie geben also jeweils die relative Armut innerhalb der Grenzen wieder. Diese aber kann jeweils nur dann größer werden, wenn auch der Reichtum und damit die Diskrepanz zwischen beiden Bereichen zunimmt.

Wie kommt es zu den Wechselbeziehungen zwischen Arm und Reich?

Wie bereits angeführt, wird zur Ermittlung dieser Beziehungen das so genannte verfügbare Einkommen der Haushalte als Grundlage herangezogen. Diese Einkommensgröße resultiert aus den Nettoeinkünften aus Arbeit und Vermögen sowie den staatlichen Transferzahlungen an die Haushalte. In Deutschland lag dieses verfügbare Einkommen 1999 bei 2470 Mrd. DM. Umgelegt auf die etwa 36 Millionen Haushalte bzw. Erwerbstätigen ergab sich ein jährliches Durchschnittseinkommen von rund 70000 DM, im Monat also von knapp 6000 DM.

Geht man von dieser Durchschnittsgröße von 70000 DM aus, dann lag die in halber Höhe fixierte Armutsgrenze also bei 35000 DM, die in doppelter Höhe fixierte Reichtumsgrenze bei 140 000 DM. Haushalte, die diese Grenzen nach unten bzw. oben überschreiten, werden demnach statistisch als arm bzw. reich eingestuft.

Aufgrund dieser Schwankungen der Einkommen um den Durchschnittswert, könnte man zuerst einmal annehmen, dass die eine Hälfte der Haushalte über und die andere unter dem Durchschnitt liegt. Wie bei dem Drehpunkt einer Wippe muss dann der Balken auf der einen Seite im gleichen Maß nach unten gehen, wie er auf der anderen Seite ansteigt. Da die Summe aller über dem Durchschnitt liegenden Einkommen immer der Summe aller unter ihm liegenden entsprechen muss, kann der Drehpunkt auch außerhalb der Mitte liegen. Soll die Verteilung sowohl die Armutsgrenze als auch die (doppelt so weit entfernte) Reichtumsgrenze erreichen, muss der Drehpunkt aus der Mitte nach rechts verschoben werden.

Ausgehend von einigen Vorgaben (etwa 25 Prozent der Einkommen liegen über dem Durchschnitt, 5 Prozent über der Reichtumsgrenze und etwa 15 Prozent unter der Armutsgrenze), ergibt sich in Deutschland die in der Darstellung 62 wiedergegebene Verteilung.

Die schraffierten Flächen lassen erkennen, dass die über dem Durchschnitt liegenden Einkommensanteile auf der rechten Seite immer so groß sein müssen wie die unter dem Durchschnitt liegenden auf der linken Seite. Und je mehr auf der rechten Seite die Einkommen in die Höhe schießen, umso eher fallen auf der linken Seite Einkommen unter die Armutsgrenze. Zunehmende Armut in einem Land ist also immer ein Zeichen überproportional wachsenden Reichtums!

Wenn also in Ländern wie Portugal oder Großbritannien der Armutsanteil besonders groß ist, dann ist das kein Beweis für einen allgemeinen geringeren Wohlstand. Auch dort könnte das Durchschnittseinkommen genau dem

Darstellung 62:

Armut und Reichtum

Verteilung der verfügbaren Einkommen in Deutschland

Stand: 1997

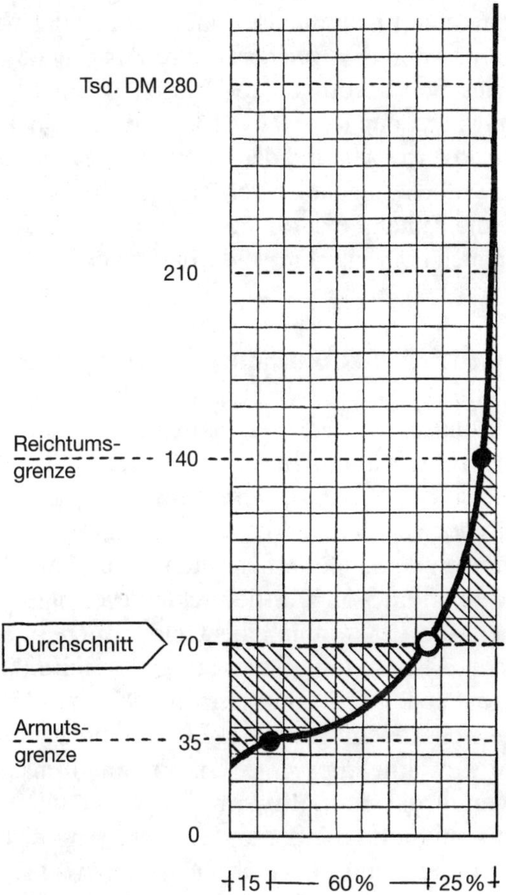

Quelle: Eigene Ermittlungen

deutschen entsprechen. Die dortige höhere Armutsquote beweist nur, dass der Wohlstand einer extremeren Verteilung unterliegt, die Diskrepanzen zwischen Arm und Reich also größer sind als in den Ländern mit geringeren Armutsquoten.

Eine Anhebung der Wirtschaftsleistung würde in den betroffenen Ländern nur dann zu einem Abbau der Armutsquote führen, wenn die Reicheren ihre Ansprüche an den Zuwachs des Sozialprodukts reduzieren würden. Da die Entwicklungen in der Realität auf Grund des Überwachstums der Geldvermögen und der daraus resultierenden Zinsansprüche jedoch umgekehrt verläuft, erklärt sich das Entstehen wie die Zunahme der ›Neuen Armut‹ oder der ›Working Poor‹ auch bei weiterem Wirtschaftswachstum.

Wann hat die Diskrepanzentwicklung eingesetzt?

Wie es in Deutschland gewissermaßen klammheimlich zu der Neuen Armut gekommen ist, ging bereits aus den Darlegungen im Kapitel 21 hervor. Langfristig lässt sich die Entwicklung in der Darstellung 63 nachvollziehen, in der man Verschiebungen der Einkommensanteile innerhalb des verfügbaren Einkommens in Westdeutschland verfolgen kann.

Demnach sind Einkommen aus Geldvermögen, einschl. der von der Allgemeinheit mitzutragenden Bankmarge, von vier Prozent des Volkseinkommens 1950 auf 23 Prozent 1993 angestiegen. Die übrigen Einkommen, in denen neben den Arbeitnehmer- und Unternehmereinkommen auch die Verzinsung der Sachvermögen stecken, fielen entsprechend von 96 auf 77 Prozent zurück. Angesichts der realen Verfünffachung des Volkseinkommens und seines linearen Anstiegs fällt die Verschiebung zwischen den beiden Einkommensgruppen optisch kaum auf. Sie wird aber

Darstellung 63:

Auswirkungen der Zinsschwankungen auf Volkseinkommen und -verteilung

Westdeutschland, 1950 bis 1993, Mrd. DM

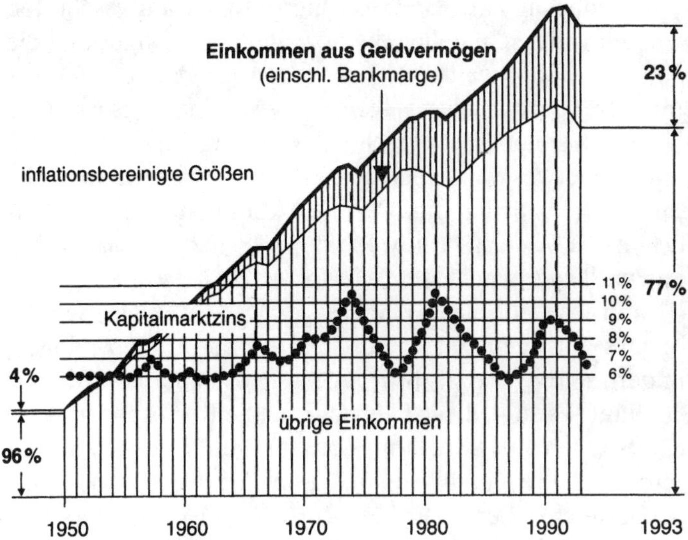

deutlich, wenn man einmal an die Grenzlinie zwischen beiden Einkommen ein Lineal anlegt und den Abwärtstrend der Kurve registriert.

Deutlich hervor gehen aus den Kurven auch die Einkerbungen, die – wie die zusätzlich eingetragene Zinskurve zeigt – als Folge der Hochzinsphasen und den daraus resultierenden Konjunktureinbrüchen zu erklären sind.

Welche Folgen hat das weitere Öffnen der Armut-Reichtum-Schere?

Der Bürgermeister der Stadt Hamburg, Ortwin Runde, hat zu seiner Zeit als Sozialsenator bereits beklagt, dass in seinem Stadtstaat zwei Bevölkerungsgruppen am raschesten wachsen würden, nämlich die Sozialhilfeempfänger und die Millionäre. Und weiter folgerte er daraus, dass uns – ohne eine Veränderung dieses Trends – »Auseinandersetzungen wie in Lateinamerika« drohen. Nun mag dieses Szenario vielleicht etwas weit gegriffen und alle Prognosen in die Zukunft fragwürdig sein. Dennoch könnte man einmal versuchen, die bisherige Entwicklung in die nächsten Jahrzehnte zu verlängern, nach dem Motto: Was wäre, wenn …

Natürlich sind solche Voraussagen letzten Endes spekulativ. Das gilt nicht nur für übliche Insiderprophezeiungen, sondern selbst für die jährlichen Prognosen der hoch dotierten ›Fünf Weisen‹, die in Deutschland die Regierung in Wirtschaftsfragen beraten. Ihre dickleibigen Jahresgutachten werden zwar regelmäßig mit viel Publicity dem Bundeskanzler überreicht, aber einem »Bon(n)mot« zufolge soll es schon in Bonn von kaum einem gelesen worden sein, nicht zuletzt deswegen, weil die Voraussagen selten zugetroffen haben.

Will man Konkretes prognostizieren, ist das allenfalls über die Verlängerung bisheriger, langfristig abgesicherter Entwicklungen möglich, unter Einbezug der vom Geld ausgehenden Effekte. Zum Beispiel durch die Fortführung der realen Entwicklung unseres Volkseinkommens und der Zinslasten aus der Vergangenheit. In der nachfolgenden Darstellung 64 ist dazu die Darstellung 63 noch einmal verkleinert wiedergegeben und – den westdeutschen Erfahrungen von 1950 bis 1990 entsprechend – um 40 Jahre in die Zukunft verlängert. Dabei wurden zwei mögliche Varianten A und B angenommen.

Darstellung 64:

Anspruch des Geldvermögens an das Volkseinkommen von 1950 bis 1990

Fiktive Weiterentwicklung von 1990 bis 2030

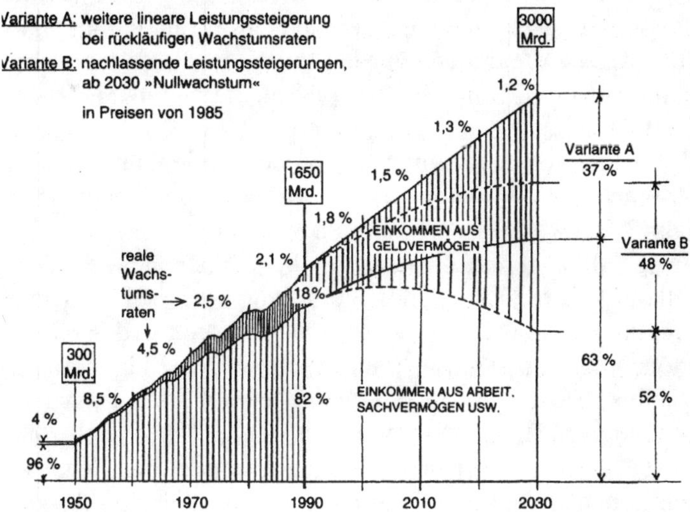

Bei der Variante A wird von einer weiteren linearen Zunahme der volkswirtschaftlichen Leistung ausgegangen. Das heißt, das Sozialprodukt wird jedes Jahr wie bisher um die gleiche reale Leistung aufgestockt. Während für diese lineare Entwicklung in den 50er Jahren noch eine durchschnittliche Wachstumsrate von 8,5 Prozent erforderlich war, genügte dazu – wie aus den eingetragenen Wachstumsquoten zu entnehmen – in den 80er Jahren eine Rate von 2,1 Prozent und in den 90er Jahren von 1,8 Prozent. In der ersten Dekade unseres neuen Jahrtausends würde sogar schon ein Wachstum von 1,5 Prozent genügen, um das bisherige Wachstumstempo beizubehalten. Das heißt, 1,5 Prozent Wachstum bedeutet in unseren Tagen mengenmäßig eine gleich hohe Leistungsausweitung wie 8,5 Prozent in den 50er Jahren!

Weiter wird angenommen, dass sich auch das Geldvermögen (und damit auch der geldbezogene Zinstransfer) weiterhin wie bisher entwickeln wird. Da die Geldvermögen in den letzten Jahrzehnten im Schnitt real um 4,7 bzw. 4,3 Prozent zunahmen, wurden für die nächsten vier Jahrzehnte weiter fallende Raten von 4 auf 3 Prozent angenommen.

Wie aus der Darstellung ersichtlich, würden unter diesen Vorgaben die Einkommen der Arbeitleistenden bis zum Jahr 2030 zwar weiter zunehmen, gegenüber dem Zuwachs der geldbezogenen Zinserträge aber immer mehr zurückfallen. Während 1950 der Verteilungsschlüssel zwischen Geldkapital und den Einkommen aus Arbeit und Sachvermögen usw. noch bei 4:96 und 1990 bei 18:82 lag, hätte er sich bis 2030 auf 37:63 verändert. Wie die Verteilungskurve erkennen lässt, wird diese jedoch wenige Jahre nach 2030 ihren Scheitelpunkt erreichen und danach ins Negative umkippen, so dass von da ab die Gesamtheit der übrigen Einkommen nicht nur relativ, sondern absolut zurückgehen muss. Allerdings kann diese Variante A, die von einem weiteren ständigen Anstieg unseres BSP ausgeht, kaum realistisch sein. Eine nochmalige Verdoppelung der Wirtschaftsleistung in den nächsten 40 Jahren ist angesichts der heutigen Umweltschäden und des bereits erreichten Wohlstandsvorsprungs der Industrienationen zu der übrigen Welt geradezu absurd. Noch unrealistischer wäre der Versuch, die Verteilungsrelation von 1990 mit 18:82 in der Zukunft aufrechterhalten zu wollen. Denn dazu wäre in der Wirtschaft ein Wachstum erforderlich, das mit jenem der Geldvermögen Schritt halten, also mit real drei bis vier Prozent p.a. zulegen würde, was bis zum Jahr 2030 einen Anstieg der realen Wirtschaftsleistung auf das Vierfache des Standes von 1990 bedeuten würde.

Im Hinblick auf die Umwelt wird als Alternative in der Variante B eine nachlassende Wirtschaftsleistung und deren Stabilisierung bis zum Jahr 2030 angenommen. Da aber auch bei einer nicht mehr wachsenden Wirtschaft die Geldvermögen durch die Zinseffekte weiter zunehmen und damit auch ihre Ansprüche an das Volkseinkommen, würde hierbei die Verteilungskurve zwischen den Einkommen aus Geldvermögen und den übrigen Einkommen bereits in unserem Jahrzehnt umzukippen beginnen. Das heißt, wir hätten dann in zehn bis zwanzig Jahren tatsächlich Umverteilungsprozesse zu erwarten, die jenen in Lateinamerika entsprechen dürften.

Dass dieses ganze Szenario nicht utopisch ist, zeigen bereits die Entwicklungen der letzten Jahre, vor allem in den USA und Großbritannien, in denen die Einkommen der Arbeitnehmer im unteren Drittel bereits deutlich zurückgefallen sind. In Deutschland hat man diese Verarmungsprozesse nur stärker bei den Arbeitslosen konzentriert.

Zeichnen sich diese Diskrepanzzunahmen auch auf andere Weise ab?

Zieht man dazu wieder das statistische Zahlenwerk heran, dann ist in Westdeutschland die Wirtschaftsleistung von 1970 bis 1990 real auf das 1,6fache und nominell auf das 3,6fache gesteigert worden. Man sollte annehmen, dass an diesem Wohlstandsanstieg auch alle halbwegs gleichmäßig beteiligt waren. Doch die Arbeitnehmer hatten dabei das Nachsehen. Ihre nominellen Bruttoeinkommen nahmen zwar pro Kopf noch auf das 3fache zu, die Nettogrößen jedoch – das Geld, mit dem sie nach Hause gehen – nur auf das 2,7fache. Das heißt, gegenüber dem allgemeinen Wohlstandsanstieg fehlte ihnen ein Fünftel in der Lohntüte. Dafür stiegen die Zinsausschüttungen der Banken an die Geldgeber auf das 7,3fache an, doppelt so stark wie das Sozialprodukt. Nicht weniger aufschlussreich ist auf der anderen Seite die Sozialhilfestatistik. Hier ist die Zahl der Empfängerhaushalte von 1970 bis 1990 fast auf das 2,5fache angestiegen, die Aufwendungen sogar auf das 9,5fache.

Dieser Trend zur Verschiebung der Einkommen zu Lasten der Arbeitnehmer wird auch deutlich, wenn man das verfügbare Einkommen in Deutschland nach seinen Bestandteilen aufschlüsselt, wie in der Darstellung 65 geschehen.

Darstellung 65:

Verfügbares Einkommen – Verteilungsstruktur

1970 bis 1997 in Prozenten

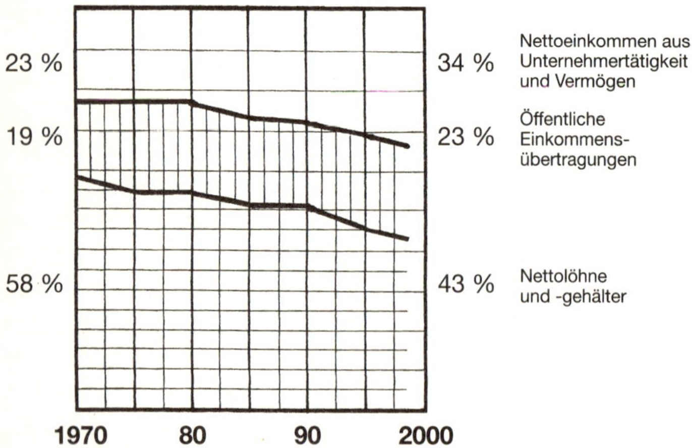

Quelle: Bundesbank

Wie der Darstellung zu entnehmen, sind die Anteile der Nettoeinkommen aus Unternehmertätigkeit und Vermögen um die Hälfte angestiegen, während die aus den Nettolöhnen und -gehältern resultierenden Anteile um ein Viertel zurückgingen. Die öffentlichen Transfers blieben dagegen – zumindest ab 1975, praktisch gleich.

Die Verschiebung zwischen den beiden erstgenannten Einkommensanteilen ist umso schwerwiegender, als in dem dargestellten Zeitraum die Zahl der Selbständigen deutlich ab und die der Arbeitnehmer ebenso deutlich zugenommen hat. Das heißt, bei einer Umrechnung pro Kopf würde die Umverteilung zu Ungunsten der Arbeitnehmer noch größer sein!

Exponentiell beeinflusste Auseinanderentwicklungen haben die Tendenz, sich zu beschleunigen. Das tritt umso deutlicher zutage, je länger eine Wirtschaftsepoche dauert. Wer also etwas über unsere künftigen Gegebenheiten wissen will, braucht sich nur in Volkswirtschaften umzusehen, in denen die Entwicklung durch keinen Neubeginn nach dem letzten Krieg unterbrochen wurde. Das ist z. B. in England und den USA der Fall.

Geht man von Zeitungsveröffentlichungen über die Situation in England aus, dann sind dort die Realeinkommen, trotz eines deutlichen Wirtschaftswachstums, bei einem knappen Drittel der Haushalte in den letzten zehn Jahren gesunken. In den USA hat der Einkommensrückgang sogar schon den Mittelstand erreicht. Nach einem Bericht der deutschen Wochenzeitung »Die Zeit« vom 26. 11. 1998 müssen in diesem reichsten Land der Welt 14,4 Millionen Menschen mit einem Jahreseinkommen von 5 000 bis 8 000 Dollar auskommen und das oberste Einkommens-Fünftel verdient heute elfmal so viel wie das unterste Fünftel, während es 1969 erst das 7,5fache war.

Auch in Deutschland liegt die Differenz bereits bei 1:6

mit weiter zunehmender Tendenz. 2,6 Millionen Familien stecken in der Schuldenfalle und in Berlin gibt es bereits 10 000 Obdachlose und zehn Suppenküchen – Entwicklungen, die vor 20 Jahren noch unvorstellbar waren. Die Diskrepanzen zwischen Arm und Reich nehmen also nicht nur zwischen Nord und Süd weiter zu, sondern auch innerhalb der reichen Industrienationen.

23. KAPITEL

Geld, Wachstum, Umwelt – Die ökologischen Folgen

»Sie sägten Äste ab, auf denen sie saßen, und schrien sich zu ihre Erfahrungen, wie man schneller sägen konnte, und fuhren mit Krachen in die Tiefe, die ihnen zusahen, schüttelten die Köpfe beim Sägen und sägten weiter!«
Bertolt Brecht

Welche Wachstumsregeln sind zu beachten?

Wenn ein Zehnjähriger mit zwanzig Jahren ein Meter achtzig groß sein möchte, ist dagegen nichts einzuwenden. Will er jedoch mit dreißig Jahren zwei Meter achtzig und mit vierzig drei Meter achtzig groß sein, dann wird die Sache unrealistisch. Und das nicht nur, weil dieser Wachstumsfetischist ständig größere Schuhe, Kleider und Möbel, Wohnungen und Fortbewegungsmittel braucht, sondern weil ganz einfach ein solches Überwachstum an sich selbst zu Grunde gehen muss. Denn für alle gesunden und natürlichen Wachstumsentwicklungen gibt es eine optimale Größe oder Obergrenze und alles darüber Hinausgehende ist mit zunehmenden negativen Folgen verbunden.

Diese Regel gilt nicht nur für Wachstumsvorgänge in der Natur. Auch die Leistungssteigerung eines Motors ist nur bis zu seiner optimalen Drehzahl sinnvoll. Steigert man sie darüber hinaus, dann ist es nur eine Frage der Zeit, bis der Motor auseinander fliegt.

In diese natürlichen wie naturwissenschaftlichen Gesetzmäßigkeiten ist auch alles Geschehen in der Wirtschaft eingebunden. Auch hier ist jedes Überschreiten sinnvoller Grenzen mit zunehmenden Negativerscheinungen verknüpft.

Gibt es unterschiedliche Abläufe des Wachstums?

Ein Wachstumsvorgang kann mit abnehmender, gleich bleibender oder zunehmender Geschwindigkeit ablaufen. In der Darstellung 66 sind diese unterschiedlichen Möglichkeiten als Schema wiedergegeben.

Darstellung 66:
Unterschiedliche Wachstumsabläufe

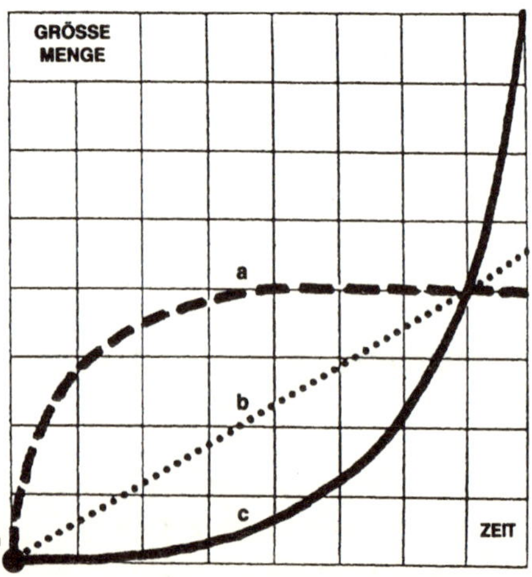

a) natürlicher Wachstumsablauf
(abnehmend, zur Stabilisierung tendierend)

b) linearer Wachstumsablauf
(gleich bleibende Zuwachsraten in gleichen Zeitabständen)

c) exponentieller Wachstumsablauf
(zunehmend, mit Verdoppelungsraten in gleichen Zeitabständen)

Die Kurve a in der Darstellung zeigt einen Wachstumsablauf, der anfangs sehr rasch beginnt, sich immer mehr verlangsamt und schließlich auf einer bestimmten Höhe stabilisiert. Dieser Verlauf entspricht den meisten Entwicklungen in der Natur. Denken wir nur an uns selbst: Den größten, fast schon explosiven Wachstumsschub, erleben wir noch im Mutterleib. Auch in den ersten Babyjahren sind die jährlichen Zuwachsraten noch erheblich. Sie lassen jedoch in den anschließenden Jahren nach und kommen im Alter von ca. 18 Jahren zum Stillstand.

Diese Stabilisierung des menschlichen Wachstums bei einer optimalen Größe trifft jedoch nur auf die *quantitative* körperliche Entwicklung zu. Der *qualitativen* Entwicklung des Menschen, z. B. im geistigen, sozialen und kulturellen Bereich, sind dagegen keine Grenzen gesetzt. Vielmehr entwickeln sich diese spezifisch menschlichen Fähigkeiten überwiegend erst nach Beendigung des quantitativen Wachstums.

Die Kurve b zeigt einen linearen Entwicklungsverlauf. Bei diesem nimmt die Größe in gleichen Zeitabständen mit gleich bleibenden Schritten zu. Es bedarf keiner Erläuterung, dass ein solches, ständig gleich bleibendes Wachstum in einem begrenzten Raum nicht durchzuhalten ist.

Die Kurve c schließlich zeigt eine Entwicklung mit ständig größer werdenden Wachstumsschritten. Sie beginnt anfangs kaum merklich, um sich danach immer mehr zu beschleunigen. Bei diesem so genannten exponentiellen Wachstum verdoppeln sich jeweils die Zuwachsraten bei gleich bleibenden Zeitabständen. Dieses exponentielle Wachstum kennen wir bereits von den zinseszinsbedingten Entwicklungen im Geldbereich. Verglichen mit der Kurve a liegt bei diesem Wachstum ein umgekehrter Verlauf vor: Während das natürliche Wachstum fast explosiv beginnt und ständig abnimmt, schießt das anfänglich so harmlos wirkende exponentielle Wachstum schließlich explosionsartig in die Höhe.

Diese Art von Wachstum gibt es in der Natur weitgehend nur bei krankhaften Entwicklungsprozessen, z. B. bei Tumoren. Auch diese wachsen oft über Jahre und Jahrzehnte, ohne ihren Gastorganismus zu gefährden. Haben sie jedoch eine kritische Größe erreicht und gelingt es nicht, ihr weiteres Verdoppelungswachstum zu stoppen, dann zerstören sie ihren Gastorganismus und damit ihre eigene Lebensbasis.

Auch das Bevölkerungswachstum auf unserem Planeten verläuft nach diesem letztlich tödlichen Konzept und vieles spricht dafür, dass wir die kritische Grenze bereits erreicht, wenn nicht schon überschritten haben.

Wie irreal ist exponentielles Wachstum?

Exponentielle Wachstumsabläufe sind für uns Menschen schwer nachvollziehbar. Wir sind gewohnt, in normalen Zahlenreihen wie 1, 2, 3, 4, 5 zu denken oder 2, 4, 6, 8, 10. Reihen wie 1, 2, 4, 8, 16, 32 usw. sind uns dagegen fremd. So überrascht z. B. immer wieder das Ergebnis des bekannten Schachbrett-Beispiels: Ein König – von dem Spiel begeistert – stellte dem Erfinder des Schachspiels einen Wunsch frei. Zur Überraschung des Herrschers wünschte sich dieser auf das erste Feld des Schachbretts ein Getreidekorn, auf das zweite zwei, das dritte vier usw., also jeweils die doppelte Menge des vorhergehenden Feldes.

Der König, der glaubte, er könne diesem Wunsch mit einigen Säcken Getreide nachkommen, musste feststellen, dass er unerfüllbar war. Denn rechnet man die erforderliche Körnermenge aus, wie das Eckard Eilers aus Rastede einmal getan hat, dann ergibt sich eine Körnerzahl von 18,5

Trillionen. In Gewichtseinheiten umgerechnet sind das rund 740 Mrd. Tonnen. Da die heutige Weltgetreideernte bei etwa 1,7 Mrd. Tonnen liegt, hätte der König zur Erfüllung des Wunsches also rund 440 Jahre lang die Weltgetreideernten sammeln müssen! Und verteilt auf eine Fläche von Deutschland oder Frankreich ergäben diese Körner eine Schüttung von fast drei Metern Höhe! – Bereits die 63fache Verdoppelung einer Ausgangsmenge von eins ergibt also kaum noch vorstellbare Größen.

Was ist mit unterschiedlichen Entwicklungen innerhalb eines Organismus?

Wenn ein Zehnjähriger bis zum zwanzigsten Lebensjahr sein Gewicht verdoppelt, dann muss nicht nur sein Knochengerüst im Gleichschritt größer werden, sondern auch seine Organe. Würden dagegen bei einem Heranwachsenden die Organe rascher wachsen als der gesamte Organismus, dann käme es sehr schnell zu Komplikationen. Noch kritischer wäre es, wenn einzelne Teile des Organismus nach Erreichen der Normalgröße alleine weiterwachsen würden. Denn ein natürlicher Organismus bleibt nur stabil, wenn sich alle seine Teile im Gleichschritt miteinander entfalten.

In der Darstellung 67 ist diese Regel anhand eines wachsenden Baumes veranschaulicht: Solange er wächst, müssen das Wurzelwerk, Stamm und Krone es auch im Gleichschritt tun. Denn würde die Krone rascher wachsen als die übrigen Teile, dann wäre der Baum zum Absterben verurteilt: Der Stamm könnte die Krone nicht mehr tragen, die Wurzeln das Blätterwerk nicht mehr versorgen.

Darstellung 67:

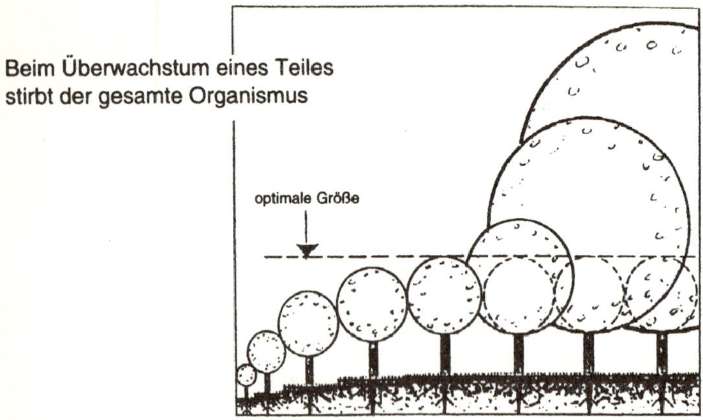

Zusammenfassend ergeben sich folgende Wachstumsregeln:

1. In einem begrenzten Raum kann es kein grenzenloses Wachstum geben.
2. Für jedes gesunde und natürliche Wachstum gibt es eine optimale Obergrenze.

3. Alle Teile eines Organismus müssen sich in ihrer Entfaltung am Ganzen orientieren.
4. Alle Entwicklungen, die diese naturgegebenen Gesetzmäßigkeiten missachten, sind zum Zusammenbruch verurteilt.

Diese Regeln gelten jedoch nicht nur für natürliche Wachstumsvorgänge. Sie gelten auch für das Wachstum der Wirtschaft. Denn alle auf der Erde stattfindenden materiellen Prozesse können sich den Naturgesetzen nicht entziehen.

Was bedeutet Wirtschaftswachstum?

Der Begriff Wachstum ist für das Geschehen in der Wirtschaft eigentlich fehl am Platz. Wirkliches Wachstum gibt es nur in der Natur, ausgelöst durch Boden, Licht, Luft und Wasser. Was in der Wirtschaft mit Wachstum bezeichnet wird, sind in Wirklichkeit Vermehrungen der von Menschen erzeugten Leistungen und Güter. Der Begriff Wirtschaftswachstum hat sich jedoch so eingebürgert, dass wir mit ihm leben müssen.

Dieses Wachstum in der Wirtschaft wird – wie auch andere Vermehrungsprozesse – meistens in Prozenten gemessen, bezogen auf die jeweilige Vorjahresgröße. Dabei unterscheiden wir eine nominelle und eine reale Zuwachsrate. Bei der nominellen wird der Zuwachs in Tagespreisen wiedergegeben, bei der realen in inflationsbereinigten Größen. Das reale Wirtschaftswachstum gibt also die tatsächliche Leistungssteigerung wieder.

Von 1950 bis zum Jahr 2000 lag z.B das reale Wirtschaftswachstum in Deutschland im Durchschnitt bei drei Prozent. Drei Prozent reales Wachstum bedeutet z. B., dass im folgenden Jahr statt 100 PKW's 103 produziert werden.

Dieser Zuwachs erscheint nicht aufregend. Rechnet man jedoch die Mehrproduktion von drei Prozent auf die PKW-Produktion in Deutschland um, dann ergibt sich daraus eine *zusätzliche* Autoschlange, Stoßstange an Stoßstange, von der österreichischen Grenze bis nach Dänemark. Wie viel Energie und Rohstoffe für eine solche dreiprozentige Produktionssteigerung benötigt werden, kann man sich in etwa vorstellen. Hinzu kommt noch der größere Energieverbrauch bei der Benutzung der Fahrzeuge, der beim Wirtschaftswachstum auch noch positiv zu Buche schlägt!

Drei Prozent Wachstum p.a. bedeutet jedoch keineswegs eine mengenmäßig ständig gleich bleibende Größe, denn im nachfolgenden Jahr hat sich ja die Messgrundlage um die hinzugekommene Autoschlange vermehrt. Das heißt, die zusätzlichen drei Prozent werden jetzt nicht mehr auf 100, sondern auf 103 Einheiten bezogen.

Welche Folgen dieser so harmlos erscheinende Effekt hat, zeigt die Darstellung 68 mit ihren verschiedenen Entwicklungskurven. Wie daraus ersichtlich, ist der exponentielle Wachstumseffekt umso größer, je höher der Prozentsatz ist und je länger eine Wachstumsperiode anhält. Bei einem Wachstum von drei Prozent verdoppelt sich die Ausgangsgröße in rund 24 Jahren. Das heißt, in 72 Jahren steigt sie – wie aus der Grafik zu entnehmen – auf das Achtfache an.

Bei fünf Prozent Wachstum – eine Größe, die auch heute noch manche Politiker zur Überwindung der Arbeitslosigkeit für erforderlich halten und deshalb anstreben – würden sich die Verdoppelungen alle zwölf Jahre wiederholen und die Wirtschaftsleistung nach 72 Jahren auf das 32fache gestiegen sein! Diejenigen, die ein ständig gleich bleibendes oder möglichst sogar noch steigendes Wachstum fordern, wissen offensichtlich nicht, wovon sie reden.

Darstellung 68:

Prozentuales Wachstum

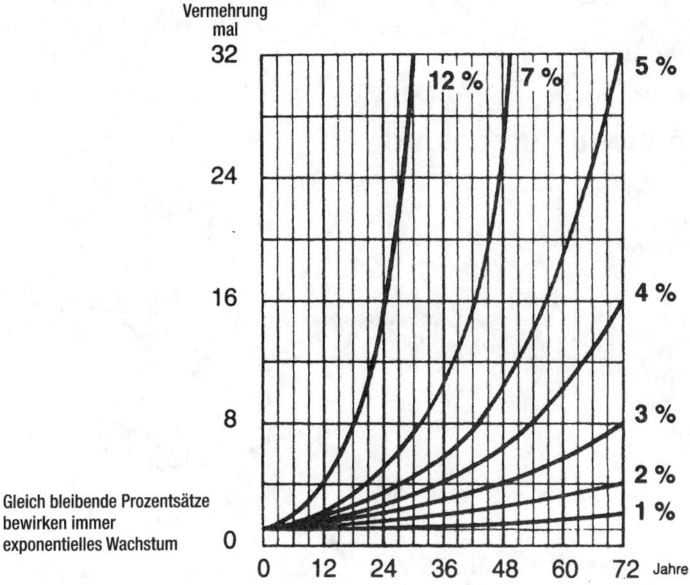

Wie wurde die Wirtschaftsleistung seit 1950 tatsächlich gesteigert?

Wie schon im vorigen Kapitel aus der Darstellung 63 zu ersehen, hat sich die Wirtschaftsleistung in Deutschland tendenziell linear entwickelt. Das heißt, die Wirtschaftsleistung ist langfristig nicht mit gleich bleibenden, sondern mit nachlassenden prozentualen Wachstumsraten angestiegen. Gleich bleibend waren jedoch die durchschnittlichen Zuwachs-*Mengen.* Das heißt, die jährlich produzierten Produkt- und Leistungsmengen wurden von Jahr zu Jahr im gleichen Umfang ausgeweitet, wie das aufgrund der großen Zerstörungen und des immensen Nachholbedarfs in den ersten Nachkriegsjahren sinnvoll und erforderlich war!

Darstellung 69:

Wirtschaftsentwicklung im 20. Jahrhundert in Westdeutschland

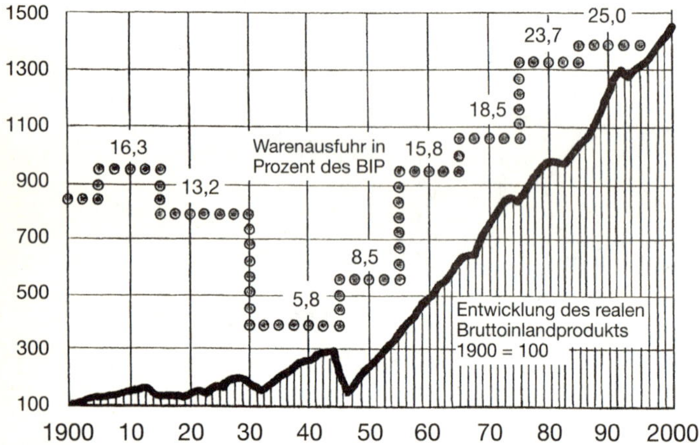

Quelle: Institut der deutschen Wirtschaft

Diese lineare Entwicklung ab 1948 geht auch aus der Darstellung 69 hervor, in der die Wirtschaftsentwicklung, bezogen auf das Gebiet Westdeutschlands, über das ganze Jahrhundert hinweg wiedergegeben ist. Deutlich werden auch in dieser Anstiegsentwicklung die ›Kerben‹ der hochzinsbedingten Konjunktureinbrüche ab 1950. Noch deutlicher zeichnen sich in der ersten Hälfte des Jahrhunderts die kriegsbedingten Einbrüche im 2. und 5. Jahrzehnt ab, ebenso die große weltweite Rezession um das Jahr 1930. Fast schon erschlagend aber ist der Unterschied der Leistungsentwicklungen in den beiden Jahrhunderthälften, vor allem die Verachtfachung der realen Wirtschaftsleistung zwischen 1950 und 2000! Es bedarf keiner Erklärung, dass ein solcher ständiger Leistungsanstieg – so notwendig er unter den heutigen Bedingungen zur Bewahrung des sozialen Friedens in unseren Staaten ist – unmöglich immer weiter fortgesetzt werden kann.

Interessant sind auch die Angaben über die jeweiligen Exportleistungen in der Grafik und deren bereits vor dem Ersten Weltkrieg erreichten Höhe. Ohne deren ständige Steigerungen nach dem zweiten großen Krieg wären die der Gesamtwirtschaft nicht möglich gewesen.

Gehen wir von der ersten Wachstumsregel aus, dann war die anfängliche Leistungssteigerung nach Ende des Zweiten Weltkriegs ganz natürlich. Sie hätte sich jedoch, um ein nachhaltiges Wirtschaften zu ermöglichen, nach und nach verlangsamen und schließlich auf einer optimalen Höhe stabilisieren müssen.

Eine solche Leistungsstabilisierung – abfällig ›Nullwachstum‹ genannt – bedeutet aber keinesfalls einen Stillstand der Wohlstandsentwicklung oder gar einen Rückschritt, auch wenn das immer wieder behauptet wird. Vielmehr kann jeder arbeitende Mensch, bei gleich bleibender Leistung und damit auch gleich bleibendem Realeinkommen, nicht nur seinen materiellen Wohlstand halten, sondern ihn von Jahr zu Jahr auch im gleichen Umfang ausweiten. Verzichtet er auf diese Ausweitung und gibt sich mit der Bestandshaltung zufrieden, dann genügt sogar eine reduzierte Arbeitsleistung. Bei diesen Überlegungen sind die Innovationen und die daraus resultierenden Produktivitätsfortschritte, die selbstverständlich auch bei gleich bleibender Leistung und gleich bleibendem Kapitalstock weiter zunehmen können, noch nicht einmal berücksichtigt. Sie könnten also bei ›Nullwachstum‹ in zusätzlichen Wohlstand oder zusätzliche Freizeit umgesetzt werden.

Warum kam es zu dem ständigen Wirtschaftswachstum?

Eine Wirtschaft, die von den Bedürfnissen der Menschen gesteuert wird und von deren Bereitschaft, für die Erfüllung dieser Bedürfnisse zu arbeiten, würde immer einen Entwicklungsverlauf nehmen, der den natürlichen Wachstumskurven entspricht. So unterschiedlich die Bedürfnisse und Wünsche auch sein mögen: Irgendwann und -wo schlägt dieser Sättigungseffekt bremsend durch.

Geht man von diesen Gesetzmäßigkeiten aus, dann hätte sich unsere Volkswirtschaft nach dem letzten Weltkrieg also etwa so entwickeln müssen, wie dies in der Darstellung 66 als Wachstumskurve a wiedergegeben ist.

Tatsächlich machten sich in Deutschland im Laufe der 50er Jahre bereits gewisse ›Ermüdungserscheinungen‹ bemerkbar. Die größten kriegsbedingten Mängel waren überwunden, die ›Fresswelle‹, die ›Kleiderwelle‹ und selbst die ›Wohnwelle‹ flachten als Folge zunehmender Sättigungen ab und damit auch der Wachstumstrend. Doch statt dieser natürlichen Entwicklung nachzugeben, schaltete man in der Sinngebung des Wirtschaftens um: Nicht mehr die Bedarfs*deckung* – der Sinn allen humanen Wirtschaftens – sondern die Bedarf*weckung* wurde als Hauptziel deklariert. Das heißt, der Mensch, vorher noch bestimmendes *Subjekt* allen Wirtschaftens, wurde zum *Objekt* umfunktioniert und durch zunehmende raffiniertere Werbung, vermehrte modische Effekte und sogar eingeplante kürzere Lebensdauer der Produkte immer wieder zum Kaufen und Leisten verführt bzw. gezwungen.

Der Mensch, in Jahrmillionen zum Sammler, Bewahrer und Gebraucher der irdischen wie der selbst geschaffenen Güter herangewachsen, wurde systematisch zum Wegwerfer und Verbraucher umerzogen. Der Begriff ›Normalverbraucher‹ wurde kreiert und das war derjenige, der möglichst viele Güter in möglichst kurzer Zeit verbrauchte. Und nach der bereits genannten Fress,- Kleider- und Wohnwelle wurde regelrecht eine ›Wegwerfwelle‹ propagiert. ›Ex und hopp‹ war ein Werbeslogan, mit dem man Ende der 50er Jahre für Wegwerfverpackungen warb, und das alles nur, um den Verbrauch und damit wiederum die Produktion im bisherigen Tempo weiter steigern zu können.

Was wurde noch zur stetigen Wachstumssteigerung unternommen?

Mit Hilfe dieser Werbungs- und Wegwerfwellen konnte das Wirtschaftswachstum zwar vorübergehend wieder auf Fahrt gebracht werden. Doch auch dieses Umschalten von der Bedarfsdeckung auf die Bedarfsweckung ließ nach etlichen Jahren in seiner Wirkung nach. Um weiteres Wachstum zu garantieren, wurde 1967 der deutsche Staat in die Pflicht genommen, mit dem so genannten »Gesetz zur Förderung des Wachstums und der Stabilität der Wirtschaft«. Dabei ist den Verfassern dieses Gesetzes gar nicht aufgefallen, dass bereits die Formulierung in sich widersprüchlich ist. Denn etwas ständig Wachsendes muss auf Dauer instabil werden. Jedes Kind, das mit Bauklötzen einen Turm gebaut hat, kann das bestätigen: Am Ende genügt das Hinzufügen eines einzigen Steins, um das ganze Bauwerk zum Einsturz zu bringen.

Aufgrund dieses »Stabilitätsgesetzes« wurde nun der Staat, anstelle der konsummüden ›Normalverbraucher‹, in der Wirtschaft immer aktiver und die Steuerbelastung entsprechend höher. Und während die Bürger letztlich immer nur kleckern können, kann der Staat klotzen: Der Export wurde durch staatliche Risikoabsicherungen noch mehr angekurbelt. Milliardenschwere Großtechnologien, wie die Raumfahrt und Reaktortechnik, wurden durch Forschungsgelder angeleiert und/oder über Subventionen den Firmen schmackhaft gemacht. Garantierte Abnahmemengen bei garantierten Preisen und Gewinnen, machte die Rüstungsproduktion zu einer Wachstumsbranche erster Klasse. Und für die Industrie wiederum wurde es viel einfacher und sicherer, ein Dutzend Politiker für einen neuen Panzer zu gewinnen, als Millionen Verbraucher für ein neues Produkt.

Aber nicht nur bei der Rüstung trat der Staat als milliardenschwerer Nachfrager auf. Auch zivile Projekte, wie der Rhein-Main-Donau-Kanal, die Zulassung privater Fernsehanstalten und die Verkabelung der Städte zur Überschüttung der Bürger mit noch mehr Werbung: All das bot nun auch dem Staat die Möglichkeit, das Tempo des Nachkriegswachstums weiter aufrechtzuerhalten. Vor allem wurde immer mehr auf Pump finanziert.

Wie lange das noch weitergehen kann, darüber macht sich kaum jemand Gedanken. Nur ab und zu bricht einmal die Vernunft durch. So hat der frühere Bundesminister Hauff den Rhein-Main-Donau-Kanal als das »dümmste Bauwerk seit dem Turm von Babel« bezeichnet. Und der frühere Wirtschaftsminister Friderichs hat in einer schwachen Stunde davon gesprochen, dass es eigentlich drei Arten von Arbeit gibt, nämlich sinnvolle, überflüssige und schädliche. Wer daraufhin einmal die in den letzten Jahrzehnten hinzugekommenen Arbeitsplätze und Produkte durchleuchtet, der wird feststellen, dass ein großer Teil den beiden letzten Kategorien zuzuordnen ist.

Hinter vorgehaltener Hand wird einem zwar hier und da bestätigt, dass ein solches ständiges Wachstum auf Dauer ›natürlich‹ nicht fortzusetzen sei. Aber heute – heißt es im gleichen Atemzug – könne man darauf noch nicht verzichten. Fragt man nach den Gründen, kam vor zwanzig Jahren meist der Hinweis auf die Dritte Welt: Wir brauchen das Wachstum, um den Menschen dort helfen zu können! Nachdem die Diskrepanzen zwischen Nord und Süd trotz (oder wegen?) unseres Wirtschaftswachstums immer größer geworden sind, spielt man jetzt die gleiche Platte mit einem anderen Text: Wir brauchen das Wachstum, um die Umweltschäden zu beseitigen! Dabei weiß jeder, dass diese Umweltschäden in erster Linie Folge des ständigen Wirtschaftswachstums sind!

24. KAPITEL

Die Ursachen unseres Wachstumszwangs

»Ein funktionierendes kapitalistisches Wirtschaftssystem muss sich ständig ausweiten. Jeder Rückgang in der Produktion löst eine Wirtschaftskrise mit all ihren bedenklichen Folgen aus: Arbeitslosigkeit, sinkende Einkommen, steigende Staatsverschuldung!«
*Volker Hauff**

Warum ist ein kapitalistisches Wirtschaftssystem zur Ausweitung gezwungen?

Erinnern wir uns an die zweite Wachstumsregel, nach der ein Organismus nur stabil bleiben kann, wenn sich alle seine Teile im Gleichschritt mit dem Ganzen entwickeln. Wächst ein Teil rascher, kommt es zu Spannungen und Komplikationen, bis hin zum Kollaps. Vermeidbar ist dieses Ende nur, wenn es gelingt, dem Überwachstum Einhalt zu gebieten. Ist das nicht möglich, bleibt als Alternative nur der Versuch, die Entwicklung des gesamten Organismus dem Überwachstum jenes Teiles anzupassen.

Johannes Jenetzky, der in Baden-Württemberg Steuerrecht lehrt, hat dafür den Begriff ›Ross-Reiter-Dilemma‹ geprägt: Wenn ein Reiter immer größer und schwerer wird, muss

* Ehemaliger deutscher Bundesminister, in »Argumente in der Energiediskussion«, 1978

das Pferd mitzuwachsen versuchen, wenn es nicht zusammenbrechen will. Gibt es denn in unserer Wirtschaft einen ›Reiter‹, der immer größer und schwerer wird und der das ›Ross‹ zum Mitwachsen zwingt? Gibt es in unserem Wirtschaftsorganismus einen Teil, der rascher als das Ganze wächst? Möglicherweise sogar exponentiell, wie die Menge der Getreidekörner bei dem Schachbrettbeispiel im letzten Kapitel?

Sehen wir uns die nachfolgende Darstellung 70 an, dann zeigt sich, dass es in unserer Wirtschaft tatsächlich eine Größc gibt, die sich konträr zum natürlichen Wachstumsablauf – wie dem des dargestellten Baumes – entwickelt. Und zwar nicht nur mit gleich bleibenden Zuwachsraten, wie beim linearen Wachstum unseres Bruttosozialprodukts, sondern mit exponentiellen Tendenzen. Die Rede ist vom Geld, richtiger: Von den Geldersparnissen, die gegen Zinsen in der Wirtschaft angelegt sind.

Darstellung 70:

»Wachstum« einer Geldanlage durch Zinseszins

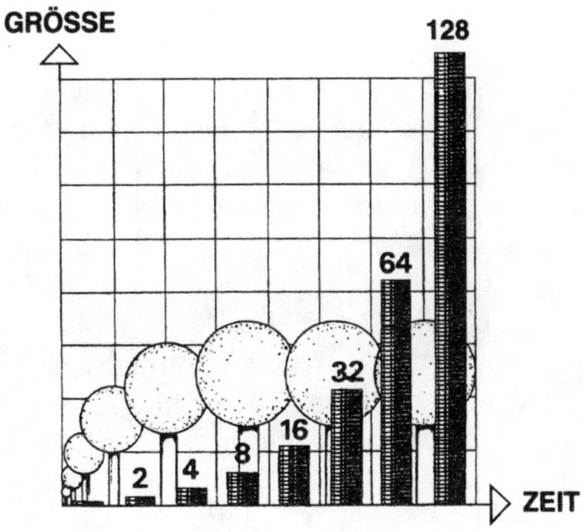

Warum zwingt der Zins zum Wachstum?

Hat jemand einen verzinsten Kredit aufgenommen, muss er mehr zurückzahlen, als er erhalten hat. Um dieses Mehr – den laufend zu zahlenden Zinsbetrag – wird sein Einkommen bis zur Tilgung des Kredits reduziert. Will er das vermeiden, dann muss er in Höhe dieses Zinsbetrags mehr leisten und diese Mehrleistung zusätzlich auf dem Markt absetzen. Das gilt nicht nur für die einzelnen Kredit aufnehmenden Bürger, sondern genauso für jedes Unternehmen, jede Gemeinde und jeden Staat: Entweder führt der Zins zur Verarmung der Werteschaffenden oder er zwingt zur höheren Leistung.

Auf der anderen Seite wachsen durch den Zins die Einkommen entsprechend an. Da dort aber bereits vorher Geld zu viel vorhanden war, nehmen die Geldvermögen durch den Zinstransfer noch weiter zu. Zumindest in dem Maße, wie man die Zuwächse nicht laufend abhebt und verkonsumiert. Legt man die Zinszuwächse in Sachvermögen an, wird dieser Effekt nur vom Geldkapital ins Sachkapital verlagert.

> »Die starre Rentabilitätspflicht, infolge deren sich die Geldvermögen stur mechanisch immerfort vermehren, überträgt sich also auf die Wirtschaft insgesamt und erlegt ihr ein andauerndes Wachstum auf. Es ist ein unentrinnbarer Zwang«,

heißt es in einem Papier des Arbeitskreises Geld und Finanzen des BUND Baden-Württemberg. Und diese Geldvermögen vermehren sich nicht nachlassend oder linear, sondern – wie schon mehrfach dargelegt – durch den Zinseszinseffekt mit zunehmender Beschleunigung.

Sollen sich die sozialen Spannungen nicht vergrößern,

dann muss das Wachstum der Wirtschaft also dem der zinstragenden Kapitalien entsprechen. Kein Wunder, dass den Politikern die Knie weich werden, wenn die Wachstumsrate unserer Volkswirtschaft unter zwei Prozent oder sogar gegen Null zu sinken droht.

> »Solange die Wachstumsrate des nominalen Bruttosozialproduktes das Niveau des Zinssatzes ... erreicht, bleibt die Zinslastquote unverändert ... Dies ist der Hauptgrund, warum auch umweltbewusste Ökonomen den Standpunkt vertreten, dass wir uns ... ein Nullwachstum gar nicht leisten können.«

So umschrieb der schweizerische Nationalökonom Gottfried Bombach Anfang 1991 die dargelegten Zusammenhänge in einer Zeitschrift des Schweizerischen Bankvereins. Sein Zitat besagt letztlich nichts anderes, als dass wir uns ein Nullwachstum – Voraussetzung einer Erholung unserer Umwelt – nur bei einem Nullzins leisten können.

Wie sehen die konkreten Wechselwirkungen aus?

Die Beziehung zwischen der Überentwicklung der Geldvermögen und der Wirtschaftsleistung wird in der Darstellung 71 verdeutlicht.

Aus dieser Grafik geht zuerst noch einmal das reale und linear verlaufene Wirtschaftswachstum im Nachkriegsdeutschland bis zur Jahrtausendwende hervor. Die eingetragenen Schübe (die sich in Wirklichkeit natürlich überlappen und vermengen!) zeigen noch einmal die ständig neuen Bemühungen, das Wachstum immer wieder anzukurbeln. Als möglicherweise letzter großer Schub, steht uns in unserem Jahrzehnt die globale Ausweitung des Systems

Darstellung 71:

Wachstum und Geldvermögen

Schemadarstellung

Die überproportionierte Entwicklung der Geldvermögen erzwingt ständig neue Wachstumsschübe zur Anpassung der Wirtschaftsleistung

ins Haus. Danach bleibt nur noch der Weltraum, der bereits von manchen Leuten ernsthaft angepeilt und als Rohstoffreservoir gesehen wird.

In einem proportional angeglichenen Verhältnis ist in der Darstellung außerdem die reale Entwicklung der Geldvermögen in Deutschland eingetragen, die inzwischen das 2,5fache des Sozialprodukts überstiegen haben. Außerdem sind im unteren Teil die Größen der realen Zinsströme markiert, die aus dem Sozialprodukt bedient werden müssen.

Da das Wachstum dieser Zinsströme an das der Geldvermögen gekoppelt ist, sind deren Ansprüche nur zu befriedigen, wenn auch die Wirtschaftsleistung ausgeweitet wird. Wie bereits im Teil III des Buches dargelegt ist und auch aus der Darstellung wieder hervorgeht, nehmen diese Geldvermögen wesentlich rascher zu als die volkswirtschaftliche Leistung, so dass die Scherenöffnung zwangsläufig zu immer größeren Problemen führen muss.

Nun werden manche vielleicht darauf verweisen, dass man die Flussgröße Sozialprodukt nicht ohne weiteres mit den sich ansammelnden Beständen der Geldvermögen und der ihnen gegenüberstehenden Schulden vergleichen kann. Aber man kann und muss jedoch die *Belastungen,* die sich aus diesen monetären Größen für die Wirtschaft ergeben, also die eingetragenen Zinsen, mit dieser Leistungsgröße vergleichen. Denn in der Größenordnung dieser Belastungen müssen die Arbeitleistenden, also Arbeitnehmer, Selbständige und Unternehmer, Teile der von ihnen erwirtschafteten Einkommen hergeben, was nur bei ständiger Leistungssteigerung noch eine Weile möglich ist. Solange wir ständig positive Zinssätze haben, sind wir also zum Wachstum verdammt, auch wenn die Umwelt dabei auf der Strecke bleibt.

Welche Umweltfolgen hat das dauernde Wirtschaftswachstum?

Alle Ausweitungen der Wirtschaftsleistung sind zwangsläufig auch mit Ausweitungen des Ressourcenverbrauchs, der Abfallberge und der Gesundheitsbelastung verbunden. Das gilt selbst für die meisten Investitionen im Umweltschutzbereich. Ob Lärmschutzwände, Schallschluckfenster, ob Klärwerke oder Filteranlagen: Sie alle binden Rohstoffe und Energie nicht nur bei ihrer Erstellung, sondern häufig auch bei ihrer laufenden Nutzung. Geht man von solchen ökologischen Bilanzierungen aus, wie in der folgenden Abbildung schematisch dargestellt, dann wird die Fragwürdigkeit unseres Wirtschaftswachstums noch deutlicher.

Die lineare Entwicklung unserer inflationsbereinigten Wirtschaftsleistung ist hier einmal nach ihrem Nettonutzen und den Folgekosten aufgeteilt, angelehnt an eine Darstellung aus dem »Nawu-Report« von Hans-Christoph Binswanger.

Im Anfang unserer Wirtschaftsentwicklung haben die negativen Folgekosten unseres Produzierens den anfangs hohen Nettonutzen kaum beeinträchtigt. Im Laufe der Zeit nahmen jedoch diese Folgekosten rascher zu als der Nettonutzen. Wachsen die Folgekosten aber schneller als die Wirtschaftsleistung, dann kommt es schließlich – ähnlich wie bei der Verteilung des Einkommens zwischen Arbeit und Kapital – zu einem Umkippen der Entwicklung. Konkret: Trotz des weiteren linearen Leistungsanstiegs geht der Nettonutzen zurück.

Addiert man einmal die gröbsten Schäden unserer Umwelt, dann kann man davon ausgehen, dass wir diesen Punkt des Umkippens schon eine ganze Weile überschritten haben und die Schemagrafik in etwa dem heutigen

Darstellung 72:

Wirtschaftswachstum

bei nachlassendem Nutzen und steigenden Folgekosten

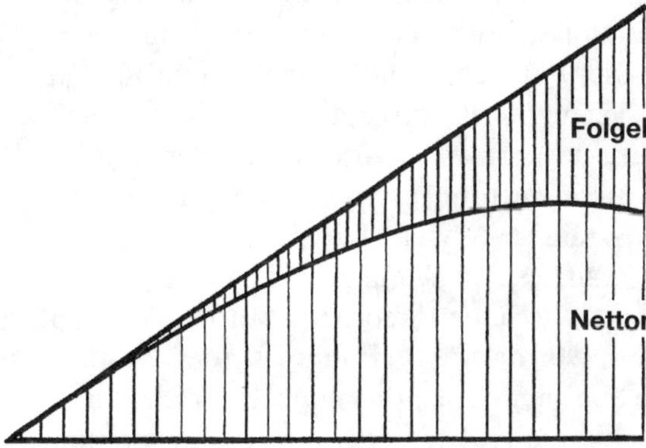

Stand entspricht. Das aber heißt mit anderen Worten: Die weitere Steigerung unserer Leistung wird nicht nur immer fragwürdiger, sie wird für die Natur und damit auch uns selbst immer gefährlicher.

Gibt es Wachstum ohne Umweltbelastung?

Bei der Ermittlung des Sozialprodukts, an dem das Wirtschaftswachstum gemessen wird, werden neben den Produktionsleistungen auch die Dienstleistungen mit ihren Einkommensgrößen einbezogen. Die Vermutung liegt nahe, man brauche zukünftig nur die Dienstleistungen statt der Produktion auszuweiten, um die ökologischen Problemzunahmen beim Wirtschaftswachstum zu verringern. Ebenso wird häufig angenommen, mit einer solchen Ausweitung der Dienstleistungstätigkeiten könne man der

Zinsbedienung ein Schnippchen schlagen, da hier weniger Kapital benötigt wird.

Dazu ist einmal zu sagen, dass Dienstleistungen in einer Volkswirtschaft immer nur dann ausgebaut werden können, wenn der materielle Gesamtbedarf abgesichert ist und darüber hinaus Überschüsse zur Verfügung stehen. Diese Überschüsse, mit denen die Beschäftigten im Dienstleistungsbereich materiell versorgt werden, können jedoch nur im Produktionsbereich erwirtschaftet werden. Das heißt, der Ressourcenverbrauch mit all seinen Folgen verringert sich nicht, sondern konzentriert sich nur.

Konkretes Beispiel: Wenn zehn Familien auf einer Insel stranden und zu Selbstversorgern werden, können sie nur dann eine Person als Lehrer für ihre Kinder freistellen, wenn die restlichen neun entsprechende Überschüsse produzieren. Das heißt, je größer der Dienstleistungssektor in einer Volkswirtschaft wird, umso intensiver und effektiver muss im Produktionssektor gearbeitet werden. Effektivitätssteigerungen je Beschäftigten aber setzen im Allgemeinen noch höheren Kapital-, Material und Energieeinsatz voraus. Man denke nur an die Roboterstraßen in der Automobilproduktion. Außerdem wird diese Intensivierung auch von den wachsenden Geldvermögen erzwungen, die über Kredite in den Wirtschaftskreislauf zurückgeführt und durch Sachvermögen abgesichert werden müssen. Der Kapitaleinsatz im Dienstleistungssektor ist zwar in den meisten Fällen geringer als im Durchschnitt aller Arbeitsplätze, dafür muss er aber im Produktionsbereich umso höher sein. Das Gleiche gilt auch für den Ressourceneinsatz.

Im Übrigen sorgt der technische Fortschritt wie auch der Druck des Anlage suchenden Kapitals dafür, dass auch im Dienstleistungsbereich die Investitionen ständig größer werden und damit auch der Material- und Energieverbrauch. So liegen die Investitionen in modernen Arztpraxen kaum unter einer Million DM und solche Millioneninvestitionen werden in den neuen Kliniken fast schon je Bett erreicht.

Zu welchen Fragwürdigkeiten hat die staatliche Wachstumsförderung bisher geführt?

Dass der Staat im Gegensatz zu privaten Unternehmen auch unrentable Wachstumsinvestitionen tätigen kann, erleben wir seit Jahrzehnten. Das gilt nicht nur für die Rüstung, sondern auch für viele Raumfahrtausgaben oder Technologieruinen, in denen Milliarden aus den Taschen der Steuerzahler regelrecht in die Luft geschossen, vergraben oder in Beton gegossen wurden.

Aber auch die Bürger wurden um des Wachstums willen vom Staat regelrecht zu Umwelt gefährdendem Handel animiert. Man denke nur an den Individualverkehr, den man umso mehr förderte, je weniger andere Produktbereiche noch Wachstumschancen boten. Ohne diese enorme staatliche Förderung wäre das Auto niemals zu jener ›unheiligen Kuh‹ geworden, die das Gros der Menschen wie nichts anderes in der Welt mit Hunderttausenden von Menschenopfern verehrt. Das trifft nicht nur auf den überdimensionalen Ausbau des Autobahn- und Straßennetzes zu, sondern auch auf viele hinausgezögerte umweltschützende Maßnahmen in Bezug auf Lärm- und Luftbelastung. So hat man z. B., im Gegensatz zu allen anderen Ländern in Europa, in Deutschland bislang keine Tempolimits auf den Autobahnen eingeführt. Alles vor dem Hintergrund, die Lust der Bürger am Fahren und Rasen möglichst nicht zu beeinträchtigen, da das Auswirkungen auf den Kauf schneller Autos und damit das Wirtschaftswachstum haben könnte.

Ein besonders wirkungsvoller Dauerbrenner staatlicher

Wachstumsförderung ist auch der EG-Agrarmarkt mit seinen Lagerhaltungen, Produktionsvernichtungen und Umwegtransporten. Während sich beispielsweise früher das Kalb bei der Mutterkuh trinkend ernährte, hat man für diese Primitivmethode in der EG längst einen kapitalintensiven Ersatz gefunden: Heute wird der Mutterkuh die Milch maschinell abgesaugt, gekühlt vorgelagert, über durchweg 100 Kilometer mit Kühlwagen zur Molkerei gefahren, nach Entsahnung in eine noch weiter abgelegene Milchpulverfabrik geschafft, dort mit großem Energieeinsatz getrocknet, um anschließend – wieder über große Entfernungen – in einer temperierten Lagerhalle für Jahre zu verschwinden. Ist das Milchpulver eines Tages für menschliche Ernährung nicht mehr geeignet, kann der Bauer es verbilligt beziehen, mit Wasser vermischen und dem Kalb zu trinken geben.

Die Erklärung für solchen Irrsinn findet man, wenn man nach seinen Nutznießern fragt. Kuh und Kalb gehören ganz gewiss nicht dazu. Ob für den Bauern zwischen dem höheren Milch- und dem niedrigeren Milchpulverpreis viel herausspringt, hängt von seinem zusätzlichen Arbeits- und Kostenaufwand ab. Ohne Zweifel aber nutzt der ganze Unsinn mit seinen vielen Stationen dem Kapital. Denn sowohl bei der Milchaufbereitung, den Lagerstätten als auch den Transportvorgängen lassen sich Millionen und Milliarden investieren. Kapital, das in diesem Fall auch dann garantiert Zinsen bringt, wenn die ganzen Vorgänge volkswirtschaftlich fragwürdig und unnötig sind. Und nicht nur als Kapitalanlage erfüllen diese überflüssigen Investitionen auf Kosten der Steuerzahler und Verbraucher ihren Zweck, sie tragen auch noch dazu bei, das Kapital auf elegante Weise zu verknappen und damit die Zinsen hoch zu halten.

Sind die umweltbezogenen Probleme mit Ökosteuern zu lösen?

Wenn unsere Kinder eine Überlebenschance haben sollen, müssen wir zu einem sorgsameren Umgang mit den Schätzen dieser Erde kommen. Ein sorgsamerer Umgang ist nur zu erreichen, wenn wir den natürlichen Gütern einen Preis geben, der ihrem Wert und ihrer Knappheit entspricht. Das gilt nicht nur für die Rohstoffe in der Erde, sondern auch für den Boden selbst, ebenso wie für die Luft und das Wasser. Ökosteuern, -gebühren und -abgaben zur Verwirklichung dieses Ressourcenschutzes sind zwar seit Jahren im Gespräch, bislang aber kaum ausreichend umgesetzt worden. Die Erklärung für diese unverantwortliche Verzögerung der notwendigen politischen Entscheidungen liegt wieder einmal beim Geld. Weniger daran, dass dieses Geld zum Schutz der Umwelt fehlt, sondern aus Angst, das Wirtschaftswachstum könnte unter solchen Umweltschutzabgaben leiden.

In diese Wachstumszwänge sind in einem ganz besonderen Maß alle verschuldeten Staaten verquickt. Denn lässt das Wirtschaftswachstum nach und damit auch die Steuereinnahmen, wird die hohe und meist steigende Belastung für den Schuldendienst zu einem Problem. Allein schon aus diesem Grund kann sich heute kein Staat die Einführung von wirklich wirksamen Ökosteuern erlauben, also von Steuern, die den Ressourcenverbrauch tatsächlich senken.

Der Traum von einem nachhaltigen Wirtschaften, von ökologischer Kreislaufwirtschaft und sanften Technologien, wird darum so lange unerfüllbar bleiben, wie die Geldvermögen weiter wachsen und über immer neue und höhere Kreditaufnahmen in den Wirtschaftskreislauf zurückgeführt werden müssen. Und die Geldvermögen werden so lange weiterwachsen, wie die Zinsen nicht wie andere Knappheitspreise den Sättigungsgesetzen der Märkte unterliegen.

Der Schweizer Hans-Christoph Binswanger, einer der wenigen Ökonomen, die sich überhaupt mit Umwelt- und Geldfragen eingehender befassen, hat vor wenigen Jahren in einem Interview die Sache einmal auf den Punkt gebracht:

> »99 Prozent der Menschen sehen das Geldproblem nicht. Die Wissenschaft sieht es nicht, die Ökonomie sieht es nicht, sie erklärt es sogar als »nicht existent«. Solange wir aber die Geldwirtschaft nicht als Problem erkennen, ist keine wirkliche ökologische Wende möglich.«

25. KAPITEL

Geld und Krise – die ökonomischen Folgen

»Immer dann, wenn es in der ökonomischen Realität anders zugeht, als es die Modelle der Wirtschaftslehrbücher vorschreiben, sollten die Ökonomen, statt in der Rumpelkammer überholter Theorien herumzustöbern, nach den monetären Ursachen der Krise fahnden.«
*Wilhelm Hankel**

Versucht man, die Ursachen der Krisenentwicklungen in der Welt einzugrenzen, dann kann man das auf verschiedene Weise tun. So kann man sie z. B. von ihren geographischen, politischen, ökonomischen oder historischen Gegebenheiten her untersuchen. Geht man den geographischen Gegebenheiten nach und markiert die von Krisen besonders betroffenen Länder auf dem Globus, dann würde man mit diesem Ansatz nicht weit kommen. Denn wirtschaftliche Krisen gibt es überall auf der Welt, in Nord und Süd, in Ost und West. Dass sie auf der Südhalbkugel durchweg gravierender sind, hängt unter anderem damit zusammen, dass der Norden es verstanden hat, manche Krisenursachen und ihre Folgen in die südlichen Länder abzuschieben. Denn wer anderen wirtschaftlich und politisch überlegen ist, kann nicht nur Güter exportieren, sondern auch Armut, Arbeitslosigkeit und Umweltzerstörung.

* Wirtschaftswissenschaftler, »John Maynard Keynes«, 1988

Prüft man den politischen oder den ökonomischen Ansatz, dann kommt man auch nicht viel weiter. Denn Wirtschaftskrisen treffen wir in Demokratien ebenso an wie in Diktaturen; in kapitalistisch geprägten Volkswirtschaften ebenso wie in sozialistischen: Alle werden – wie die Erfahrung des letzten Jahrhunderts zeigt – immer wieder von schweren wirtschaftlichen und gesellschaftlichen Krisen heimgesucht. Dabei fallen rohstoffreiche Länder ebenso darunter wie rohstoffarme, industrialisierte wie mehr landwirtschaftlich orientierte.

Fündig wird man bei der Suche nach den auslösenden Ursachen der Krisen eher, wenn man dem historischen Ansatz folgt und die großen Krisen der Vergangenheit näher unter die Lupe nimmt. Vor allem wenn wir uns dabei auf den Raum der Industrienationen beschränken, werden wir schnell feststellen, dass fast alle großen Krisen des vergangenen Jahrhunderts, wie auch die zwischenzeitlichen Aufstiegsphasen, in auffallender Weise mit dem Geld zusammenhängen, genauer: mit bestimmten Vorgängen und Entwicklungen im monetären Bereich.

Was waren die großen Krisen des letzten Jahrhunderts?

Dass die wohl größte wirtschaftliche Krise des letzten Jahrhunderts, die 1929 ihren Anfang nahm, mit bestimmten Vorgängen im Geldbereich zusammenhing, wird jedem Leser geläufig sein. Gerade im Zusammenhang mit dem Börsengeschehen unserer Tage wird darauf immer wieder Bezug genommen. Aber auch die daraus hervorgegangenen Deflationsentwicklungen werden angesichts niedriger Zinsen heute manchmal wieder beschworen, nicht zuletzt im Hinblick auf die Entwicklungen in Japan in den letzten Jahren.

Auch die weltweiten Wirtschaftskrisen nach den beiden Weltkriegen hingen nicht nur mit den Zerstörungen der Infrastrukturen zusammen, sondern ebenfalls mit jenen der Währungen, die man zur Kriegsfinanzierung maßlos ausgeweitet hatte, so dass sie in vielen Ländern ihre Aufgabe nicht mehr oder nur bedingt erfüllen konnten.

Die Auswirkungen solcher deflationär wie inflationär verfälschten Währungen kann man besonders deutlich in Deutschland verfolgen. Ebenso aber auch die positiven Wirkungen eines Umtauschs der ruinierten Währungen gegen eine neue, fälschlicherweise als ›Währungsreform‹ bezeichnet. Dabei wurde in Wirklichkeit mit dem Umtausch gar nichts reformiert, sondern lediglich die von Regierungen und Notenbanken in den Bankrott getriebene überzogene Geldmenge gegen eine reduzierte ausgewechselt. Das galt nicht nur für den Umtausch der ins Astronomische vermehrten Reichsmark Ende 1923 gegen die Rentenmark, sondern ebenso für den Umtausch 1948: In beiden Fällen lebte die Wirtschaft fast schlagartig wieder auf.

Zu einer umgekehrten Erscheinung kam es in der großen Wirtschaftskrise nach 1929. Auslöser dieser Depression, in der die Arbeitslosigkeit in Deutschland in kurzer Zeit auf über sechs Millionen anstieg, waren vor allem die durch die Börsenkrise ausgelösten Bankenzusammenbrüche. Diese hatten insofern besonders gravierende Auswirkungen für die Weimarer Republik, weil die in Schwierigkeiten geratenen Banken in den USA, aufgrund der eigenen Zahlungsengpässe, ihre kurzfristigen Kredite zurückforderten. Weil diese länderübergreifenden Kredite in Gold abgewickelt wurden, verringerten sich die entsprechenden Reserven der Reichsbank. Da aber die herausgegebene Geldmenge in Deutschland wiederum an diese Goldreserven gebunden war, reduzierte der damalige Reichsbankpräsident Luther pflichtgemäß die umlaufende Geldmenge.

Man hatte zwar unter großen Opfern Anfang der 20er Jahre gelernt, dass man die Geldmenge auf keinen Fall über die Wirtschaftsleistung hinaus vermehren darf, aber offensichtlich nicht gewusst, dass eine Geldmengenverminderung zu einem depressiven Zusammenbruch der Wirtschaft führt. Diese deflationär wirkende Geldverknappung wurde durch Kürzungen der Beamtengehälter noch verschärft. So verstärkte die Reichsregierung noch die Wirkungen der Geldpolitik der damaligen Reichsbank, die »in autonomer Erhabenheit die Weimarer Republik exekutierte«, wie der Bundesminister Ehrenberg in seinem Buch »Zwischen Marx und Markt« 1973 schrieb. Da ohne die daraus resultierenden Arbeitslosenheere Hitler kaum an die Macht gekommen wäre, muss man wahrscheinlich auch das »Dritte Reich« und damit den zweiten großen Krieg im letzten Jahrhundert auf das Konto jener falschen geldbezogenen Entscheidungen buchen.

Auf diese fatalen Beziehungen zwischen Geld und Krise hatte auch die deutsche Gewerkschaftszeitschrift »Metall« im Jahr 1953 hingewiesen:

> »Zweimal wurde das soziale Gefüge des deutschen Volkes in den Grundfesten erschüttert: während der großen Inflation des Jahres 1923 und nach dem Ausbruch der Weltwirtschaftskrise im Jahre 1929. Ohne diese Katastrophen wäre der Nationalsozialismus niemals eine Macht geworden.«

Was könnte auch in unseren Tagen zu einer großen Krise führen?

Erinnern wir uns noch einmal an die zweite Wachstumsregel. Danach kann ein Organismus nur stabil bleiben, wenn sich alle seine Teile im Gleichschritt mit dem Ganzen entwickeln.

Wie hier bereits verschiedentlich dargelegt wurde, wachsen in unserem Wirtschaftsorganismus die monetären Bestandsgrößen Geldvermögen und Schulden jedoch schneller als die Wirtschaftsleistung, aus der sie bedient werden müssen. Diese langfristig zunehmende Auseinanderentwicklung konnte bislang in den meisten Ländern durch ständiges Wirtschaftswachstum in erträglichen Grenzen gehalten werden. Dieser Ausweg wird jedoch immer weniger gangbar, da die Natur einer ständigen Leistungssteigerung Einhalt gebietet. Außerdem muss das noch mögliche Wirtschaftswachstum immer mehr zur Behebung der bereits erzeugten Naturzerstörungen eingesetzt werden. Diese ›Umweltreparaturen‹ erbringen jedoch nur dem eingesetzten Kapital weitere Einkommenszugewinne. Denn die Arbeitenden müssen – wie bei den Rüstungsausgaben – neben der Leistung für diese vermeidbaren Reparaturen auch noch die Kosten über Steuern und Preisaufschläge tragen. Das heißt, die Arbeitleistenden zahlen sich gewissermaßen selbst ihre Löhne, allerdings verkürzt um die Verzinsung des Kapitals, das bei diesen Umweltschutzmaßnahmen zusätzlich erforderlich wird.

Ist der Kapitalismus selbst die Krisenursache?

»Der Kommunismus ist tot – der Kapitalismus todkrank«, hat Anfang der 90er Jahre einmal jemand formuliert. Die Krankheit selbst, der Kapitalismus, lässt sich an vielen Symptomen festmachen, am deutlichsten an den monetären Wucherungen und ihren Metastasen, zu denen nicht zuletzt die immer größeren Einkommensumschichtungen von der Arbeit zum Besitz gehören. Deren Größenordnungen und

Folgen für die Bürger wurden in den Kapiteln 21 und 22 dargelegt.

Aber nicht nur für die Bürger, auch für den Staat haben diese Diskrepanzentwicklungen schwerwiegende Folgen. Denn aufgrund der zunehmenden Staatsverschuldungen bluten die öffentlichen Kassen aus. Die entstehenden Defizite können nur mit verringerten Ausgaben, zusätzlichen Schulden oder höheren Steuern geschlossen werden. Alles in allem wird der finanzielle Spielraum der Regierungen kleiner. Während Städte und Gemeinden beispielsweise in den 60er und 70er Jahren Schulen, Büchereien und Schwimmbäder bauen konnten, sind sie heute oft nicht mehr in der Lage, diese Einrichtungen zu unterhalten. Und das trotz des zunehmenden Reichtums in den Industrienationen!

Der Sozialstaat konnte zwar lange Zeit das Auseinanderdriften von Arm und Reich durch Rückverteilungen in tragbaren Grenzen halten, das aber wird zunehmend schwieriger. Das ›soziale Netz‹ reißt nicht nur an vielen Stellen weil es allzu oft als ›soziale Hängematte‹ missbraucht wird, es reißt vor allem, weil der Staat immer weniger in der Lage ist, die zunehmenden Löcher in diesem Netz zu flicken. Die immer höheren Sozialabgaben und der daraus resultierende Rückgang der Nettolöhne, treffen immer mehr jene Schichten, die der Staat eigentlich unterstützen müsste. Vor allem wächst die Zahl der Langzeitarbeitslosen, der Sozialhilfeempfänger und jener Menschen, die durch das soziale Netz hindurchfallen.

Wie erklären sich die dauernden Konjunktureinbrüche?

Wenn ein Automotor ziemlich regelmäßig nach einigen hundert Kilometern Fahrstrecke in der Leistung abfallen und erst nach einiger Zeit wieder auf volle Touren kommen würde, dann würden sich alle Kfz-Ingenieure Gedanken über die Ursache und deren Abstellung machen.

Wenn aber unser Wirtschaftsmotor alle paar Jahre zu stottern beginnt, ist das für die Mehrzahl der Wirtschaftswissenschaftler kaum ein Anlass, den Ursachen auf den Grund zu gehen. Vielmehr werden diese Störungen im Allgemeinen als unabänderlicher Tatbestand bzw. sogar als natürliche Erscheinung einer lebendigen Wirtschaft hingenommen. Manche erklären sie auch ganz einfach mit der Unberechenbarkeit menschlichen Verhaltens, andere sehen sogar Beziehungen zu den periodisch auftretenden Sonnenflecken usw. Ernst Helmstädter, ehemals Leiter des Instituts für industriewirtschaftliche Forschungen an der Uni Münster, hält sogar eine Untersuchung der Störungsursachen für überflüssig. So schrieb er am 18. 9. 1987 in der Wochenzeitung »Die Zeit«:

> »Die Konjunktur bezeichnet ein wirtschaftliches Auf und Ab. Es gibt die Hochkonjunktur, in der alles bestens läuft, und das Konjunkturtief, in dem die Aktivitäten erlahmen. Eine Erklärung des Wellenmusters selbst ist gar nicht nötig. Es genügt, einen solchen Pulsator der Wirtschaft einfach als beobachtendes Faktum von verlässlicher Regelmäßigkeit nachzuweisen.«

Auch die Info-Zeitschrift der Sparkasse, »Kleiner Wirtschaftsspiegel«, wiegelte 1985 noch ab:

> »Das Auf und Ab der Konjunktur ist eigentlich nichts Besonderes. Jedem Aufschwung mit stärkerem Wirtschaftswachstum folgte eine Phase schwächerer Wirtschaftstätigkeit. Das ist das Kennzeichen jeder Marktwirtschaft. Bemerkenswert ist aber, dass nahezu jeder

> Konjunkturaufschwung in der Bundesrepublik schwächer ausfiel als der vorhergehende und dass sich die Konjunkturtäler immer tiefer einkerben.«

Immerhin kann man dem letzten Satz entnehmen, dass mit diesen sich wiederholenden Konjunkturschwankungen ein negativer Trend verknüpft ist.

Was sind die Ursachen der Konjunktureinbrüche?

Sucht man für die Konjunktureinbrüche eine plausible Erklärung, dann müsste sich etwas finden, was den Einbrüchen jeweils zeitlich vorausläuft. Denn zwischen Ursache und Wirkung gibt es bei komplexen Organismen zwangsläufig mehr oder weniger lange Verzögerungen. Untersucht man daraufhin die Schwankungen wirtschaftlich relevanter Daten und zieht dabei auch die Entwicklungen im monetären Bereich mit heran, dann zeichnet sich nur eine Größe als vorauslaufend ab, nämlich die der Zinssätze bzw. der daraus resultierenden Lasten. Dass die Schwankungen der Zinssätze ihrerseits wiederum entscheidend von den Inflationsraten beeinflusst werden, wurde bereits mehrfach dargelegt.

Diese Beziehung zwischen Zinshöhe und Konjunkturentwicklung geht aus der Darstellung 73 hervor.

Wie auf einen Blick erkennbar, gibt es eine enge Beziehung zwischen den Ausschlägen der Zinssätze und der diversen Wirtschaftsindikatoren. Diese Beziehung wird durch die vertikalen Linien, die von den Zinsgipfeln ausgehen, noch verdeutlicht. Vor allem zeigen diese Hilfslinien, dass fast alle Wirtschaftsdaten mit etwa einem Jahr Verzögerung auf die Zinssatzveränderungen reagieren, entweder gleich gerichtet, wie oberhalb der Zinskurve, oder gegen-

Darstellung 73:

Zinsentwicklung und Wirtschaftsindikatoren Westdeutschland 1965–1985

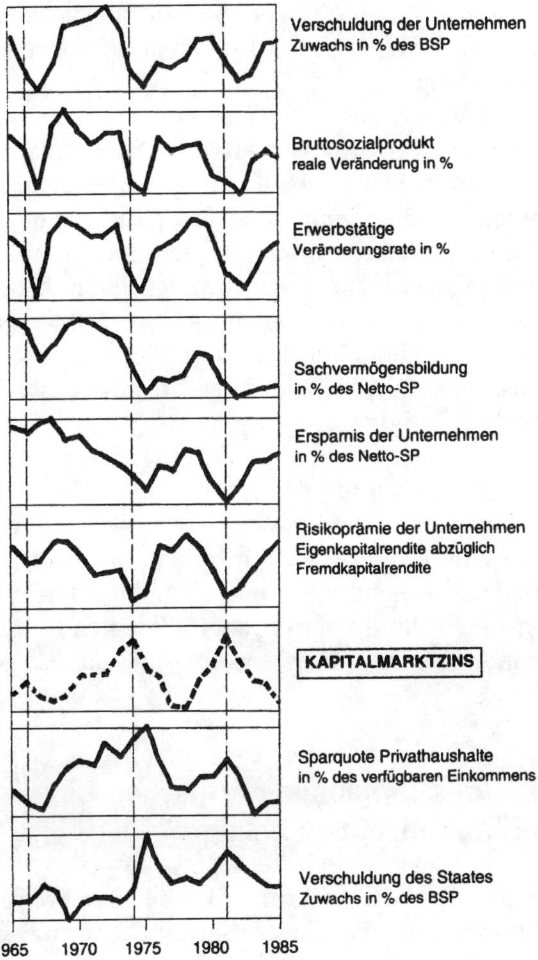

läufig, wie unterhalb. Diese Zeitverzögerungen sind verständlich und ein Beweis dafür, dass die Zinsschwankungen Auslöser der Konjunkturschwankungen sind und nicht etwa umgekehrt.

Vergleicht man die einzelnen Kurven, dann ergeben sich aufschlussreiche Unterschiede. So verläuft die Sparquote (und damit die Ersparnis der Privathaushalte) weitgehend parallel mit dem Auf und Ab der Zinsen. Das spiegelt den Tatbestand wider, dass das Gros der Ersparnisse immer mehr aus Zinsgutschriften resultiert. Die Ersparnisse der Unternehmen gehen dagegen mit steigendem Zins zurück und umgekehrt. Hier zeichnet sich der Tatbestand ab, dass bei höheren Schuldenzinsen die erwirtschafteten Überschüsse und damit die Ersparnismöglichkeiten reduziert werden. Auch die ›Risikoprämie‹ – Differenz der Nettoeigen- und Fremdkapitalrendite – verändert sich gegenläufig zum Zins, ebenso die Veränderungsrate des Sozialprodukts und der Beschäftigung.

Aufschlussreich ist weiterhin die Gegenläufigkeit der Schulden-Zuwachsraten des Staates gegenüber jenen der Unternehmen. Während diese ihre Neuverschuldungen in Hochzinsphasen reduzieren, ist es beim Staat umgekehrt: Aufgrund der rückläufigen Steuereinnahmen und erhöhten Sozialkosten während der hochzinsbedingten Konjunktureinbrüche ist er zu verstärkter Kreditaufnahme gezwungen.

Sind die Zusammenhänge zwischen Zins und Konjunktur allgemein bekannt?

Jeder weiß, dass höhere Zwangsabgaben den Freiraum für die normalen Ausgaben einschränken. Da auch Zinsen für jeden Schuldner eine Zwangsabgabe sind, muss er den Gürtel enger schnallen, wenn die Zinssätze steigen. Das gilt nicht nur für die verschuldeten Privathaushalte, sondern ebenso für jedes Unternehmen, jede Kommune und den Staat. Da diese letztgenannten Schuldenmacher jedoch ihre Zinslasten über Preise, Steuern und Gebühren an die Endverbraucher weiterwälzen, sind auch die Nichtverschuldeten in der Wirtschaft von diesen Lastenanstiegen betroffen. Das führt vor allem in Hochzinsphasen zu entsprechend steigenden Problemen, wie der Zusammenschnitt von Zeitungsüberschriften aus der Hochzinsphase in den 80er Jahren zeigt.

Führt »Hochzinsdroge« in den Kollaps?

Man sollte meinen, dass solche Überschriften die Zeitungsleser nachdenklich machen. Doch kaum einer fragt, warum wir mit einer solchen – Zins genannten – Einrichtung leben müssen. Mit einer Einrichtung, die in einem so extremen Maß unser Wirtschaftsleben belastet und gefährdet. Denn beim Zins handelt es sich ja nicht um irgendwelche unabwendbaren Naturereignisse wie Erdbeben oder Sturmfluten, gegen die man machtlos ist. Vielmehr ist der Zins ein Phänomen unserer Geldordnung, das – wie immer auch entstanden – von uns Menschen veränderbar ist. Und auch die inflationsbedingten Schwankungen der Zinssätze, denen wir unsere konjunkturellen Wechselbäder entscheidend verdanken, haben keine natürlichen oder übernatürlichen Ursachen, sondern letztendlich immer solche, die wir Menschen selbst zu verantworten haben.

Warum sind auch niedrige Zinsen Krisen auslösend?

Bekanntlich sorgen Zins und Inflation heute dafür, dass Wirtschaftsteilnehmer mit Einkommensüberschüssen diese wieder in den Umlauf geben. Dabei wirkt der Zins, als Belohnung für die leihweise Freigabe von Geld, gewissermaßen wie ein Lockmittel oder Zuckerbrot. Die Inflation dagegen wirkt wie eine Peitsche, die das Geld beschleunigt in die Nachfrage oder in Sachanlagen treibt. Kurz: Zins und Inflation sind in unseren heutigen Volkswirtschaften die Instrumente, die für den Umlauf des Geldes sorgen. Je höher sie sind, umso größer ist ihre Umlauf sichernde Wirkung, allerdings auch ihre destruktiven Auswirkungen. Diese destruktiven Auswirkungen verringern sich zwar mit einem Absinken der Zins- bzw. Inflationsraten, jedoch lässt mit diesem Absinken auch die Umlauf sichernde Wirkung nach.

Läuft Geld aber nicht mehr regelmäßig um, dann kommt

es zu Stockungen und Unterbrechungen im Nachfragekreislauf. Die Folgen sind Absatzkrisen und Arbeitslosigkeit. Da bei Nachfragemangel und übervollen Läden die Preise fallen, kommt es zu einer deflationären Kettenreaktion. Zwar handelt es sich dabei nicht um eine Deflation als Folge einer konkreten Verringerung der Geldmenge durch die Notenbank, wie sie z. B. Anfang der 30er Jahre in Deutschland ausgelöst wurde, sondern um eine Deflation als Folge von Geldzurückhaltungen durch Verbraucher. Deshalb ist auch die Bezeichnung ›Überangebotskrise‹ für diese Situation falsch, da es sich um eine Unternachfrage handelt. Überproduktionskrisen kann es unter normalen Marktbedingungen mit ungestörtem Geldkreislauf niemals geben, da jeder Produktion ein entsprechendes Einkommen gegenübersteht, mit dem das Angebot vom Markt genommen werden kann. Zur Krise kommt es nur, wenn diese Einkommen nicht in voller Höhe zur Markträumung eingesetzt werden.

Was löst die deflationären Krisen aus?

Solange ein Konsument sein Einkommen zur Nachfrage ausgibt und überschüssige Einkommensanteile an andere verleiht, kann es zu keinen Störungen des Nachfragekreislaufs kommen. Vielmehr kommen sie zustande, wenn jemand sein Geld nicht im vollen Umfang ausgibt und Überschüsse nicht verleiht. Diese Zurückhaltung überschüssiger Einkommen nimmt im Allgemeinen in dem Maße zu, wie die Zinsen sinken, das heißt, wie ihre ›Zuckerbrotwirkung‹ nachlässt. Man ist dann ganz einfach weniger motiviert, seine Ersparnisse zur Bank zu bringen als bei höheren Zinsen. Als Folge dieser Geldverknappung und der daraus resultierenden Unternachfrage kommt es zu

Preissenkungen, auf die die Verbraucher mit Nachfrageaufschiebungen reagieren: Man hofft auf noch stärker fallende Preise und wartet ab.

Diese Unterbrechung des Geldkreislaufs bewirkt jedoch nicht nur einen Rückgang des Konsums und als Folge weitere Preissenkungen, sondern auch einen Rückgang der Investitionen, da sich diese aufgrund der Unternachfrage – trotz der niedrigen Zinsen – immer weniger lohnen. Die Konjunktur bricht also in Niedrigzinsphasen gewissermaßen von zwei Seiten her ein: Von der Nachfrageunlust der Konsumenten, die auf weiter fallende Preise hoffen, und von der Investitionsunlust der Unternehmer, die auf höhere Nachfrage warten.

Noch mehr als eine inflationäre Krise nährt sich also eine deflationäre selbst. Es ist darum verständlich, dass die Regierungen und Notenbanken vor einer solchen Krise größten Respekt haben und sie mit allen Mitteln zu verhindern suchen: Die Regierungen durch die verschiedensten Maßnahmen der Wirtschaftsförderung und -belebung, die Notenbanken mit einer ständigen leichten Überausweitung der Geldmenge, mit der sie schon im Vorfeld das Absinken der Inflation auf Null oder gar darunter zu vermeiden suchen, wie im 8. Kapitel bereits beschrieben.

Welche Wirkungen haben Geldzurückhaltungen auf die Beschäftigung?

»Millionen Menschen hungern nicht weil es zu wenig Lebensmittel in der Welt gibt, sondern weil ihnen das Geld fehlt, sie zu kaufen.« – Das hat bereits vor etlichen Jahren der ehemalige Präsident des IWF, Camdessus, gesagt.

Bezieht man den Satz auf unsere Wirtschaftskrisen und hier speziell auf die Arbeitslosigkeit, dann könnte man ihn so umformulieren: Millionen Menschen sind nicht arbeitslos weil es zu wenig Arbeit in der Welt gibt, sondern weil das Geld fehlt, sie zu bezahlen.

Geld ist also nicht nur das viel gelobte Tauschmittel, das Angebot und Nachfrage in Deckung bringt, sondern allzuhäufig auch ein Tauschverhinderungsmittel, das Angebot und Nachfrage nicht zusammenkommen lässt. Es ist also nicht nur ein ›Schlüssel zum Markt‹, sondern in vielen Fällen auch ein ›Riegel‹, der ihn verschließt. Und diese Riegelfunktion nimmt mit sinkenden Zinsen zu.

»Wer Geld einsperrt, sperrt Arbeiter aus«, schrieb bereits in den 20er Jahren des vergangenen Jahrhunderts die schweizerische Zeitschrift »Nebelspalter«. Und ein anderes Schlagwort aus jener Zeit besagt: »Kein Zins – kein Geld, kein Geld – keine Arbeit, keine Arbeit – kein Lohn«, womit wir wieder an das Zitat des IWF-Präsidenten anknüpfen können.

Während Themen wie ›Geldstreik‹ und ›Deflation‹ fast aus dem Vokabular der Tagespresse verschwunden waren, lebten entsprechende Befürchtungen Ende des 20. Jahrhunderts wieder auf. Vor allem im Zusammenhang mit der Krise in Japan, die ursprünglich von den Hyperspekulationen mit dem Boden Ende der 80er Jahre und dem schließlichen Platzen des Spekulationsballons ausgegangen war. Die daraus resultierende kalte Dusche aus Wertverlusten und Bankzusammenbrüchen hatte erhebliche Auswirkungen auf Nachfrage und Wirtschaftstätigkeit. Aufgrund der daraus resultierenden niedrigen Zinsen, aber auch aus Furcht vor weiteren Bankenpleiten, ging die Spartätigkeit bei den Banken zurück und die Verbraucher begannen immer mehr, ihr Geld zu Hause zu horten. In welchem Umfang das geschah, zeigt die Hochkonjunktur der japanischen Safe- und Panzerschrankproduzenten in den sonst so schwachen Konjunkturjahren. Auch die staatlichen Konjunktur-Belebungsversuche in vielstelligen Billionen-Yen-Beträgen konnten die Wirtschaft nicht in Gang bringen. Auch ein Versuch mit Kaufgutscheinen, die man an die Bevölkerung verschenkte, führte nur zu einem Drittel ihres Kaufwertes zu einer Ausweitung der Nachfrage. Zwei Drittel wurden indirekt zur Erhöhung der Geldhortungen benutzt.

Selbst im Umfeld der US-Notenbank machte man sich bereits Gedanken über Gegenmaßnahmen zu solchen Geldzurückhaltungen. So fand im Oktober 1999 in Woodstock eine Konferenz zum Thema »Geldpolitik im Falle niedriger Zinsen« statt. Dabei wurde von dem stellvertretenden Direktor der Federal Reserve Bank Richmond, Marvin Goodfriend, u. a. auch die von Silvio Gesell und John Maynard Keynes vorgeschlagene Umlaufsicherung detaillierter behandelt. Und bezüglich der Umsetzung dieser Durchhaltekosten bzw. Durchhaltesteuer beim Bargeld brachte Goodfriend den Vorschlag ein, die Geldscheine mit Magnetstreifen zu versehen, mit denen man die zwischenzeitlichen Geldhaltungsintervalle erfassen und belasten könne.

Auch wenn in den übrigen Industrienationen bislang ein deflationärer Preisniveaueinbruch vermieden werden konnte, so wurden die Schleifspuren zu niedriger Zinsen hier und da bereits sichtbar. Doch statt dafür zu sorgen, dass das vom Staat herausgegebene Geld seine Funktion als Umlaufmittel auch bei niedrigeren Zinsen erfüllt, hilft man lieber dem Zins wieder auf die Beine, notfalls durch kreditfinanzierte staatliche Investitionen oder Subventionen privater Unternehmungen oder auch durch Eingriffe der Notenbanken. Das heißt, die Zinserträge der Geldüberschussbesitzer werden mit staatlicher Hilfe weiter garantiert, auch wenn der Zins den Marktgesetzen folgend weiter sinken müsste.

26. KAPITEL

Krisenerscheinungen in Planwirtschaften

»Wir stehen am Rand eines Bankrotts. Warum? Das könnte man mit verschiedenen Faktoren erklären: Inflation, zunehmende Unausgeglichenheit von Angebot und Nachfrage, Haushaltsdefizit, fieberhafte Geldemission. Das alles bedeutet nur eins: zunehmende Zerrüttung unseres Geld- und Finanzsystems und eine herannahende Krise, ähnlich wie wir sie Anfang der zwanziger Jahre und gleich nach dem Zweiten Weltkrieg erlebt haben.«
*Nikolai Schmeljow**

Der Zusammenbruch der Planwirtschaftsländer mag Geschichte sein. Dennoch ist es nicht uninteressant noch einmal zurückzublicken, vor allem bezogen auf die Auswirkungen der dort gemachten Fehler im monetären Bereich.

Die grundlegenden Ursachen des Zusammenbruchs waren in diesen Ländern zweifellos durch die Wirtschaftsstrukturen nach Plan und auf Kommando vorprogrammiert. Einmal lassen sich die Befriedigungen menschlicher Bedürfnisse niemals zentral auf optimale Weise planen. Unzureichende Versorgungen und/oder nicht absetzbare Überproduktionen sind die unvermeidbare Folge. Zum

* russischer Ökonom, »Politik und Zeitgeschichte«, 4. Mai 1990

anderen lähmen Plan- und Kommandowirtschaft die Eigeninitiative und verordnete festgeschriebene Löhne die Leistungsmotivation. Diese Mängel können allenfalls vorübergehend durch ideologische Massenpsychosen und propagandistisches Getrommel ausgeglichen werden. Doch auch die schönsten Blechorden für die Arbeitshelden oder rote Fahnen für die besten Brigaden sind auf Dauer kein Ersatz für eine leistungsgerechte Entlohnung. So erzwingt die Kommandowirtschaft immer größere Aufsichts-, Kontroll- und Funktionärskader, die mit ihrer Drohnentätigkeit einen wachsenden Teil der Leistung schlucken. Selbst mit einer Ausweitung der dort praktizierten Zwangsarbeitsmethoden hätten diese Planwirtschaften auf Dauer niemals wettbewerbsfähig sein können, da man zumindest allgemeine Kreativität und geistige Leistungen nicht befehlen und erzwingen kann. Aber nicht nur das Leistungsinteresse wird durch Planwirtschaften weitgehend zerstört, sondern auch die pflegliche Einstellung zu allem Geschaffenen. Wer einmal längere Zeit in solch einem System gearbeitet hat, ist entsetzt über die Verschwendung von Ressourcen und die Verantwortungslosigkeit, mit der man Güter dem Zerfall preisgibt: Wenn alles allen gehört, fühlt sich niemand mehr dafür zuständig!

Auch falsche Preissignale, die mit allen Planwirtschaften zwangsläufig verbunden sind, führen zu problematischen Verhaltensweisen. Wenn Brot billiger ist als Futtermittel, dann wird man Hühner und Schweine damit füttern. Und wenn die Wohnungsheizung kaum etwas kostet oder als Pauschale in der Miete enthalten ist, dann reguliert man die Temperatur übers Fensteröffnen. Das vor allem in solchen Wohnungen, in denen man zur Baukostensenkung – wie in vielen Plattenbauten der ehemaligen DDR – gleich die Ventile weggelassen hat.

Auch aus der Sicht des Umweltschutzes ist persönliches

Eigentum wie kostengerechte Preise ein Garant für Pflege und Erhalt von Gütern. Vor allem dann, wenn man sie durch eigene Leistung erworben hat. An dem pfleglichen Umgang der ehemaligen DDR-Bewohner mit ihrem ›Trabbi‹ oder der ›Datscha‹ im Schrebergarten konnte man das gut studieren.

Hatten die Krisen im Ostblock auch mit Geld zu tun?

Obwohl man dem Geld im Ostblock einiges von seiner Bedeutung genommen und es mehr zu einem Bezugsschein umfunktioniert hatte, blieb es auch dort prinzipiell mit den gleichen Fehlern behaftet wie in den westlichen Marktwirtschaften. Überschüssige Geldbestände in den Händen der Privathaushalte oder Betriebe konnten auch in den sozialistischen Planwirtschaften nur durch das Lockmittel Zins wieder in den Wirtschaftskreislauf zurückgeholt werden. Damit der Rubel rollte, musste der russische Staat den Geldanlegern – nicht anders als im Westen – sogar das Bankgeheimnis garantieren. Das vor allem, wenn er an die größeren Ersparnisse der Gutverdienenden herankommen wollte. Doch trotz dieser kapitalismusverdächtigen Methoden klappte es mit der Geldzurückführung nur bedingt. Allzu viele trauten den Regierungen nicht und bewahrten die Ersparnisse lieber zu Hause auf.

Natürlich konnte auch jeder sozialistische Staat das dem Kreislauf entzogene Geld durch neu gedrucktes ersetzen. Damit aber bauten sich – nicht anders als bei uns – Doppelansprüche an eine gleich bleibende Leistung auf. Solche stillgelegten Inflationspotentiale müssen dann irgendwann, wenn sie zur Nachfrage werden, die Preise nach oben treiben. Und schreibt man diese Preise – wie im Ostblock üblich – über Jahre und Jahrzehnte hinweg fest, dann kommt es zu einer immer größer werdenden aufgestauten Inflation, die einer Zeitbombe gleicht. Kommt diese eines Tages zum Durchbruch, dann sind die Folgen mit einem Dammbruch vergleichbar.

In der ehemaligen UdSSR zum Beispiel war die herausgegebene Bargeldmenge Ende der 80er Jahre etwa zehnmal größer als die monatliche Endnachfrage auf den Märkten, was den dortigen Rubelüberhang erkennen lässt.

Was sind die konkreten Folgen eines Geldüberhangs?

Solange es einem Staat gelingt, das Preisniveau festzuschreiben und Schwarze Märkte zu verhindern, ist das zu viel vorhandene Geld für das wirtschaftliche Geschehen bedeutungslos. Kommt es jedoch zu ungewöhnlichen politischen Entwicklungen oder verbreiten sich Gerüchte über Preisanstiege oder sogar Geldeinzug und -umtausch, dann nimmt die Aktivierung solcher Geldüberhänge zu. Das heißt, man steigt aus der Hamsterung von Geld in die von Gütern um.

Normalerweise wird eine solche Übernachfrage durch steigende Preise abgebremst. Da aber die Preise in den staatlichen Läden festgeschrieben waren, kam es zu einer Hamsterung langlebiger Güter, wie z. B. Textilien und Hausrat, Zucker, Waschpulver usw. Aufgeschreckt durch die sich leerenden Regale kam es dann zu allgemeinen Panikkäufen. Die Schlangen vor den Läden wurden länger, immer häufiger auf Kosten der Arbeitsleistung und sogar der Arbeitszeit. Dadurch verschlechterte sich die Versorgungslage noch mehr. Die Folge war, dass vor allem die ärmere Bevölkerung, die sich keine Hamsterkäufe leisten konnte, mit ihrem Arbeitslohn vor leeren Regalen stand. So kam es schließlich zu ersten Protestaktionen und Streiks, wobei es – wie in den Kohlerevieren am Ural – anfangs nicht einmal um höhere Löhne ging, sondern nur um fehlende Seife oder Handtücher.

Verschärft werden solche Entwicklungen noch durch die Entstehung Schwarzer Märkte, auf denen die inflationären Kaufkraftverluste der Währung sichtbar werden. Eine solche einmal in Gang gesetzte Entwicklung, ist kaum noch zu bremsen. Vor allem, wenn sie durch den Staat selbst noch beschleunigt wird, der angesichts der explodierenden Preise und der damit größer werdenden Löcher im Etat diese mit neu gedrucktem Geld zu schließen versucht. Auf diese Weise wird aus der schleichenden und trabenden Inflation schließlich eine galoppierende, ganz gleich ob sich das Ganze in einem planwirtschaftlichen Ostblockland, einer Diktatur in Lateinamerika oder einer westlichen Demokratie abspielt.

Wusste man im Sozialismus vom Geldproblem?

»Um die bürgerliche Gesellschaft zu zerstören, muss man ihr Geldwesen ruinieren«, soll Lenin einmal gesagt haben. Dass dieser Satz nicht nur auf bürgerliche Gesellschaften zutrifft, wissen wir inzwischen. Vielleicht hat es sogar Lenin gewusst. Doch statt die mit dem Geld verbundenen Fehlmechanismen abzubauen, hatte er bekanntlich nach der Revolution den Versuch gemacht, das Geld ganz abzuschaffen und durch Eintragungen in Arbeitsbüchern zu ersetzen. Dass dieser radikale ›Geldreformversuch‹ (den Pol Pot in der zweiten Hälfte des vergangenen Jahrhunderts noch einmal wiederholte!) zu einem totalen Zusammenbruch der Wirtschaft und zu Millionen Hungertoten führte, hat man leider allzu oft vergessen.

Leider hatte auch Karl Marx zu dieser Nichtbeachtung der monetären Problemursachen erheblich beigetragen. Nicht nur durch seine Annahme, dass die Ausbeutung des Menschen mit dem Produktionsmitteleigentum zusammenhängt, sondern vor allem durch seine Einschätzung des Geldes als ein Äquivalent der damit einzutauschenden Leistungen und Güter. Beides ließ ihn die Überlegenheit des Geldes über diese Güter und die daraus resultierenden Folgen nicht erkennen. Im dritten Band seines Hauptwerkes »Das Kapital«, stößt man zwar auf weiter gehende Erkenntnisse. Wahrscheinlich aber stammen sie von Engels, der den Band zusammenstellte und dem auf Grund seiner Wirtschaftspraxis die Realitäten geläufiger waren. Engels war es auch, der in seinem »Anti-Dühring« auf die krisenauslösende Wirkung der Geldzurückhaltung hingewiesen hat.

Auch in dem 1955 vom SED-Verlag Berlin herausgegebenen »Lehrbuch politische Ökonomie« wird die Problematik beschrieben, die in der Geldwirtschaft durch die Trennung von Verkauf und Kauf entsteht:

> »Der Warenproduzent kann seine Ware verkaufen und das erlöste Geld zeitweilig zurückhalten. Sobald viele Warenproduzenten verkaufen, ohne zu kaufen, kann eine Absatzstockung eintreten. Somit schließt bereits die einfache Warenzirkulation die Möglichkeit der Krisen ein.«

Hätte man hier statt Waren- Geldzirkulation geschrieben, wäre man vielleicht selbst auf die eigentliche Störungsursache gekommen.

Dass der ursächliche Fehler unserer wirtschaftlichen Strickmuster in der Zirkulations- und nicht in der Produktionssphäre liegt, bestätigte rund hundert Jahre später auch

Gorbatschow in seiner weltweit beachteten Rede vom 25. Juni 1987:

> »Große Aufgaben gibt es im Bereich der Geldzirkulation zu lösen. Ohne dies kann kein neuer Wirtschaftsmechanismus geschaffen werden ... Hauptmangel auf diesem Gebiet ist heute die Loslösung ... der Geldmittel von der Bewegung materieller Werte und die Übersättigung der Volkswirtschaft mit Zahlungsmitteln ... Der jetzige Rubel wird seiner Rolle als aktives Mittel der finanziellen Kontrolle über die Wirtschaft nicht gerecht.«

Wie war das in Jugoslawien?

Als Folge zerfallender Währungen kommt es überall zu einem Erlahmen der Wirtschaftstätigkeit. Not und Mangel nehmen zu, desgleichen die sozialen Spannungen, nicht nur zwischen Arm und Reich, sondern auch zwischen ärmeren und reicheren Volksgrupppen und Nationalitäten innerhalb des Landes. Solche Spannungen wiederum arten allzu leicht in Gewalt aus, bis hin zu Aufständen und Bürgerkriegen.

Der Sozial- und Geldreformer Silvio Gesell hat diese Beziehungen zwischen Geldzerstörung und Gewalt bereits 1918 gekennzeichnet:

> »Die Währung hält den Staat zusammen oder sprengt ihn – je nachdem. Wird hier gepfuscht, so löst er sich in kleine Teile auf, in Atome, die sich gegenseitig abstoßen: Stadt gegen Land, Beruf gegen Beruf, Volksstamm gegen Volksstamm, Norden gegen Süden, Festbesoldete gegen Lohnarbeiter, bis schließlich Arbeiterbataillone gegen Arbeiterbataillone marschieren.«

Vor dem Hintergrund der Vorgänge in Jugoslawien gewinnt diese Aussage geradezu eine beklemmende Bedeutung. Allzu leicht vergisst man angesichts der dortigen Ereignisse nämlich, dass es ohne die vorausgegangene monetäre Destabilisierung kaum zu dieser Gewalteskalation gekommen wäre. Diese monetäre Destabilisierung wurde im ersten Schritt durch eine explodierende Auslandsverschuldung ausgelöst, die 1987 bereits bei 20 Mrd. Dollar lag. Dies hatte zur Folge, dass damals schon jeder Jugoslawe etwa jeden siebten Tag für die ans Ausland zu zahlenden Zinsen arbeiten musste. Da man die sozialen Folgen dieser Reichtumsabflüsse durch Geldvermehrung zu vertuschen suchte, kam es zu einer zunehmenden inflationären Entwertung des Dinar. Wegen dieser Entwertung wiederum begannen die Bürger, ihre Ersparnisse in DM zu horten, womit sowohl die Devisenreserven als auch die internen Kreditgewährungsmöglichkeiten zurückgingen und der Staat verstärkt auf die Notenpresse zurückgreifen musste. Mit den zunehmenden sozialen Erschütterungen und Verarmungen bei einer Arbeitslosigkeit von 20 Prozent, brachen dann auch wieder die alten Spannungen zwischen dem reichen Norden und dem armen Süden Jugoslawiens auf, bis hin zu gewaltsamen Entladungen, die durch die sprachlichen, völkischen und religiösen Unterschiede noch verstärkt wurden.

Die wesentliche Rolle der Inflation bei diesen Vorgängen bestätigte der slowenische Ökonom Marjan Senjur im März 1990 in der »Zeitschrift für Sozialökonomie«:

> »Seit 1980 steckt Jugoslawien in einer immer größer werdenden wirtschaftlichen Krise, die inzwischen zu einer generellen gesellschaftlichen Krise geworden ist... Meiner Meinung nach ist die Inflation das größte gesellschaftliche Problem Jugoslawiens.«

Welche Rolle spielte das Zinsproblem in den ehemaligen Ostblockstaaten?

In Ost und West sind es also vergleichbare Unzulänglichkeiten der Geldmengenregulierung und des Geldumlaufs und allzu häufig auch eine vergleichbare leichtfertige Bedienung der Notenpresse, die inflationäre Folgen zeitigen müssen. Und auch den Geldumlauf versuchte man – wie im Westen – weitgehend durch Zinsversprechen in Gang zu halten. In der UdSSR war diese Zinsbelohnung sogar recht attraktiv: Drei Prozent für kurzfristige Einlagen und fünf Prozent für mittelfristige. Und angesichts der über Jahrzehnte festgeschriebenen Preise handelte es sich dabei um reale Zinsen. Damit lag die Belohnung für die langfristige Freigabe von Geld noch über den in Deutschland gezahlten Zinsen, die in der zweiten Hälfte des vergangenen Jahrhunderts im Schnitt real bei etwa vier Prozent gelegen haben.

Natürlich waren die Folgen dieser Zinsbelohnungen im Osten nicht anders als bei uns: Diejenigen, die bereits zu viel Geld hatten und es verleihen konnten, bekamen noch mehr Geld dazu. Denjenigen, denen Geld fehlte und die es sich leihen mussten, wurde noch mehr genommen. Und da auch im Ostblock nur verteilt werden konnte, was erwirtschaftet wurde, mussten die Arbeitleistenden auch hier die Rechnung begleichen.

Schon in den 70er Jahren soll es in der UdSSR Zehntausende von Rubelmillionären gegeben haben, die von ihren Zinseinnahmen leben konnten. Da den hoch bezahlten Spitzenfunktionären, Spitzenwissenschaftlern, -künstlern und -sportlern oft die Möglichkeit zum Ausgeben ihrer Einkommen fehlte, bildeten diese besonders hohe Sparrücklagen. Und nach dem Zinseszinsprinzip verdoppelten sich auch im Ostblock Bankeinlagen bei fünf Prozent Verzinsung alle 14,5 Jahre. Damit war auch ohne Neuersparnisse die Wucherung der Geldvermögen gesichert.

Natürlich waren, gemessen an westlichen Maßstäben, die Ersparnisse in den ehemaligen Ostblockländern insgesamt geringer. So lagen z. B. die nominellen Pro-Kopf-Bestände in der ehemaligen DDR 1991 etwa bei 40 Prozent der westdeutschen Ersparnisse. Doch die ungleiche Verteilung dieser Ersparnisse auf die Haushalte war durchaus vergleichbar: Trotz der propagierten Solidarität im ›Arbeiter- und Bauernstaat‹ hatten in der DDR 80 Prozent der Haushalte nur ein Fünftel der gesamten Geldvermögen von rund 170 Mrd. DM in der Hand, also 34 Mrd., während die restlichen 20 Prozent der Haushalte über Guthaben von rund 136 Mrd. Mark verfügten. Rechnet man das auf jeden Haushalt um, dann hatten vier Fünftel der Haushalte im Schnitt 6 500 Mark auf der hohen Kante, ein Fünftel, – also die wohlhabendere Minderheit – im Schnitt dagegen rund 105 000 Mark. Dabei kam dieser überhöhte Durchschnitt nur zustande, weil in dem reicheren Fünftel auch die Millionenvermögen von Funktionären und anderen Bevorzugten ›versteckt‹ waren.

Gibt es noch andere Krisenprobleme im Osten, die mit dem Geld zusammenhängen?

Da Übervermehrungen der Geldmenge auch in sozialistischen Staaten zu Instabilitäten führen, versuchte man, den dadurch ausgelösten Preisauftrieb durch Festschreibung aller oder einzelner Preise einzuschränken. Dadurch kommt es nicht nur zu leeren Läden und Schwarzen Märkten, sondern auch zu völlig irrealen Tauschverhältnissen mit dem Ausland. Das heißt, die Wechselkurse haben mit der Wirklichkeit nichts mehr zu tun. Das wiederum eröffnet Spekulanten ungeahnte Möglichkeiten zu Millionengeschäften, die letztlich immer zu Lasten der arbeitenden Bevölkerung gehen. Schon eine Reise mit einem Koffer voller Produkte nach Berlin oder Wien, konnte mehr einbringen als ein ganzer Monat Arbeit. Auch aufgrund solcher Gegebenheiten leidet die normale Arbeitsleistung und wird für viele sogar völlig nebensächlich.

Auch durch Arbeitsaufnahmen im Westen kam es zu völlig verrückten Einkommenssituationen. So konnte 1989/90 ein Pole, der nach einem halbjährigen Job in Deutschland mit 5000 DM Ersparnis nach Hause fuhr, diese offiziell gegen drei Millionen Zloty umtauschen. Da ihm die Bank damals neun Prozent Zinsen zahlte, hatte der Heimkehrer nun zu Hause ein größeres Einkommen ohne Leistung als die Arbeiter vor Ort. Doch da auch in den Ostblockstaaten nichts vom Himmel fällt, wurden die Zinseinkünfte jenes Zloty-Millionärs seinen arbeitenden Genossen abgezwackt.

Ein weiteres geldbezogenes Problem ist, dass in allen Ostblockländern, als Folge der Währungsruinierung, die Menschen zunehmend in kaufkraftstabile Westwährungen flüchten. Sieht man von Schenkungen ab, so können diese Westdevisen letztlich nur aus Exporten oder Westkrediten stammen. Das heißt, mit dieser Hortung von Devisen, wird das Land erneut geschädigt. Und soweit diese Devisen als Zweitwährung im Land kursieren, was zunehmend der Fall ist, werden die Bemühungen der jeweiligen Notenbank zur Geldmengensteuerung zusätzlich erschwert.

> »Der Rubel ist derzeit auf dem Schwarzmarkt für einen guten Pfennig zu haben. Längst gibt es zwei Währungskreisläufe: den durch die unter Hochdruck laufende Notenpresse entwerteten Rubel, dem die Menschen und Betriebe durch Tauschwirtschaft ausweichen, und Devisen, für die man alles bekommt«,

schrieb Peter Gillies in der Tageszeitung »Die Welt« vom 2. 1. 1992.

Noch ein weiteres geldbezogenes Thema darf natürlich nicht vergessen werden: Die Auslandsverschuldung der ehemaligen Ostblockländer, mit der man versuchte, die Folgen der Misswirtschaft noch eine Weile erträglicher zu machen (s. auch 14. Kapitel).

»Die Schulden fressen den Sozialismus«, konnte man Ende der 80er Jahre in der Zeitschrift »Junge Kirche« lesen. Das ist sicher etwas verkürzt gesehen, da – wie gesagt – diese Verschuldung im Westen ein letzter Versuch war, das bereits gescheiterte Sozialismusmodell noch ein paar Jahre über die Runden zu retten. Dass dieses Verschuldungsmittel die ganze Misere noch vergrößern musste, haben offensichtlich auch die marxistischen Ökonomen verdrängt. Denn durch die schuldenbedingten Zinstransfers flossen nun noch mehr Arbeitseinkünfte in den Westen ab und verringerten noch die unzureichenden Devisenreserven, die man für dringende Einkäufe in den kapitalistischen Ländern brauchte.

Polen musste schon Anfang der 80er Jahre jeden Monat rund 250 Mio. Dollar Zinsen an den Westen zahlen. Das waren damals, bei noch halbwegs überschaubaren Verhältnissen in diesem Land, umgerechnet etwa 14 Dollar je Beschäftigten im Monat, was einem Lohnanteil von 15 Prozent entsprach. Und da entsprechende Lohnkürzungen oder Preisanhebungen nicht durchsetzbar waren (zwei Regierungen wurden Opfer dieses Versuchs!) bezahlte man die Zinsen für die alten Schulden mit neuen Schulden im Westen, womit man immer mehr in die Schuldenfalle geriet.

Was wäre heute zu tun?

Da ohne ein geordnetes Geldwesen kein Staat über längere Zeit funktionieren kann, mussten in allen Ostblockländern zuerst einmal die Währungen in Ordnung gebracht werden. Das heißt, als Erstes musste der inflationäre und die Wirtschaft destabilisierende Geldüberhang abgeschöpft werden. Das war und ist auch erforderlich, um zu halbwegs realistischen Wechselkursen zu kommen, die erst Geschäfte mit dem Ausland ermöglichen.

Der Rubel muss rollen!
Alte Volksweisheit

Wohin rollt der Rubel?
Sowjetbürger horten Geld

Der Rubel rollt bergab
Erhöhung der Geldmenge um 45 Prozent

Der steile Fall des Rubels ist nicht mehr aufzuhalten
Keine Bremse für den Rubel-Kurs

Der Rubel rollt nicht mehr!
Landeswährung dient kaum noch als Zahlungsmittel

Geldsystem zerstört!
Wirtschaftsberater Gorbatschows aus Protest zurückgetreten

Schon zu Zeiten Gorbatschows wurde dieser Geldumtausch und die Ausgabe eines neuen Rubels von einzelnen Fachleuten angeraten. Doch man hat diesen unausweichlichen Einschnitt in die Währung immer wieder aufgeschoben. Stattdessen versuchte man, vor allem bis Ende der 90er Jahre in den GUS-Staaten, die Flucht nach vorn. Das heißt, man ließ die Notenpresse immer schneller laufen. Doch mit jedem zusätzlich gedruckten Rubel nahmen die Instabilitäten zu. »Der Rubel hat innerhalb weniger Wochen ›hunderte Prozente‹ seines Wertes verloren. Vor zwei Wochen wurde er im Verhältnis von 40 Rubel pro Dollar gehandelt, jetzt muss man über 115 Rubel pro Dollar zahlen«, zitierte bereits am 14. 11. 1991 das »Handelsblatt« einen russischen Wirtschaftsprofessor. Doch danach kam es nur noch zu einem Stillstand der Notenpresse, wenn der Papiernachschub nicht funktionierte. Der vorstehende Schlagzeilen-Zusammenschnitt spiegelt das Schicksal des Rubels und damit der gesamten Gesellschaft im Zeitraffer wider.

Wie hat sich die Vereinigung von Ost- und Westdeutschland geldbezogen ausgewirkt?

An der geldbezogenen Verteilungs- und Umverteilungsproblematik innerhalb der ehemaligen DDR hat sich durch die Vereinigung nichts geändert. Die großen Geldvermögen wurden unbesehen eingetauscht, ganz gleich, woher sie stammten. Auch mit der Geldumtauschquote haben die dafür verantwortlichen Politiker wieder einmal bewiesen, wie wenig sie vom Geld und seinen Wirkungsmechanismen verstehen: Allenfalls ein Verhältnis von 5 : 1 wäre sachlich gerechtfertigt gewesen und sicher auch akzeptiert worden. Denn der freie Umtauschkurs lag in den Tagen des Umbruchs bekanntlich bei 10 : 1 bis 20 : 1.

Schon mit dem begrenzten Kopfgeldumtausch 1:1 hatte man einen weitgehend ungedeckten Kaufkraftschub geschaffen, der vor allem der westdeutschen Autoindustrie zugute kam. Noch bedenklicher aber war der uneingegrenzte Umtausch aller darüber hinaus gehenden Ostmark-Ersparnisse im Verhältnis 2:1, mit dem man gerade den Privilegierten des Systems zu noch mehr unverdientem Reichtum in harter Währung verhalf. Geradezu unverantwortlich aber war dieser Umtauschkurs vor dem Hintergrund, dass damit auch alle Schulden der neuen Länder auf dieser Basis umgerechnet werden mussten. Dieser Tatbestand trieb unzählige Unternehmen in die Zahlungsunfähigkeit oder zwang den Staat zur Übernahme der selbst geschaffenen DM-Schulden.

Da man die Geldbesitzer mit dem Umtauschkurs überreich beschenkte, konnte man verständlicherweise bei den Rentnern nicht knausern. Die Folge der schnellen Rentenanpassungen wiederum war ein entsprechender Druck auf die Anpassung der Löhne, was die Unternehmen nicht verkraften konnten und zu Betriebsschließungen und Entlassungen führte. Mit der Regelung Rückgabe vor Entschädigung bei den Immobilien, hatten die Politiker ein weiteres Selbsttor geschossen. Ebenso bei dem großzügigen Verzicht, die vorhandene Bereitschaft zum Teilen bei den Bürgern Westdeutschlands aufzugreifen.

Sicher ist eine solche Zusammenführung zweier Länder unterschiedlicher Wirtschafts- und Leistungsstrukturen keine einfache Sache und sicher wären auch bei einem realistischen Wechselkurs die Vereinigungsschwierigkeiten groß genug gewesen. Doch die Wissenslücken der Verantwortlichen bezogen auf den monetären Bereich und ihre wahlenbezogene Großzügigkeit hat uns eine Kette von Problemen beschert.

27. Kapitel

Das Problem der Arbeitslosigkeit

»Die Produktionsfaktoren Arbeit und Umwelt werden vom dritten, dem Kapital, gleichsam ausgesaugt. Seine ungezügelte Expansion schnürt ihnen die Luft ab. Wenn das verstanden würde, käme man nicht auf die Idee, die Verminderung des Umweltschutzes könnte Arbeitsplätze sichern. Arbeitsplatzvernichtung und Umweltzerstörung haben die gleiche Ursache, das müssen wir erst einmal erkennen.«
*Prof. Dr. Gerhard Scherhorn**

Bei der Arbeitslosigkeit unterscheidet man im Allgemeinen zwischen konjunkturellen und strukturellen Ursachen. Konjunkturell bedingte Arbeitslosigkeit entsteht, wenn sich die Marktlage negativ entwickelt, das heißt die Nachfrage sinkt und in deren Folge die Produktion. Strukturell bedingte Arbeitslosigkeit ist die Folge von Produktivitätssteigerungen oder auch Produktionsverlagerungen. In beiden Fällen ließe sich theoretisch der Beschäftigungsrückgang durch Arbeitszeit- und/oder Lohnsenkungen ausgleichen, was aber auf den Widerstand derjenigen trifft, die noch Arbeit haben. Darüber hinaus gibt es natürlich noch eine freiwillige Arbeitslosigkeit, wenn man sich mit der

* in »Wuppertal Spezial Nr. 7«, 1997

Sozialhilfe zufrieden gibt oder – aufgrund von Vermögenseinkommen – gar nicht auf Arbeit angewiesen ist.

Geht man den Ursachen der Arbeitslosigkeitsentwicklungen in den letzten Jahrzehnten tiefgreifender nach, bietet sich dazu als erster Schritt die Analyse der unterschiedlichen Beschäftigungsschwankungen an, wobei man zwischen den kurz-, mittel- und langfristigen Veränderungen der Beschäftigung bzw. der Arbeitslosigkeit unterscheiden muss. Das ist erforderlich, weil die unterschiedlichen Schwankungen auch unterschiedliche Ursachen haben.

Vergleichen kann man diese Unterschiede in etwa mit jenen der Temperatur: Die kurzfristigen Schwankungen hängen mit dem Tag-Nacht-Wechsel zusammen, die mittelfristigen mit der Großwetterlage und die langfristigen mit den Jahreszeiten. Und wie bei der Temperatur nur die mittelfristigen Veränderungen nicht voraussehbar sind, so ist das auch bei der Arbeitslosigkeit der Fall.

Diese verschiedenen zeitbezogenen Beeinflussungen der Arbeitslosigkeit werden in der Darstellung 74 verdeutlicht.

Langfristig zeigt sich in dem dargestellten Zeitraum ein langes tiefes Tal: Einem raschen, etwa zehnjährigen Abbau der Nachkriegsarbeitslosigkeit folgte eine ähnlich lange Phase der Vollbeschäftigung, danach ging es mit der Arbeitslosigkeit wieder aufwärts. Auf diese Kurve der langfristigen Entwicklung satteln sich, wie die Grafik weiter zeigt, immer höhere mittelfristige Ausreißer auf, auf diese wiederum die sich jährlich wiederholenden kurzfristigen Schwankungen. Diese kurzfristigen Schwankungen der Beschäftigung sind jahreszeitlich bzw. saisonal bedingt, also auf natürliche Ursachen zurückzuführen. Trotzdem wären auch diese kurzfristigen Entlassungen und Wiedereinstellungen, die für Unternehmer wie Arbeitnehmer gleichermaßen belastend sind, in ihrem Umfang reduzierbar, zum

Darstellung 74:

Arbeitslosigkeit in der Bundesrepublik

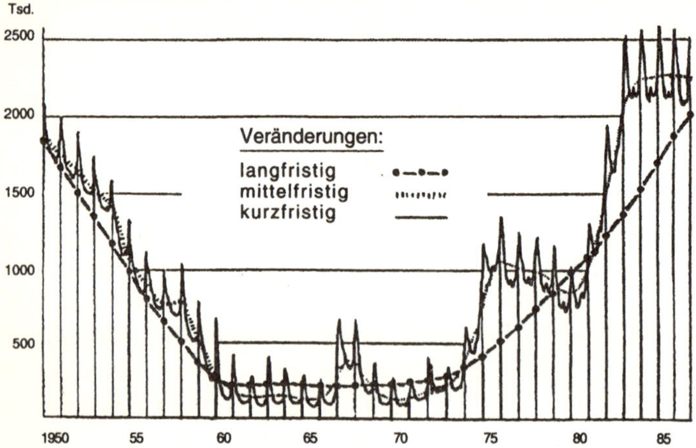

Beispiel durch die Verrechnung der Überstunden in der Sommerzeit mit ›Unterstunden‹ bzw. Kurzarbeit in der Winterzeit.

Doch interessanter und für die Konjunkturlage weitaus wichtiger sind die mittel- und langfristigen Veränderungen der Beschäftigung.

Was sind die Ursachen der langfristigen Veränderungen?

Langfristige Veränderungen der Beschäftigung haben auch langfristig wirkende Ursachen. Ursache für den Abbau der hohen Arbeitslosigkeit nach 1950 waren die Wiederbelebung der Nachkriegswirtschaft und der zerstörungbedingte große Nachholbedarf in Deutschland. Diese Wiederbelebung und das so genannte Wirtschaftswunder begann aber nicht nach dem Kriegsende 1945, sondern erst Ende der 40er Jahre, nach dem Umtausch der inflationär zerrütteten Kriegswährung gegen neues Geld, der so genannten Währungsreform. Ähnlich bedeutsam für den schnellen Abbau der Arbeitslosigkeit war aber auch die damalige Arbeitszeitpolitik der Gewerkschaften.

Wie aus der Darstellung 75 ersichtlich, hatten die Gewerkschaften trotz der ungeheuren Kriegszerstörungen und des aufgestauten Nachholbedarfs den Mut, die durchschnittliche Wochenarbeitszeit in den ersten 25 Jahren um mehr als acht Stunden herunterzufahren, die Vorreitergewerkschaft IG Metall mit ihren Tarifvereinbarungen sogar in zehn Jahren. Mit Hilfe dieser radikalen Arbeitszeitverkürzung konnten nicht nur die Millionen rückkehrender Kriegsgefangener und Ostflüchtlinge in den Wirtschaftsprozess integriert werden. Auch die Position des Arbeitnehmers erfuhr eine Aufwertung, da er aufgrund der so erreichten Arbeitskräfteknappheit gewissermaßen ›König‹ am Arbeitsmarkt war. Er konnte sich die Stellen fast nach Belieben aussuchen und wurde in der Mehrzahl aller Fälle über Tarif bezahlt!

Durch den festgelegten und für das Ausland günstigen Dollar-Wechselkurs, kam es darüber hinaus zu einem Exportboom, dem man schließlich nur mit Millionen Gastarbeitern nachkommen konnte.

Rechnet man die durchschnittlichen Reduzierungen aus, dann wurden die Wochenarbeitszeiten in den 50er Jahren jährlich um fast 30 Minuten gekürzt, in den folgenden zehn Jahren um rund 20 Minuten. Dann aber ruhte man sich – wie die Kurve zeigt – auf dem Erreichten aus. Besonders krass zeigt das die in der Grafik eingetragene Treppe der meist federführenden IG-Metall-Tarifabschlüsse, die ab 1966 über 19 Jahre bei 40 Stunden eingefroren blieben.

Betrachtet man nun die Kurve der Wochenlohnentwick-

Darstellung 75:

Vergleich der Entwicklung der Wochenarbeitszeiten und der Brutto-Wochenlöhne

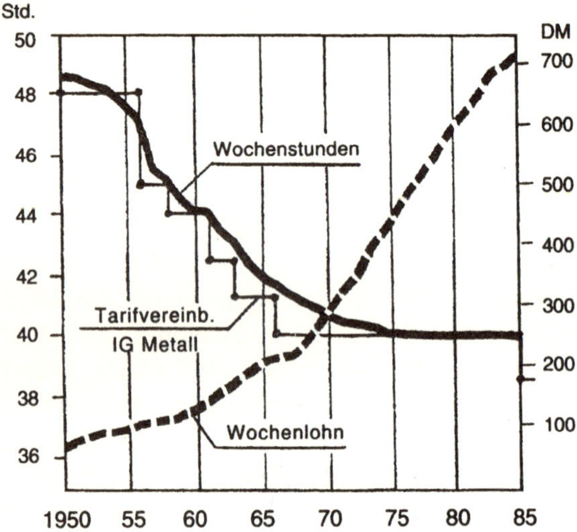

lungen, so zeigt sich zu jener der Arbeitszeiten ein umgekehrter Trend: Während die Löhne in den ersten beiden Jahrzehnten gemäßigt anstiegen, nahmen sie ab 1968 deutlicher zu. Das heißt, in den ersten beiden Jahrzehnten hatte man die Produktivitätsfortschritte sowohl in steigende Löhne als auch in sinkende Arbeitszeiten umgesetzt. In den anschließenden Jahren aber wurde der Leistungszugewinn, bei gleich bleibender Arbeitszeit, voll den Löhnen zugeschlagen. Diese Änderung der Gewerkschaftspolitik – aus welchen Gründen auch immer – hatte natürlich auch Folgen für den Arbeitsmarkt: Die verstärkt zunehmenden Produktionsmengen und Einkommen beschleunigten die Sättigungsentwicklungen und ließen einen zunehmenden

Überhang an Arbeitskräften entstehen, der vorher durch die regelmäßigen Arbeitszeitverkürzungen kompensiert worden war. Außerdem reagierten die Unternehmen auf die Sättigungsentwicklungen mit verringerten Kapazitätsausweitungen. Diese Folgen für die Beschäftigungslage konnten auch durch ein Anheizen des Wirtschaftswachstums mit Hilfe einer massiven Werbeflut sowie einer ständigen Ausweitung der Exporte nur zum Teil ausgeglichen werden.

Hätten die Gewerkschaften ihre Arbeitszeitpolitik aus den 60er und 70er Jahren fortgeführt, z.B. mit weiteren Reduzierungen der Wochenarbeitszeiten um durchschnittliche 15 Minuten, dann wäre die 1970 bei 41 Stunden liegende Arbeitszeit bis 1985 auf 37,25 Stunden zurückgegangen und bis zum Jahr 2000 auf 33,5 Stunden. Damit hätte in den letzten 30 Jahren die ständig steigende Produktivität ebenso aufgefangen wie die zunehmende Sockelarbeitslosigkeit vermieden werden können. Natürlich wären dann auch die Bruttolöhne entsprechend weniger angestiegen, jedoch bei fast gleich bleibenden Nettolöhnen. Denn mit der immer größeren Differenz zwischen den Brutto- und Nettolöhnen müssen die noch Beschäftigten nicht zuletzt die Kosten für die von der Arbeit Ausgeschlossenen tragen.

Vollbeschäftigung ist also immer möglich, wenn man die vorhandene Arbeit (und natürlich auch den daran gekoppelten Lohn) flexibel auf alle Arbeitswilligen verteilt. Arbeitslose wird es immer geben, wenn man bei einem Rückgang der notwendigen Arbeitsmenge die Zahl der Arbeitleistenden statt der Arbeitsstunden reduziert!

An dieser Stelle soll auch einmal die Frage aufgeworfen werden, ob im Zuge des Produktivitätsfortschritts nicht ein Absenken der Preise statt die Umsetzung in höhere Löhne besser gewesen wäre. Denn sinkende Preise wären allen Menschen zugute gekommen, also auch den Menschen in den Entwicklungsländern. Sicherlich wäre in diesem Fall der heutige Wohlstandsvorsprung der Industrienationen geringer, aber auch die Probleme, die wir inzwischen mit den Wohlstandsdiskrepanzen haben und in der Zukunft noch mehr bekommen. Und auch das problematische Gefälle der Einkommen zwischen Industrie und Landwirtschaft in unseren eigenen Ländern hätte niemals die heutige Größenordnung erreicht.

Gibt es weitere Gründe für die langfristige Zunahme der Arbeitslosigkeit?

Neben den Folgen der veränderten Gewerkschaftspolitik haben seit Anfang der 70er Jahre in Deutschland noch weitere Ursachen zu dem langfristigen Anstieg der Arbeitslosigkeit beigetragen. Hier ist als Erstes die überproportionale Zunahme der Geldvermögen und der daraus resultierende Druck auf kapitalintensivere und lohnreduzierte Produktionsmethoden zu nennen. Die damit verbundene Umschichtung der Einkommen von der Arbeit zum Besitz hatte zur Folge, dass die Beschäftigten immer weniger in der Lage waren, die Produkte ihrer eigenen Arbeit auch selbst zu kaufen. Außerdem kam es durch den höheren Kapitaleinsatz verstärkt zur Bildung von Großunternehmen und Firmenkonzentrationen, womit immer mehr mittelständige und arbeitsintensivere Unternehmen ausgeschaltet wurden. Die Folgen solcher Reduzierungen menschlicher Arbeit könnten zwar beschäftigungspolitisch durch Arbeitszeitverkürzungen und Umverteilungen der Arbeit verhindert werden. Was aber nicht verhindert werden kann – ob mit oder ohne Arbeitszeitverkürzungen –, ist ein zunehmender, anfangs relativer und schließlich absoluter, Rückgang der Arbeitseinkommen, wenn die Kapitalansprüche – wie seit Jahrzehnten der Fall – rascher zunehmen als die Wirtschaftsleistung.

Ein weiterer wichtiger Grund für die zunehmende Ausgrenzung der Menschen hängt mit den Strukturen der öffentlichen Abgaben zusammen: Da die Arbeitseinkommen in den Industrienationen durchweg mit hohen Steuern und Sozialabgaben belastet sind, wird die Tendenz zur Einsparung von Arbeitskräften und damit dem Abbau von Arbeitsplätzen verstärkt. Würde man dagegen die Arbeitseinkommen von diesen Abgaben entlasten und sie stattdessen auf die Produkte verlagern, so würde sich dieser Trend umkehren. Außerdem würde ein Steuersystem, bei dem nicht die Einkommen sondern die Ausgaben besteuert werden – statt des Verdienstes also der Verbrauch – mit vielen weiteren Vorteilen verbunden sein. Das trifft nicht nur auf die möglichen ökologischen Komponenten solcher verbrauchsbezogenen Steuern zu, sondern auch auf die enorme Vereinfachung des Steuereinzugs: Die Selbständigen brauchten keine Steuererklärungen mehr abzugeben und Ordner voller Belege zu sammeln (die ihnen heute viele Hintertürchen bieten!) und es gäbe keine Probleme mehr mit der Schwarzarbeit, da alle Arbeitleistenden über Material- und Energieausgaben gleichermaßen zur Kasse gebeten würden.

Häufig werden auch die geburtenstarken Jahrgänge oder Zuwanderungen von Arbeitskräften aus dem Ausland als Grund für die zunehmende Arbeitslosigkeit genannt. Diese Ursachenerklärung ist aber mehr als fragwürdig, da jeder hinzukommende Mensch nicht nur Arbeit sucht, sondern auch zusätzliche Bedürfnisse hat, die durch Arbeit befriedigt werden müssen. Dabei sind die Bedürfnisse der jungen oder zugewanderten Menschen sogar durchweg größer als die der älteren und bereits im Lande wohnenden. Und die eingesparten Kosten für Erziehung und Ausbildung der

Einwanderer schlagen sogar als Vorteil für das Einwanderungsland zu Buche.

Doch noch wichtiger als die Eingrenzung der Ursachen für die langfristigen Beschäftigungsveränderungen ist die Untersuchung der mittelfristigen, denn den langfristigen Ursachen kann mit langfristig wirkenden Gegenmaßnahmen begegnet werden. Die fast immer überraschend eintretenden mittelfristigen Schübe lassen dagegen nur nachträgliche Maßnahmen zu. Zumindest so lange, wie man sich nicht eingehender mit den Ursachen befasst.

Die Ursachen der mittelfristigen Ausreißer in der Entwicklung der Arbeitslosigkeit

Wie schon die Darstellung 74 erkennen lässt, haben in der Vergangenheit die mittelfristigen fast eruptiv ansteigenden Arbeitslosigkeitsschübe ständig an Höhe zugenommen. Diese plötzlichen Einbrüche in der Beschäftigung sind ein wesentliches Kennzeichen jener Konjunkturkrisen, die sich – nach Ansicht der meisten Wirtschaftswissenschaftler und -politiker – unvermeidlich wiederholen und die man hinnehmen muss wie Ebbe und Flut oder Naturkatastrophen.

In der folgenden Darstellung 76 ist noch einmal die Entwicklung der Arbeitslosigkeit in Westdeutschland von 1950 bis 1985 aufgezeigt, jedoch ohne die jährlich sich wiederholenden Schwankungen. Damit heben sich die mittelfristigen Veränderungsschübe (hier mit 1 bis 4 gekennzeichnet), noch deutlicher ab. Zusätzlich ist im oberen Teil der Grafik die Entwicklung der Kapitalmarktzinsen eingetragen, also jener Zinsen, die man für die langfristige Überlassung von Geld erhält und an denen sich Investoren bei ihren Entscheidungen orientieren.

Verzieht man – wie in der Grafik geschehen – die Zinsen parallel zu der langfristigen Entwicklungskurve, um deren Wirkungen zu neutralisieren, dann springt die Wechselwirkung zwischen den Zinssatzveränderungen und den mittelfristigen Ausreißern am Arbeitsmarkt förmlich ins Auge: Etwa zwei Jahre nach dem Anstieg der Zinssätze schießt jeweils auch die Entwicklung der Arbeitslosigkeit in die Höhe, um dann nach dem Zinsgipfel ebenfalls abzustoppen.

Darstellung 76:

Entwicklung der Arbeitslosigkeit und der Kapitalmarktzinsen in Westdeutschland 1950–1985

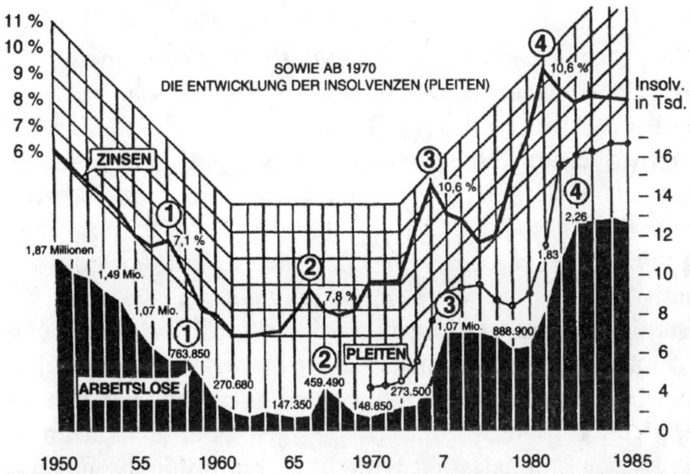

Wie erkennbar, führte schon die geringe Zinsanhebung 1957 um einen Prozentpunkt ein Jahr später zu einer Unterbrechung der langfristigen Arbeitslosigkeitsabnahme und einem leichten Wiederanstieg (1). Noch deutlicher war die

Wirkung des Zinsanstiegs von 6 auf 7,8 Prozent mitten in der Vollbeschäftigungsphase der 60er Jahre, die zu einer Verdreifachung der damals geringen Arbeitslosigkeit führte (2). Noch gravierender in ihren Folgen waren dann die beiden letzten Hochzinsphasen, in denen die Zinssätze am Kapitalmarkt jeweils bis auf die 10,6-Prozentmarke kletterten: Bei der ersten Hochzinsphase stieg die Zahl der Arbeitslosen auf rund eine Million (3), in der zweiten wurde sie auf mehr als 2 Millionen hochkatapultiert (4). Wie die zusätzlich eingetragene Kurve zeigt, laufen auch die Firmenpleiten hinter den Zinssätzen her, jedoch verzögerter in ihren Abschwüngen.

Welche Rolle spielen die Verschuldungen?

Bei den hier dargelegten Zinsbelastungen sind jene für die Schulden aus mehreren Gründen problematisch.

Einmal stellen sie eine Belastung dar, die auf jeden Fall erwirtschaftet werden muss, während die Eigenkapitalverzinsung vorübergehend auch mal absinken kann, in extremen Fällen sogar unter Null. Zum zweiten nimmt diese Fremdkapitalbelastung im Gleichschritt mit der Entwicklung der Geldvermögen und Schulden zu, die seit 1950 deutlich rascher ansteigen als die wirtschaftliche Leistung. Vor allem aber – und hier sind wir wieder bei den Ursachen der mittelfristigen Ausreißer – verändern sich die Zinslasten für das Fremdkapital schlagartig mit den Zinssätzen.

Dieser Doppeleffekt trifft in einem besonderen Maße hoch verschuldete Unternehmen. Das gilt nicht nur für kleinere und mittlere Betriebe, wie das im Kasten angeführte Beispiel des deutschen Elektro-Konzerns AEG zeigt. Der darin zitierte Text erfordert allerdings einige Klarstellungen: Wie die meisten Bürger und selbst viele

> ***Zinsen***
>
> Die Arbeitnehmer des AEG-Konzerns haben nach Ansicht der IG-Metall-Mitgliederzeitschrift »Metall« seit 1970 »wie wild für die Banken geschuftet«. In einer jüngsten Ausgabe wirft das Blatt den Banken vor: Obwohl die Produktivität jedes AEG-Mitarbeiters über dem Branchendurchschnitt gelegen habe, sei eine Sanierung unmöglich gewesen, weil jeder AEG-Beschäftigte, seit 1970 allein 29 000 DM Zinsen habe erarbeiten müssen. Die Banken hätten insgesamt »3,9 Milliarden DM aus dem Konzern gesaugt«. Das sei dreimal soviel wie der Staat in der gleichen Zeit an Steuern von der AEG erhalten habe.
>
> *Nordwest-Zeitung vom 1. September 1982*

Wirtschaftler, verfolgen auch die Gewerkschaftler offensichtlich den Zinsfluss nur vom Schuldner bis zur Bank. Dabei bleiben bei der Bank nur die Kreditvermittlungskosten hängen. Die eigentlichen Zinsen fließen dagegen durch die Bank hindurch zu den Geldguthabenbesitzern. Für diese Geldgeber wurde also von den Banken den allergrößte Teil der »3,9 Milliarden DM aus dem Konzern gesaugt«.

Die Arbeitnehmer haben demnach auch nicht »wie wild für die Banken geschuftet«, sondern für jene, die ihr übriges Geld den Banken überlassen haben. Außerdem haben die Arbeitnehmer bei AEG nicht wilder geschuftet als z. B. bei dem Konkurrenzunternehmen Siemens oder anderen Konzernen. Denn sowohl die Löhne als auch die Arbeitszeiten entsprachen bei beiden Unternehmen den gleichen Tarifen. Das heißt, die Schuldenzinsen eines Unternehmens werden nicht durch unbezahlte Überstunden oder Lohnkürzungen finanziert, sondern letztlich durch Umlagen auf die Preise. Alle Bürger, ob in den verschuldeten Betrieben beschäftigt oder nicht, werden also für die Zinszahlungen zur Kasse gebeten, letztlich auch für die Verluste an Sachkapitalsubstanz, die mit solchen Pleiten verbunden sind.

Bezeichnend war bei AEG, die mit mehr als sechs Milliarden Schulden zahlungsunfähig wurde, dass die Banken auf die Hälfte ihrer Forderungen verzichteten, um das Unternehmen nicht völlig in den Bankrott zu treiben. Solche Großzügigkeit kommt kleineren Unternehmen äußerst selten zugute. Allerdings stehen die Banken bei dieser Großzügigkeit kaum mit ihrem Eigenkapital grade. Vielmehr gleichen sie die Verluste etwa zur Hälfte durch Verlustabschreibungen bei der Steuer aus und zur anderen Hälfte mit Hilfe des Risikoanteils in ihrer Bankmarge. Das heißt, die Allgemeinheit kommt für diese Verluste auf, während die Einlagen und Einkünfte der Geldgeber unbehelligt bleiben.

Kommt es nur in verschuldeten Unternehmen zu Entlassungen?

Nicht nur verschuldete Unternehmen tragen in Hochzinsphasen durch Pleiten, Entlassungen oder Investitionsrückstellungen zur Vergrößerung der Arbeitslosenzahlen bei, sondern auch unverschuldete, selbst solche mit großen liquiden Geldbeständen.

Verschuldete Unternehmen unterlassen bei hohen Zinsen fast alle Investitionen, weil es fraglich ist, ob sie die Kreditkosten über die Preise an den Markt weitergeben können. Das vor allem, wenn sie in Konkurrenz zu unverschuldeten Unternehmen stehen, die ihre Preise nicht anheben müssen. Für die liquiden Firmen, die mit eigenem Geld Investitionen finanzieren könnten, ist es dagegen in Hochzinsphasen durchweg attraktiver, ihr Geld auf dem Kapitalmarkt anzulegen. So kommt es, dass manche Firmen in solchen Zeiten mehr durch das Verleihen ihrer überschüssigen Geldmittel verdienen als durch ihre Produktion. Das gilt nicht nur für Daimler-Benz, wie im Kasten bestätigt, sondern z. B. auch für die Firma Siemens und einige andere

Konzerne. Gerade diese Firmen haben vor allem in Hochzinsphasen aus dem Verleihen ihrer liquiden Mittel oft über Jahre hinweg mehr Gewinn gezogen als aus ihrer Produktion. Wegen dieser Finanzgewinne wird z. B. Siemens scherzhafterweise als ›Bank mit angeschlossener Elektroabteilung‹ bezeichnet.

> »Die Firma Daimler-Benz hat im Jahre 1981 an ihren Einnahmen aus Vermögen, vor allem an *Zinseinnahmen*, mehr verdient als am Verkauf ihrer Lkw- und Pkw-Produktion. Ähnliches gilt für andere Großunternehmen.«
>
> *Prof. Dr. Horst Ehmke vor dem Deutschen Bundestag am 13. Oktober 1982* (»Das Parlament« vom 23. 10. 1982, Nr. 42, S. 7)

Was sind die Folgen dieser Diskrepanzen?

Während verschuldete Firmen in Hochzinsphasen verstärkt in die roten Zahlen geraten oder gar das Handtuch werfen müssen, gehen die Firmen mit großem Geldvermögen reicher daraus hervor. Das heißt, die Liquiditätsunterschiede zwischen den Unternehmen vergrößern sich. Und da die Geldvermögen der einen die Schulden der anderen sind, und die Zinseinkünfte der einen die Zinslasten der anderen, schaukeln sich diese Diskrepanzen immer höher. Als Folge davon kommen die angeschlagenen Firmen auch nach der Konjunkturkrise nur schwer wieder in Fahrt. Den finanzstarken Unternehmen dagegen ist es ein Leichtes, die angeschlagenen Firmen gleich aufzukaufen oder durch Preisunterbietungen am Markt dafür gefügig zu machen. Liquide Großunternehmen, die spielend ›aus der Westentasche‹ Tausende von Arbeitsplätzen schaffen könnten, unterlassen das aus Renditegründen also nicht nur in den Hochzinsphasen, sondern immer häufiger auch im anschließenden Konjunkturaufschwung. Und aus den aufgekauften Unternehmen, mit denen sie sich gleichzeitig die Konkurrenz vom Halse schaffen, werden oft nur die ›Rosinen‹ herausgepickt und die übrigen Produktionsbereiche stillgelegt, was wieder mit entsprechenden Entlassungen verbunden ist. Die Fusionen und damit die Konzentrationen der Macht nehmen in solchen Zeiten darum beschleunigt zu.

Wodurch kommt es zu den Hochzinsphasen?

Hochzinsphasen, die schließlich zum Abwürgen der Konjunktur führen, sind fast immer die Folgen vorausgegangener Geldmengenausweitungen durch die Notenbanken. Nicht die Anpassung der Leitzinsen an den inflationären Auftrieb der Markt- bzw. Geldmarktzinsen ist also die eigentliche ›Sünde‹ der Notenbanken, sondern die etwa zwei Jahre vorher zu großzügig gehandhabte Geldmengenpolitik. Mit der Anhebung der Leitzinsen versuchen die Notenbanken meist nur nachträglich das gutzumachen, was sie vorher bei der Geldmengensteuerung versäumt haben.

Der frühere Präsident der Schweizerischen Nationalbank, Fritz Leutwiler, hat bei seiner letzten Rede vor der Generalversammlung der Bank 1984, diese Zusammenhänge beim Namen genannt:

> »Eine starke Geldmengenexpansion bleibt nicht ohne Inflationsfolgen, was wiederum die Zinssätze in die Höhe treibt. Früher oder später schließt sich der Teufelskreis mit dem Zwang zu einer antiinflationären Politik, deren Wirkungen heute nur allzu bekannt sind: hohe Zinssätze, Rezession und Arbeitslosigkeit.«

Den Versuch der Notenbanken, die zinstreibende Inflation durch hohe Leitzinsen zu bekämpfen, muss also fast als Verzweiflungstat eingestuft werden. Denn damit wird zwar der Markt tatsächlich zu Preissenkungen gezwungen und der inflationäre Preisauftrieb gestoppt. Aber diese Rosskur wird mit Zehntausenden von Firmenpleiten und Hunderttausenden von zusätzlichen Arbeitslosen teuer bezahlt.

Überprüft man die entsprechenden Entwicklungen, dann zeichnen sich diese engen Beziehungen zwischen Inflation und Arbeitslosigkeit mehr oder weniger deutlich in fast allen Ländern ab. Das ist bereits der Darstellung 23 im 8. Kapitel zu entnehmen. Die in den 80er Jahren noch von manchen Ökonomen und Politikern vertretene Auffassung, fünf Prozent Inflation seien besser zu ertragen als fünf Prozent Arbeitslosigkeit, lag also voll daneben: Inflationen vermeiden keine Arbeitslosigkeit, sondern führen dazu. Darum müssten sich Gewerkschaften und Politiker eigentlich in einem besonderen Maße gemeinsam für stabile Währungen einsetzen. Doch wie die Unternehmer meist nur über die hohen Löhne klagen, so die Gewerkschaften über die hohen Gewinne. Von den hohen Zinsen, die mit den Inflationsraten ansteigen und damit die eigentliche Ursache sowohl der Arbeitslosigkeit wie der zunehmenden Verteilungskämpfe sind, reden beide kaum.

28. Kapitel

Die Arbeitslosigkeit bei fallenden Zinsen

»Allein ein Prozent Zinssenkung übertrifft die Wirkung milliardenschwerer Beschäftigungsprogramme bei weitem.«
*Peter Gillies**

Wenn steigende Zinsen die Arbeitslosigkeit nach oben ziehen, dann müssten fallende Zinsen eigentlich das Gegenteil bewirken. Wie wir in der Darstellung 76 gesehen haben, war das nach dem zweiten Zinsanstieg auch noch der Fall: 1969 hatte die Arbeitslosigkeit wieder ihren vorherigen Tiefstand erreicht. Nach der zweiten und dritten Hochzinsphase brach jedoch nach dem Zinsgipfel jeweils lediglich der Anstieg ab, so dass der Stand der Arbeitslosenzahlen nur stagnierte, um erst nach einigen Jahren leicht zurückzugehen. Das heißt, in Deutschland ist nach 1975 mit jeder Hochzinsphase der Arbeitslosensockel auf ein höheres Niveau gestiegen. Das kann man auch der Darstellung 77 entnehmen, in der die Entwicklung der Arbeitslosigkeit noch einmal für den Zeitraum von 1970 bis 2000 wiedergegeben ist.

* »Die Welt«, 1985

Darstellung 77:

Zinslast und Arbeitslosigkeit

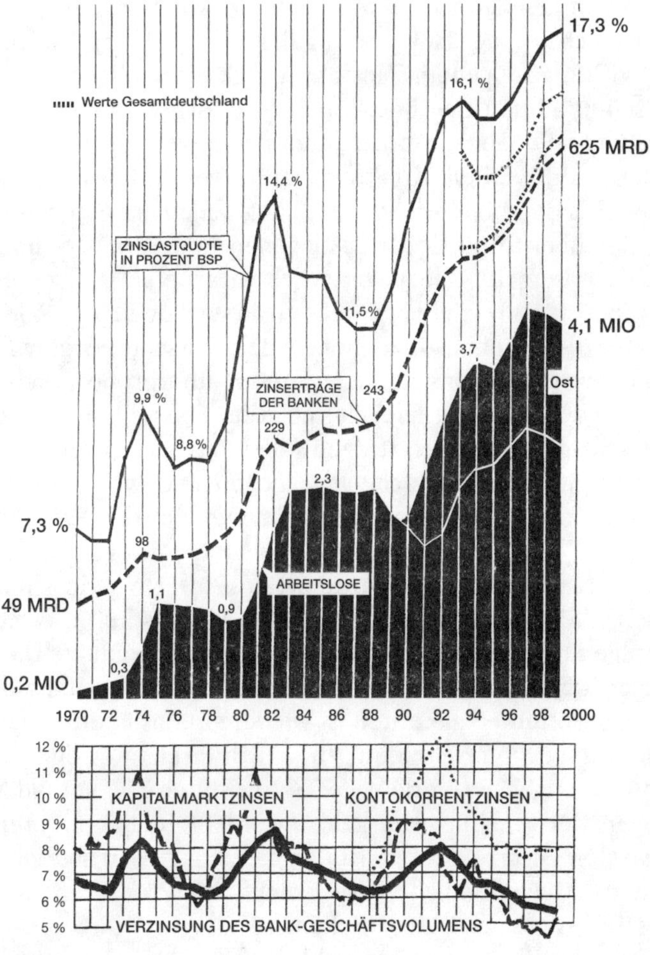

Quelle: Bundesbank

Wie erklärt sich der Anstieg der Sockelarbeitslosigkeit?

Die Zinsbelastung in einer Volkswirtschaft hängt nicht allein von den Zinssätzen ab, sondern – wie bereits dargelegt – auch von der Entwicklung der Verschuldung. So wie die Wirkung steigender Zinssätze durch einen allgemeinen Verschuldungsanstieg überkompensiert wird, so kann die Wirkung fallender Zinssätze durch steigende Verschuldung neutralisiert werden. Konkret: Der Tatbestand des jeweils verbleibenden höheren Sockels, hängt zu einem guten Teil mit der überproportional gestiegenen höheren Verschuldung zusammen. Dabei wirkt sich dieser vom Verschuldungsanstieg ausgehende Effekt umso stärker auf das Konjunkturgeschehen aus, je höher der Verschuldungsgrad einer Wirtschaft bereits ist. Dieser überproportionale Anstieg der Schulden spiegelt sich in der Darstellung 78 vor allem bei den Bankzinserträgen wider, die bereits von 1970 bis 1998 auf das zwölffache angestiegen sind, während das Sozialprodukt in der gleichen Zeit ›nur‹ auf das 5,5fache zunahm.

Oberhalb der Entwicklung der Bankzinserträge in Milliarden DM sind in der so genannten Zinslastkurve diese Erträge noch einmal in Prozenten des Sozialprodukts wiedergegeben. Die daraus zu entnehmende Verdopplung in dem dargestellten Zeitraum ist wieder auf das übermäßige Wachstum der Verschuldung zurückzuführen, während die Schwankungen im Verlauf der Kurve durch die Veränderungen der Zinssätze ausgelöst werden. In der unteren separaten Grafik erscheinen dann die Bankzinserträge zum dritten Mal, nämlich ausgedrückt in Prozenten des Geschäftsvolumens aller Banken.

Dass sich die Zinssatz-Ausschläge, sowohl bei dieser Kurve als auch der Zinsertragskurve, relativ moderat abzeichnen, hängt mit den überlappenden Laufzeiten der Kredite zusammen. Durch diese Überlappungen können die veränderten Zinsen immer nur auf neu herausgegebenen Kredit angewendet werden, während sie sich bei allen anderen Kreditbeständen nur nach und nach umsetzen lassen.

Dass im Gegensatz zu diesen moderaten Schwankungen die der Zinslastquote besonders deutlich ausschlagen, hängt mit sinkenden Wachstumsraten zusammen. Konkret: Den steigenden Zinslasten steht eine langsamer wachsende und schließlich sogar stagnierende bzw. einbrechende Wirtschaftsleistung gegenüber. Dieser Wirkungsmechanismus ist auch die entscheidende Ursache für die abrupten Anstiege der Arbeitslosenzahlen in jeder Zinsanstiegsphase. In der Zinssenkungsphase kommt es dann, zumindest theoretisch, zu einem umgekehrten Effekt, der jedoch – wie bereits dargelegt – durch die steigenden Schuldenmassen neutralisiert wird. Erst wenn das Wirtschaftswachstum diesen Effekt überspielt und die Zinslastquote wieder sinkt, kann es – trotz der bereits vorab gesunkenen Zinssätze – zu einer Wiederbelebung der Konjunktur und in deren Folge nach und nach auch zu mehr Beschäftigung kommen. Ansonsten ist das nur möglich, wenn die erhöhten monetären Kosten in der Wirtschaft durch Senkungen der Arbeitskosten – gleichgültig ob durch Rationalisierungen, Entlassungen oder Kürzungen im Lohnbereich – ausgeglichen werden.

Wie verändert sich die Zinsbelastung zum Sozialprodukt?

Wie dargelegt, treffen steigende Zinsbelastungen mit einer von diesen ausgelösten nachlassenden Leistungsentwicklung zusammen. Umgekehrt treffen fallende Zinslastquoten auf eine sich durch den Zinslastrückgang wiederbelebende Wirtschaftstätigkeit. Dadurch ging beispielsweise in der langen Zinssenkungsphase von 1982 bis 1988 – trotz steigender Verschuldung – die relative Zinsbelastung der Wirtschaft von 14,4 auf 11,5 Prozent zurück, obwohl sie in absoluten Größen von 229 auf 243 Mrd. anstieg. Aufgrund der weiter steigenden absoluten Größen nach 1993 sowie der zögerlich anspringenden Konjunktur, ist dieser Entlastungseffekt bislang ausgeblieben. Im Gegenteil: Trotz sinkender Zinssätze kam es sogar zu einem weiteren Anstieg der Zinslastquote 1998 auf ein neues Rekordniveau, bezogen auf die westdeutschen Größen von 17,3 Prozent, bezogen auf Gesamtdeutschland von 16,0 Prozent.

Wenn der Zinsanstieg ab 1988 erst 1992 bei den westdeutschen Arbeitslosenzahlen Spuren hinterlässt, so hängt das mit dem vereinigungsbedingten Nachfrageboom der Ostdeutschen in Westdeutschland zusammen. Dafür allerdings nahm die Arbeitslosigkeit in den neuen Ländern umso stärker zu. Nimmt man die Arbeitslosigkeit in Ostdeutschland mit in die Grafik auf, dann ergibt sich die gleiche ›Parallelität‹ zu den Zinslastkurven wie 1978/82.

Für die Rezessionen Mitte der 70er und Anfang der 80er Jahre werden auch heute fast immer nur die Veränderungen der Erdöl-Importpreise angegeben. Sicher haben die beiden ›Ölpreisschocks‹ die Konjunktur belastet und wahrscheinlich auch die Zinsentwicklung beeinflusst. Angesichts der vielmals höheren Anstiege der Zinsbeträge wird ihre Rolle jedoch überschätzt. So waren die Anstiege der Mineralölimporte von 1970 bis 1982, also über beide Konjunktureinbrüche hinweg, mit insgesamt 60 Mrd. DM dreimal geringer als die der Bankzinserträge mit 180 Mrd.

Dass die schwankenden Erdölpreise nicht die entscheidende Rolle bei den Konjunkturschwankungen gespielt haben, zeigt sich auch daran, dass das erneute Hochschießen der Zinsbelastung und der Arbeitslosigkeit ab 1988 von keinem Ölpreisanstieg begleitet wurde und umgekehrt der steile Rückfall der Erdölpreise 1985 keine entsprechend positiven Auswirkungen auf den Arbeitsmarkt hatte. Hinzu kommt noch, dass die Wirtschaft bisher die Erhöhungen der Mineralölpreise immer sehr schnell an die Endverbraucher weitergeben konnte, während die Überwälzung der erhöhten Zinsbelastung kaum oder nur mit großer Verzögerung möglich war. Das heißt, die Unternehmen wurden durch die gestiegenen Zinsbelastungen wesentlich stärker zu Einsparungen gezwungen als durch die Anstiege der Mineralölpreise.

Treffen die Effekte von Zinsveränderungen auch auf andere Länder zu?

Wie vor allem aus der Darstellung 77 ersichtlich, geht in Deutschland die Arbeitslosigkeit, trotz der sinkenden Zinssätze, erst mit einer immer größeren Verzögerung wieder zurück. In den USA dagegen sinken die Arbeitslosenzahlen mit den Zinssätzen fast so rasch ab, wie sie vorher angestiegen sind. Das geht aus der Darstellung 78 hervor, in der die Entwicklungen der Inflations-, Zins- und Arbeitslosenquoten in den Vereinigten Staaten wiedergegeben sind.

Vergleicht man die Kurve der Zins- und Arbeitslosenquote, dann kann man – wie schon bei den Darstellungen der deutschen Entwicklungen – fast von einer Parallelität sprechen. Das trifft nicht nur auf das langfristige Auf und Ab in den herangezogenen 35 Jahren zu, sondern auch auf die zwischenzeitlichen mittelfristigen Schwankungen in den einzelnen Hochzinsphasen.

Auch die Wirkungen der Inflationsschübe auf die Zinsen werden fast überdeutlich. In der allgemeinen Anstiegsphase von 1965 bis 1983 hat die kurzfristig extrem ausschlagen-

Darstellung 78:

Arbeitslosigkeit, Inflation und Zinsen in den USA

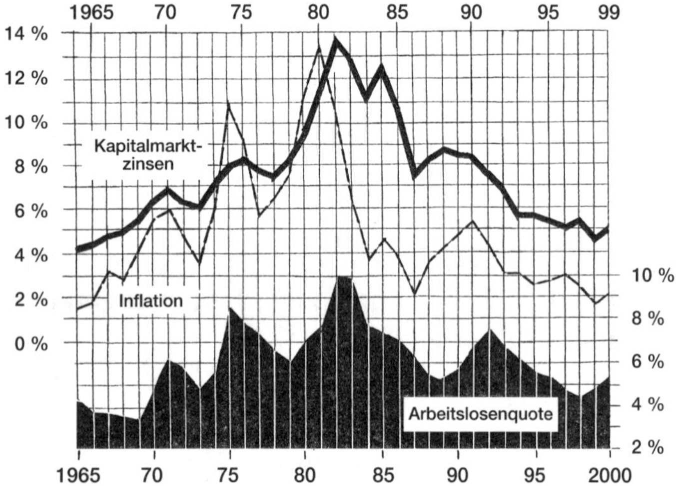

Quelle: Bundesministerium für Arbeit

de Inflationsquote die längerfristig festgelegten und verzögert reagierenden Kapitalmarktzinsen sogar zweimal übertroffen und damit den Realzins eliminiert. Dafür folgte dann nach 1983 der Kapitalmarktzins mit Verzögerung und entsprechend höherem Realzinsanteil der absteigenden Preisentwicklung. Die Parallelität der geldbezogener Quoten zu jener der Arbeitslosigkeit wird besonders deutlich, wenn man die Verzögerungszeit zwischen beiden verkürzt und den oberen Teil der Grafik – wie aus den Jahreszahlen ersichtlich – um ein Jahr nach rechts verschiebt.

Wie aber kommt es nun, dass sich die Wirtschafts- und Beschäftigungslage in den USA rascher erholt als in

Deutschland? Dass der Abstieg der Arbeitslosenquote fast so rasch verläuft wie ihr Aufstieg? Mit einer geringeren Verschuldungszunahme der US-Volkswirtschaft können die Unterschiede nicht erklärt werden, im Gegenteil. Die Gesamtverschuldung von Staat, Wirtschaft und Privathaushalten ist in den USA noch höher als in Deutschland. Sie liegt dort bereits beim Dreifachen des BIP, während sie in Deutschland ›erst‹ bei 260 Prozent dieser Leistungsgröße liegt.

Ausschlaggebend für das flexiblere Reagieren der Arbeitslosenquote auf sinkende Zinsen, dürften in den USA die flexibleren Löhne sein. Bekanntlich liegt dort die Tarifautonomie weitgehend bei den einzelnen Betrieben. Das heißt, Unternehmen, die aufgrund des vorausgegangenen Konjunktureinbruchs in die roten Zahlen geraten, können mit der Belegschaft geringere Löhne aushandeln und damit Entlassungen und sogar Betriebsschließungen vermeiden. In Deutschland und in dem meisten europäischen Ländern werden dagegen durchweg die kleinen und großen, die finanzschwachen und -starke Betriebe über einen Kamm geschoren. Da hier die Unternehmen die nicht mehr tragbaren Kapitalkosten also weniger oder gar nicht durch Lohnkürzungen ausgleichen können, kommt es verstärkt zu Entlassungen und Firmenpleiten. Außerdem ist durch die hoch bleibenden Löhne der Druck zur Rationalisierung größer als in den USA, was ebenfalls zur Reduzierung von Mitarbeitern führt. Weil das zunehmend Probleme aufwirft, kommt es auch in Europa zu einem wachsenden Druck auf den Lohnsektor wie auch auf die sozialen öffentlichen Leistungen. Begonnen hat das bereits unter Margret Thatcher in Großbritannien vor 15 Jahren. Inzwischen müssen die Gewerkschaften auch auf dem Kontinent in vielen Punkten zurückstecken, Zusatzleistungen aufgeben und hier und da sogar Lohnkürzungen in Kauf nehmen.

Finden solche Lohnkürzungen bei gleich bleibenden oder sogar steigenden Wirtschaftsleistungen statt, spiegeln sie – wie auch die Zinslastquote – den erhöhten Kapitalanspruch an den nur einmal zu verteilenden Leistungskuchen wider. Hier bestätigt sich erneut: Durch Absenken der Löhne kann man zwar Arbeitsplätze erhalten oder sogar neue schaffen, aber nicht verhindern, dass die Arbeitleistenden insgesamt immer ärmer werden, gleichgültig ob über mehr Entlassungen oder allgemeine Lohnsenkungen.

Wie verhält sich der Staat in den Beschäftigungskrisen?

Im allgemeinen erwartet man vom Staat bei Konjunktureinbrüchen ein antizyklisches Verhalten. Geht die Nachfrage der Wirtschaft und Privathaushalte zurück und geraten damit Arbeitsplätze in Gefahr, soll der Staat seine Nachfrage verstärken. Dabei sollte er auch gegebenenfalls zur Schuldenaufnahme bereit sein. Dieses Einspringen des Staates zur Belebung der Konjunktur geht auf Keynes zurück, der dafür auch den Begriff »defecit-spending« geprägt hat. Dabei hat Keynes allerdings an einen Staat gedacht, der in guten Konjunkturzeiten Rücklagen bildet, um sie in schlechten Zeiten konjunkturbelebend einzubringen. Ganz sicher schwebten ihm keine Staaten vor, die bereits in guten Zeiten Schulden machen und ihre Nachfrage in schlechten mit noch höheren Schulden finanzieren.

Hat ein Staat in guten Zeiten keine Rücklagen gebildet, besteht im Übrigen die Gefahr, dass die aufgenommenen Kredite lediglich die Lücken schließen, die sich als Folge des Konjunktureinbruchs in den Steuertöpfen bilden. Außerdem wird in solchen Zeiten der Etat auch noch durch zusätzliche Sozialausgaben und vor allem steigende Zinsausgaben beansprucht. Für tatsächliche Konjunkturspritzen, die den Arbeitsmarkt beleben, bleibt darum kaum noch etwas übrig. Im Gegenteil: Sieht man sich die Grafik des Deutschen Statistischen Bundesamtes in der Darstellung 79 an, dann zeigt sich das ganze Dilemma hoch verschuldeter Staaten.

Darstellung 79:

Ausgaben des Staates nach Ausgabearten

1978 = 100

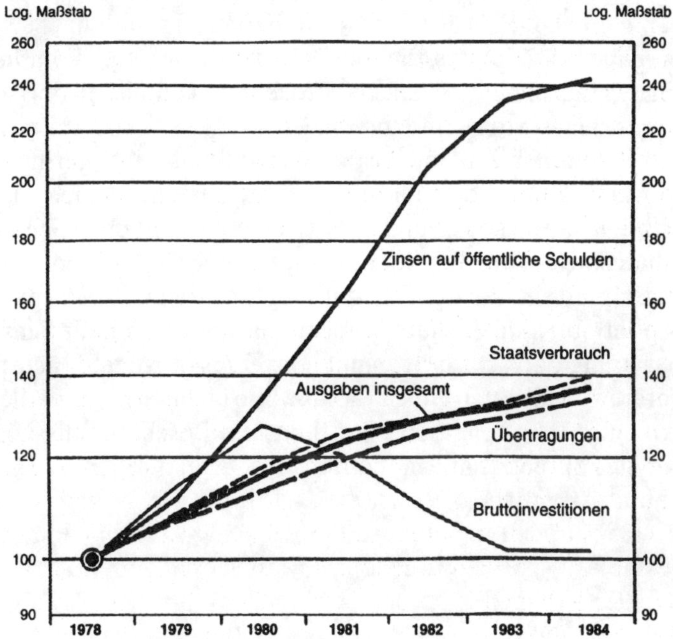

Die in der Darstellung wiedergegebene Entwicklung greift über die Hochzinsphase 1978–1982 hinweg, deren Wirkungen in den ersten 80er Jahren zu Buche schlagen. Wie erkennbar, lässt der Anstieg der gesamten Staatsausgaben ab 1981 etwas nach. Die Investitionsausgaben aber, die alleine Arbeitsplätze schaffen können, gingen – nach einem deutlicheren Anstieg Ende der 70er Jahre – ab 1980 abrupt zurück.

Während die Gesamtausgaben des deutschen Staates in den sieben dargestellten Jahren um knapp 40 Prozent zunahmen, lagen die Investitionsausgaben 1983 wieder auf dem Stand von 1978. Die entscheidende Ursache für diese problemverstärkende Reduzierung der Investitionsausgaben geht ebenfalls aus der Grafik hervor: Es sind die Zinsausgaben des Staates, die seit 1978 überproportional in die Höhe gingen, bis 1984 um 140 Prozent und damit 3,5-mal so stark wie die Staatseinnahmen.

Obwohl der Zinssatzanstieg von 1988 bis 1992 geringer war als während der beiden vorausgegangenen Hochzinsphasen, hatte er aufgrund der extremen öffentlichen Schuldenanstiege für die Staaten einen noch größeren Belastungseffekt, als die Zinslastquote in der Darstellung 78 wiedergibt. Und da diese Verschuldung und damit die Zinsbelastung auch noch bei sinkenden Zinsen weiter wächst, geraten die Staaten gleich reihenweise in die Schuldenfalle. An einer Belebung der Wirtschaft und Beschäftigung à la Keynes durch zusätzliche öffentliche Investitionen ist also kaum zu denken.

29. KAPITEL

Marktwirtschaft – Kapitalismus – Globalisierung

»Die freie Marktwirtschaft, die mit der Sprengung des Privilegs begann und dadurch der persönlichen Leistung unglaubliche Vorteile verschaffte, endet in einem Kapitalismus, der die Leistung zunehmend geringer entlohnt und zugleich den Vermögensertrag phantastisch anwachsen lässt.«
*Gero Jenner**

So wie Planwirtschaft und Sozialismus immer verwechselt bzw. gleichgesetzt wurden, so ist das auch bei Marktwirtschaft und Kapitalismus der Fall. Dabei haben beide Begriffe gar nichts miteinander zu tun, ja sie schließen sich im Grunde sogar gegenseitig aus. Denn Marktwirtschaft ist eine Wirtschaftsordnung, bei der alle wirtschaftlichen Vorgänge, also Produktionen, Preise und Austauschbedingungen, alleine von Angebot und Nachfrage bestimmt werden, während Kapitalismus – wie noch dargelegt wird – ein monopolartiges Herrschaftsinstrument ist.

Eine unverfälschte Marktwirtschaft stellt also letztlich das gerechteste und effektivste System der Güterversorgung und -verteilung dar, das auf Gegenseitigkeit und Gleichberechtigung aufbaut. Allerdings ist dies nur dann

---

* in: »Das Ende des Kapitalismus«, Fischer Tb 1999

der Fall, wenn entsprechende staatliche Regelungen der Wirtschaftsvorgänge für die Vermeidung von Monopolen und Kartellen sorgen, die sich aufgrund der immer stärker werdenden kapitalistischen Effekte ergeben.

Was versteht man genauer unter Marktwirtschaft?

In Deutschland hat man nach dem Krieg den Begriff ›Soziale Marktwirtschaft‹ geprägt, der den Gerechtigkeitsaspekt dieser Wirtschaftsform betont. Der Begriff suggeriert, dass die Wirtschaft aus sich selbst heraus bereits soziale Spannungen verhindert und evtl. entstehende reguliert. In Wirklichkeit ist dies jedoch ein System, bei der der Staat die Risiken durch gesetzlich festgelegte Hilfen auffängt. Denn eine Marktwirtschaft an sich kann zwar unter den genannten Monopolausschlüssen tauschgerecht sein, nicht aber sozial im Sinne eines Lastenausgleichs für sozial Schwache.

Diese als Soziale Marktwirtschaft bezeichnete Kombination von Staat und Wirtschaft hat in Deutschland und in ähnlicher Form in vielen anderen Ländern über Jahrzehnte hinweg recht gut funktioniert, zumindest solange ein ausreichend hohes Wirtschaftswachstum ständig steigende Steuern und Sozialabgaben in die öffentlichen Kassen spülte. Warum aber kommt dieser Sozialstaat heute in Schwierigkeiten und aufgrund der Schwierigkeiten ins Gerede? Warum spricht man immer mehr von der Unbezahlbarkeit des Sozialstaats und beruft sogar sein Ende? Wie kommt es überhaupt dazu, dass sich die Industrienationen nach dem Kriege, obwohl vielmals ärmer, die Einrichtung solcher Sozialsysteme leisten konnten, aber heute, trotz mehrfach größeren Reichtums, nicht mehr finanzieren können?

Geht man dieser Frage nach, dann taucht zuerst ein zweiter viel benutzter Begriff auf, nämlich der von der ›Freien Marktwirtschaft‹. Inzwischen immer häufiger von dem Begriff ›Liberalisierung‹ abgelöst, wurde darunter ein Zurückweichen des Staates aus dem Bereich der Wirtschaft und der Abbau möglichst aller Regulierungen gemeint, einschließlich derjenigen, die bislang für den Begriff der Sozialen Marktwirtschaft prägend waren.

Betrachtet man die letzten fünf Jahrzehnte im Zeitraffer, dann hat sich in Wirklichkeit eine langfristige und fast unmerkliche Verschiebung von der sozialen zu einer freien Wirtschaft ergeben. Zu einer Wirtschaft allerdings, in der die unsoziale Verteilung der Einkommen ebenso zunimmt wie die Ver- und Überschuldung von Staat und Unternehmen und die Vorherrschaft dessen, was wir im Widerspruch zur Marktwirtschaft sehen müssen: dem Kapitalismus.

Was versteht man unter Kapitalismus?

Unter Kapital versteht man im weitesten Sinne alle Mittel, die man zum Produzieren nutzen kann, von den Naturgütern über die vom Menschen geschaffenen Sachwerte bis hin zu seinem Verstand. Im engeren Sinn – und der ist hier gemeint – werden unter Kapital alle jene Vermögenswerte verstanden, die dem Eigentümer ein leistungsloses Einkommen abwerfen. Am einfachsten ist das beim Geldkapital nachzuvollziehen, also bei den Ersparnissen und deren Verzinsung. Da jedoch alle Sachinvestitionen nur über Finanzierungen mit Geld zustande kommen, überträgt sich diese beim Geldkapital erzielbare Zinsrendite auch auf alle in der Wirtschaft eingesetzten Produktionsmittel, die man deshalb auch als Sachkapital bezeichnet. Dabei spielt es keine Rolle, ob sich dieses Kapital in privaten, öffentlichen oder genossenschaftlichen Händen befindet: In allen Fällen muss die Verzinsung des eingesetzten Geldes gesichert sein, bevor es zu Investitionen und damit Arbeitsplätzen kommt.

Kapital ist also zinstragendes Eigentum, Kapitalist derjenige, der über solches Eigentum verfügt, und Kapitalismus ein Wirtschaftssystem, in dem die Zinserfüllung Voraussetzung aller wirtschaftlichen Vorgänge ist. Deshalb bezeichnet man das bei uns herrschende System oft auch als Zinswirtschaft. Alle Produktions- und Dienstleistungen, so notwendig und sinnvoll sie auch sein mögen, kommen im Kapitalismus nur zustande, wenn vorweg die Kapitalbelohnung (Zins/Rendite) abgesichert ist. Und da die Höhe der Belohnung vom Geldzins ausgeht und ein Fallen dieses Zinses durch Geldzurückhaltung verhindert werden kann, haben wir es beim heutigen Geld mit einem Monopol zu tun, das jeder Marktwirtschaft widerspricht. Noch deutlicher: Solange unsere Wirtschaft mit dem kapitalistischen System verbunden ist, kann es weder eine wirklich freie noch eine soziale Marktwirtschaft geben!

Unter dem Begriff Kapitalisierung schließlich werden im Kleinen jene Vorgänge verstanden, mit denen sich die Unternehmen an den Börsen refinanzieren bzw. ihr Sachvermögen stückweise verkaufen können. Im Großen versteht man unter Kapitalisierung eine Entwicklung, die alles Geschehen in der Wirtschaft den Interessen des Kapitals öffnet und letztlich unterordnet. Und dieser Trend, alle Sachvermögen zu Geld zu machen bzw. alles Geld weltweit in die Wirtschaft einzubinden, hat inzwischen eine neue Dimension erreicht. Dieser Kapitalismus ist dabei, sich weltweit in einer Weise durchzusetzen, die alle bisherigen Schutzzonen für die Menschen niederzuwalzen droht. Und diese Ausweitung ist gleichzeitig verbunden mit einem immer schnelleren Fressen und Gefressenwerden, das sich heute bei Börsen, Banken und Unternehmen fast täglich verfolgen lässt. Je weniger ›Fische‹ schließlich übrig bleiben und je größer diese sind, desto mehr bleibt das auf der Strecke, was einmal als freie und soziale Marktwirtschaft begonnen hat. Dabei wächst die Gefahr, dass die allergrößten und letzten Fische schließlich – wie einst die Saurier – an ihrer eigenen Größe zugrunde gehen. All das lässt sich unter dem Begriff Globalisierung zusammenfassen, der in den letzten Jahren in die erste Reihe wirtschaftspolitischer Schlagworte gerückt ist.

Was heißt Globalisierung?

Unter diesem Begriff wird im Allgemeinen das Zusammenwachsen von Märkten und Produktionen über die nationalen Grenzen hinweg verstanden. Er steht im Grunde also für eine jahrtausendalte Entwicklung, die mit den ersten Kontakten und Handelsbeziehungen zwischen den Völkern und Erdteilen begonnen und sich ständig ausgeweitet hat.

Was ist nun das Neue an diesem Begriff? – Neu ist vor allem seine schwerpunktmäßige Übertragung und Konzentration auf jenen Bereich, der bislang nur als ein begleitender der Handelsströme angesehen wurde, nämlich der Bereich des Geldes. Konkret: Globalisierung heute meint vor allem die Vergeldlichung unseres Planeten, die Unterordnung aller ablaufenden Vorgänge unter das Primat des großen Geldes, dessen höchste Gewinnerzielung inzwischen zum Sinn allen Tuns auf dieser Erde zu werden scheint. Das auf der Welt im Übermaß angeschwollene und immer beweglicher gewordene Geldkapital nützt inzwischen sämtliche Zins- und Renditedifferenzen rund um den Globus aus, um seine Gewinne zu erhöhen. Da die von ihrer Arbeit lebenden Menschen nicht über eine vergleichbare Mobilität verfügen, führt diese Entwicklung tendenziell zu einer Verlagerung der Arbeit aus den Hochlohn- in die Billiglohnländer. Ernst Ulrich von Weizsäcker hat diese Entwicklung 1997 mit folgenden Worten charakterisiert:

> »Die globalisierte Wirtschaft führt zwangsläufig zur Forderung nach einer ›Spreizung‹ des Einkommengefälles. Im Klartext: Die Ärmeren müssen mit ihren Ansprüchen zurückstehen, damit die Reichen sich im Lande wohlfühlen und vor allem nicht ihr Kapital abziehen ...Eine neue Epoche, die Ära des globalen Kapitalismus, bricht an und sie wird die Entwicklung der Gesellschaften in den nächsten Jahrzehnten bestimmen.«

Im Hinblick auf die heutigen weltweiten Ungerechtigkeiten der Arbeitseinkommen, die auch eine wesentliche Ursache der zunehmenden Immigrantenströme ist, ist eine gewisse Angleichung der Löhne sicher angebracht, ja sogar notwendig, wenn wir den Frieden in der Welt erhalten wollen. Das heißt konkret: Die Entwicklung der Arbeitseinkommen in den reichen Ländern muss zugunsten der armen Länder zumindest abgebremst, z.T. auf Dauer sicher auch abgesenkt werden.

Aufgrund der ständig wachsenden Ansprüche des Kapitals an die Ergebnisse der weltweiten Wirtschaftsleistung (deren Höhe es letztlich auch noch selbst diktieren kann!) wird diese Art von Globalisierung jedoch nicht zu einem wünschenswerten Ausgleich zwischen Arbeitseinkommen in der Welt beitragen, sondern zwangsläufig zu einem Absenken der durchschnittlichen Löhne. Oder anders ausgedrückt: Da das Wirtschaftswachstum, auch wenn es weltweit ausgedehnt wird, nicht mit dem Wachstum der Geldvermögen Schritt halten kann, müssen die Arbeitenden global den Kürzeren ziehen.

Für das explosiv wachsende Geldkapital ist diese weltweite Ausdehnung und Optimierung seines Einsatzes die wahrscheinlich letzte Chance, die mit der Kapitalmasse wachsenden Ansprüche noch eine Weile länger zu realisieren. Und das gilt zwangsläufig ebenso für die Existenz des ganzen hinter dieser Globalisierung stehenden kapitalistischen Wirtschaftssystems. Denn nur durch die weltweite Übertragung des Wettbewerbs, der immer mehr die Formen eines Konkurrenzkampfes annimmt, können die Lohneinkommen in dem Umfang gedrückt werden, wie es zur Sicherung der Kapitaleinkünfte und damit des Funktionierens dieses Systems erforderlich ist.

Der Kapitalismus, einmal als harmloser Partner der Marktwirtschaft gesehen, hat die nationalen Standorte verlassen und sich über den so spielerisch klingenden Casinokapitalismus inzwischen zu einem globalen Turbo- und Brutalokapitalismus entwickelt.

Was ist mit Liberalisierung und Deregulierung?

So wie früher Kapital und Unternehmen die Städte und Gemeinden bei ihren Standortentscheidungen unter Druck gesetzt und Steuernachlässe oder günstige Rahmenbedingungen erpresst haben, so geschieht das heute weltweit mit den Staaten. Dabei sind diese aufgrund der Arbeitslosigkeit in fast allen Regionen besonders erpressbar. Darüber hinaus verlangen Kapital und weltweit agierende Unternehmen einen Abbau aller nationalen wie internationalen Gesetze und Vereinbarungen, die ihren Einsatz behindern (man denke nur an die MAI- und WTO-Verhandlungen!). Gleichzeitig mit der Forderung nach besseren Konditionen und größeren Freiheiten, verlagern die weltweit operierenden Unternehmen aber auch noch ihre Firmenzentralen in andere Länder, in denen sie sich den Steuerzahlungen an den Produktionsstandorten oft entziehen können. Unter dem Begriff Liberalisierung und Deregulierung wird uns das alles als positiv verkauft.

Die Staaten, die auf diese Weise nicht nur ihre Entscheidungsspielräume verlieren, sondern auch noch Teile ihrer Einnahmen, sind dadurch gezwungen, sich vermehrt bei jenen zu bedienen, die nicht über die Mobilität des Kapitals verfügen. Das aber sind, neben den kleineren Unternehmen, vor allem die an ihren Wohnsitz gebundenen Arbeitskräfte Und wo diese Arbeitskräfte versuchen, es dem Kapital gleichzutun, also ebenfalls dort hinzugehen, wo die besten ›Renditen‹ winken, ist seltsamerweise von Globalisierung keine Rede mehr. Vor diesen Menschen schließen sich die Grenzen, so offen sie auch für das Kapital immer sind.

Ist das, was unter dem Begriff Globalisierung und Liberalisierung abläuft, vielleicht der letzte Versuch für den Kapitalismus, noch einmal weltweit durchzustarten und über einen erneuten Wachstumsschub die eigene Existenz für eine Weile abzusichern? Oder gibt es vielleicht danach noch einen weiteren Versuch, sich z.B. durch Weltrauminseln, Mondbesiedelungen oder ähnlich gigantische Kapitalverschwendungen und -vernichtungen über die Runden zu retten? Ohne Rücksicht auf die dabei weiter wachsende Diskrepanz zwischen Arm und Reich sowie die Umweltzerstörung auf dieser Erde? Oder wird am Ende die Welt in die ›Reinigungskrise‹ eines globalen Krieges gestürzt?

Was tut sich bei der Alterssicherung?

Bevor wir uns mit der Frage Krieg und Frieden befassen, soll hier noch ein spezielles und aktuelles Thema angesprochen werden, das allerdings eher indirekt mit den hier behandelten Problemfeldern vom Sozialstaat bis zur Globalisierung zusammenhängt: Die Sicherung der Alterseinkommen.

Nicht nur in Deutschland, sondern auch in anderen Ländern stößt diese Absicherung über die staatlich organisierten Rentenkassen auf zunehmende Schwierigkeiten. Dabei spielt zweifellos einmal die zunehmende Überalterung in den meisten Industrienationen eine entscheidende Rolle, also die Verschiebung der Generationenanteile zu Lasten der arbeitenden Bevölkerung. Mittelfristig gesehen werden diese erhöhten Kosten für die ›nicht-mehr-arbeitende-Generation‹ zwar zum Teil durch sinkende Kosten für die ›noch-nicht-arbeitende‹ ausgeglichen, aber angesichts der leeren öffentlichen Kassen wird die Lage trotzdem in einigen Ländern bedenklich.

Als Lösung des Problems werden der heute arbeitenden Generation, die durch die Zahl der Rentner sowieso bereits überlastet ist, zusätzlich Altersabsicherungen auf privater Basis nahe gelegt und z. T. auch steuerlich begünstigt. Dabei wird, unter Ausnutzung des derzeitigen Aktienbooms, den Anlegern vorgerechnet, zu welchen Zugewinnen sie über diese Kapitalversicherungen kommen können. So kann z.B. ein heute Zwanzigjähriger, der jeden Monat 380 DM einzahlt, bei 6 Prozent Verzinsung seiner Einlagen im Alter von 65 Jahren mit einer Auszahlung von einer Million DM rechnen. Die Frage, woher die Differenz zwischen den Einzahlungen von insgesamt 205 200 DM und einer Million eigentlich kommt, wird dabei niemals gestellt.

Dass dieser Zuwachs auf das Fünffache der laufenden Einzahlungen aus Zinsen stammt, bedarf sicher keiner Erwähnung. Ebenso wenig wie der Tatbestand, dass diese Zinsen letztendlich von den gleichen Menschen zusätzlich erarbeitet werden müssen, die sich hinterher an den Zugewinnen erfreuen sollen.

Es gibt aber noch einen weiteren problematischen Aspekt: Bei dem heutigen Umlageverfahren fließen die Beiträge in die Rentenversicherung praktisch gleich an die heutigen Rentner weiter und damit direkt in die Nachfrage. Bei dem Kapitalansammlungsverfahren vergrößern die Beiträge die Geldvermögen, die erst über den Kreditumweg in die Wirtschaft zurückgeführt werden. Das heißt, es vergrößert sich mit den Zinserträgen, die den Einzahlern später einmal gutgeschrieben werden, heute schon der volkswirtschaftliche Verschuldungszwang und mit ihm die Zinsbelastung. Und da sich bei den Versicherungen und Pensionskassen riesige Anlagebeträge sammeln, üben diese mit ihren Dispositionen einen entsprechend großen Druck auf die Kreditnehmer bzw. Fonds aus, bei denen sie die Einzahlungen zinsbringend unterbringen. Dieser massierte Druck wiederum zwingt die verschuldeten Unternehmen zu erhöhten Einsparungen und Rationalisierungsmaßnahmen, was zwangsläufig mit Lohnkürzungen oder zusätzlichen Entlassungen verbunden ist.

Das heißt, die Einzahler müssen ihre späteren Gewinnauszahlungen nicht nur im Voraus mit höheren Zinsanteilen in allen Preisen selbst bezahlen, sondern möglicherweise auch noch mit Einkommenssenkung oder sogar dem Verlust des Arbeitsplatzes. Und dass solche Hochrechnungen auf Gewinne im Erlebnisfall auch total schief gehen können, dann nämlich, wenn das Geld nur noch zum Tapezieren taugt, haben unsere Väter und Großväter zwei Mal im vergangenen Jahrhundert erlebt.

Natürlich gibt es auch die Möglichkeit, die mit den Einzahlungen entstehenden Geldvermögen im Ausland ›arbeiten‹ zu lassen, ggfs. auch in Ländern auf der Südhalbkugel. In diesem Fall würden also Menschen, die viel ärmer sind als wir, für die Versicherungszugewinne geradestehen. Dieses Beispiel zeigt noch einmal, dass die Definition der Zinsen als versteckte Sklaverei gar nicht so abwegig ist.

30. KAPITEL

Geld, Krieg und Kapitalvernichtung

»Wenn der Friede die Frucht der Gerechtigkeit ist, dann ist der Konflikt, die kriegerische Auseinandersetzung, die Frucht der Ungerechtigkeit.«
*Adolf Paster**

Die weltweiten Asylantenströme haben schon in den letzten Jahrzehnten des 20. Jahrhunderts zunehmend Schlagzeilen gemacht. Dabei spiegeln sich in den Fluchtursachen immer wieder die Auswirkungen unseres fehlstrukturierten Wirtschaftssystems auf vielfältige Weise wider. Das gilt für die schulden- und zinsbedingten Umverteilungen mit dem daraus resultierenden Gefälle zwischen Arm und Reich ebenso wie für die überall noch nicht gelöste Bodenfrage. Außerdem lassen inflationäre Währungsentwicklungen in vielen ärmeren Ländern die Flüchtlingsströme wachsen. Und nicht zuletzt vergrößern die Industrienationen mit ihren Rüstungsexporten noch die Notlage und Unterdrückung in den armen Ländern.

Noch gefährlicher für den Frieden in der Welt aber ist wahrscheinlich die Notwendigkeit, die wuchernden Geldkapitalmassen renditeträchtig zu binden. Da dies trotz ständigen Wirtschaftswachstums kaum in einem ausreichenden Maße möglich ist, kann oft nur durch partielle Kapitalvernichtungen Platz für Neuanlagen geschaffen werden. Dies geschieht bereits im Zuge von Konjunktur-

* Präsident der Hifa-Austria, »Die Zukunft beginnt jetzt«

»Rüstung bedeutet ökonomisch den Abzug zinsdrückenden Kapitals vom Markt. Und da die Rüstungsindustrie nicht für den Markt produziert, bedeutet Rüstung die Trockenlegung zinsbedrohender Kapitalüberschüsse auf Kosten der Steuerzahler.«

Hans Fabricius, »Telos«, Dezember 1966

»Der Krieg ist die großzügigste und wirkungsvollste ›Reinigungskrise zur Beseitigung der Überinvestition‹, die es gibt. Er eröffnet gewaltige Möglichkeiten neuer zusätzlicher Kapitalinvestitionen und sorgt für gründlichen Verbrauch und Verschleiß der angesammelten Vorräte an Waren und Kapitalien, wesentlich rascher und durchgreifender, als es in den gewöhnlichen Depressionsperioden auch bei stärkster künstlicher Nachhilfe möglich ist. So ist ... der Krieg das beste Mittel, um die endgültige Katastrophe des ganzen kapitalistischen Wirtschaftssystems immer wieder hinauszuschieben.«

Ernst Winkler, »Theorie der natürlichen Wirtschaftsordnung«, 1952

»Ich glaube, dass wir in unserem Geldsystem eine Art karzinombildendes Element haben, was unsere Wirtschaft fortwährend krank macht... Meiner Meinung nach kann dieses Geldsystem nur dadurch funktionieren, dass es immer wieder zusammenbricht und dann immer wieder von vorn begonnen wird. Diese Zusammenbrüche nennt man dann Kriege oder Wirtschaftskatastrophen oder Inflationen, je nachdem, aber das bedeutet eigentlich nur, dass dieses System in sich selbst kein Regulativ hat, was zu einer vernünftigen Eindämmung führen würde...«

Michael Ende, Autor, Interview mit Helmar v. Hanstein, 1992

»Es kann keinen Frieden auf Erden geben, ehe wir nicht die Forderung unserer Zeit erfüllen und den großen ewigen Fluch unserer Rasse beenden und jedem Arbeiter den vollen Verdienst seiner Arbeit verschaffen.«

Abraham Lincoln, ehemaliger Präsident der USA

einbrüchen und Wirtschaftsrezessionen, in denen es durch Firmenpleiten und -schließungen zu einer Minimierung der Sachkapitalien kommt.

Noch effektiver tragen Naturkatastrophen zur Kapitalverknappung bei und noch mehr die weiträumigen Zerstörungen durch militärische Auseinandersetzungen in Bürger- oder Völkerkriegen. Hier sind nicht nur der Verschleiß an Waffen und die notwendigen Ersatzbeschaffungen lukrativ, sondern auch der nachträgliche Wiederaufbau. Mit Rüstung und Krieg kann man jedoch nicht nur auf eine besonders wirksame Weise die Überschüsse des renditesuchenden Geldes binden, man kann damit ggfs. auch das Absinken der Zinsen unter jene Marke verhindern, die zum Geldstreik führt und damit zum deflationären Wirtschaftszusammenbruch. Die Zitate in dem separaten Kasten bestätigen diesen fast unglaublichen Tatbestand.

Hat der Krieg tatsächlich mit Zinsen zu tun?

In der Kundenzeitschrift »Sparkasse« des deutschen Sparkassenverbandes erschien im Dezember 1988 der Nachdruck eines Artikels, der bereits rund einhundert Jahre vorher, genau 1891, in der gleichen Zeitschrift erschienen war. Dieser Artikel befasste sich mit der Zinsentwicklung des ausgehenden 19. Jahrhunderts, genauer mit dem damals zu registrierenden Trend sinkender Zinsen. Darin hieß es erklärend:

> »Die Ursache für das Sinken des Zinsfußes wird vorzüglich darin gefunden, dass die besonders rentablen Capitalanlagen großen Maßstabes heute erschöpft sind und nur Unternehmungen von geringer Ergiebigkeit übrig bleiben.«

Um den damals bei drei Prozent liegenden Zinssatz vor weiterem Fall zu bewahren, müssten, so hieß es weiter:

> »...die neuen Länder, beispielsweise Afrika, sehr rasch durch europäische Capitalien erschlossen werden, damit einem solchen Sinken begegnet werde.«

Doch da auch das zu einer Umkehr des Zinstrends nicht ausreichen würde, schließt der 1891 erschienene Artikel mit den inhaltsschweren Sätzen:

> »So spricht denn alles dafür, dass wir noch einem weiteren Sinken des Zinsfußes entgegensehen. Nur ein allgemeiner europäischer Krieg könnte dieser Entwicklung Halt gebieten durch die ungeheure Capitalzerstörung, welche er bedeutet.«

Wie wir wissen, hat sich ein solcher »allgemeiner europäischer Krieg« im letzten Jahrhundert zweimal realisieren, ja, sogar weltweit ausdehnen lassen!

Haben die Zerstörungen des Zweiten Weltkriegs ausreichend lange vorgehalten?

Etwa zwei bis drei Jahrzehnte waren die Menschen nach dem Zweiten Weltkrieg in den kriegszerstörten Ländern mit dem Wiederaufbau beschäftigt. Angesichts dieser Aufbauinvestitionen war das Kapital entsprechend knapp und mit real fünf bis sechs Prozent lange Zeit ausreichend hoch verzinst. An Rüstungs- oder gar Kriegsgeschäfte dachte in dieser Zeit kaum jemand. Im Gegenteil: Viele Unternehmer hatten damals geschworen, nie mehr in die Rüstungsproduktion einzusteigen. Mit dem Auslaufen des Wiederaufbaus, den ersten Sättigungserscheinungen auf den Konsummärkten und einer zunehmenden Geldvermögensbildung, kam der Zins jedoch langsam wieder unter Druck. Schon in den 60er Jahren fiel z. B. der Realzins am Kapitalmarkt in Westdeutschland im Durchschnitt auf vier Prozent zurück.

Als dann Adenauer 1956, über die Köpfe der Parlamentsmitglieder hinweg, wieder eine Bundeswehr entstehen ließ, kam das Gros der benötigten Ausrüstung noch weitgehend aus fremden Produktionen. In Deutschland setzte man immer noch auf friedliche Methoden zur Garantie der Kapitalrentabilität. Vor allem forcierte man das dazu notwendige Wirtschaftswachstum durch ständige Exportausweitung und Bedürfnisweckung im Konsumbereich. Doch sehr bald entstand hinter den Kulissen auch in Deutschland wieder eine Rüstungsindustrie, die schließlich sogar das Ausland mit ihren Qualitätsprodukten beglückte. In den 70er und 80er Jahren gewann die BRD sogar wieder Anschluss an die Siegermächte, die bereits in den 50er Jahren ihre Rüstungsindustrie auf Hochtouren gebracht hatten. Selbst der damalige US-Präsident und frühere Weltkriegsgeneral Eisenhower warnte mehrfach öffentlich vor dieser gefährlichen Verselbständigung des militärisch-industriellen Komplexes. Aber das Kapital hatte im wahrsten Wortsinn ›Blut gerochen‹, zuerst im Koreakrieg und dann auf vielen anderen Kriegsschauplätzen in der Welt, so dass es für die Zunahme der Überrüstung kein Halten mehr gab.

Der Wahnsinn des Overkills

Obwohl man jeden potentiellen Gegner letztlich nur einmal töten kann, reichten die Waffenarsenale und Vernichtungskapazitäten bereits in den 80er Jahren aus, um jeden Menschen auf der Erde 15 bis 20-mal umzubringen. Der Irrsinn dieses ständig wachsenden Overkills ist mit keiner Logik erklärbar. Niemals in der Menschheitsgeschichte hatte es ein Tötungspotential in dieser Größenordnung gegeben. Allein ein U-Boot der Tridentklasse hatte damals bereits eine Sprengkraft an Bord, die achtmal größer war als das, was im letzten Krieg in aller Welt verschossen und als Bomben abgeworfen worden war. Und das gesamte

Zerstörungspotential wurde damals schon auf das 6000fache geschätzt!

Doch dieser Wahnsinn hat Methode. Er garantierte einmal Tausenden von Waffenschmieden und -händlern in aller Welt lukrative und staatlich abgesicherte Gewinne. Vor allem aber sorgte er mit dafür, dass die Zinsen in der Welt hoch genug blieben, um den Rückzug des Geldes vom Markt zu vermeiden.

Die Kapitalrenditen wurden auf diese Weise zwar lange Zeit abgesichert, kaum aber der Wohlstandsanstieg der Menschen. Denn mit den Waffen und Militäranlagen mussten sie Produkte schaffen, von denen sie nicht nur keinen Nutzen hatten, sondern die letztlich sogar ihr Leben immer mehr gefährden. Und für diesen Milliardenwahnsinn wurden sie auch noch durch höhere Steuern zur Kasse gebeten!

Wird mit der Rüstung das Kapital nur bedient?

Mit der Rüstung wird nicht nur Kapital bedient, sondern auch gebunden, zutreffender: vom Markt genommen. Würde man das in die Rüstung, die Raketensilos, Kasernen und Kriegsschiffe investierte Kapital im zivilen Sektor einsetzen, dann wäre das Angebot an zivilen Gütern und Leistungen auf den Märkten deutlich größer. Ein größeres Angebot an Wohnungen, Konsumgütern usw. aber würde auf die Kapitalrendite drücken und schließlich – wenn das Kapital nicht streiken könnte – den Zins gegen Null sinken lassen. Da aber das Geldkapital heute streiken, das heißt, sich vom Markt zurückziehen und damit schwere deflationäre Depressionen auslösen kann, sind auch die Staaten an seiner Knapphaltung und ausreichend hohen Zinsen interessiert. Notfalls sogar unter Duldung oder Förderung von Kriegen.

Statt also die Halter überschüssigen Geldes zu zwingen, dieses auch bei niedrigeren Zinsen oder sogar ohne eine Belohnung der Wirtschaft zur Verfügung zu stellen, sorgen die Staaten auf diese Weise also selbst für die heute notwendige Knappheit. Vergleichbar ist das mit der Praxis in der EG-Agrarmarktpolitik. Auch hier sorgt man bei allzu guten Ernten durch künstliche Verknappung des Angebotes (sprich Vernichtung) für hoch bleibende Preise, um Streiks der Bauern aus dem Weg zu gehen.

Findet diese Kapitalverknappung und -vernichtung tatsächlich statt?

Wer zum ersten Mal von diesen Zusammenhängen hört, wird davon nichts akzeptieren wollen. Auch mir ging das lange so, bis die Indizien und Beweise zu überzeugend wurden. Dabei braucht man sich nicht auf die Sparkassenzeitung aus dem vergangenen Jahrhundert zu stützen. Auch in der wissenschaftlichen Literatur taucht der Vorgang der Kapitalvernichtung unter Begriffen wie ›Reinigungskrise‹ oder ›Beseitigung von Überinvestitionen‹ auf. Gemeint ist der Zustand, bei dem der Investitions- und Güterumfang so groß geworden ist, dass der Zins unter jene Grenze zu sinken droht, bei der es zu Geldzurückhaltungen und Rezessionen bzw. den erwähnten ›Reinigungskrisen‹ kommt.

Durch ständige Ausweitung marktferner Investitionen – von der Raumfahrt bis zur Rüstung – kann man die Notwendigkeit solcher ›Reinigungskrisen‹ zwar eine Zeitlang hinausschieben, aber kaum auf Dauer. Irgendwann wird eine große ›Reinigung‹ unausweichlich, die in extremer Form mit einem Staatsbankrott und der Vernichtung der Währung und aller Geldvermögen verbunden ist. Damit verschwinden auf einen Schlag besonders große Kapitalpolster aus der Welt. Die Gewinner solcher ›Reinigungen‹ sind diejenigen, die rechtzeitig in Sachvermögen oder Boden umgestiegen sind, möglichst außerhalb der Krisen- oder Kriegsgebiete. Den so ›Überlebenden‹ der Kapitalvernichtung wird jedenfalls ein ganz enormer Startvorteil beim Neuanfang beschert.

John Maynard Keynes, als Zeuge über alle Zweifel erhaben, hat diese Zusammenhänge in etwas komplizierterer Sprache beschrieben:

> »Jedesmal, wenn wir das heutige Gleichgewicht durch vermehrte Investitionen sichern, verschärfen wir die Schwierigkeit der Sicherung des Gleichgewichtes von morgen.«

Und als Notausgänge aus diesem Dilemma zählt er auf: »Das Bauen von Pyramiden und Kathedralen, Erdbeben, selbst Kriege«, denn, so schreibt er weiter, »zwei Pyramiden, zwei Steinhaufen für Tote sind doppelt so gut wie einer, aber nicht zwei Eisenbahnen von London nach York.«

Die ›Pyramiden‹ unserer Tage sind die halb fertigen oder stillgelegten Ruinen von Atomkraftwerken oder anderen Industrieanlagen bis hin zum ›Raketenfriedhof‹, der im Orbit kreist, von den Milliardengräbern der x-mal verschrotteten und erneuerten Rüstung nicht zu reden. Und alle Projekte haben nicht nur bei ihrer Entstehung Milliarden neutralisiert. Sie benötigen oft nicht minder große Summen für ihre Wartung und schließliche Beseitigung.

Wie war das beim ersten Golfkrieg?

Sieht man von den kriegsähnlichen Vorgängen in Jugoslawien oder Russland ab, dann hat es seit fast 50 Jahren in

Europa keinen Krieg mehr gegeben. Darauf sind die meisten Politiker stolz. In Wirklichkeit ist es uns aber bislang nur gelungen, die »ungeheure Capitalzerstörung« durch Krieg, die in der Sparkassenzeitschrift als positives Mittel geschildert ist, durch eine ungeheure Naturzerstörung und Überrüstung überflüssig zu machen. Doch wenn sich in der Welt die Möglichkeit zur kriegerischen Kapitalzerstörung bot, dann war Europa immer dabei: als Lieferant der Todeswaffen ebenso wie hinterher beim Kapital verschlingenden Wiederaufbau. Diese ›Stellvertreterkriege‹ waren außerdem die beste Möglichkeit, die Leistungsfähigkeit der eigenen Rüstungsindustrie in der Praxis vorzuführen, um weitere Kunden zu gewinnen. Man bedenke nur, dass »die fünf ständigen Mitglieder des Weltsicherheitsrates der UNO (Großbritannien, UdSSR, USA, Frankreich, China), die den Weltfrieden sichern sollen, die größten Waffenlieferanten der Entwicklungsländer sind«, (»terre des hommes«, Dez. 1991).

Die ganze Skala aller für den Westen lukrativen ›Nachkriegskriege‹ hier aufzulisten, würde zu weit führen. Hier soll darum nur noch einmal an den ersten acht Jahre dauernden Golfkrieg zwischen Irak und Iran erinnert werden, der uns, trotz schnelllebiger Zeit und täglicher Berichte über neue Kriegsschauplätze, wohl noch gegenwärtig ist.

Dieser Krieg war wohl das bisher größte ›Nachkriegsgeschäft‹ für die Waffen liefernden Länder, bei denen die ›christlichen Nationen‹ immer an der Spitze lagen. Vor allem verstanden sie es dank ihrer Neutralität, gleich beide Seiten mit Rüstungsgütern zu beliefern. Und da es sich bei den Krieg führenden Ländern am Golf aufgrund der reichen Bodenschätze, um zahlungskräftige Kunden handelte, war der Dauer dieser Kriege kaum ein Ende gesetzt. Doch aufgrund der Zerstörungen und des wirtschaftlichen Leistungsrückgangs kam irgendwann der Punkt, an dem man auch in diesen Ländern wieder in die Hände spucken musste, um das Funktionieren der Ölexporte und damit der Zahlungsfähigkeit zu erhalten. Außerdem versprach sich schließlich auch das weltweite Kapital vom Wiederaufbau noch größere Geschäfte, vor allem angesichts der Möglichkeit, ihn mit Krediten finanzieren zu können. So schrieb die deutsche Wochenzeitung »Die Zeit« am 18.10.1987, noch vor der Beendigung der Kämpfe:

> »Eine größere Zahl deutscher und japanischer Finanzvertreter harrt in Teheran aus. Sie setzen auf die Zeit des Wiederaufbaus nach dem Ende des Krieges... Wirtschaftsschäden von über 300 Milliarden habe der Krieg verursacht. Da winkt, so hoffen die Geschäftsleute, mancher dicke Investitionsauftrag.«

Und was brachte der zweite Golfkrieg?

Der Irak unter Saddam Hussein war jahrelang – vor und im ersten Golfkrieg – einer der Spitzenkunden für die westlichen und östlichen Waffenlieferanten. Dass es sich bei Hussein um einen der übelsten Diktatoren handelt, hat dabei keinen Politiker und Geschäftsmann gestört. Sie finanzierten seine Käufe sogar im Voraus gerne mit gut verzinsten Krediten.

Auch das Nachbarland Kuweit, dem iranischen Fundamentalismus wenig zugeneigt, half Hussein mit respektablen Krediten bei der Bändigung des Irans. So war es für den überschuldeten Hussein schließlich eine doppelte Versuchung, das kleine Kuweit einzukassieren. Einmal wurde er auf diese Weise einen lästigen Gläubiger los, gleichzeitig bescherte ihm der Überfall sprudelnde Ölquellen, mit deren Hilfe er seine Schulden in den Industrienationen leichter bedienen konnte.

Was danach kam, ist uns noch geläufig: Während sich die

gut betuchten, kampffähigen Söhne der Kuweitis in Ägypten und an der Riviera vergnügten, wurde das besetzte Land von den USA und einigen Helferstaaten mit ungeheurem Materialaufwand (bei nicht minder großer Behinderung der Berichterstattung!) befreit und der Irak in die Knie gezwungen. Allerdings nicht so weit, dass Saddam Hussein abdanken musste.

Die USA hat dieser Krieg so gut wie nichts gekostet, außer ein ›paar Menschenleben‹. Wie ein Söldnerheer kassierte die führende Weltmacht bei allen Bündnisstaaten ab. Natürlich auch bei den reichen Scheichs, deren feudalistische Herrschaftssysteme noch einmal eine Überlebenschance erhielten.

Das weltweit tätige katholische Hilfswerk Misereor, schrieb am 26. 1. 1992 in einer Stellungnahme mit dem Titel »Golfkrieg auf Kosten der Armen«, dass die Vergleichszahlen zwischen Kriegskosten und Entwicklungshilfe »fast unvorstellbar« anmuten. Und weiter hieß es, dass mit Ausgaben von bis zu einer Milliarde Dollar allein auf Seiten der multinationalen Truppen, täglich (!) mehr Mittel verbraucht worden seien, als Misereor »in den 32 Jahren seines Bestehens für die Entwicklungs- und Friedensarbeit in der gesamten Dritten Welt einsetzen konnte«.

Aber auch beim zweiten Golfkrieg war die Materialvernichtung und Zerstörung nur die eine Seite der Profitmedaille, der anschließende Wiederaufbau die zweite. Dank ihrer führenden Präsenz im Kriegsgeschehen hatten sich die USA auch dabei den Löwenanteil gesichert. Aber die Helferstaaten meldeten ebenfalls rechtzeitig ihre Ansprüche an, wie der nachfolgende Kasten mit den Auszügen aus dem Berliner »Tagesspiegel« vom 12. 2. 1991 zeigt.

»Bombenerfolge« im doppelten Wortsinn sind also mit solchen Kriegen für die Mitmacher verbunden! Und es ist entlarvend, dass es bei diesem Wiederaufbau-Geschacher

Bombenerfolge für britische Industrie erhofft

London kämpft bereits mit den USA um Aufträge für den Wiederaufbau Kuwaits

Von unserem Korrespondenten

Die Londoner Regierung fordert mit größerem Nachdruck die Beteiligung britischer Unternehmen an dem Wiederaufbau in Kuwait, wenn der Krieg gegen Irak einmal vorüber ist. Die Briten erwarten eine bevorzugte Behandlung bei der Vergabe der Aufträge, welche den eigenen militärischen Beitrag zur Befreiung des Landes in Rechnung stellt.

Der Korrespondent der Financial Times berichtet aus Riad über das Treffen: »*Peinlichkeit bei den Diskussionen war nicht zu erkennen, obwohl Kuwait erst noch befreit werden muss, und ein großer Teil der Infrastruktur, welche britische Unternehmen wiederaufbauen wollen, noch nicht zerstört sind.*« Jede erfolgreiche britische Bombe ist daher kommerziell und finanziell auch ein möglicher Erfolg für die britischen Firmen, die gerade in einer Zeit der Rezession dankbar für Aufträge sind. Das gleiche gilt prinzipiell genauso für die anderen Mitglieder der Allianz gegen Saddam Hussein, voran die USA.

sogar schon um Objekte ging, die noch gar nicht zerstört waren! Die schweizerische Zeitschrift *»Der Zeitpunkt«* berichtete damals sogar von einem geheim gehaltenen Regierungsbericht, nach dem die britischen Steuerzahler »rund 500 Millionen Franken für Waffen bezahlen, mit denen der Irak die eigenen Truppen des Inselreiches beschossen hat. Die Rechnung geht zurück auf eine Exportgarantie, die die britische Regierung Firmen gewährte, die in den Irak ausführten.« Und weiter hieß es in dem Text: »Unter dem Strich müssen die Briten … also zweimal bezahlen. Einmal für die irakischen Waffen und einmal für die eigenen, die irakischen zu zerstören. Der Kreislauf ähnelt in gewisser Weise demjenigen, der vor allem die EG-Länder zwingt, Lebensmittel zu vernichten, deren Produktion subventioniert wurde.«

Warum eigentlich keine Rüstungskonversion?

Schon 1962 hatte der damalige deutsche Bundesminister Alex Möller in seinem Buch »Währung und Außenpolitik« die Tore für eine deutsche Rüstungsentwicklung aufgestoßen:

> »In Zeiten der Überbeschäftigung ist es durchaus erstrebenswert, die Rüstungseinfuhr möglichst hoch zu halten; in der Phase mäßigen Konjunkturverlaufs aber können von Rüstungsaufträgen an das Inland volkswirtschaftlich erwünschte Impulse ausgehen.«

Dass in Zeiten »mäßigen Konjunkturverlaufs« und der Unterbeschäftigung auch die letzten moralischen Skrupel über Bord geworfen werden und der umgekehrte Weg einer Rüstungskonversion nicht zur Debatte steht, bestätigte der Bremer Bürgermeister Wedemeier im Jahr 1987:

> »Rüstungsproduktion und Arbeitsplätze sind in Bremen unzertrennbar verbunden. Angesichts von 40 000 Arbeitslosen stellt sich nicht die Frage der Umwandlung von Rüstungsplätzen in friedliche.«

Die Umstellung der Rüstungsproduktion auf friedliche Güter wird zwar von vielen Friedensgruppen immer wieder gefordert. Oft haben sie sogar mit viel Engagement und Idealismus detaillierte Umstellungspläne für bestimmte Unternehmen ausgearbeitet. Doch so eine Produktionsumstellung ist nicht nur eine Frage des Wollens! Sie scheitert ganz einfach daran, dass eine erweiterte Produktion friedlicher Güter das Angebot auf jenen Märkten vergrößern würde, auf denen bereits Überversorgung besteht. Dieses Überangebot im zivilen Sektor war ja einer der Gründe, warum das Kapital in Bereiche drängte, die nicht renditedrückend sind. Und das gilt nicht nur für die milliardenschweren Investitionen in fragwürdige Hochtechnologien, sondern auch für jede Mark, die in irgendein produziertes Rüstungsgut geht. Denn einmal erscheinen diese Rüstungsgüter nicht auf dem normalen Markt, zum anderen werden sie, auch im Frieden, letztlich für die Schrotthalde produziert, nachdem man sie – ebenfalls Kapital verzehrend – jahrelang mit größtem Aufwand gepflegt und gewartet hat.

Selbst wenn der Staat die ganze zivile Produktion der Rüstungsfabriken aufkaufen und verschenken würde, z. B. an die armen Länder dieser Welt, wäre eine solche Umstellung für uns Bürger zwar billiger als die heutige Produktion von Waffen, deren Pflege wir zusätzlich bezahlen müssen. Außerdem hätte eine solche Aktion Vorbildcharakter und würde uns mehr Freunde in der Welt verschaffen als die heutigen Waffenlieferungen. Trotzdem ist diese Rüstungskonversion so lange eine Illusion, wie der Staat zur Wahrung des Geldumlaufs für eine ausreichend hohe Verzinsung sorgen, das heißt, das Kapital knapp halten muss. Und was die Folgen dieser geldbedingten Zwänge sind, hat der evangelische Theologe Karl Barth vor rund einem halben Jahrhundert einmal in aller Deutlichkeit beschrieben:

> »Wo nicht der Mensch, sondern das zinstragende Kapital der Gegenstand ist, dessen Erhaltung und Mehrung der Sinn und das Ziel der politischen Ordnung ist, da ist der Automatismus schon im Gang, der eines Tages die Menschen zum Töten und Getötetwerden auf die Jagd schicken wird.«

31. Kapitel

Der Krieg gegen die Dritte Welt und gegen uns selbst

»Der dritte Weltkrieg hat bereits begonnen – ein geräuschloser, aber deshalb nicht weniger unheilvoller Krieg. Es ist ein Krieg gegen den lateinamerikanischen Kontinent und gegen die gesamte Dritte Welt, ein Krieg um die Auslandsschulden. Seine schärfste Waffe ist der Zinssatz, und sie ist tödlicher als die Atombombe.«
Luis Ignacio Silva

Das vorstehende Zitat stammt von dem bekannten brasilianischen Gewerkschaftler und mehrfachen Präsidentschaftskandidaten Silva, abgedruckt auf der Rückseite des Buches der US-Publizistin und derzeitigen Greenpeace-Aktivistin Susan George, »Sie sterben an unserem Geld«. Und das »Völkertribunal«, das 1988 bei der Tagung des Weltwährungsfonds in Berlin zusammenkam, hat in seinem Abschlusskommuniqué noch stärkere Worte gefunden: »Der Terrorismus der heutigen Welt ist der Terrorismus des Geldes.« Doch trotz dieser Aussagen bewegt sich die Diskussion über die Rolle des Geldes bezogen auf die so genannte Dritte Welt weitgehend nur an der Oberfläche. Die einen beißen sich an den Banken fest, andere an den Notenbanken oder dem Weltwährungsfond. Manche begnügen sich sogar mit personifizierten ›Buhmännern‹ aus der Bankenszene, um ihren Unmut auszudrücken. Aber kaum jemand steigt tiefer in die Materie ein.

Haben uns auch die Entwicklungsländer vor Reinigungskrisen bewahrt?

Besonders interessant für Zins bringende Kapitalanlagen waren in der zweiten Hälfte des 20. Jahrhunderts die schon etwas fortgeschrittenen Schwellenländer in Lateinamerika, Ostasien und dem ehemaligen Ostblock. Aber auch die ärmsten Länder hat man in den 70er und 80er Jahren oft mit Krediten fast überschüttet, immer nach dem Motto, jede Mark und jeder Dollar, den man außerhalb der bereits überindustrialisierten Länder unterbringen kann, drückt hier nicht auf den Zins, sondern bringt sogar Zinsen ein!

Ob die Menschen in den Schuldnerländern diese Kredite überhaupt bedienen konnten, darüber hat man sich wenig Gedanken gemacht: Schaffen sie es nicht, mit Hilfe der Kredite ihren Wohlstand zu heben, dann bleibt als ›Quelle‹ der Rendite eben die Verarmung dieser Länder übrig. In welchem Maße das in vielen dieser Länder der Fall gewesen und auch heute noch ist, kann man zwar nicht mehr täglich in der Zeitung lesen, aber immer noch oft genug. Von einem besonders extremen Beispiel solcher Verarmung berichtete sogar die Weltbank einmal im Dezember 1992 unter dem Titel, »Der gesamtwirtschaftliche Niedergang in Peru«. Daraus konnte man entnehmen, dass in diesem Land von 1980 bis 1990 das Sozialprodukt von 100 auf 70 Prozent gefallen war, der durchschnittliche reale Mindestlohn sogar von 100 auf 21 Prozent! Es bleibt die Frage, wo die Differenz geblieben ist! Aber auch in Ländern mit positiven Wachstumsraten sind oft die Realeinkommen der Arbeitleistenden abgesunken, während Schulden und Zinszahlungen bis heute ständig angestiegen sind. Schon seit Jahren ist dieser Strom der Zinsen, der vom Süden in den Norden fließt, zwei- bis dreimal größer als alle rückzahlungsfreien Hilfen, die wir diesen Ländern zukommen lassen.

Nicht ganz zu Unrecht sind wir Bürger in den reichen Industrienationen stolz auf unsere Spenden, die wir für die Dritte Welt aufbringen. Rund 5 000 Millionen Dollar jährlich, von den Hilfsorganisationen eingesammelt, sind auch eine beachtliche Summe. Doch diese 5 000 Millionen Dollar reichen den armen Ländern gerade, um 14 Tage ihren Zinsverpflichtungen nachzukommen. In den übrigen 350 Tagen im Jahr bleibt das Zusammenkratzen dieser Gelder ihr eigenes Problem. Oder anders ausgedrückt: Die Spenden, die von allen Hilfsorganisationen in einem Jahr zusammengebracht werden, sind nach 14 Tagen wieder bei uns. Aber keinesfalls wieder in den Taschen der Spender. Sie landen vielmehr auf den Konten der Geldgeber, deren Ersparnisse als Kredite in den Süden weitergeleitet wurden. Sie landen also bei denen, die bereits seit Jahren auf Kosten des Südens ihre leistungslosen Zinserträge beziehen, was wiederum Anlass ist für weitere Spendenaktionen.

Wie kam es zur Verschuldung der Entwicklungsländer?

Bei dem Verschuldungsverhältnis zwischen Nord und Süd spielen drei Ausbeutungsfaktoren eine wichtige Rolle:

- die Ausbeutung über ungerechte Austauschverhältnisse,
- die Ausbeutung über die Zinsströme,
- die Ausbeutung über zu niedrige Rohstoffpreise.

Dabei löst eins das andere aus: Weil wir, die reichen Länder, über unseren Technologievorsprung für viele Industrieprodukte eine Monopolposition besitzen, konnten wir durch immer höhere Güterpreise die Austauschverhältnisse zu unseren Gunsten verändern. Weil wir für die Leistungen der Entwicklungsländer keine gerechten Preise zahlen, mussten sie für ihre dringend notwendigen Importe Kredite aufnehmen. Weil sie die Kreditzinsen mit Devisen bedienen mussten, waren sie zu immer größeren Exportanstrengungen gezwungen. Und weil sie dabei mit anderen Dritte-Welt-Ländern in Konkurrenz standen, sanken die Preise für die an uns gelieferten Rohstoffe und Agrarprodukte, was als ein weiterer Nutzen für uns zu Buche schlug.

Welche Folgen alle diese Gegebenheiten für die Austauschergebnisse zwischen Nord und Süd hatten und immer noch haben, geht aus dem Fluss-Schema in Darstellung 80 hervor.

Die entscheidenden Weichenstellungen, die diesen Leistungstausch für den Süden zu einem hohen Verlustgeschäft machen und für den Norden zu einem Gewinn, sind mit den Ziffern 1–3 gekennzeichnet.

Ziffer 1 steht für den Tatbestand, dass etwa die Hälfte aller Sachkapitalien auf der Südhalbkugel direkt oder indirekt in den Händen des Nordens sind und die daraus fließenden Renditen und Gewinne dem Süden als Einkommen verloren gehen.

Ziffer 2 zeigt, dass den schuldenbedingten Zinszahlungen des Südens, die der Norden ohne konkrete Gegenleistung erhält, nur geringere leistungs- und rückzahlungsfreie Zahlungen an den Süden in Form von Entwicklungshilfe gegenüberstehen.

Ziffer 3 weist auf den Tatbestand hin, dass die Menschen im Norden, aufgrund technologischer wie politischer Überlegenheiten, für gleiche Leistungen höhere Einkommen

Darstellung 80:

Fluß-Schema des Leistungstausches zwischen Industrienationen und Entwicklungsländern

Angesetzte Werte in Mrd. Dollar, annähernde Schätzgrößen

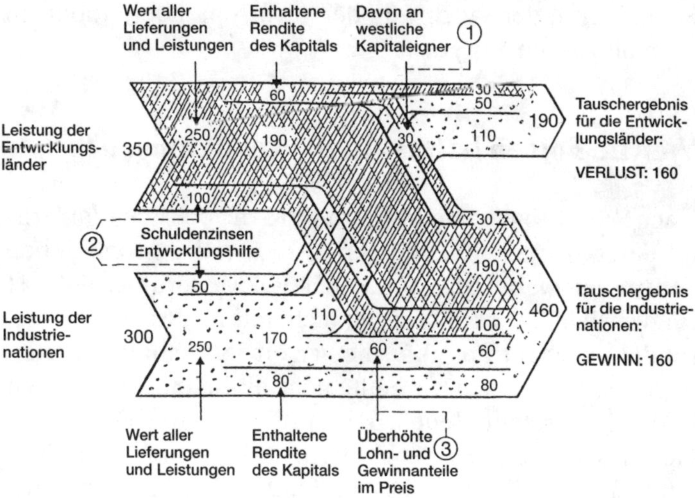

beanspruchen und in ihre Preise einrechnen können als die Menschen im Süden.

Die Folgen dieser weitgehend versteckten Austauschverluste können von den betroffenen Ländern letztlich nur durch Kreditaufnahmen ausgeglichen werden. Dieser Zwang zur Verschuldung wurde durch den mehrfachen Anstieg der Zinssätze und Erdölpreise jeweils noch verschärft. Zwar konnten einige Erdöl fördernde Entwicklungsländer aus den Preisanstiegen einen Vorteil ziehen (soweit er nicht von den Multis mitgenommen wurde!), umso mehr aber trafen diese Erhöhungen das Gros der übrigen Länder.

Verstärkt wurde dieser Verschuldungsdruck in den Zeiten hoher Erdölpreise und Zinsen noch durch die sich im Norden und bei den reichen OPEC-Ländern ansammelnden Einkommensüberschüsse, die nach Anlagen suchten. Da es sich bei dieser Rückführung der monetären Überschüsse auch um eine gesamtwirtschaftliche Notwendigkeit handelt, wurde dieser Prozess, trotz seiner Probleme für die Schuldnerländer, auch aus der Sicht der übernationalen Gremien als positiv gewertet.

Welche Folgen hatten die Verschuldungen?

Nach Schätzungen von Insidern wurden höchstens ein Drittel der gesamten Kredite für irgendwelche Investitionen verwendet. Dabei floss ein großer Teil wiederum in äußerst fragwürdige Projekte. Das gilt nicht nur für Rüstungsgüter, sondern auch für Projekte, die sich oft als Fehlinvestitionen erwiesen und manchmal heute noch als halbfertige Ruinen in der Landschaft stehen. Die restlichen zwei Drittel der Gesamtverschuldung resultieren dagegen aus Aufschuldungen zur Bedienung der Altschulden. Das heißt, die Entwicklungsländer haben dieses Geld überhaupt nicht in die Hand bekommen. Es wurde lediglich innerhalb der westlichen Banken von einem Konto auf ein anderes umgebucht und der Schuldensumme zugeschlagen. Aber auch die so genannte westliche Wirtschaftshilfe floss überwiegend in sinnfremde Investitionen, vor allem in den Import von Waffen. Das zeigt die Darstellung 81 die 1990 in einer Zeitschrift der Weltbank und des IWF veröffentlicht wurde.

Sicher kann man sagen, dass zum Schuldenmachen immer zwei gehören und niemand die Entwicklungs- und Schwellenländer zur Kreditaufnahme zwingen konnte. Bedenkt man aber die ungerechten Austauschbedingun-

Darstellung 81:

Militärausgaben Entwicklungsländern

(in Mrd. $ zu Preisen von 1986)

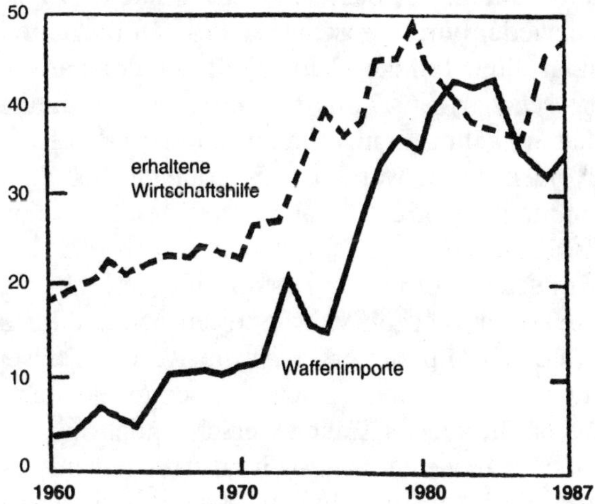

aus »Finanzierung und Entwicklung«, Dez. 1990
Hrsg. Weltbank und IWF

gen, dann ist der Zwang zur Kreditaufnahme bereits daher abzuleiten. Hinzu kommt noch, dass diese Länder vielfach mit geweckten falschen Hoffnungen zu Kreditkäufen verführt wurden. Noch leichter war es, Diktatoren und korrupte ›Demokraten‹ für Rüstungskäufe auf Pump zu gewinnen. Da aber bei solchen Geschäften immer der erfahrenere und damit überlegenere Partner die Verantwortung trägt, ist die Schuldfrage eigentlich klar: Der Norden hätte diese Länder in diesem Maße niemals in die Verschuldung treiben dürfen!

Ist Schuldenerlass der richtige Ausweg?

Die Forderung, zumindest den ärmsten Ländern die Schulden zu erlassen, ist verständlich. Soweit es sich um Staatskredite handelt, ist das auch relativ leicht möglich und hin und wieder bereits geschehen. Bei den Bankkrediten, die den größten Teil der Dritte-Welt-Schulden ausmachen, ist das schwieriger. Denn das Geld, das die Banken verliehen haben, gehört ja nicht ihnen, sondern den Einlegern. Der korrekte Weg wäre also, in Höhe der Schuldenverzichtssummen alle Guthabenkonten anteilig herabzusetzen.

Diese Reduzierung beider Posten um den gleichen Betrag ist bei direkt vergebenen Krediten und Zahlungsunfähigkeit des Kreditnehmers auch die Regel: Wer sein Geld einem leiht, der Pleite macht, ist seinen Anspruch los. Das heißt, in diesen Fällen verschwindet mit den Schulden auch ein gleich hohes Geldvermögen aus der Welt. Den Banken ist diese Risikoumlage auf die Sparer aber nicht gestattet. Die Folge ist, dass sie die Verluste selbst auffangen müssen. Das tun sie durch entsprechende Rücklagenbildungen. Etwa zur Hälfte werden diese Rücklagen durch erhöhte Zinsmargen aufgefüllt, die sie bei allen Kreditkunden abkassieren. Die Kreditkunden wiederum legen sie zum größten Teil auf die Preise und damit die Endverbraucher um. Die andere Hälfte der verlorenen Kredite erhalten die Banken im Normalfall vom Finanzamt zurück, da sie die Gesamtverluste bei der Steuer absetzen können.

Das heißt, bei einem Schuldenerlass durch die Banken werden nicht etwa die Geldeinleger zur Ader gelassen, die jahrelang die Zinsen aus der Dritten Welt kassiert haben und damit die eigentlichen Verursacher der Zahlungsunfähigkeit sind. Vielmehr müssen für solche Schuldenerlasse, ob von Banken oder Staaten großzügig gewährt, letztlich alle Bürger geradestehen. Dabei sind vor allem jene Bürger die Verlierer, die keine oder nur geringe Zinsvorteile aus den ganzen Kreditgewährungen gezogen haben. Und das sind im Normalfall die ärmeren.

Da auf diese heute gehandhabte Weise bei Schuldenerlassen also keine Geldvermögen verschwinden, eskaliert die Gesamtverschuldung in der Welt ungebremst weiter. Für die entlasteten Schuldner müssen nur möglichst rasch neue gefunden werden.

Im Übrigen hat ein Schuldenerlass durch Banken zur Folge, dass das entlastete Land – ähnlich wie ein Kreditnehmer in der Wirtschaft – als zahlungsunfähig erklärt wird. Damit ist das Land nicht nur mit einem Makel gekennzeichnet, es hat auch weniger Chancen, erneut Kredite zu bekommen, und wenn, dann nur zu höheren Zinsen.

Was sollte statt des Schuldenerlasses geschehen?

Mit dem Schuldenmachen ist es wie mit dem Trinken: Problematisch wird beides erst mit der Höhe der Prozente. Nicht das Schuldenmachen an sich ist darum die Ursache des Übels, sondern der Tatbestand, dass dieses Schuldenmachen mit Zinszahlungen verbunden ist.

Der konstruktivere Weg zur Lösung des Schuldenproblems ist darum nicht ein Erlass der Schulden, sondern das Absenken der Zinsen. Damit werden Schulden für die Kreditnehmer nicht nur tragbarer, sondern auch eher rückzahlbar. Außerdem verlangsamt sich mit sinkenden Zinssätzen das Wachstum der Geldvermögen und damit der Zwang zur ständigen Verschuldungsausweitung.

Bei niedrigeren Zinsen, die die Schulden tragbarer machen, würden beide Seiten – Bank und Schuldner – auch ihr Gesicht bewahren können. Bezogen auf die Verschuldung des Südens hieße das, dass kein Land als zahlungsunfähig erklärt zu werden brauchte. Außerdem ginge mit sinkenden Zinsen bei allen Schulden der Ausbeutungsgrad zurück. Weiterhin wären die Banken der schwierigen Entscheidung enthoben, welchem Land und welchem Schuldner sie in welcher Höhe Schulden erlassen, Entscheidungen, die zweifellos mit neuen Ungerechtigkeiten verbunden sind. So würden durch einen Zinserlass jene Länder als ehrliche Dumme im Regen stehen, die bislang ihren Zinsverpflichtungen unter oft schweren Opfern nachgekommen sind.

Weiterhin würden allgemeine Zinssenkungen Spannungen zwischen den Banken und Bankenzusammenbrüche vermeiden. Denn bei Schuldenstreichungen werden die Banken, aufgrund ihres unterschiedlichen Engagements in den Entwicklungsländern, auch von unterschiedlich hohen Verlusten getroffen. Außerdem bedeutet ein Schuldenerlass die Abschreibung einer großen Summe auf einen Schlag. Zinssenkungen oder Zinserlasse verteilen sich dagegen mit kleinen Summen auf viele Jahre und werden letzten Endes von den Sparern durch Absenkung der Guthabenzinsen aufgefangen. Der vormalige Präsident der Internationalen Vereinigung für Natürliche Wirtschaftsordnung (INWO), der Schweizer Werner Rosenberger, hat darum schon Anfang der 90er Jahre der weltweiten Kampagne »Erlassjahr 2000«, die sich vor allem 1999 bei dem Kölner Wirtschaftsgipfel für die Entschuldung der ärmsten Länder eingesetzt hat, eine »Aktion Nullzins 2000« gegenübergestellt.

Welche Folgen hätten sinkende Zinsen?

Mit jedem Prozentpunkt, um den Zinsen sinken, gehen die zinsbedingten Einkommenumschichtungen von der Arbeit zum Besitz, also von arm zu reich, zurück. Damit verringert sich die Ungerechtigkeit, die Hauptursache der sozialen und damit wiederum der politischen Spannungen. Dieser Abbau ist die entscheidende Voraussetzung für den Frieden in der Welt.

Mit sinkenden Zinsen geht auch der Investitions- und Verschuldungszwang zurück. Damit wiederum verringert sich der Wachstumszwang und die Notwendigkeit jener ›Reinigungskrisen‹, mit denen heute – ob in Rezessionen oder Kriegen – die zinsdrückenden Kapitalanhäufungen ab und zu verringert werden müssen. Kurz: Es verschwinden die entscheidenden Ursachen, die die Staaten heute dazu zwingen, das Spiel der Überrüstung mitzumachen oder gar bewusst zu betreiben.

In einer Welt, in der die Staaten nicht mehr aus wirtschaftlichen Gründen auf Rüstung oder Krieg angewiesen sind, könnte sich vieles positiv verändern. Zum Beispiel wäre es möglich, endlich Schluss zu machen mit der Doppelmoral in unserem Rechtssystem. Denn während die Staaten ihren Bürgern das Faustrecht schon vor langer Zeit genommen und Mord als schlimmstes Verbrechen eingestuft haben, nehmen sie dieses Recht für sich selbst weiterhin unreflektiert in Anspruch. Dabei bezieht sich dieses Recht nicht nur auf das Umbringen gegnerischer Soldaten, sondern auch auf den Massenmord an der Zivilbevölkerung. Darüber hinaus beanspruchen die Staaten sogar das Recht, ihre eigenen Bürger gegen deren Willen zur Ausführung dieser Verbrechen zu zwingen, in Bürgerkriegen häufig sogar an den eigenen Frauen und Kindern. Und das geschieht tagtäglich in Größenordnungen, die die Verbrechen aller Gangster und Sadisten, ja selbst der gesamten Mafia, zu Bagatellen werden lassen. Und diejenigen, die bei diesen Morden besonders erfolgreich sind, werden sogar als Helden mit Orden und Ehrenzeichen geschmückt oder mit hohen Renten belohnt, selbst in Europa und in Ländern, die sich christlich nennen!

Würden in den Ländern die Macht ausübenden Befugnisse auf die Polizeigewalt reduziert, könnte auch im Strafrecht mit derartigen Widersprüchen aufgeräumt werden. Denn während Beihilfe zum Diebstahl als Delikt geahndet wird, geht Beihilfe zum Mord und Massenmord, die heute von jedem Waffenfabrikanten geleistet wird, noch straffrei aus.

Wie das Geld, dürften Waffen nur noch mit staatlicher Lizenz produziert werden und nur in dem für die Polizei erforderlichen Umfang. Jede Eigenproduktion würde – wie beim Falschgeld – schärfstens verfolgt.

> »Jede Waffe, die hergestellt wird, jedes Kriegsschiff, das vom Stapel läuft, jede abgefeuerte Rakete verkörpert im Grunde einen Diebstahl an jenen, die hungern und nicht ernährt, oder an jenen, die frieren und nicht gekleidet werden.«

Dies hat kein Geringerer als Dwight D. Eisenhower, Weltkriegsgeneral und Präsident der USA in den 50er Jahren, von sich gegeben!

Und wie sich die geldbezogenen Wirkungen in fataler Weise zur Gewalt aufschaukeln, geht aus dem Flussschema in der Darstellung 82 hervor.

Darstellung 82:

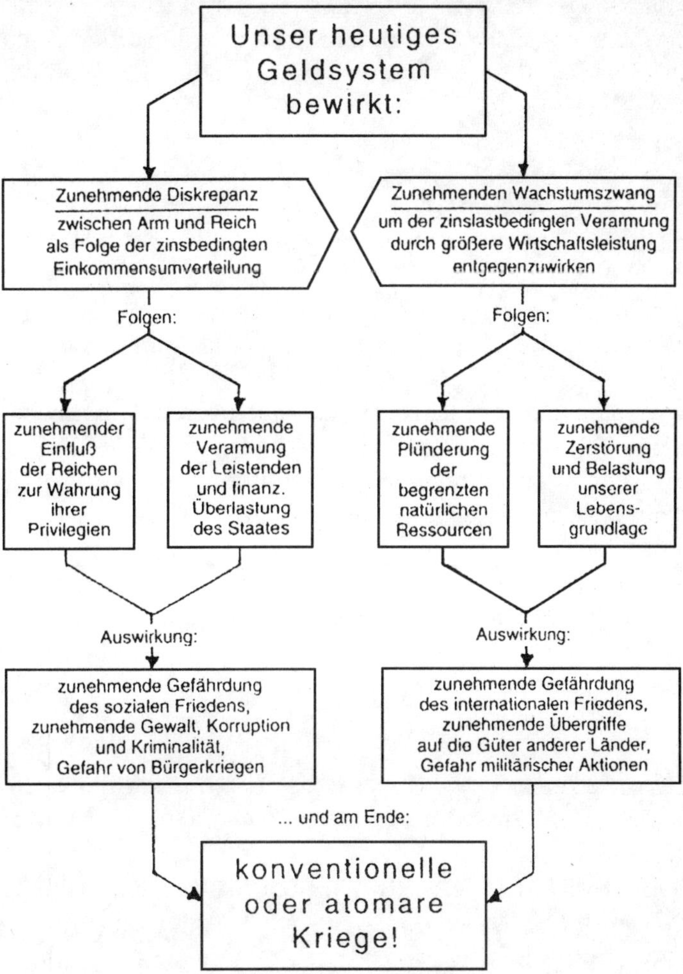

Teil V

Überwindung der Fehlstrukturen – Wege zu einer krisenfreien Wirtschaft

32. KAPITEL

Von den Symptomen zu den Korrekturen

»Unsere demokratische Ordnung und das bisherige Finanz- und Geldwesen können nicht mehr zusammen bestehen bleiben. Eines muss dem anderen den Weg frei geben.«
*Vinvent C. Vickers**

Wahrscheinlich käme kaum jemand auf die Idee, gegen das anhaltende Baumsterben durch eine Vergesellschaftung der Forstwirtschaft oder alternative Waldbauernbetriebe vorzugehen. Im Bereich der Wirtschaft und hier speziell des Geldsystems glauben jedoch allzu viele, die sich hier immer deutlicher abzeichnenden Probleme durch Verstaatlichung der Banken, mehr Mitbestimmung bei der Kreditvergabe oder alternative Betriebsformen überwinden zu können.

Erkennend, dass irgendetwas mit dem Geld nicht stimmt, wollen andere durch lokale Ersatzgeld-Ausgaben, geldlose Verrechnungsringe usw. den Problemen entgehen. Noch Radikalere möchten – das Kind mit dem Bad ausschüttend – gleich das gesamte Geld abschaffen. Wieder andere meinen, der Mensch müsste sich ändern, oder das gesamte System, was immer auch darunter verstanden wird.

---

* britischer Großindustrieller, von 1910–1919 Gouverneur der Bank von England, »Wirtschaft als Drangsal«, 1938

Wo müssen die Änderungen ansetzen?

In der nachfolgenden Darstellung 83 sind noch einmal die Entwicklungen der Inflations- und Zinssätze in Deutschland wiedergegeben und zwar mit ihren vierteljährlichen Veränderungsraten von 1960 bis Mitte 2000. Zusätzlich markiert ist dabei die 6-Prozent-Linie, die man bis in die 90er Jahre als eine Art »magische Untergrenze« für den Kapitalmarktzins ansehen konnte.

Darstellung 83:

Preis- und Zinsentwicklung in Deutschland – 1960 bis 2000

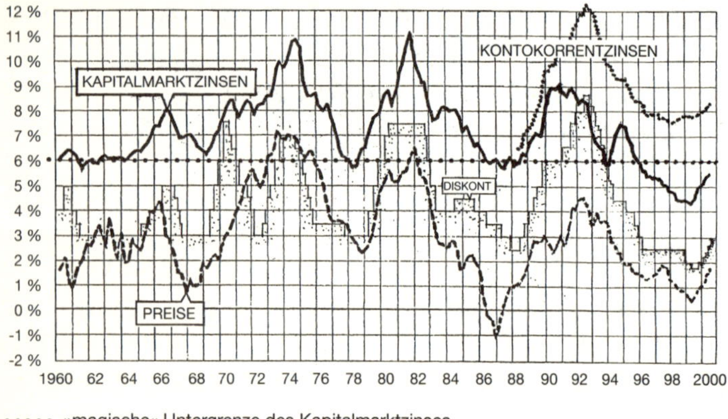

Quelle: Bundesbank

Aus dieser Darstellung gehen die entscheidenden Symptome hervor, die es zu überwinden gilt: Einmal die dauernden Schwankungen der Geldkaufkraft, u. a. verantwortlich für die extremen Zinsausschläge und damit die auf Dauer zerstörerischen Wechselbäder zwischen Aufschwung und Rezession. Zum Zweiten der sich ständig im positiven Bereich bewegende Kapitalmarktzins, verantwortlich für die Überentwicklung der Geldvermögen und Schulden mit ihren negativen Folgen im sozialen, ökonomischen und ökologischen Bereich.

Aus dieser Eingrenzung ergeben sich auch die Ansätze zu einer Korrektur:

1. Die Kaufkraft unseres Geldes muss (endlich!) stabil gehalten werden. Die Nachfrage muss dem Angebot entsprechen, die Geldmenge der notwendigen Nachfrage.
2. Der Zins muss den Marktkräften genauso unterstellt werden wie alle anderen Preise und Knappheitsgewinne. Er muss mit der Sättigung der Märkte gegen Null heruntergehen.

Um diese Forderungen erfüllen zu können, bedarf es mehrerer Voraussetzungen:

- Das Geld muss allen anderen öffentlichen Einrichtungen rechtlich gleichgestellt werden, um den Missbrauch als Spekulationsmittel einzudämmen.
- Das Geld muss neben dem Annahmezwang mit einem Weitergabezwang verbunden werden, damit über den verstetigenden Geldumlauf die Menge steuerbar wird.
- Geld und Guthaben müssen präzise unterschieden, die Giralgeldbestände ggfs. dem Kreditpotential der Banken entzogen werden, damit die gesamten Nachfragebzw. Zahlungsmittel kontrollierbar werden.

Was kennzeichnet öffentliche Einrichtungen?

Öffentliche Einrichtungen sind dadurch gekennzeichnet, dass jeder Bürger sie unter gleichen Voraussetzungen nutzen, aber niemand sie blockieren darf. Denn mit jeder Blockade einer öffentlichen Einrichtung werden andere zwangsläufig an deren Nutzung gehindert. Das gilt z. B. für jeden, der seinen Wagen nach Beendigung der Fahrt auf der Fahrbahn stehen lässt oder sich in einer Telefonzelle nach dem Anruf häuslich einrichtet.

Öffentliche Einrichtungen sind außerdem dadurch gekennzeichnet, dass sie niemals gleichzeitig privates Eigentum sein oder als solches rechtlich behandelt werden können. Denn nichts kann zwei Herren dienen, ohne dass daraus Probleme entstehen. Ein weiteres Merkmal öffentlicher Einrichtungen besteht darin, dass ihre Nutzung direkt oder indirekt mit Kosten verbunden ist.

Überprüft man daraufhin das von den Notenbanken herausgegebene Geld, so gilt es in den meisten Ländern als »das alleinige unbeschränkte gesetzliche Zahlungsmittel«. Diese Einstufung und viele andere Indizien bestätigen zweifelsfrei, dass es sich bei dem heute vom Staat bzw. der dafür eingesetzten Notenbank herausgegebenen Geld um eine öffentliche Einrichtung handelt. Trotzdem wird der Geldschein gleichzeitig als privates Eigentum gesehen. Erklärt wird dieser Widerspruch mit der Einstufung des Geldes als ›bewegliche Sache‹. An beweglichen Sachen aber wird – wie die deutsche Bundesbank das einmal erläuterte – »nach § 929 BGB Eigentum begründet«. Derjenige, der das alleinige gesetzliche Zahlungsmittel in die Hand bekommt, ist also nicht nur Nutzer dieser Einrichtung, sondern er wird sogar ihr Eigentümer. Das heißt, nicht nur der mit dem Geldschein dokumentierte Anspruch an den Markt ist Eigentum des Geldempfängers, sondern auch der

Schein selbst. Und »da der Eigentümer mit den ihm gehörenden Sachen grundsätzlich nach Belieben verfahren kann (§ 903 BGB)«, bestätigte die Deutsche Bundesbank, »ist er ... auch nicht gehindert, in seinem Eigentum stehende Banknoten und Münzen ... unbrauchbar zu machen«. Dass er, nachdem ihm das Recht zur Vernichtung zugesprochen wird, das Geld dem Kreislauf beliebig lange entziehen darf, steht wohl gar nicht erst zur Debatte.

Was ist die Folge der heutigen Rechtslage?

Die Folge dieser Einordnung des Geldes als privates Eigentum ist, dass jeder Wirtschaftsteilnehmer das Recht hat, den Geldkreislauf zu unterbrechen und damit die Konjunktur zu stören. Unter dieser irrealen Bedingung erwartet man von den Notenbanken, dass sie die Geldmenge kaufkraftstabil steuern!

Man stelle sich einmal vor, die Bahnverwaltung würde den Güterverkehr nach dem gleichen Modell regeln wie die Geldverwaltungen den Geldverkehr: Wer bei der Bahn zu Gütertransporten einen Waggon benutzt – zweifelsfrei auch eine ›bewegliche Sache‹ – hätte das Recht, ihn beim Be- und Entladen beliebig lange an der Rampe festzuhalten und damit andere an der Nutzung zu hindern. Ganz gewiss hätte die Bahnverwaltung mit der Steuerung des Güterverkehrs ähnliche Schwierigkeiten, wie die ›Geldverwaltungen‹ – also die Notenbanken – heute mit der Steuerung des Geldes: Mal würden dem Verkehr viele Waggons entzogen und die Bahnverwaltung wäre (mit Verzögerung) gezwungen, zusätzliche in den Verkehr zu geben. Mal gäbe es zu viele Waggons auf den Schienen und die Bahnverwaltung müsste versuchen, sie aus dem Verkehr zu ziehen oder zusätzliche Umgehungsgleise zu verlegen, usw.

Mit der Einstufung des Geldes als gleichzeitig privates und öffentliches Gut wird jedoch nicht nur der Geldkreislauf strapaziert, sondern auch unser normales Rechtsempfinden. Denn während der Blockierer einer öffentlichen Einrichtung im Allgemeinen mit Sanktionen rechnen muss, ist das beim Geld umgekehrt. Hier wird das gemeinschaftsschädigende Verhalten nicht mit Strafgebühren belegt, sondern die Aufgabe dieses Verhaltens mit einer Prämie belohnt. Und deren Höhe kann der Blockierer sogar noch selbst bestimmen!

Überträgt man diese Methode auf den Straßenverkehr, dann bliebe der Blockierer einer Fahrbahn nicht nur ungeschoren, sondern die an der Weiterfahrt gehinderten Autofahrer müssten ihm zur Freigabe der Fahrbahn sogar eine Zahlung anbieten, deren Höhe ihm angemessen erscheint. Und wenn sich die Blockierungen häuften, dann müssten die Straßenbauverwaltungen eben die Straßen verbreitern und vermehren, so wie die Notenbanken das mit der Geldmenge tun.

Warum braucht unser Geld einen Weitergabezwang?

Unser heutiges Geld ist nicht nur das alleinige gesetzliche Zahlungsmittel, sondern es untersteht in den meisten Ländern auch einem Annahmezwang. Wer gegenüber einem anderen eine Forderung hat, ist also verpflichtet, die jeweilige Währung dafür anzunehmen. Das heißt, er kann weder eine andere Währung fordern noch irgendeine andere Gegenleistung. Dabei ist dieser Annahmezwang eigentlich überflüssig, denn bekanntlich nimmt jeder gerne Geld für das, was er abgeben möchte. Fast alle sind sogar bemüht, ihre Leistungen in Form von Gütern oder Arbeit möglichst schnell gegen dieses universale Zahlungsmittel einzutauschen.

Der an das Geld gekoppelte Annahmezwang ist also überflüssig. Sinn hat er allenfalls, wenn der Staat das Geld durch Inflation ruiniert. Doch in solchen Situationen ist der Annahmezwang kaum noch durchsetzbar. Wie wir zur Zeit in den Staaten mit hohen Inflationsraten erleben, kann man dann die Menschen von der Flucht in harte Währungen oder in den Tauschhandel nicht abhalten.

Das Gegenteil vom Annahmezwang, ein Weitergabezwang, der bei unserem Geld dringend erforderlich wäre, fehlt seltsamerweise. Denn so gerne jeder Geld annimmt, so ungern gibt er es wieder her. Nimmt man jedoch Geld lieber an, als man es weitergibt, muss es zu Stockungen und Störungen im Geldkreislauf kommen. Vergleichbar ist das mit einer Straßenverkehrsordnung, die den Autofahrer zwar dazu verpflichtet, die öffentlichen Straßen zu benutzen, ihn aber nicht dazu zwingt, sie auch wieder freizugeben.

Es liegt auf der Hand, dass jede Notenbank in ihrer Aufgabe, die Stabilität zu wahren, überfordert sein muss, solange die Rahmenbedingungen für den Umgang mit Geld auf die beschriebene Weise unzulänglich bzw. falsch programmiert sind. Das gilt auch für den Tatbestand, dass Geld sowohl als Tauschmittel als auch als Wertaufbewahrungsmittel betrachtet wird. Der deutsche Wirtschaftswissenschaftler Wilhelm Hankel hat auf diese Problematik einmal hingewiesen:

> »Die Doppelrolle des Geldes als Tauschmittel für den Güterkauf und alternativ dazu als Wertaufbewahrungsmittel für die Vermögensbildung ist in jeder Marktwirtschaft für Überraschungen gut. Geld ist also kein produktions- und beschäftigungsneutraler ›Schleier‹, son-

> dern die ständig tickende ›Zeitbombe‹, die den marktwirtschaftlichen Zusammenhang zwischen gesamtwirtschaftlichem Angebot und gesamtwirtschaftlicher Nachfrage auseinanderreißen kann.«

Um die schwerwiegenden Folgen dieser Doppelfunktion wenigstens zu minimieren, lockt bzw. treibt man das zurückgehaltene Geld heute mit Zins bzw. Inflation in den Kreislauf zurück. Man versucht also, einen groben Fehler in der Geldfunktionsordnung durch destruktive Mittel zu beheben.

Was versteht man unter einer Geldumlaufsicherung?

Selbstverständlich ist Geld zwischen Empfang und Wiederausgabe immer auch ein ›Wertaufbewahrungsmittel‹. Diese Funktion darf dem Geld auch nicht genommen werden. Vielmehr geht es darum, den Rhythmus zwischen Geldempfang und -ausgabe nicht durch längerfristige und vor allem schwankende Geldzurückhaltungen zu unterbrechen. Denn diese längerfristigen Geldzurückhaltungen unterlaufen nicht nur die Geldmengensteuerung der Notenbanken, sondern lösen gravierende Störungen des Wirtschaftskreislaufs aus. Außerdem verhindern sie durch Verknappung des Kreditangebots ein marktgerechtes Absinken der Zinsen. Genau hier, bei der Möglichkeit, Geld ungestraft zurückzuhalten, liegt der Grund, warum der Kapitalmarktzins auch dann noch in positiven Größen bleibt, wenn die Wirtschaftsentwicklung gegen Null tendiert.

Da dieses gemeinschaftsschädigende Verhalten der Geldzurückhaltung nicht durch Verbote aus der Welt zu schaffen ist, muss es mit Hilfe von ›Geldhalte-‹ oder ›Nutzungsgebühren‹ abgebaut werden. So wie der Autofahrer die Fahrbahn freigibt um nicht mit Strafgebühren belangt zu werden, und der Waggonbenutzer den Waggon entlädt, um kein ›Standgeld‹ bezahlen zu müssen, so wird auch der Geldhalter überschüssige Kaufkraft freigeben, wenn die Zurückhaltung mit Kosten belastet wird. Die Vermeidung dieser Kosten ist natürlich nicht nur durch Geldausgeben möglich, sondern auch durch Geldeinzahlung bei der Bank, also durch leihweise Überlassung an einen anderen.

Warum ist eine wirksame Umlaufsicherung notwendig?

Nur wenn es den Notenbanken gelingt, durch einen verstetigten Umlauf die herausgegebene Geldmenge mit der nachfragenden in Deckung zu bringen, ist Kaufkraftstabilität erreichbar.

Auf den Umlauf des Geldes können die Notenbanken jedoch heute nur indirekt Einfluss nehmen, nämlich durch das Lockmittel Zins oder die Peitsche Inflation. Diese indirekten und zum Teil auf Psychologie aufbauenden Eingriffe sind jedoch in ihrer Wirkung weder zeitlich noch umfangmäßig kalkulier- und berechenbar. Die heutigen Bemühungen der Notenbanken zur Stabilisierung des Geldumlaufs und damit der Geldkaufkraft sind darum zum Scheitern verurteilt, so vielschichtig und kompliziert sie auch sind. Sie ähneln dem Versuch eines Autofahrers, der seinen Wagen bei schlechter Sicht auf der Fahrbahnmitte halten will und die Abweichungen erst bemerkt, wenn er bereits auf den Randstreifen geraten ist. Wirken die Steuerkorrekturen außerdem erst mit schwankenden Verzögerungen und nimmt auch noch die Fahrgeschwindigkeit ständig zu, kann es ihm nur zufällig gelingen, das Fahrzeug einige Zeit auf der Fahrbahnmitte zu halten.

Natürlich fürchtet der Fahrer ein Abweichen in den Gegenverkehr noch mehr als den unbefestigten Randstreifen. Genauso fürchten die Notenbanken ein Abdriften der Kaufkraft in die Deflation mehr als das Ausweichen in die Inflation, auch wenn sie bei den Korrekturen riskieren, immer mehr ins Schleudern zu geraten.

Wirkt sich eine konstruktive Umlaufsicherung auch auf den ›Geldstreik‹ aus?

Das Verhalten von Menschen wird entscheidend von den Vor- und Nachteilen beeinflusst, die damit verbunden sind. Bezogen auf das Geld: Bei steigenden Zins- und Inflationssätzen nimmt die Bereitschaft zu, anderen überschüssige Einkommen leihweise zu überlassen, bei sinkenden Sätzen nimmt sie ab.

Diese Wirkungen gehen ebenfalls aus Darstellung 83 (S. 534) hervor: Der Zins am Kapitalmarkt steigt zwar mit der Inflation auf und ab, sein Absinken verlangsamt sich jedoch mit der Annäherung an die markierte Untergrenze von sechs Prozent. Selbst wenn die Inflation ›in den Keller geht‹, wie beispielsweise 1986, blieb er in Deutschland bisher an dieser Marke hängen. Erst in den 90er Jahren kam es zum ersten Mal zu einer deutlichen Unterschreitung. Ursache des ›Hängenbleibens‹ der Zinsen bei der Grenze von vier bis sechs Prozent ist die nachlassende Wirkung der heutigen Umlaufsicherungsmittel in solchen Situationen: Die Inflation fällt als Peitsche völlig aus und das Lockmittel Zins ist nicht mehr groß genug, um den Geldhalter zur langfristigen Geldfreigabe zu bewegen.

Eine ständig gleichmäßig wirksame Umlaufsicherung würde dagegen einen gleich bleibenden Druck ausüben, unabhängig von der Zinshöhe. Sie würde also nicht nur die

Geldmenge steuerbar machen, sondern auch dafür sorgen, dass Angebot und Nachfrage die heutige Zinsuntergrenze von etwa 4 bis 6 Prozent durchbrechen können. Das heißt, der heute an dieser Grenze eintretende ›Geldstreik‹ könnte verhindert werden.

Mit einer solchen konstruktiven Umlaufsicherung würde sich also die Inflation überwinden und der Zins senken lassen. Mit sinkenden Zinsen käme es über weitere Investitionen schließlich zu einer Sättigung der Märkte und zu einem Nachlassen des unnatürlichen Wachstumszwangs.

Zu diesen partiellen Sättigungsprozessen bedarf es jedoch keiner Leistungssteigerung. Denn dafür könnten, nach Wegfall des zinsbedingten Wachstumszwangs, die frei werdenden Kapazitäten aus den inhumanen Produktionsbereichen eingesetzt werden, die heute nur zur rentablen Bindung des weiter wuchernden Kapitals erforderlich sind, von der Rüstung über die Raumfahrt bin hin zu den Ramschproduktionen und Reklameorgien.

Beispiele für zinsunabhängige Umlaufsicherungen – von den Brakteaten bis Wörgl

Erinnern wir uns an die im 5. Kapitel beschriebene Brakteatenzeit im Hochmittelalter. Die Beständigkeit des Geldumlaufs und damit der wirtschaftlichen Konjunktur wurde damals durch regelmäßige bzw. überraschende Umtauschaktionen des gesamten gültigen Geldes erreicht, bei denen der Münzherr jeweils einen festen Anteil von 20 oder 25 Prozent als ›Schlagschatz‹ oder ›Prägesteuer‹ einbehielt. Die Folge war, dass kaum jemand Geld ansammelte, denn das zu tragende Verlustrisiko war umso höher, je mehr Geld man jeweils in der Hand behielt. Der natürliche ›Joker‹-Vorteil des Geldes (Dieter Suhr) gegenüber den einzutauschenden Gütern, wurde also durch eine Art ›Schwarzer Peter‹ kompensiert. Um diesen dem Geld anhaftenden Nachteil möglichst klein zu halten, war man wahrscheinlich sogar bereit, sein übriges Geld auch ohne Aufschlag zu verleihen.

Ein anderes historisches Beispiel, dessen Wirkungen genauer dokumentiert sind, ist das so genannte »Wunder von Wörgl« in der Rezession der 30er Jahre. Aufgrund des deflationären Preisverfalls und des ›Geldmangels‹ als Folge der Geldumlaufstockungen, erlahmte damals überall die Wirtschaft. In der Tiroler Gemeinde Wörgl, einem Eisenbahnknotenpunkt zwischen Kufstein und Innsbruck, versuchte der dortige sozialdemokratische Bürgermeister Unterguggenberger die Ursachen der Stagnation und Arbeitslosigkeit und damit der leeren Gemeindekassen zu ergründen. Schließlich wurde er bei dem deutsch-argentinischen Sozial- und Geldreformer Silvio Gesell fündig. In dessen Hauptwerk »Die natürliche Wirtschaftsordnung« fand er die Zusammenhänge zwischen Geldumlaufstörungen und Wirtschaftskrise dargelegt.

Unterguggenberger verstand, dass dem Geld ›Beine gemacht‹ werden musste. Die von ihm herausgegebenen ›Arbeitsbestätigungsscheine‹, für die er im gleichen Umfang Schillinge bei der lokalen Bank hinterlegte, waren deshalb mit einem ›Umlaufmotor‹ versehen, der ihre Zurückhaltung mit Nachteilen verband. Wie Darstellung 84 zeigt, waren auf den Scheinen zwölf Felder, die monatlich mit einer Marke zu bekleben waren, wenn der Nennwert erhalten bleiben sollte. Da jeder die Kosten der Klebemarke in Höhe von einem Prozent des Nennwertes sparen wollte, gab man die Scheine möglichst im gleichen Rhythmus wieder aus, in dem man sie einnahm: Die Wirtschaft belebte sich, in die Gemeindekasse floss wieder Geld, und während ringsherum die Arbeitslosigkeit weiter anstieg, ging sie in Wörgl deutlich zurück.

Darstellung 84:

»Das Wirtschaftswunder von Wörgl« erregte weltweites Aufsehen. Der spätere französische Ministerpräsident Daladier fuhr in die Tiroler Stadt und berichtete ausführlich im französischen Parlament darüber. Der amerikanische Wirtschaftswissenschaftler Irving Fisher schickte einen Assistenten dort hin, hielt das Modell zur Überwindung der US-Rezession für geeignet und bezeichnete sich selbst als »bescheidenen Schüler Silvio Gesells«. Doch als mehrere hundert Bürgermeister Österreichs das Wörgler Modell nachahmen wollten, wurde es von der Nationalbank in Wien verboten. Sie betrachtete (mit Recht) die ›Arbeitsbestätigungsscheine‹ als Geld und sah sich in ihrer Autonomie gefährdet.

Zum 50. Jahrestag dieses Wörgler Experimentes brachte die Monatszeitung des Österreichischen Gewerkschaftsbundes »Arbeit & Wirtschaft« im März 1983 noch einmal einen ausführlichen Bericht. Darin hieß es unter anderem:

Unterguggenberger hatte nicht die Absicht, in Österreich eine neue Währung einzuführen oder die Nationalbank in ihren Rechten zu schmälern. Was er aber wollte, ist ihm für die Spanne von 14 Monaten gelungen: Mit Herz und Verstand hat er in die kleine Gemeinde, in der er jeden kannte, in der Hunderte seiner Eisenbahnerkollegen lebten und hungerten, einen Hoffnungsschimmer getragen. Er hat ermöglicht, dass Familien sich wieder satt essen konnten, dass Schuhe und Kleider wieder einmal instand gesetzt, dringende Schulden teilweise abgezahlt werden konnten und dass aus einem verwahrlosten Winkel eine gepflegte kleine Stadt wurde.

Was heißt Nachfrage-, was Kreditpotential?

Wie die Einkommenzahlungen werden auch die Nachfragevorgänge heute sowohl mit Bargeld als auch mit der Übertragung von Sichtguthaben (›Giralgeld‹) vorgenommen. Beide Bestände sind also die Nachfrage- bzw. Zahlungsmittel, mit denen der Markt geräumt wird. Die Summe dieser Nachfragemittel ist also das Potential, das zur Erlangung eines stabilen Preisniveaus auf das Angebot abgestimmt werden muss. Umschichtungen zwischen Bargeld und Giralgeld ändern nichts an der Größe dieses Nachfragepotentials. Mit der Einzahlung von Geld auf das eigene Girokonto nimmt der Bestand darauf nur im gleichen Umfang zu, wie der Bestand des gehaltenen Bargeldes abnimmt.

Im Gegensatz zum Nachfragepotential, das alleine von den Notenbanken vergrößert werden kann, resultiert das

Kreditpotential in einer Volkswirtschaft aus den Einkommensüberschüssen der Wirtschaftsteilnehmer, die sie anderen leihweise zur Verfügung stellen, ob direkt oder über die Banken. Das Kreditpotential der Banken ist also identisch mit den bei ihnen gebildeten Guthaben der Wirtschaftsteilnehmer, zuzüglich anderer Formen von Geldaufnahmen beim Publikum, von Schuldverschreibungen bis zu Aufstockungen des Eigenkapitals.

Da die Banken auch dic Sichtguthaben als Kreditpotential betrachten, kommt es hier zu einer Überschneidung zwischen Nachfrage- und Kreditpotential, wie die Darstellung 85 mit annähernden Größen zeigt.

Darstellung 85:

Heutige Überschneidung zwischen Nachfrage- und Kreditpotential

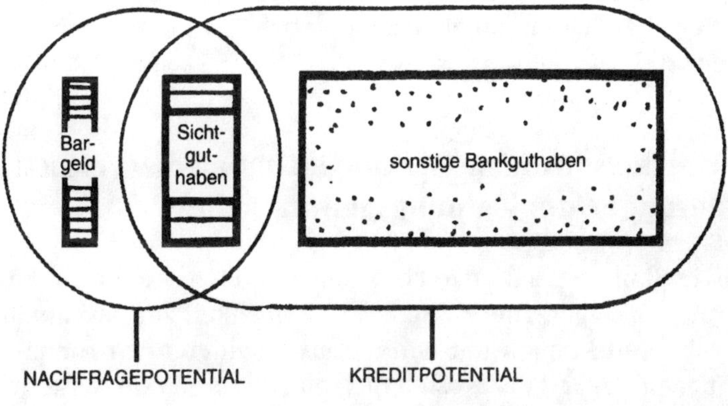

Diese Überschneidung scheint auf den ersten Blick eine Doppelnutzung wiederzugeben. Doch es handelt sich um eine Nacheinanderbenutzung. Das heißt, die Bank kann die Sichteinlage des Kunden nur so lange für Kreditvergaben nutzen, wie der Einleger nicht selbst über den Betrag verfügt. Wohl aber kommt es durch diese Zwischennutzung zu einer Effektivitätssteigerung. Denn während ein in bar gehaltener Geldbetrag zwischen Annahme und Ausgabe ungenutzt in Kassetten, Schreibtischschubladen oder Brieftaschen schlummert, wird der unbar gehaltene Bestand zwischenzeitlich in der Wirtschaft eingesetzt.

Diese Effektivitätssteigerung, die sich über die Ausweitung des Kreditpotentials ergibt, ist jedoch ein einmaliger Vorgang, der sich nur mit den Verschiebungen der Zahlungsgewohnheiten von bar zu unbar ergibt. Diese Steigerung der Effektivität im unbaren Bereich kann jedoch durch einen Rückgang der Bargeldmenge ausgeglichen werden bzw. gleicht sich selbsttätig aus. Das hat sich z. B. bei der Umstellung der Bargeld-Lohnzahlungen auf Kontenübertragungen in Deutschland zwischen 1950 und 1970 gezeigt: Während die Bargeldmenge, gemessen am jeweiligen Sozialprodukt, um rund zwei Prozent zurückging, nahmen die Sichtguthabenbestände nur um rund ein Prozent des BSP zu.

Welche sonstigen Wirkungen haben die Veränderungen der Zahlungsgewohnheiten?

Die Banken erhalten mit der zunehmenden Nutzung unbarer Zahlungen eine zusätzliche Möglichkeit zur Kreditvergabe und können mit den daraus resultierenden Einnahmen einen Teil der Kosten des relativ teuren Giroverkehrs abdecken. Außerdem werden sie durch den Rückgang der Bargeldmenge von den damit verbundenen Refinanzierungskosten entlastet, müssen also weniger Zinsen an die Notenbank bezahlen.

Aber auch für die Gesamtwirtschaft hat der unbare Zahlungsverkehr Vorteile, die als Einsparungen der Transaktionskosten und Zeiteinsparungen zu Buche schlagen.

Problematisch ist allerdings, dass der Einfluss der Notenbanken auf die Sichtguthabenbestände, im Unterschied zum Bargeld, nur ein indirekter ist. Außerdem kann es durch größere Umschichtungen von normalen Bankeinlagen auf die Sichtguthaben zu einem Anstieg der Liquidität in den Händen der Guthabenbesitzer kommen. Solche Schwankungen der Geldhaltungen, die auch beim Bargeld zu registrieren sind, treten vor allem in Zeiten sich verändernder Zins- und Inflationsraten auf (siehe Kapitel 10). Auch wenn diese spekulativen Umschichtungen innerhalb der Geldbestände nur zu einem geringen Teil in die Nachfrage gehen, bildet sich hier ein Unsicherheitspotential, das die Stabilitätspolitik der Notenbanken erschwert. Das gilt vor allem für eine überproportionale Zunahme der Bargeldhaltung, die durch den Rückgang der Kreditgewährungsmöglichkeiten zu einem plötzlichen Rückgang der vorbeschriebenen Effizienzsteigerung führen kann. Das eigentliche Problem hängt also weniger mit den meist kontinuierlich verlaufenden Veränderungen der Zahlungsgewohnheiten zusammen als mit der plötzlichen Zu- oder Abnahme der Bargeldkassen. Es wäre darum sinnvoll, über eine Trennung des unbaren Zahlungsverkehrs von den allgemeinen Kreditgeschäften nachzudenken. Ähnlich wie vor rund hundert Jahren die von den Geschäftsbanken herausgegebenen Banknoten von den Notenbanken als offizielles Geld übernommen wurden, könnte das auch heute mit der Übernahme des von den Geschäftsbanken herausgegebenen Giralgeldes geschehen. Mit dieser klaren Trennung zwischen Nachfrage- und Kreditpotential, die in der Darstellung 86 wiedergegeben ist, würde sich darüber hinaus auch eine klare Trennlinie zwischen den Aufgaben und Verantwortlichkeiten der Notenbanken und der Geschäftsbanken ergeben. Außerdem könnte auf all jene Mischgrößen aus Geld und Guthaben verzichtet werden, die heute unter den verschiedensten Geld- und Geldmengenbegriffen die Köpfe verwirren.

Darstellung 86:

Trennung zwischen Nachfrage- und Kreditpotential

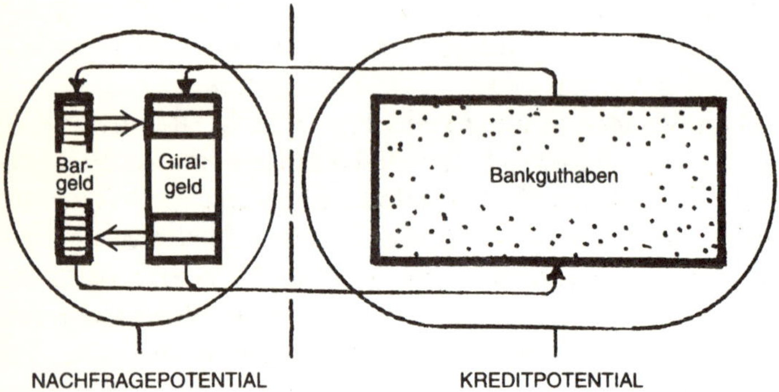

Wer kann die Rechtsordnung des Geldes korrigieren?

Die Aufrechterhaltung einer Demokratie auf der Grundlage eines undemokratischen Geldwesens, kann auf Dauer nicht möglich sein. Das bestätigt auch der in Kehl lehrende Verwaltungsjurist Roland Geitmann:

> »Das vom Staat als Tauschmittel und Wertmesser ausgegebene Geld sollte zwischen den Wirtschaftsteilnehmern neutral vermitteln, es begünstigt jedoch den Geldbesitzer und widerspricht dadurch zentralen Prin-

zipien unserer Verfassung, insbesondere den Freiheitsrechten, dem Gleichheitssatz, dem Eigentumsrecht, dem sozialen Rechtsstaat und dem Ziel des gesamtwirtschaftlichen Gleichgewichts.«

Zur Korrektur unserer Geld-Rechtsordnung sind deshalb als Erstes die Juristen gefragt, vor allem die der Bundesbank. Denn die Doppelfunktion des Geldes, sowohl als öffentliche Einrichtung als auch privates Eigentum, muss geändert werden, wenn wir es mit dem Bemühen, unser Geld und mit ihm unsere Volkswirtschaften stabil zu halten, ernst meinen.

Der Verfassungsrechtler Dieter Suhr hat bereits in den 80er Jahren in seinen Veröffentlichungen mehrfach auf die Verfassungswidrigkeit unseres Geldes hingewiesen. Vor allem darauf, dass unser Geld kein neutrales Tauschmittel ist, sondern ein gravierend parteiliches Medium, da es für denjenigen, der Geld übrig hat, mit einem Mehrwert verbunden ist, den andere erarbeiten müssen. Die Überprüfung unserer Geldordnung aus rechtlicher Sicht ist also grundlegender Natur.

Als Folge dieses Fehlers verschiebt sich in den Ländern die Macht immer stärker von der Politik zum Geld. Und eine wirklich freie und soziale Marktwirtschaft kann es so lange nicht geben, wie sich das wichtigste Medium, das Geld, den Kräften des Marktes entziehen und die Schere zwischen Arbeit und Besitz ständig ausweiten kann.

33. Kapitel

Die Auswirkungen der Korrekturen

»Ein in die Natur integriertes Geld kann wegen des ›Rostens‹ nicht mehr ohne Nachteil für den Inhaber aus dem Wirtschaftskreislauf zurückgezogen werden, sondern es muss sich den Märkten als Tauschmittel zur Verfügung stellen, auch wenn es nicht mehr wie bisher mit Zins und Zinseszins ›angemessen bedient‹ wird. Das Geld wird also verteilungsneutral.«
*Werner Onken**

Was bewirkt die Rückhaltegebühr?

Die Umwandlung des privaten Eigentumsrechts in ein Besitz- und Nutzungsrecht schafft die Voraussetzung zur Einführung einer entsprechenden Geldnutzungsgebühr.

Da diese Nutzungs- oder Rückhaltegebühr auf die Geldhaltung einen gleich bleibenden Druck ausübt, bedarf es zur Umlaufsicherung des Geldes in der Wirtschaft keines ständig positiven Zinses mehr und schon gar nicht einer Inflation. Aufgrund dieses gleich bleibenden Freigabedrucks auf überschüssiges Geld dürfte die heutige ›magische Unter-

---

* Ökonom, Redakteur der »Zeitschrift für Sozialökonomie«, in »Gerechtes Geld – Gerechte Welt«, 1991

grenze‹ des Kapitalmarktzinses sehr schnell durchbrochen werden. Denn das Zurückhalten von Geld ist dann nicht nur mit dem Verzicht auf Zinsen verbunden, sondern mit konkreten Kosten. Als Folge wird der Guthabenzins bei ausgeglichener Angebots- und Nachfragesituation am Kapitalmarkt im Endeffekt um Null pendeln, die Kreditzinsen um die Größe der Bankmarge darüber liegen. Mit einem Zins um Null aber hätten wir ein »neutrales Geld« (Dieter Suhr), das nur noch dienende Funktionen in der Wirtschaft ausüben kann, keine herrschenden mehr.

Was wären die konkreten Folgen der Trennung zwischen Nachfrage- und Kreditpotential für die Notenbanken?

Da das Verrechnungs- oder Giralgeld nur durch Umwandlung aus Bargeld entstehen kann und gegenüber den anderen Guthabengrößen klar abgegrenzt ist, haben die Notenbanken das gesamte Nachfragepotential im Griff und unter ständiger Kontrolle.

Da alle Geldhalter – auch die Banken – aufgrund der Geldhaltegebühren ihre Bestände an den tatsächlichen Marktbedürfnissen orientieren, kommt es außerdem zu einer deutlichen Reduzierung des Nachfragepotentials und schließlich zu einer Übereinstimmung mit dem Angebot. Anders ausgedrückt: Die Summe der herausgegebenen Geldmenge wird mit der nachfragenden identisch. Damit wiederum wird die Kaufkraftstabilität erreichbar. Einwirkungen der Notenbanken auf die Zinshöhe als Hilfsmittel der Mengensteuerung erübrigen sich. Die Zinsbildung ist allein Sache des Marktes, so wie die Stabilität der Kaufkraft allein Sache der Notenbanken ist.

Die Notenbanken brauchen also nur aktiv zu werden, wenn sich das Preisniveau verändert. Ein Ansteigen des Preisniveaus signalisiert immer ein Zuviel an Geld, ein Absinken des Preisniveaus ein Zuwenig. Da durch die Umlaufsicherung Geldmenge und Nachfrage gekoppelt sind, ohne Leerlauf und Zeitverzögerung, ergibt sich über die Stabilhaltung des Preisniveaus automatisch auch die richtige Geldmengenanpassung an eine zunehmende (oder abnehmende) Wirtschaftsleistung. Spekulative Vorausberechnungen der Geldmenge mit Hilfe komplizierter Erfassungen der verschiedendsten statistischen Daten, mit denen trotzdem keine Stabilitätssicherheit zu erreichen ist, erübrigen sich. Vor allem, weil sich die inaktiven und in ihren Reaktionen unberechenbaren Geldansammlungen im In- und Ausland automatisch abbauen werden.

Die Inumlaufsetzung zusätzlich erforderlicher Kaufkraft könnte am einfachsten über eine Geldausgabe an den Staat erfolgen, ähnlich wie das heute im Allgemeinen mit den Gewinnüberschüssen der Notenbanken geschieht. Dieses zusätzlich ausgegebene Geld müsste vom Staat umgehend für Projekte ausgegeben werden, die bislang an Finanzierungskosten gescheitert sind. Damit würde gewährleistet, dass das zusätzliche Geld auch nachfragewirksam wird.

Zeigt ein ansteigendes Preisniveau ein Zuviel an Kaufkraft an, dann wird der Staat zur Rückgabe von Geld veranlasst und damit zu einer Reduzierung seiner Ausgaben. Geldausgabe und -rückzug könnte ggfs. über An- und Verkauf unverzinster aber jederzeit kündbarer Schuldverschreibungen erfolgen. Der heutige umständliche, ungenaue und zeitraubende indirekte Weg der Geldmengensteuerung über die Geschäftsbanken mit Hilfe ständiger Leitzinsveränderungen, würde völlig überflüssig.

Was ändert sich für die Geschäftsbanken?

Auch für die Geschäftsbanken würden sich durch die Trennung des Geld- und Guthabenbereichs klare Verhältnisse ergeben. Sie sind einmal für die Abwicklung des baren und unbaren Zahlungsverkehr zuständig, zum anderen für die Weitergabe überschüssiger Einkommen als Kredite in die Wirtschaft.

Da die Banken die Kosten des unbaren Zahlungsverkehrs nicht mehr mit Zinserträgen aus der Ausleihung der Sichtguthaben finanzieren können, müssen sie diese den Kunden direkt in Rechnung stellen. Werden diese Kosten nicht mehr auf die Buchungsvorgänge umgelegt, sondern auf die gehaltenen Giralgeldbestände, reduzieren sich auch diese – wie beim Bargeld – auf das notwendige Optimum. Ob die Giralgeldbestände darüber hinaus noch mit einer Umlaufsicherungsgebühr belegt werden müssten, würde die Praxis ergeben.

Auch die Dienstleistungen im Bargeldbereich sollten sich die Banken nach dem Verursacherprinzip – ähnlich wie heute beim Sortentausch – über Provisionen bezahlen lassen. Mit solchen Gebühren für die Bargeldein- und -auszahlungen können die Banken auch die Kosten abdecken, die sie ihrerseits der Notenbank als Geldhaltegebühr für die Bestände in der Kasse und ihre Reserven in Zentralbankgeld bezahlen müssen.

Bundesbank und Geschäftsbanken haben im Wesentlichen also nur noch Berührungspunkte im Bereich der Geldversorgung. Umgekehrt ist die Kreditvergabe an die Wirtschaft nur noch Sache der Geschäftsbanken und allein an der Größe der Ersparnisse orientiert. Die Zu- und Abnahme dieser Bestände ist ohne jeden Einfluss auf das Nachfragepotential.

Ergibt sich im Bargeld- oder Giralgeldbestand eines Wirtschaftsteilnehmers ein Überschuss, dann wird er ihn zur Kostenminimierung auf ein Guthabenkonto übertragen. Damit vergrößert sich das Kreditpotential der Banken und gleichzeitig ihr Kassenbestand an Zentralbankgeld, das indirekt über die Kredite wieder in den Kreislauf zurückfließt. Hebt ein Sparer sein Guthaben ab, muss die Bank in gleicher Höhe die Kreditgewährungen reduzieren.

Alle Kreditgewährungen sind damit immer gedeckt. Ihre Rückzahlung, wie die Risikovorsorge ist allein Sache der Banken. Ebenso die Einrichtung aller erforderlichen gemeinschaftlichen Absicherungs- und Clearingstellen. Die Notenbanken haben mit diesen Vorgängen – abgesehen von der Überwachung ihrer Ordnungsmäßigkeit – direkt nichts zu tun und dürfen auch nicht mit ›frischem Geld‹ einspringen.

Wie der Zins, muss auch die Regulierung der Wechselkurse den Märkten überlassen werden. Die Notenbanken haben nur dafür zu sorgen, dass der freie Devisen- und Kapitalverkehr mit dem von ihnen herausgegebenen Geld nicht spekulativ missbraucht werden kann.

Wie bilden sich nach der Geldordnungsreform die Zinsen?

In der Darstellung 12 wurde bereits gezeigt, dass der Guthabenzins sich heute aus drei Teilen zusammensetzt: Dem Grundzins (Liquiditätsprämie), einem Knappheits- und einem Inflationsaufschlag.

Die Liquiditätsprämie wird durch die Umlaufsicherungsgebühr gewissermaßen neutralisiert und verschwindet weitgehend aus dem Zins. Mit der zunehmend präziser werdenden Geldmengensteuerung baut sich auch der Inflationsanteil im Zins ab. Was dann noch als schwankende Größe übrig bleibt, ist der Knappheitsaufschlag. Aufgrund des Drucks auf die Freigabe des Geldes, sinkt auch dieser Zinsanteil mit den Sättigungen am Kapitalmarkt gegen Null. In anzustrebenden ausgeglichenen Konjunkturlagen dürfte der Guthabenzins dann um diese Marke pendeln.

Natürlich gilt dieses Pendeln um Null nicht für alle Guthabenzinsen gleichermaßen. Wie die Darstellung 87 als Schema zeigt, wird es vielmehr – genauso wie heute – auch nach der Reform, je nach Marktlage und Einlagedauer, eine ›Zinstreppe‹ geben.

Darstellung 87:
Auswirkung der Umlaufsicherung auf die Zinshöhe

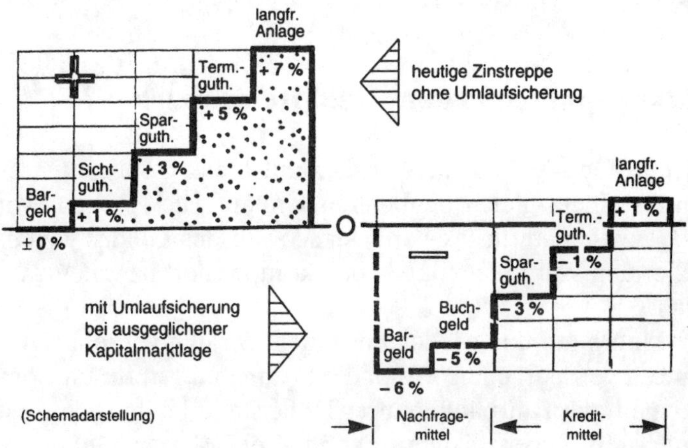

Die heutige nur im positiven Bereich liegende Abtreppung wird also immer mehr nach unten sinken und sich schließlich weitgehend unter Null bewegen. Geringe positive Zinsen wird es höchstens noch für langfristige Geldüberlassungen geben. Die kurzfristigen Ersparnisse werden dagegen mit Negativzinsen belastet sein. Somit besteht auch hier ein Sog zur Umbuchung auf längerfristige Anlagen.

Natürlich bedeutet ein Guthabenzins um Null keine kostenfreien Kredite! Der Kreditnehmer wird weiterhin mit den Bankvermittlungskosten belastet, mit denen auch das Kreditrisiko abgedeckt wird. Die Annahme, dass bei einem Nullzins alle Welt Kredite aufnimmt, ist also unbegründet. Außerdem wird auch auch bei Zinsen um Null die Bank auf die entsprechenden Sicherheiten achten. Und käme es tatsächlich zu einem Run auf Kredite, dann würde sich natürlich wieder ein positiver Knappheits- und damit Guthaben- und Kreditzins bilden. Im Übrigen hat das Beispiel Japan gezeigt, dass auch bei einem Nullzins nur dann Kredite aufgenommen werden, wenn die damit getätigte Investition Gewinn verspricht.

Wie könnte man dem Geld Beine machen?

Wenn Geld gleichmäßig in Umlauf bleiben soll, muss es unter einem gleich bleibenden Umlaufdruck stehen. Mit diesem Umlaufdruck wird der Vorteil des Geldes gegenüber den Waren und der Arbeit kompensiert bzw. neutralisiert.

Man kann das wieder mit einem Straßenverkehrs-Vergleich verdeutlichen: Wenn die Strafgebühren für das Parken auf der Fahrbahn in ihrer Höhe ständig schwanken, ist auch das Ergebnis schwankend: Bei höheren Gebühren klappt der ›Fahrzeugumlauf‹ auf den Straßen, bei zu niedrigen nehmen die Behinderungen des Verkehrs durch abgestellte Fahrzeuge zu. Auch hier kann nur mit gleich bleibenden Gebühren ein gleich bleibendes Verhalten erreicht werden. Dabei müssen die Gebühren mindestens so hoch sein, dass die Vorteile des Parkens auf der Fahrbahn (kurze Wege, bequemes Einsteigen usw.) aufgehoben werden.

Die Einführung solcher Gebühren ist beim Giralgeld – falls die bankinternen Gebühren nicht genügen – äußerst einfach. Hier kann die Notenbank durch die Geschäftsbanken bestandsbezogene Geldhaltekosten abbuchen lassen, z. B. in Höhe von jeweils einem halben oder einem Prozent pro Monat. Das heißt, alle Giralgeldbestände werden praktisch mit einem Negativzins von 6 bzw. 12 Prozent im Jahr belastet. Mit dieser Belastung würde erreicht, dass die liquiden Bestände auf den Girokonten den ausgabebezogenen Notwendigkeiten angepasst bleiben. Überschüssige Bestände würden auf normale Bankguthaben übertragen und könnten damit anderen Wirtschaftsteilnehmern zur Verfügung gestellt werden. Für Zahlungsvorgänge und Umbuchungen innerhalb des Banken- und Finanzwesens, z. B. für Käufe an den Börsen usw., könnte man ggfs. spezielle bankinterne Möglichkeiten schaffen, die den normalen Geldkreislauf nicht berühren.

Relativ einfach wäre es auch, wenn sich statt des Bargeldes die vorausbezahlten Geldkarten durchsetzen würden, bei denen man über Chip oder Magnetstreifen eine zeitbezogene Wertabbuchung einbauen könnte. Beim heutigen Bargeld ist die Sache mit der Umlaufsicherung dagegen schwieriger. Hier gibt es keine direkte Möglichkeit, die Bestände bei den Wirtschaftsteilnehmern zu erfassen und zu belasten. Das ist auch gut so, denn mit ›gläsernen Taschen‹ wären wir Diktaturen Orwell'scher Prägung noch eher ausgeliefert. Nicht die Freiheit der Geldnutzung gilt es zu beschneiden, sondern lediglich seinen Missbrauch.

Welche praktischen Möglichkeiten bestehen beim Bargeld?

Der regelmäßige Einzug des gesamten Geldes mit einem Umtauschabschlag wie im Hochmittelalter steht nicht zur Debatte. Er wäre viel zu kompliziert, aufwendig und marktstörend. Auch ein Klebe- oder Stempelgeld wie in Wörgl wäre eine relativ aufwendige Sache, obwohl heute eine Abstempelung an Automaten durchaus denkbar wäre. Vor allem wenn man berücksichtigt, dass sich die derzeitige Geldscheinmenge bei einer kontinuierlichen Nutzung auf ein Bruchteil reduzieren würde. Außerdem muss man im Auge haben, dass auch heute bereits jährlich etwa ein Drittel aller Geldscheine wegen Verschmutzungen und Beschädigungen aus dem Verkehr gezogen und gegen neue Scheine umgetauscht wird. Diese notwendige Umtauschhäufigkeit würde sich nach Einführung einer Umlaufsicherung durch die verringerte Geldscheinmenge und den höheren Abnutzungsgrad sogar noch erhöhen. Im Übrigen ist für die Umlaufsicherung keinesfalls ein Gesamteintausch erforderlich. Man könnte auch alle Geldscheine mit großen Buchstaben oder Zahlen in drei oder vier Serien unterteilen, von denen jeweils nur eine Serie zum Umtausch aufgerufen wird. Oder man könnte eine einzelne Notengröße aufrufen, was ohne Änderung der heutigen Geldscheine jederzeit einzuführen ist. Noch einfacher und wirkungsvoller wäre eine regelmäßige Auslosung nach dem Lottokugelprinzip z.B. an jedem Samstag oder einmal im Monat. Dabei könnte man den Geldscheinkugeln so viele Blindkugeln beifügen, dass es nur relativ selten zum Umtausch einer Geldscheingröße kommt, aber die Verlustmöglichkeit immer in Erinnerung gehalten wird. Außerdem könnte man für die größeren Stückelungen, in denen das Geld am häufigsten gehortet wird, mehrere Kugeln in die Trommel geben.

Eine solche Umtauschaktion erscheint vielleicht aufwändig und schwierig. Sie ist jedoch viel einfacher als die heutigen Lottoausspielungen, die sogar mehrmals in der Woche stattfinden. Denn der zum Umtausch aufgerufene Geldschein kann mit dem festgelegten Abschlag überall in Zahlung gegeben werden und verschwindet über die Banken sehr rasch aus dem Verkehr. Die neu herausgegebenen Scheine würden sich dann durch Farbe und Gestaltung deutlich unterscheiden, zweckmäßigerweise auch in den Maßen, womit die alten Scheine sich beim Bündeln herausheben würden. Rechtlich ist ein solcher Umtausch in manchen Ländern heute schon möglich. So heißt es z. B. im Gesetz der Deutschen Bundesbank, Abs. 2 Par. 14: »Die Deutsche Bundesbank kann Noten zur Einziehung aufrufen. Aufgerufene Noten werden nach Ablauf der beim Aufruf bestimmten Umtauschfrist ungültig.«

Hilfreich wäre es in diesem Zusammenhang, wenn man – wie z. B. in Deutschland noch bis vor gut zehn Jahren üblich – die Geldscheine mit einem aufklärenden Aufdruck versehen würde, der nicht nur die Geldfälschung mit Konsequenzen bedroht. Schon Ende der 80er Jahre haben die Teilnehmer eines Geldseminars an der Katholischen Akademie in Trier einen solchen erweiterten Vorschlag für das ›Kleingedruckte‹ ausgearbeitet, der auf S. 562 wiedergegeben ist.

Möglicherweise würde schon eine solche Ankündigung auf den Geldscheinen eine ähnliche Wirkung haben wie die in einer Schweizer Gemeinde, unzulässiges Parken mit 200 Franken, im Wiederholungsfall mit 1 000 Franken zu bestrafen: Fahrbahnen und Bürgersteige blieben frei von abgestellten Fahrzeugen ohne aufwändige Kontrollen und Installierung von Pollern, Blumenkübeln und anderen Hindernissen.

Genügt jedoch der Aufdruck auf den Geldscheinen

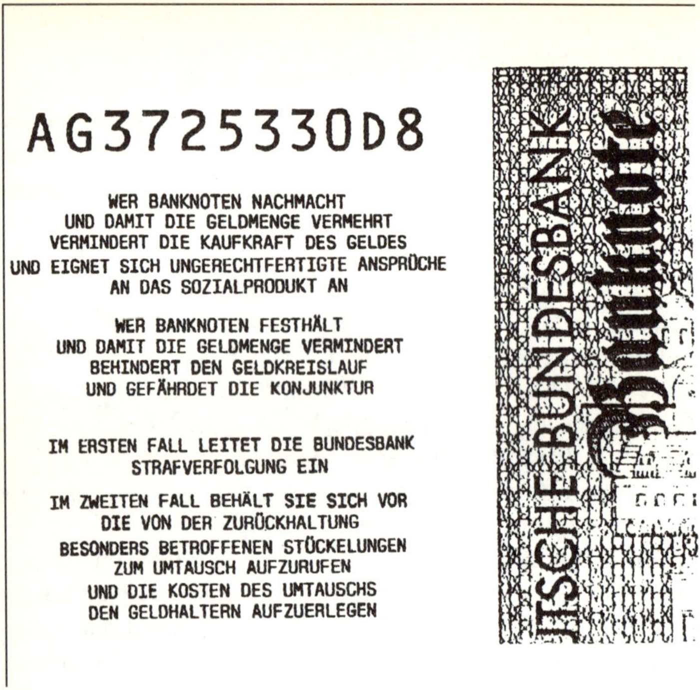

nicht, dürfte ein einmal durchgeführter Umtauschaufruf mit einem deutlichen Abschlag, beispielsweise für einen der größeren Scheine, lange Wirkung haben. Mit einer solchen Maßnahme könnten auch die ›Auswanderungen‹ des Geldes minimiert werden, die heute, vor allem in inflationsträchtigen Ländern, als Ersparnisse gehortet oder als Zweitwährung genutzt wird.

Was sagt die Wirtschaftswissenschaft zur Frage der Umlaufsicherung?

Sieht man von den Veröffentlichungen Felix G. Binn's ab, (1932 bis 1986) und den Büchern des in Berlin lehrenden Bernd Senf, findet man in der Literatur nach 1950 kaum einmal eine Veröffentlichung eines Wirtschaftswissenschaflers zu dem Themenkomplex Umlaufsicherung.

Der Amerikaner Friedman hat mit seiner ›Chicagoer Schule‹ zwar die Bedeutung der Geldmenge für die Stabilhaltung der Währungen wieder in den Vordergrund gestellt, sich mit der Frage der Umlaufsicherung jedoch kaum befasst. Binn hat dessen Theorie darum als »naiven Monetarismus« bezeichnet.

Fündig wird man in Sachen Umlaufsicherung jedoch in der ersten Hälfte des vergangenen Jahrhunderts, z.B. bei Irving Fisher, der dem Versuch von Wörgl große Bedeutung zugemessen und 1933 geschrieben hat, das umlaufgesicherte Geld – von Gesell als *»Freigeld«* bezeichnet – »könnte der beste Regulator der Umlaufgeschwindigkeit des Geldes sein, die der verwirrendste Faktor in der Stabilisierung des Preisniveaus ist«.

Besonders intensiv hat sich auch John Maynard Keynes in seinem Hauptwerk, »Allgemeine Theorie der Beschäftigung, des Zinses und des Geldes«, mit den Anregungen Gesells befasst und ihm mehrere Seiten gewidmet. Auch wenn Keynes die Theorie Gesells für unvollständig hielt, weil darin der Liquiditätsvorteil des Geldes nicht genügend beachtet sei, ist er mit ihm im Ansatz und Ziel weitgehend einig. Ähnlich wie Gesell sieht er in der Überlegenheit des Geldes über alle Waren ein Problem und schreibt in seinem Buch:

> »Jene Reformatoren, die in der Erzeugung künstlicher Durchhaltekosten des Geldes ein Heilmittel gesucht

> haben, zum Beispiel durch das Erfordernis periodischer Abstempelungen der gesetzlichen Zahlungsmittel zu vorgeschriebenen Gebühren, sind somit auf der richtigen Spur gewesen; und der praktische Wert ihrer Vorschläge verdient, erwogen zu werden... Der hinter dem gestempelten Geld liegende Gedanke ist gesund.«

Während Silvio Gesell von ›rostenden Banknoten‹ und Rudolf Steiner von ›alterndem Geld‹ gesprochen hat – sie wollten das Geld den Eigenschaften der Güter anpassen – hat Keynes den Begriff ›Durchhaltekosten‹ (*carrying costs*) in die Diskussion eingebracht. Dabei hatte er nicht nur das anzustrebende Gleichgewicht zwischen Geld und Gütern im Blick, sondern beachtete auch die Folgen solcher Durchhaltekosten für die Kapitalrendite. Keynes erkannte, dass ein Geld, zum Angebot gezwungen wie die Güter und die menschliche Arbeit, enorme positive Wirkungen haben würde:

> »Wenn ich Recht habe mit meiner Annahme, dass es verhältnismäßig leicht sein sollte, Kapitalgüter so reichlich zu machen, dass die Grenzleistungsfähigkeit des Kapitals null ist, mag dies der vernünftigste Weg sein, um allmählich die verschiedenen anstößigen Formen des Kapitalismus loszuwerden. Denn ein wenig Überlegung wird zeigen, was für gewaltige gesellschaftliche Veränderungen sich aus einem allmählichen Verschwinden eines Verdienstsatzes auf angehäuftem Reichtum ergeben würden. Es würde einem Menschen immer noch freistehen, sein verdientes Einkommen anzuhäufen, mit der Absicht, es an einem späteren Zeitpunkt auszugeben. Aber seine Anhäufung würde nicht wachsen.« (S. 185)

An anderer Stelle seines Buches nennt er die sozialen Auswirkungen noch deutlicher beim Namen:

> »Obschon dieser Zustand nun sehr wohl mit einem gewissen Maß von Individualismus vereinbar wäre, würde er doch den sanften Tod des Rentiers bedeuten und folglich den sanften Tod der sich steigernden Unterdrückungsmacht des Kapitalisten, den Knappheitswert des Kapitals auszubeuten... Ich betrachte daher die Rentnerseite des Kapitalismus als eine vorübergehende Phase, die verschwinden wird, wenn sie ihre Leistung vollbracht hat.« (S. 317)

Die ›Leistung‹, die das Zins tragende Kapital zu erfüllen hat, ist die der Überwindung der Knappheit an Produktionsstätten und Gütern, mit der sich ebenfalls die Knappheitszinsen und Renditen gegen Null abbauen würden, wenn dem Geld selbst die Möglichkeit zur Verknappung genommen würde.

Mit der Durchbrechung des ›Geldstreiks‹ bzw. der ›Liquiditätsfalle‹, wie Keynes das nannte, gehen jedoch nicht nur die Zinsen und Kapitalrenditen zurück und damit die sich heute aufbauenden sozialen Spannungen, auch der Überschuldungsdruck baut sich ab und damit der Zwang zu einem ständigen Wirtschaftswachstum.

Was sagen die heutigen Ökonomen, Banker und Politiker zu den Reformvorschlägen?

Diese Frage wird mir bei Vorträgen immer wieder gestellt. Sie ist selbstverständlich nicht pauschal zu beantworten. Spricht man mit Wirtschaftsprofessoren über die Geldproblematik, dann hat man oft den Eindruck, es ist ihnen peinlich, mit solchen realwirtschaftlichen Zusammenhängen konfrontiert zu werden. Sie scheinen sich im Elfenbeinturm ihrer Theorien wohler zu fühlen und begeistern sich für komplizierte mathematische Formeln, bei denen die Wirklichkeit häufig auf der Strecke bleibt.

Ein namhafter Wirtschaftswissenschaftler hat zum Beispiel auf die sozialen Folgen unseres Geldsystems mit der Antwort reagiert, dass dies eine ethische Frage sei, mit der sie in ihrer Wissenschaft nichts zu tun hätten. Andere nicht minder namhafte Ökonomen sehen – wie bereits in den ersten Kapiteln dieses Buches zitiert – im Auf und Ab der Konjunkturen, bis hin zu Rezessionen und Depressionen, letztlich natürliche und damit unvermeidbare Abläufe, die man eben hinnehmen müsse. Und auch im Zins sehen sie überwiegend kein Problem oder gehen über das Thema hinweg. Selbst wenn man auf die engen Beziehungen zwischen Zins und Beschäftigung hinweist, die aus den Darstellungen 76 bis 78 hervorgehen, streiten sie eine Wechselwirkung ab oder bezeichnen sie als rein zufällig.

Auf die Geldproblematik angesprochene Politiker fragen – falls überhaupt interessiert – ihre Fachberater, die durchweg mit ihrem Hochschulwissen abwinken. Schon Max Planck hat einmal gesagt, dass grundlegend neue Erkenntnisse in der Wissenschaft erst über zwei Generationen hinweg umzusetzen seien. Denn nicht nur die Generation der lehrenden Professoren müsse ausgestorben sein, sondern auch die der Studenten, die bei ihnen gelernt haben.

Sieht man von Ausnahmen ab, sind sich auch die Bank- und Börsenfachleute über die Konsequenzen der Zinswirtschaft überwiegend nicht im Klaren. Und die Notenbanker sind mit ihren vielfältigen und komplizierten Steuerungsversuchen von Geldmenge, Zins und Inflation offenbar ausgelastet.

Am ehesten begreifen Physiker, Mathematiker und Ingenieure die Brisanz im monetären Bereich. Einmal sind sie nicht theoretisch vorbelastet und blockiert. Zum anderen ist ihnen die Gefährlichkeit und letztendliche Unmöglichkeit aller dauernd wachsenden Prozesse bewusst, vor allem, wenn sie auch noch einer exponentiellen Beschleunigung unterliegen. So hat der technische Direktor der Stadtbetriebe Linz/Österreich, Erhard Glötzl, die wichtigsten Tatbestände sogar als »Hauptsätze der Volkswirtschaftslehre« zusammengefasst, von denen z. B. der zweite lautet:

> »Die Gesamtheit der Guthaben und die Gesamtheit der Schulden nehmen in einem geschlossenen Geld- und Wirtschaftssystem der bestehenden Art stets zu. Sie können nur durch unerwünschte Ausnahmezustände wie Depressionen, Krieg, Hyperinflation oder Währungsreform abgebaut werden.«

Was ein Umdenken in der Frage Geld bringen könnte, geht aus dem Kasten N hervor, in dem die real existierende Marktwirtschaft einmal einer kapitalismusfreien gegenübergestellt wird.

Kasten N:
Vergleich zwischen einer Marktwirtschaft ohne und mit Umlaufsicherung

	real existierende Marktwirtschaft ohne Umlaufsicherung	umlaufgesicherte kapitalismusfreie Marktwirtschaft
Konjunktur:	schwankt mit Zins und Inflation	stabilisiert sich auf Bedarfsniveau
Beschäftigung:	Tendenz zum Abbau von Arbeitsplätzen, Druck auf Löhne	Vollbeschäftigung bei flexibler Arbeitszeit möglich

	real existierende Marktwirtschaft ohne Umlaufsicherung	umlaufgesicherte kapitalismusfreie Marktwirtschaft
Zinshöhe:	schwankt mit Inflation und Spekulation, geht nicht gegen Null bzw. bewirkt Deflation	schwankt mit Knappheit und geht mit Marktsättigung gegen Null
stabile Kaufkraft:	nur ansatzweise und vorübergehend erreichbar	durch gleich bleibenden Umlauf gesichert
Geldvermögen:	Überwachstum durch Zinseszinseffekt	nur durch Arbeitsleistung möglich
Verschuldung:	Überwachstum wie Geldvermögen	geht tendentiell zurück
soziale Sicherheit:	Rückgang mit Kapitalwachstum und -anspruch	gesichert durch Vorrang der Arbeit vor Kapital
Umwelt:	durch Wachstumszwang gefährdet	Wachstum möglich, aber nicht notwendig

Kann ein Land allein mit der Geldordnungsreform beginnen?

Jedes Land, das eine eigene Währung hat, bestimmt deren Stabilität und damit seine Konjunkturentwicklung selbst. Wäre es anders, würden wir in aller Welt die gleichen Inflations- und Zinssätze und die gleichen Leistungsergebnisse haben. Selbst innerhalb der EG klafften beispielsweise die Inflations- und Zinssätze zeitweise bis zum Zwei- und Dreifachen auseinander. Deshalb könnte in einem Land auch dann die Inflation einmal bei Null und der Zins entsprechend niedrig gehalten werden, wenn das in den anderen Ländern nicht der Fall ist.

Die Schweiz ist bekanntlich seit Jahrzehnten das Land mit den niedrigsten Zinsen in Europa und trotzdem hat es dort nie an Kapital gefehlt. Das Gleiche gilt für Japan. Und selbst Zinshöhen im Bereich der heutigen Deflationsgefahren sind positiv, wenn man den Geldstreik durch eine Umlaufsicherung verhindert. Denn unter dieser Bedingung macht jeder Prozentpunkt geringerer Inflations- und Zinssätze ein Land wirtschaftlich stabiler und gesünder. Und das gilt auch für einen Zins um Null. Außerdem bieten Länder mit niedrigen Zinsen günstige Standortbedingungen, ähnlich wie Länder mit niedrigen Löhnen oder Steuern. Das heißt, spekulatives Kapital (das alle Volkswirtschaften belastet) würde möglicherweise ins Ausland gehen. Investives Kapital aber (das alleine den Volkswirtschaften nützt) würde ins Land kommen. Außerdem setzen Investoren auf langfristige Sicherheit, auch in Bezug auf politische Stabilität. Diese aber nimmt mit sinkenden Inflations- und Zinsraten zu.

So wie in der ersten Hälfte des Jahrhunderts die Notenbanken jenen folgten, die sich von der Goldbindung befreiten, werden sie auch sehr rasch denjenigen folgen, die Inflation und Umlaufstörungen des Geldes durch geeignete Maßnahmen überwinden.

34. Kapitel

Diverse Gedanken und Einwände zur Geldreform

»Will die demokratische Politik überhaupt noch steuernd eingreifen, dann muss sie bei der Einsicht ansetzen, dass uns gar keine andere Wahl mehr bleibt, als unser politisches Denken und Handeln radikal zu verändern . . . Und nicht zuletzt mehren sich die Anzeichen, dass wir über unser Geld- und Zinssystem nachdenken müssen, weil dessen ›Reziprozitätsdefizite‹ und exponentiell symmetriezerstörende Wirkung immer offenbarer wird.«
*Prof. Dr. Jürgen Borchert**

Muss sich der Mensch ändern?

Wenn von Ausbeutung und Gewalt, von Umweltzerstörung und Kriegen die Rede ist, dann wird zur Überwindung dieser Probleme sehr oft eine Änderung des Menschen gefordert. Diese Forderung ist in Einzelfällen sicher häufig berechtigt und wünschenswert, aber im Hinblick auf die Gesamtheit aller Menschen wirklichkeitsfern. Im Übrigen ist es immer eine Anmaßung, wenn jemand zu wissen

* Sozialrichter, in: *Sozialstaat unter Druck*, »Zeitschrift für Sozialreform« 1/94

glaubt, wohin sich andere Menschen oder die Menschheit entwickeln sollen.

Auch der Kommunismus hat von einem anderen Menschen geträumt, ohne dass die 70jährige Umerziehung in der UdSSR zu entsprechenden Erfolgen geführt hätte. Und selbst die christlichen Kirchen haben dieses Ziel in 2000 Jahren nicht erreicht. Im Gegenteil: Misst man die heutigen Kirchen und Christen an jenen der ersten Jahrhunderte, dann kann man im praktischen Verhalten der Gläubigen wie auch der Institutionen eher eine moralisch-ethische Rückentwicklung konstatieren. Zu Änderungen kann es jedoch kommen, wenn der Mensch durch Informationen und Wissen sein Bewusstsein erweitert. Die Erfahrung lehrt uns außerdem, dass Rücksichtslosigkeit und Gewalt im menschlichen Zusammenleben umso eher schwinden, je gerechter die Strukturen einer Gesellschaft sind.

Umgekehrt nehmen Rücksichtslosigkeit und Gewalt mit der Verschlechterung wirtschaftlicher und sozialer Bedingungen zu. Wenn also in vielen Ländern die Menschen aggressiver und gewalttätiger werden und schließlich sogar aufeinander schießen, ist das nicht die Folge einer moralischen Verrohung der Menschen. Es ist vielmehr fast immer die Folge verschlechterter Rahmenbedingungen, von Arbeitslosigkeit, Verelendung und sozialem Abstieg, vor allem wenn diesen Entwicklungen auf der anderen Seite ein zunehmender Reichtum gegenübersteht. Deshalb muss man bei allen Problementwicklungen untersuchen, ob sie auf menschliches Fehlverhalten zurückzuführen sind oder auf sachliche Fehlstrukturen.

Häufen sich z. B. auf einer Kreuzung die Unfälle, dann kann das auf eine Zunahme des leichtfertigen Fahrverhaltens zurückgehen oder auf einen Fehler in der Ampelschaltung. Im ersten Fall müsste man zweifellos auf die Menschen einwirken und mehr Vor- und Rücksicht anmahnen.

Beim Vorliegen eines steuerungstechnischen Fehlers ist es dagegen einfacher und wirkungsvoller, die Ampelanlage zu reparieren. Das heißt, sachbezogene Fehler bedürfen auch sachbezogener Korrekturen. Das schreibt sinngemäß auch Walter Eucken in seinen »Grundsätzen der Wirtschaftspolitik«:

> »Eine ethische Besserung des Menschen kann die Schäden der Ordnung nicht beseitigen... Die Gesamtordnung sollte so sein, dass sie den Menschen das Leben nach ethischen Prinzipien ermöglicht.«

Falsch ist es auch, bei Problemen in der Wirtschaft den Eigennutz der Menschen anzuklagen. Denn in einer wirklich freien Marktwirtschaft kann jeder seinen Eigennutz nur verwirklichen, wenn sein Tun gleichzeitig einem anderen nützt. Schon Proudhon hat diese Gegenseitigkeit, die jeder Markt zur Grundlage hat, als Voraussetzung der Gerechtigkeit bezeichnet. So wie das Christentum, bezogen auf das Zusammenleben, die Eigenliebe als Maßstab für die Nächstenliebe nennt (»Liebc Deinen Nächsten wie dich selbst«), so sollten wir, bezogen auf das Wirtschaftsleben, den Eigennutzen als Maßstab für den Nächstennutzen akzeptieren.

Werden mit einer Geldreform die Spekulationen eingedämmt?

Auch die weltweit zunehmenden Spekulationsexzesse sind nicht dem Fehlverhalten der Menschen anzulasten. Vielmehr sind sie letztlich wiederum die Folge jener monetären Fehlstrukturen, die heute bei Minderheiten in der Welt zu immer größeren Einkommensüberschüssen und Vermögenskonzentrationen führen. Außerdem sind sie die Folge falsch verstandener Vorstellungen eines freiheitlichen Geld- und Kapitalverkehrs. Diese Vermögensbestände und -konzentrationen würden zwar mit sinkenden Zinsen langsamer wachsen als bisher. Andererseits ist jedoch zu befürchten, dass bei sinkenden Zinsen noch mehr Überschussmilliarden versuchen werden, im Bereich spekulativer Anlagen Gewinne zu erwirtschaften.

Einzudämmen ist dieser Missbrauch des freien Kapitalverkehrs auf einfache Weise: Man braucht nur jede Transaktion mit einer umsatzbezogenen Gebühr zu belegen, deren Höhe die kurzfristigen Gewinnmöglichkeiten übersteigt. Konkret: Bringt der Transfer eines Geldbetrags von beispielsweise 1 000 Dollar einen Gewinn von 12 % im Jahr (= 120 Dollar), dann würde eine Gebühr von zehn Dollar (also ein Prozent) den Transfer erst nach 30 Tagen in die Gewinnzone bringen. Selbst eine Gebühr von einem Dollar (also ein Promille bezogen auf die Transfersumme!) würde alle Transaktionen unter drei Tagen zu Verlustgeschäften machen. Für langfristige Anleger dagegen wäre eine solche Gebühr kein Hinderungsgrund zum Einsatz ihrer Mittel, denn sie würde mit der Länge der Transferzeiten immer bedeutungsloser.

Mit einer solchen Spekulationsabgabe auf alle geldbezogenen Transaktionen würden die Anleger in längerfristige Engagements gedrängt, was nach den Gesetzen des Marktes auf die Zinshöhe drückt. Und da eine Geldzurückhaltung ebenfalls mit Gebühren belastet ist, fällt die Möglichkeit weg, durch Geldrückzug vom Markt die Kreditnehmer weiter zu höheren Zinszahlungen zu zwingen.

Diese die Spekulationsexzesse bremsenden Transaktionsgebühren hat der US-Nobelpreisträger James Tobin schon vor Jahren vorgeschlagen. Nach seinen Ermittlungen würden die daraus resultierenden Erträge auch schon bei ganz geringen Sätzen rechnerisch zur Behebung der größten Notlagen in der Welt ausreichen, ein Nebeneffekt, der ein weiterer Grund sein sollte, eine solche Abgabe einzuführen.

Die immer wieder zu hörende Behauptung, dass eine solche Transaktionssteuer nur mit Beteiligung aller Markt- und Börsenplätze in der Welt realisierbar wäre, einschließlich der Steuer- und Anlageparadiese von Liechtenstein bis zu den Bahamas, ist nicht stichhaltig. Denn wenn sich die großen Industrienationen in der Sache einig sind und den in ihren Grenzen tätigen Banken den Verkehr mit diesen Off-Shore-Zentren und Steuerparadiesen bei Strafe untersagen, werden diese sehr schnell ausgetrocknet sein.

Ist eine Flucht in Gold und andere Sachwerte zu befürchten?

Als Einwand gegen eine Geldreform wird in den volkswirtschafltichen Lehrbüchern immer wieder ein spekulatives Umsteigen aus Geldanlagen in Gold, Schmuck, Kunstwerke, Antiquitäten o. ä. angeführt. Selbst Keynes ist in seinem bereits genannten Hauptwerk diesem Denkfehler unterlegen. Denn in Wirklichkeit ist der Erwerb bzw. die Ersparnis in solchen dauerhaften Gütern für die Wirtschaft ohne jede negative Folge. Hier findet im Sekundärkreislauf bereits einmal erworbener Güter immer nur ein Austausch statt, bei dem ein vorhandenes Gut gegen Geld in andere Hände wechselt. Die im Primärkreislauf vorhandenen Geld- und Gütermengen bleiben davon unbeeinträchtigt. Und als Zahlungsmittelersatz sind die genannten Wertobjekte ebenso wenig geeignet, wie sich damit von anderen Zinsen erpressen lässt.

Im Übrigen wäre eine solche Flucht aus den Geldüberschüssen in Kunstwerke sehr zu begrüßen, da sie sicher auch lebenden Künstlern zugute käme. Außerdem würde damit dafür gesorgt, dass »Geld aus den Kassen ohne Bedarf in die Kassen mit Bedarf« fließen (Dieter Suhr) und damit direkt in den Wirtschaftskreislauf, statt – wie sonst der Fall – über zusätzliche zinsbelastete Kredite.

Wird es eine Flucht in den Boden geben?

Anders als bei einer Flucht des Geldes in Gold, Kunst und Antiquitäten, wäre die in das Bodeneigentum problematisch. Denn der Boden ist als unvermehrbares Gut ebenfalls mit Zinseinnahmen verbunden, auch als Bodenrente bezeichnet. Und da alles Leben und Wirtschaften auf das Naturgut Boden angewiesen ist, würde eine Zunahme der spekulativen Bodenkäufe die Preise und damit auch die Belastungen durch die Bodenrente in die Höhe treiben. Bei Einführung einer Geldumlaufsicherung müsste darum relativ bald auch eine Bodenreform angegangen und die Bodenspekulation unterbunden werden.

Die Notwendigkeit dieser Reform des Bodenrechtes ergibt sich jedoch auch aus dem Tatbestand, dass der Boden – wie Licht, Luft und Wasser – ein Geschenk der Natur und kein von Menschen produziertes Gut ist. Auf diese unvermehrbaren Güter aber, die mit der Zahl der Menschen in der Welt immer knapper und damit wertvoller werden, haben alle gleichermaßen einen Anspruch. Das heutige römische Eigentumsrecht an Boden und Bodenschätzen, muss angesichts der zunehmenden Knappheit sowieso wieder in ein Nutzungsrecht zurückverwandelt werden, durch das jeder gleichermaßen, ob direkt oder indirekt, an den Erträgen des Bodens beteiligt wird. Nur mit einer solchen Bodenreform, die jedem Menschen auf der Welt gleiches

Recht zugesteht, wird der Frieden in der Welt gesichert werden können.

Ein solches Gemeinschaftsrecht am Boden ist in verschiedenen Regionen der Welt noch heute gültig und war auch in Europa bis ins späte Mittelalter die Regel. Das heißt, Boden darf – wie damals der Fall – nur als Lehen in langfristigen Nutzungs- und Erbbauverträgen vergeben werden. Die daraus resultierenden Pachtzahlungen wiederum stehen allen Menschen gleichermaßen zu, wobei sich dieser Anspruch letztlich sogar auf alle Menschen dieser Erde beziehen muss, nicht auf die zufällig dort Wohnenden und damit leistungslos Bevorzugten. Privates Bodeneigentum ist im Prinzip genauso absurd wie Privateigentum an Luft oder Wasser, auch wenn wir uns über Jahrhunderte daran gewöhnt haben.

Was ist in Sachen Boden zu tun?

Für die Umsetzung einer solchen Bodenreform gibt es eine ganze Reihe praktikabler Modelle und Ansätze. Das in Bad Boll ansässige und im Buchanhang angeführte »Seminar für freiheitliche Ordnung« hat hierzu eine Reihe von Aufsätzen und auch Musterverträgen ausgearbeitet.

Ein erster praktischer Schritt in die richtige Richtung wäre ein grundsätzliches Verbot des Verkaufs aller Bodenflächen, die sich noch im gemeinschaftlichen bzw. öffentlichen Besitz befinden. Dieser Boden dürfte zukünftig nur noch in Erbpacht bzw. als Baurecht vergeben werden. Außerdem sind die meist vorhandenen Vorkaufsrechte der Gemeinden zur Regel zu machen.

Die Neutralisierung der heutigen bodenbezogenen Ungerechtigkeiten ist aber auch ohne Rückkauf möglich, nämlich durch eine Besteuerung des Bodens, deren Höhe den heutigen Bodenrenten entspricht. Diese Besteuerung ist in den meisten Ländern bereits vorhanden, fasst aber sachlich ungerechtfertigt – wie in Deutschland die Grundsteuer – häufig die Gebäude mit ein. Mit einer Konzentration dieser Steuer auf den Boden, würden auch die spekulativen Bodenhortungen und Baulücken reduziert und ein Druck auf die Preise entstehen, womit sich notwendige Rückkäufe durch die Gemeinden erleichtern würden.

In welcher Größenordnung die Gemeinden und mit ihnen die Bürger von einer solchen Reform profitieren würden, machen einige Beispiele deutlich: Hätten z. B. die Stadtväter in Zürich im 19. Jahrhundert das Gebiet der früheren Wallanlagen nicht verkauft, sondern nur verpachtet, dann könnten mit den heute daraus fließenden Pachteinnahmen die gesamten öffentlichen Kosten der Stadt bestritten werden! Ähnliche Verluste für die Bürger fallen heute auch im Zusammenhang mit öffentlichen Infrastrukturmaßnahmen immer wieder an. So sind z. B. im Zusammenhang mit dem Bau des neuen Münchener Flughafens – laut Berechnungen von Wolfram Engels, Ökonom und Herausgeber der deutschen Zeitschrift »Wirtschaftswoche« – die Bauern zwischen München und Erding leistungslos um insgesamt rund 30 Mrd. DM reicher geworden. Und die Bodenpreissteigerungen in Berlin, ausgelöst durch die Erklärung zur Hauptstadt und der Ankündigung des Regierungsumzugs, wurden auf eine Größenordnung geschätzt, die in etwa den Gesamtkosten dieses Umzugs einschließlich aller notwendigen Neubauvorhaben entspricht! Während heute bei Wertminderungen durch öffentliche Maßnahmen die Betroffenen häufig Entschädigungszahlungen erhalten, fließen die damit ausgelösten Wertsteigerungen statt an die Allgemeinheit, immer noch weitgehend in die privaten Taschen einer besitzenden Minderheit.

Was ist mit der Kapitalflucht bei sinkenden Zinsen?

Wenn jemand eine Produktionsanlage in ein anderes Land schafft und damit dort weiterproduziert, liegt zweifelsfrei eine ›Kapitalflucht‹ vor. Denn dabei hat das andere Land nicht nur einen Zugewinn durch das dorthin verlagerte Sachkapital, sondern auch durch die damit verbundene Produktion. Diesen realen Gewinnen steht im Ursprungsland ein ebenso hoher Verlust gegenüber. Wenn jedoch jemand einen Koffer voll Geld ins Ausland schafft und dort einschließt, hat das den gleichen negativen Effekt wie eine Hortung im Inland. Will er dagegen mit dem Geld im Ausland etwas anfangen, dann muss er es zuerst gegen die dort gültige Währung umtauschen. Das heißt, wenn z. B. jemand aus dem Euro-Raum seine Ersparnisse in den USA anlegen oder dort investieren möchte, dann braucht er einen Tauschpartner, der ihm für seine Euros Dollar gibt. Ganz gleich, ob dieser Tauschvorgang direkt zwischen zwei Personen abläuft oder über eine Bank, ob in bar oder über eine Guthabenübertragung – es findet also immer nur ein Austausch statt. Und so wie der Europäer nun seine erworbenen Dollar in den USA anlegen oder ausgeben kann, so der Amerikaner die erhaltenen Euro letztlich nur im Euroland. Es werden also jeweils nur die Verfügungsrechte über Geld ausgetauscht, das jedoch selbst – im Gegensatz zu der eingangs genannten Produktionsanlage – jeweils in dem ihm zugehörigen Wirtschaftsraum verbleibt. Und benutzt der Amerikaner die eingetauschten Euro statt für zinsbringende Geldeinlagen für Käufe oder Investitionen, dann kommt das Geld sogar direkt und ohne Umweg über zinsbelastete Kredite in den Kreislauf zurück.

Es gibt also im Geldbereich keine ›Kapitalflucht‹, die im Inland zu Verlusten führen kann. Schon gar nicht ist davon zu reden, wenn jemand zur Umgehung der Zinsversteuerung sein Geld im Koffer nach Luxemburg oder in ein anderes Steuerparadies bringt. Denn dort wieder eingezahlt, steht sein Guthaben der Euro-Wirtschaft als Kreditpotential genauso zur Verfügung wie vor der Abhebung sein Konto im Herkunftsland. Und das für den Transport benutzte Bargeld ist ebenfalls nach spätestens zwei Tagen wieder bei einer Zweigstelle der Zentralbank, oft noch mit deren Original-Banderolen verpackt, mit denen es abgehoben wurde. Was uns dabei verloren geht, ist allein die hintergangene Steuerzahlung.

Geldflucht in Steuerparadiese führt also ebenso wenig zu Veränderungen der Geldmenge wie die Umtauschvorgänge zwischen Währungen. Solche Umtauschvorgänge können allenfalls durch die verstärkte Nachfrage nach Devisen zu entsprechenden Wechselkursanstiegen führen. Dieser Kursanstieg für die begehrte Währung bremst dann die Übernachfrage wieder ab. Zu Schieflagen kann es nur dann kommen, wenn die Wechselkurse nicht mehr den normalen Marktgesetzen unterliegen und von Spekulationsmassen missbräuchlich überrollt werden.

Führt eine Umlaufsicherung zu einer Wachstumseuphorie?

Oft wird befürchtet, dass eine solche Umlaufsicherung über die Zinssenkung zu mehr Verbrauch und damit Wirtschaftswachstum führt. Verbrauchen (= Ausgeben) kann man jedoch immer nur im Umfang seiner Einkommen. Diese Einkommen vergrößern sich bei sinkenden Zinsen nicht, sondern sie werden nur verlagert. Sinkt beispielsweise die Miete einer Wohnung aufgrund halbierter Hypothekenzinssätze um 200 Euro oder Dollar, dann hat zwar der

Mieter in dieser Höhe mehr Geld zur Verfügung, der Vermieter jedoch entsprechend weniger. Weil die Arbeitleistenden (Unternehmer, Arbeitnehmer) bei sinkenden Zinssätzen über mehr Kaufkraft verfügen, benötigen sie auch weniger Kredite. Und weil sich bei den Geldhaltern die Zinsgutschriften verringern, geht auch der Verschuldungszwang zurück.

Da die Arbeitleistenden bei niedrigeren Zinsen weniger für Dritte arbeiten müssen, können sie zwar mehr konsumieren. Sie können aber auch, bei Wahrung ihres bisherigen Wohlstands, ihre Arbeitszeit in dem Umfang reduzieren, in dem sie bislang die Zinsen in der Miete und in allen anderen Preisen verdienen mussten. Das heißt: Nicht mehr das Kapital bestimmt wachstumserzwingend den Umfang der zu erbringenden Leistungen, sondern die Arbeitleistenden selbst.

> »Erst auf der Basis eines störungsfreien Geldkreislaufs lässt sich auch eine störungsfreie Kreislaufwirtschaft etablieren, in der nicht mehr das destruktive Prinzip des exponentielles Wachstums, sondern das konstruktive Prinzip des dynamischen Gleichgewichts gilt«,

schreibt der in Hamburg lehrende Wirtschaftsgeograf Eckhard Grimmel in seinem 1993 erschienenen Buch »Kreisläufe und Kreislaufstörungen der Erde«.

Auch die Vermutung, dass es bei niedrigen Zinsen zu massenweisen Kreditaufnahmen kommt, ist irrig. Wie wir heute in Japan erleben, werden dort selbst bei Niedrigst-Zinssatz so lange keine Investitionen getätigt, wie der Markt keine zusätzlichen Absatzmöglichkeiten erwarten lässt.

Ist der Euro eine Lösung?

Wenn eine Sache im Kleinen nicht funktioniert, kann eine Vergrößerung kaum bessere Ergebnisse bringen. Das gilt auch für die Ausweitung einer Währung auf einen größeren Wirkungsraum bzw. die Zusammenfassung mehrerer Währungen. Werden dabei ›kranke‹ und ›gesunde‹ Währungen zusammengepackt, besteht sogar, wie bei faulen und gesunden Äpfeln, die Gefahr der Ansteckung.

Im Maastricht-Vertrag, Grundlage der Zusammenfassung europäischer Einzelwährungen in eine Währungsgemeinschaft, sind darum Kriterien festgeschrieben, die eine solche negative Ansteckung möglichst vermeiden sollen. Das betrifft sowohl die Entwicklung der Inflations- und Zinssätze als auch des Wirtschaftswachstums und der Staatsverschuldung, deren Größen bzw. Entwicklungen halbwegs angeglichen sein sollen. Allerdings hat man diese Kriterien bereits beim Zusammenschluss der ersten elf Länder großzügig ausgelegt. Das gilt vor allem für die Staatsverschuldung, die eigentlich nicht über 60 Prozent des BIP liegen sollte, aber z. B. in Belgien und Italien fast bei der doppelten Höhe lag. Wie und bis wann diese Länder je auf den vorgeschriebenen Satz kommen sollen, steht in den Sternen. Noch fragwürdiger dürfte die Beachtung dieser Kriterien im Hinblick auf die Aufnahmen weiterer Länder sein, vor allem aus Osteuropa. Es kommt also beim Euro keinesfalls nur zu einer Vereinigung gleich stabiler Währungen, sondern eher um mehr oder weniger starke oder schwache. Selbst die weitgehende Übernahme des Modells der Deutschen Bundesbank für die Europäische Zentralbank ist keine Garantie für Stabilität, wie die Inflationsquoten in Deutschland während der letzten 50 Jahre gezeigt haben.

Selbst wenn dieser ›Geleitzug‹ der elf Länder seit der

nominellen Einführung des Euro Anfang 1999 relativ dicht aufgeschlossen fährt, sagt das noch nicht viel über die weitere Entwicklung aus. Vor allem sagt es nichts über die Vergleichbarkeit der Wirtschaftsleistungen aus, die hinter der Gemeinschaftswährung stehen. Auch Länder mit schwächeren Wirtschaftsleistungen konnten bisher ein relativ stabiles Geld haben. Und sie konnten auch ohne Schwierigkeiten mit allen anderen Ländern Handel treiben und ggfs. auch Vollbeschäftigung erreichen, solange die Wechselkurse halbwegs den Gegebenheiten in den Ländern entsprachen bzw. die Unterschiede ausglichen. Wird aber Ländern unterschiedlicher Leistungsfähigkeit und unterschiedlicher Sozialstrukturen eine gemeinsame Währung übergestülpt, sind finanzielle Ausgleichzahlungen auf Dauer kaum vermeidbar. Wenn auch direkt nicht vergleichbar, hat die DM-Einführung in den ostdeutschen Ländern doch einige dieser Schwierigkeiten deutlich werden lassen.

Die Einführung des Euro hat sicherlich auch ihre positiven Seiten, die sich keinesfalls nur auf die eingesparten Geldumtauschkosten bei grenzüberschreitenden Reisen beschränken. Bezogen auf die in diesem Buch dargelegten monetären Probleme, bedeutet die Euro-Einführung allerdings keinerlei Fortschritt. Eher wird es schwieriger sein, die erstarrten Strukturen unserer Währungsordnungen aufzulockern und einer Reform zuzuführen. Es sei denn, den Regionen in Europa werden größere Freiheiten eingeräumt, z. B. auch im Hinblick auf regionale Zahlungssysteme.

Sind Geldhaltekosten und Inflation vergleichbar?

Gegen die Vorschläge einer grundlegenden Reform unserer Währungen wird häufig der Einwand gebracht, dass eine Geldhalte- oder Geldnutzungsgebühr von fünf Prozent in der Wirkung nichts anderes sei als eine dosierte Inflation in gleicher Höhe, beide würden das Geld in Bewegung bringen. Letzteres trifft natürlich zu. Trotzdem gibt es wesentliche Unterschiede zwischen diesen beiden Umlaufsicherungen, sowohl in ihrer Wirkung als auch ihren Folgen.

- Geldhaltekosten beziehen sich nur auf die Nachfragemittel, Bargeld und Giralgeld. Inflationen wirken sich auch auf die vielmals größeren Geldvermögen aus.
- Geldhaltekosten treiben überschüssiges Geld in die Banken und vergrößern das Kreditangebot. Inflationen treiben überschüssiges Geld in den Konsum oder zu Fehlinvestitionen und heizen das Wirtschaftswachstum an.
- Geldhaltekosten bewirken eine Stabilisierung der Geldkaufkraft und damit des Preisniveaus. Inflationen bewirken dagegen ständige Preisveränderungen und Irritationen im Gefüge aller Geldbeziehungen, vor allem aller Be- und Verrechnungen.
- Geldhaltekosten ermöglichen nicht nur Kaufkraftstabilität, sondern drücken nach und nach die Zinsen gegen Null. Inflationen treiben die Zinsen hoch, einschließlich ihrer negativen Folgen.
- Geldhaltekosten fließen aus den Kassen der Geldhalter in die des Staates und damit der Allgemeinheit zu. Die vielmals höheren Inflations- und Zinskosten müssen von der Allgemeinheit getragen werden und kommen privaten Minderheiten zu Gute.
- Geldhaltekosten können mit einer festen Größe eingeplant und erhoben werden. Inflationen lassen sich in einer festen Größe weder berechnen noch erreichen.

Sicher kann man die negativen Folgen von Inflationen durch eine indexierte Anhebung aller Preise, Löhne, Steuern, Geldguthaben und Verbindlichkeiten weitgehend ausgleichen. Diese Maßnahmen erfordern aber einen ungeheuren Arbeitsaufwand, der in der Praxis kaum zu koordinieren und zu kontrollieren ist. Wie die Erfahrung zeigt, haben solche Indexierungen außerdem einen Trend zu inflationären Selbstbeschleunigungen. Dagegen betrifft die Einziehung von Durchhaltekosten auf das Geld nur zwei relativ geringe Bestandsgrößen, nämlich Bar- und evtl. Giralgeld. Außerdem sind diese Größen leicht zu kontrollieren und die praktische Handhabung des Einzugs ist – gemessen an dem Aufwand der Inflationsanpassungen – wesentlich einfacher.

35. Kapitel

Tauschringe und andere Alternativen

»Die ›Befreiung der Marktwirtschaft vom Kapitalismus‹ ist nicht ein utopisches Ziel; die zentrale Fehlstelle in unserer Selbstorganisation ist längst erkannt: die schrankenlose Macht des Geldes, dem auf Erden alles offen stehen soll, während es den Menschen, die es nicht besitzen, mehr und mehr an Freiheit nimmt.«
*Peter Kafka**

Erkennt man ein Problem, so möchte man es auch aktiv angehen. Dafür gibt es meist zwei Möglichkeiten: Durch Aufklärung der Öffentlichkeit oder durch Veränderung der eigenen Verhaltensweisen. Diese Zweigleisigkeit ist z. B. im Bereich der Ernährung, des Verkehrs, des Energieverbrauchs wie auch fast aller Umweltfragen möglich. Anders ist es bei Problemen, die mit öffentlichen Einrichtungen verbunden sind, wie z. B. das Steuersystem, das Militär oder die Währung. Hier ist eine Veränderung nur auf der öffentlichen Ebene und damit durch Aufklärung möglich, es sei denn, man kann sich diesen Einrichtungen entziehen. Das aber ist, bezogen auf den Währungsraum in dem man lebt, nur sehr schwer zu realisieren.

Da jedoch immer mehr Menschen, überwiegend intuitiv,

* Astrophysiker am Max-Planck-Institut, Garching, »Süddeutsche Zeitung« vom 16. 8. 1995

die Problematik des bestehenden Geldsystems erkennen, versuchen sie zumindest einen partiellen Ausstieg. Das lässt sich durch einen direkten Tausch von Leistungen gegen Leistungen, vor allem mit Hilfe so genannter Tausch- oder Verrechnungsringe, auch ermöglichen. Diese Tauschringe schießen seit gut zehn Jahren in aller Welt wie Pilze aus dem Boden.

Wie funktionieren Tauschringe?

In einer Tauschring-Gemeinschaft kann jeder jedem eine Leistung erbringen, die der Empfänger nicht direkt durch eine Gegenleistung ausgleichen muss. Vielmehr erhält der Leistungserbringer eine Gutschrift, die er bei jedem anderen Tauschringmitglied einlösen kann. Der Leistungsempfänger erhält umgekehrt eine Lastschrift, die er durch Leistungseinbringungen innerhalb des Tauschrings ausgleichen kann. Guthaben- und Defizitbestände in einem Tauschring sind also immer gleich hoch und in der Saldierung stets Null. Genau betrachtet handelt es sich also um gar keinen Tausch, sondern um wechselseitige Leistungsverrechnungen innerhalb eines bestimmten Teilnehmerkreises. Da es innerhalb dieser Kreise keinen einklagbaren Rechtstitel gibt, sind die Überziehungen zum Schutz von Missbrauch fast immer auf relativ begrenzte Beträge beschränkt. Damit sind natürlich auch die Objekte eingegrenzt, die sich in den Tauschringen finanzieren lassen.

Solche Tausch- bzw. Verrechnungsringe gibt es in der Wirtschaft schon seit langem, bekannt unter dem Namen Barter-Clubs. Mitglieder dieser professionell gemanagten Clubs sind Unternehmen und Gewerbetreibende, die sich in der Praxis auf Verrechnungsbasis gegenseitig zeitbegrenzte Warenkredite einräumen. In vielen Barter-Clubs werden auch direkte, meist von der Clubleitung organisierte Tausch- oder Dreiecksgeschäfte abgewickelt. In diesen Fällen finanzieren sich die Organisationen vor allem über Vermittlungsprovisionen. Ansonsten werden nicht unerhebliche Eintritts- bzw. Mitgliedsbeiträge verlangt, die sich manchmal auch am Umsatz der Unternehmen orientieren. Wegen dieser hohen Vermittlungs- bzw. Transaktionskosten haben sich diese Bartergeschäfte bislang auch nur für größere Unternehmen und Tauschobjekte als lohnend erwiesen.

Für Privathaushalte, bei denen die eingebrachten bzw. nachgefragten Einzelleistungen eine relativ geringe Höhe haben, sind die mit der Organisation verbundenen Kosten unverhältnismäßig hoch. Weitere Nachteile resultieren aus der meist geringen Teilnehmerzahl, ihrer räumlichen Streuung und des insgesamt meist unzureichenden Angebotsspektrums. Hinzu kommt noch ein relativ hoher Informationsaufwand. Aus all diesen Gründen sind solche Tausch- bzw. Verrechnungsringe bisher auch nur auf kommunaler oder regional überschaubarer Ebene erfolgreich, vor allem in abgelegenen Gegenden. Andere wiederum funktionieren nur, solange die Verwaltungs- und Organisationsarbeiten von Mitgliedern ehrenamtlich übernommen werden. Bei bezahlten Kräften ergibt sich das Problem, dass sie mindestens einen Teil ihres Gehalts in der öffentlichen Währung erhalten müssen, was entsprechende Mitgliederbeiträge in dieser Währung erfordert.

Positiv zu werten sind auf jeden Fall die sozialen Kontakte und die Kenntnisse wirtschaftlicher Zusammenhänge, die durch solche Ringe vermittelt werden, vor allem auch, wenn sie die monetären Fragen mitbehandeln. Leider ist das oft erhoffte Ziel, gesellschaftliche Randgruppen und vor allem Arbeitslose zu integrieren und für die Mitarbeit zu motivieren, bisher nur begrenzt erfolgreich gewesen.

Kann man über Tauschringe auch Geld in Umlauf setzen?

Klammern wir die Frage der Zulassung von Privatgeld einmal aus, dann wäre eine Inumlaufsetzung von Geld in Tauschringen durchaus möglich und sinnvoll. Denn damit könnten innerhalb des Tauschrings die hohen Informations- und Transaktionskosten wie auch der Verwaltungsaufwand erheblich verringert werden. – Wie wäre das praktisch möglich?

Bekanntlich erhält A, der in einem Tauschring für B eine Leistung erbringt, ein entsprechendes Guthaben, das er bei jedem Tauschringmitglied einlösen kann. Für B entsteht umgekehrt eine gleich hohe Verpflichtung zur Nachleistung. Die Tauschringleitung könnte nun – bei Einverständnis aller Mitglieder – das Guthaben von A gegen die Hergabe von Leistungsbestätigungs-Scheinen in weitergebbaren Stückelungen auflösen. Diese weitergebbaren Geld- oder Gutscheine wären also durch die Vorleistung von A ebenso gedeckt wie durch die noch offene Nachleistungspflicht von B.

In dem Umfang, wie diese Leistungsbestätigungsscheine von der Tauschringzentrale ausgegeben und von den Teilnehmern akzeptiert werden, würden sich allerdings die bisher nachvollzieh- und kontrollierbaren Vorgänge innerhalb des Ringes wieder in anonyme Beziehungen verwandeln.

Mit Einführung dieser Geld- oder Gutscheine wäre es dann auch möglich, angesammelte Geldscheine bei der Zentrale als Ersparnis zu hinterlegen, die von der Zentrale zwischenzeitlich an andere als Kredite vergeben würden. Mit diesen Geldscheinen und den evtl. Kreditvergaben würden allerdings nicht nur komplizierte Rechts- und Garantiefragen akut, sondern auch das Problem der Kreislaufunterbrechungen. Außerdem käme es sehr schnell zu Tauschvorgängen zwischen den Geldscheinen im Tauschring und der normalen Währung, und damit zwangsläufig zu einem Wechselkurs. Dabei würden sich die Nachteile der Tauschringwährung, vor allem die eingegrenzte Verwendungsmöglichkeit und die relativ hohen Transaktionskosten, als Kursabschlag abzeichnen. Das würde besonders bei den Tauschringen deutlich, die sich mit dem Wert ihrer Verrechnungseinheiten – gleichgültig wie sie auch immer heißen mögen – an die normale Währung angelehnt haben.

Da sich solche Wertverluste für das Ansehen der Tauschringwährung und das Verhalten der Teilnehmer nachteilig auswirken, hat das älteste und wahrscheinlich auch größte Tausch- bzw. Verrechnungssystem, der schweizerische WIR-Wirtschaftsring, die Einführung eigener Geldzeichen sehr rasch wieder eingestellt.

Der WIR-Wirtschaftsring in der Schweiz

Der unter dem Kürzel WIR bekannte Wirtschaftsring in der Schweiz, wurde bereits 1934, also in der großen Rezession, als normaler Verrechnungsring von Mitgliedern der an Gesell orientierten Geldreformbewegung gegründet. Obwohl anfangs die Guthabenbestände nach dem Konzept Gesells mit einem Umlaufsicherungsabschlag versehen waren, wurden als Mitglieder nur Gewerbetreibende und Handwerker aufgenommen, also keine Privathaushalte. Nach einer schwankenden Entwicklung und einem Tiefpunkt gegen Ende des Zweiten Weltkriegs hatte der Ring Ende der 90er Jahre – längst von allen Geldreformideen gelöst – fast 70 000 Mitglieder. Vor allem in den Hochzins- und Flautezeiten der letzten Jahrzehnte hatte er einen großen Zulauf. Die Kreditbedingungen für Hypothekenzinsen von 1,75 und Kontokorrentzinsen von 2,5 bis 3,5 Prozent waren dann besonders verlockend.

Natürlich sind diese günstigen Konditionen nur möglich, weil die Leistungserbringer für ihre Guthaben keine Zinsen erhalten. Diese entgangenen Zinsen sind für die Leistenden aber nur einer der Nachteile. Noch problematischer ist, dass sie ihre WIR-Guthaben oft nur schwer umsetzen können, weil sie – trotz der relativ großen Mitgliederzahlen – nicht immer das Angebot vorfinden, das sie gerade brauchen. Ein besonderes Manko ist dabei der Tatbestand, dass sie mit dem WIR-Geld weder Steuern noch Löhne noch Versicherungszahlungen leisten können. Die Illiquidität in den für diese Zahlungen notwendigen Schweizer Franken wird dann zur Falle. Denn ein Umtausch gegen die Landeswährung ist im WIR-Ring nicht möglich und ein Verkauf der WIR-Guthaben nach der Satzung nicht erlaubt. Deshalb werden WIR-Guthaben oft mit großen Abschlägen anonym in Tageszeitungen angeboten. »Marktüblich sind zur Zeit Einschläge von bis zu 30 Prozent bei Verkauf gegen Franken«, berichtete die »Berner Zeitung« am 11. 9. 1992. – Der Vorteil niedriger Zinsen wird also am Ende der Kette manchmal teuer bezahlt.

Die Schwierigkeit, im WIR-Ring Guthaben abzusetzen, spiegelt sich auch in den geringen Umschlaghäufigkeiten des WIR-Geldes wider. Bei ähnlich hohen Kontobeständen wurden die WIR-Konten z. B. im Jahr 1990 nur dreimal umgeschlagen, während die Umschlagshäufigkeit der Postgirokonten bei 154 lag. Noch gravierender klafften die Umsatzgrößen auseinander, die beim Postgiro fast 1 100mal größer waren als beim WIR. Es dürfte also seine Gründe haben, dass sich das WIR-Geld-System, trotz fast 70jähriger Praxis, nicht deutlicher durchgesetzt hat und jetzt sogar der WIR-Ring in WIR-Bank umbenannt wurde, mit normalen Kreditgeschäften in Schweizer Franken.

Was ist mit den Zinsen bei Verrechnungsringen und anderen Alternativmodellen?

Der Tatbestand, dass es in Tauschringen im Allgemeinen keine Guthaben- und Kreditzinsen gibt, wird oft als entscheidender Vorteil herausgestellt. Häufig ist das sogar der Anlass ihrer Gründung. Manche Tauschringe werben sogar damit, dass sie jedem Teilnehmer einen zinslosen Kredit in einer bestimmten Höhe einräumen. In Wirklichkeit aber wird dieser Kredit in Form eines Warenkredits (Lieferung bei verspätetem Ausgleich) bei jedem Verrechnungsvorgang von den jeweiligen Leistungseinbringern eingeräumt, also nicht von der Tauschringorganisation.

Der Vorteil für die Nachfrager, zinslose Warenkredite zu erhalten, schlägt also immer auch als Nachteil für die Leistenden zu Buche, die auf Zinsen für ihr Guthaben verzichten müssen.

Verrechnungsringe sind darum für Kreditnehmer und Guthabenüberzieher vorteilhaft, für Vorleistende und Guthabenbesitzer von Nachteil. Auch Barter-Clubs müssen sich deshalb durch entsprechende Maßnahmen gegen Trittbrettfahrer schützen, die auf Kosten anderer Zinsen sparen wollen. Dies geschieht nicht nur mit Limitsetzungen bei den Überziehungen, sondern auch durch Vorschriften, diese nach einem bestimmten Zeitraum, z. B. einem Jahr, durch Zahlungen in normaler Währung auszugleichen. Trotzdem können in den Barter-Clubs und vor allem im WIR-Ring Einzelne auf Kosten der Allgemeinheit erhebliche Vorteile herausholen. Dazu ein Beispiel: Ein Unternehmer, der in einem Barter-Club einen Warenkredit für eine Produktionsanlage erhält, spart bis zu seiner Gegenleistung bzw. der Ausgleichszahlung, auf jeden Fall die sonst fälligen Zinsen. Das heißt, er kann mit Hilfe der zinsfrei erworbenen Produktionsanlage auf dem normalen Markt entweder die Preise der Konkurrenten unterbieten oder höhere Gewinne erwirtschaften. Und das, ohne eigene Leistungen in den Ring eingebracht zu haben.

Noch größer können die Vorteile sein, wenn ein Unternehmer eine Produktionsanlage mit Hilfe eines Kredits der WIR-Genossenschaft erwirbt. Dort ist er überhaupt nicht zu entsprechenden Gegenleistungen gezwungen, sondern nur zur Zahlung der extrem niedrigen Zinsen, die praktisch den sonst üblichen Bankvermittlungs- und Risikokosten entsprechen. Erst wenn der Kredit fällig wird, muss er innerhalb des WIR-Ringes Leistungen anbieten und erbringen, um mit den Einkünften die Tilgung in WIR-Geld vornehmen zu können. Doch auch das ist noch nicht einmal nötig, da er sich – wenn auch offiziell verboten – das nötige WIR-Geld anonym mit Schweizer Franken und fast immer einem deutlichen Abschlag kaufen kann. Und der Verkäufer, von dem er dieses WIR-Geld unter Preis erwirbt, könnte möglicherweise sogar der Lieferant jener Produktionsanlage sein, der immer noch auf seinem WIR-Guthaben sitzt. Im Extremfall hat er also für das mit der Lieferung der Produktionsanlage erworbene WIR-Guthaben nicht nur keine Zinsen erhalten, sondern er muss es wegen Zahlungsengpässen möglicherweise jetzt auch noch mit Verlust verkaufen!

Noch ungerechter wird das Ganze, wenn Tauschringe – das Gesell'sche Schwundgeld missverstehend – die benachteiligten Guthaben sogar noch mit Geldhaltekosten belasten, wie das in einigen Fällen praktiziert worden ist. Eine gerechte und funktionierende Umlaufsicherung müsste in Tauschringen jedoch beide Seiten gleichermaßen treffen. Das heißt, Guthaben- und Defizitbesitzer müssten beide durch Bestandsgebühren unter Umlaufdruck gesetzt und zum Ausgleich angehalten werden.

Ähnliche Ungleichgewichte wie bei vielen Tauschringen

ergeben sich auch bei manchen privaten Unterstützungsgemeinschaften, die z. B. als Kunden einem Ökobauern zinslosen Kredit gewähren. Auch dieses an sich positive Tun ist innerhalb eines ansonsten unveränderten Systems mit Ungerechtigkeiten bzw. Wettbewerbsverzerrungen verbunden. Denn entweder kann der Geförderte am Markt höhere Gewinne als seine Mitbewerber erzielen oder er kann sie preislich unterbieten.

So gut manche Tausch-, Verrechungs- und Unterstützungssysteme auch immer gemeint und gedacht sind und möglicherweise auch eine Zeit lang funktionieren, die Ungerechtigkeiten und Nachteile unseres allgemeinen Währungssystems sind damit kaum zu überwinden.

Was ist mit alternativen Geldsystemen?

Neben Tausch- und Verrechnungsringen kommen heute auch immer häufiger privat organisierte Geldemissionen ins Gespräch. Bernhard Lietaer, der in seinem Buch »Das Geld der Zukunft« weltweit 2 600 Tauschringe addiert hat, stellt eine ganze Reihe solcher privaten Geldausgaben vor. Er bezeichnet sie als »komplementäre« also ergänzende Währungen zu den gegebenen staatlichen, deren Bestand in der gegebenen Form er für nicht veränderbar hält. Allerdings spricht er auch von Geld, wenn Konsumläden Rabattmarken oder Fluggesellschaften Vielfliegerbons ausgeben, da sie ebenfalls – wenn auch eingegrenzt – als Zahlungsmittel weitergegeben werden könnten.

Abgesehen davon, dass eine Ausgabe von privatem Geld in den meisten Ländern an der Genehmigung durch die zuständigen Notenbanken scheitern dürfte, sind die Vorteile solcher komplementären Währungen für die Normalbürger nur schwer zu erkennen. Ein Geschäft sind sie jedoch auf jeden Fall für den Emittenten, der sich – wenn der Markt die Scheine akzeptiert – als Erstzahler oder -käufer damit bereichern kann. Das zumindest, wenn keine Einlösungspflicht in die offizielle Währung zu einem bestimmten Satz besteht bzw. durchsetzbar ist. Aber auch darüber hinaus ist zu fragen, welche Wirkungen zusätzliche Währungen überhaupt haben können.

Da jedes zusätzliche Geld allenfalls nur zum Teil auch zusätzliche Nachfrage und Produktion auslöst, muss es zuerst einmal für das gesamte vorhandene Geld inflationäre Wirkungen haben. Weiterhin wird sich – auch wenn das neue Geld anfangs mit dem Wert der vorhandenen Währung gleichgestellt wird – sehr bald ein Wechselkursgefälle ausbilden, das sich im Allgemeinen zu Ungunsten der neuen Währung auswirkt. Weil nicht jeder jede Währung akzeptieren wird, ist man oft zum Geldwechseln gezwungen, womit gewerbliche Geldwechsler jeweils ihre Provisionen kassieren. Außerdem tun sich für Spekulanten neue Möglichkeiten auf, das Unwissen anderer auszunutzen usw.

Die Hoffnung, mit solchen Komplementärwährungen würden sich die Probleme der staatlichen Geldsysteme verbessern, scheint mir fehl am Platze. Sie widersprechen außerdem den Tendenzen, die Zahl der Währungen möglichst zu verringern, um den Umgang mit Geld zu vereinfachen, wie das z. B. in Europa bereits der Fall ist.

Geht man von der Erwartung eines großen Crashs unseres Welt-Geldsystems aus, dann könnten solche Erfahrungen und die Gewöhnung an privat emittierte Geldsysteme für die Zeit danach natürlich hilfreich sein. Ähnlich wie es hilfreich gewesen wäre, wenn die Passagiere auf der Titanic angesichts der Eisberge angefangen hätten, sich aus den Betten ihrer Kabinen Rettungsflöße zu bauen. Aber im Hinblick auf die damit verbundenen geringen Rettungschancen würde ich es immer noch für sinnvoller halten, zur

Vermeidung einer solchen Katastrophe, auf den Kurs des Schiffes einzuwirken.

Können alternative Banken weiterhelfen?

Sieht man von der Bankmarge ab, belasten alle Banken ihre Kredite in dem Umfang mit Zinsen, wie sie den Geldgebern Zinsen zahlen müssen. Als Aufschlag rechnen sie dann noch ihre Vermittlungskosten hinzu.

Mit niedrigeren Zinsen können Banken also nur in dem Maß Kredite vergeben, wie die Geldgeber auf Zinsen verzichten. Auch hier resultiert also der Vorteil des Kreditnehmers aus einem Verzicht des Sparers. Nur wenn alle Sparer auf Zinsen verzichten würden, käme auch allen Normalverbrauchern der Zinsverzicht in Form sinkender Preise zugute.

Untersucht man die Gegebenheiten bei den alternativen Banken, dann stellt man fest, dass die Bereitschaft zur zinslosen Hergabe von Geld auch bei dieser aufgeschlossenen Sparerkundschaft äußerst gering ist. Selbst bei der anthroposophischen GLS-Bank in Deutschland sind zinsverzichtende Geldgeber nur eine Minderheit. Die deutsche Öko-Bank hatte sogar immer größere Schwierigkeiten, zur Aufstockung des Eigenkapitals – wie das bei der Gründung noch der Fall gewesen war – von Idealisten zinsfrei Geld zu erhalten. Entsprechend waren die Kredit-Zinssätze kaum günstiger als bei den übrigen Banken.

Bedenkt man, dass diese alternativen Banken bisher nur einen ganz geringen Marktanteil erobern konnten, wird die Begrenztheit der von diesen Banken ausgehenden Reformansätze nachvollziehbar. So hatte die deutsche Ökobank im Jahr 1999 mit einer Bilanzsumme von 380 Millionen erst ein 30 000stel (= 0,0033 %!) des gesamten Geschäftsvolumens aller deutschen Banken in Höhe von 11 800 Mrd. DM erreicht. Selbst wenn es 1 000 solcher alternativen Banken geben würde, hätten sie gerade drei Prozent des gesamten Bankgeschäftsvolumens in der Hand.

Ein Vorteil der alternativen Banken ist zweifellos, dass die Sparer über die Kreditvergabe in bestimmte Förderungsbereiche mit entscheiden können, manchmal sogar objektbezogen. Aber auch auf diese Weise kommt es nur bedingt zu zusätzlichen Förderungen. Denn die Kreditvergabekriterien der Öko-Bank, vor allem bezüglich der Risikoabsicherung, entsprechen jenen aller Banken. Das heißt, die Kreditnehmer der Öko- oder Umweltbanken würden in der Mehrzahl aller Fälle auch bei ihren heimischen Kreditinstituten Geld zu ähnlichen Konditionen erhalten. Bestimmte positive Förderungsbereiche, die sich sonst im Gros der Bankengeschäfte verlieren, werden durch die Alternativbanken nur sichtbarer zusammengefasst. Die Masse der übrigen Kredite, ob für die Rüstung oder andere Industriebereiche, wird durch diese Konzentration jedoch nicht reduziert. Und dass solche Banken auch nicht vor Pleiten sicher sind, hat sich 1999 bei der deutschen Öko-Bank gezeigt, die auf Grund einiger größerer Kreditausfälle vor der Zahlungsunfähigkeit stand.

Was ist mit den Umwelt- und Ethikfonds?

Auch diese speziellen Fonds schießen inzwischen überall aus dem Boden und fast jede große Bank bemüht sich, mit solchen Einrichtungen das kritische Publikum im eigenen Haus zu halten. Oft werden sogar bei diesen Fonds besonders hohe Renditen versprochen. Trotzdem gilt für diese so genannten ›Ethik-‹ oder ›Grüne Fonds‹ dasselbe, was auch für alle anderen zutrifft. In allzu vielen Fällen dienen sie in erster Linie dazu, die Gewissen der Anleger zu beruhigen.

Vor diesem Hintergrund sind auch die Bezeichnungen zu hinterfragen, mit denen sich diese Banken schmücken. Denn solange Bankeinlagen mit Zinseinnahmen und damit der Ausbeutung anderer verbunden sind, können sie nie als ethisch bezeichnet werden. Und solange die Verzinsung der Einlagen zu erhöhter Verschuldung in der Wirtschaft zwingt und damit auch zu erhöhtem Wirtschaftswachstum, ist auch die Verbindung von Einlagen mit ›Grün‹ unangebracht.

Ähnlich, wie sich niemand an den eigenen Haaren aus dem Sumpf ziehen kann, gibt es auch keinen Trick, sich innerhalb des gegebenen Systems dem Zinsproblem zu entziehen, es sei denn wiederum nur auf Kosten anderer. Wohl aber können die Tauschring- und Alternativbanken durch Thematisierung und Diskussionen dazu beitragen, ihre Kunden in Sachen Geld bewusster und sachkundiger zu machen. Das geschieht heute vor allem in solchen Tauschringen, in denen Anhänger von Silvio Gesell tätig sind, von dem John Maynard Keynes bereits 1936 schrieb: »Ich glaube, dass die Zukunft mehr vom Geiste Gesells als von jenem von Marx lernen wird.«

36. KAPITEL

Eine abschließende Zusammenfassung

»Ohne Reformen hin zu einer neuen Form des Wirtschaftens, bei der es nicht mehr normal ist, dass Teile unserer Gesellschaft, große Teile der Weltbevölkerung sowie unsere Umwelt auf der Strecke bleiben, wird Fanatismus als Ventil von Angst sich weiter verbreiten, egal ob mit politischen, rassistischen, religiösen oder anderen Etiketten.«
*Volker Freystedt**

Wie in diesem Buch ausführlich dargelegt, hängen die Probleme im Geldbereich hauptsächlich mit zwei Überentwicklungen zusammen: Den Überentwicklungen der Geldmenge, die zur Inflation führen, sowie den Überentwicklungen der Geldvermögen (bedingt vor allem durch die dauernd positiven Zinssätze), die zur Überschuldung und einem ständigen Wachstumsdruck führen, mit der Folge immer größerer sozialer und ökologischer Spannungen. Diese Überentwicklungen wiederum hängen im Grunde mit simpel erscheinenden Tatbeständen zusammen. Zum Beispiel dem Tatbestand, dass der private Halter des öffentlichen Tauschmittels daraus einen zeitbezogenen Gewinn ziehen kann, während auf der anderen Seite der private Halter eines Tauschgutes, für dessen Absatz das

* Sozialpädagoge, München 2000

Geld erfunden wurde, einen zeitbezogenen Verlust in Kauf nehmen muss. Die zunehmend problematischer werdende Gesamtsituation in unseren Volkswirtschaften ist also weniger die Folge überzogener Ansprüche der Bürger an den Sozialstaat, als die der zunehmenden Ansprüche des Kapitals an das Sozialprodukt.

Um diese Entwicklungen und Überentwicklungen abzubauen, muss die Geldmenge kontrollierbar und der Umlauf verstetigt werden. Beides ist durch eine konstruktive Umlaufsicherung zu erreichen, die die heutigen Umlaufsicherungsmittel Zins und Inflation überflüssig macht. Dazu wiederum müssen drei Widersprüchlichkeiten überwunden werden:

1. bezogen auf die Rechtslage des Geldes: der Widerspruch zwischen öffentlichem und privatem Eigentum,
2. bezogen auf die Geldfunktionen: der Widerspruch zwischen Tausch- und Wertaufbewahrungsmittel,
3. bezogen auf die Geldbegriffe: der Widerspruch zwischen Geld und Guthaben.

Der erste und dritte Widerspruch verhindern heute eine konkrete Geldmengensteuerung und damit die Überwindung von Inflation und Deflation. Der erste und zweite Widerspruch verhindern eine marktgerechte Absenkung der Zinsen und damit den Abbau der Geldvermögens- und Verschuldungseskalationen sowie der daraus resultierenden ungerechten Umverteilungen des Volkseinkommens.

Die Folgen dieser Fehlstrukturen sind Fehlentwicklungen schwerwiegender Natur. Sie zeichnen sich als zunehmende und immer weniger beherrschbare soziale, ökonomische und ökologische Störungen ab, die schließlich in Zerstörungen enden müssen.

Warum kommen wir unter die Räder?

In der zweiteiligen Grafik sind die Gesamtzusammenhänge zwischen Geld und Gesellschaft noch einmal als ineinander greifendes Rädersystem dargestellt. In Darstellung 88a ist der monetäre Bereich wiedergegeben und in Darstellung 88b der realwirtschaftliche. Schnittpunkt beider Bereiche ist die Wirtschaft, die wegen der Aufteilung der Darstellung zweimal abgebildet ist.

Im monetären Bereich haben wir es mit einem Kreislauf zu tun (1), der sich selbst immer mehr hochschaukelt: Mit der Verschuldung (links oben) nehmen aufgrund der damit verbundenen Zinsen die Belastungen der Wirtschaft zu und mit diesen wiederum die Zinserträge des Geldkapitals. Da das Gros der Zinserträge auf den Konten stehen bleibt, vergrößern sich bei jedem Kreislauf, auch ohne weitere Neuersparnisse, die Geldvermögen und damit wiederum der Zwang zur Höherverschuldung usw.

In der Sprache der Kybernetiker haben wir es bei unserem Geldsystem mit einem ›positiv rückgekoppelten Regelkreis‹ zu tun, einem Regelkreis, der sich aus sich selbst heraus beschleunigt. Vergleichbar ist das mit einem Motor, der bei steigenden Drehzahlen noch mehr Sprit ansaugt und damit die Drehzahlen weiter steigert, oder einem Heizungsthermostaten, der das Ventil bei steigenden Raumtemperaturen weiter öffnet, statt schließt. Dauerhaft funktionierende technische wie natürliche Regelkreise sind deshalb ›negativ rückgekoppelt‹, das heißt, auftretende Überentwicklungen bremsen sich selbst ab.

Darstellung 88a:

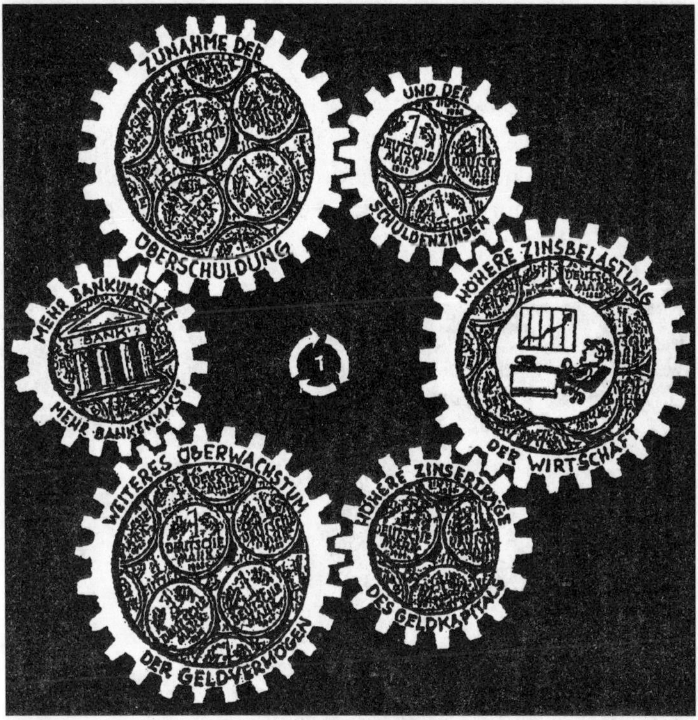

In Darstellung 88b sind die Folgen des monetären Überwachstums, ausgehend von jenen in der Wirtschaft, in zwei Halbkreisen aufgezeigt. Der obere (2) gibt die ökonomisch-sozialen Auswirkungen wieder, der untere (3) die ökologischen.

Gehen wir zuerst dem oberen Halbkreis nach:

Die ständig zunehmenden Ansprüche des Geldkapitals an die (nicht so rasch steigende) Leistung der Wirtschaft führen zu einer Verringerung des Restanteils, der für die Arbeitleistenden übrig bleibt. Das heißt, die Einkommen der Unternehmer und/oder der Arbeitnehmer müssen zwangsläufig mit der Überentwicklung der Geldvermögen und Schulden sinken. Die Folgen sind Nachfrage- und Investitionsrückgänge und schließlich zunehmende Firmenpleiten und Arbeitslosigkeit. Auf Dauer und mit jedem Konjunktureinbruch zunehmend, werden die sozialen Spannungen unerträglicher. Am Ende drohen Unruhen, Gewalt und Aufstände bis hin zu Bürgerkriegen oder Weltkriegen.

Darstellung 88b:

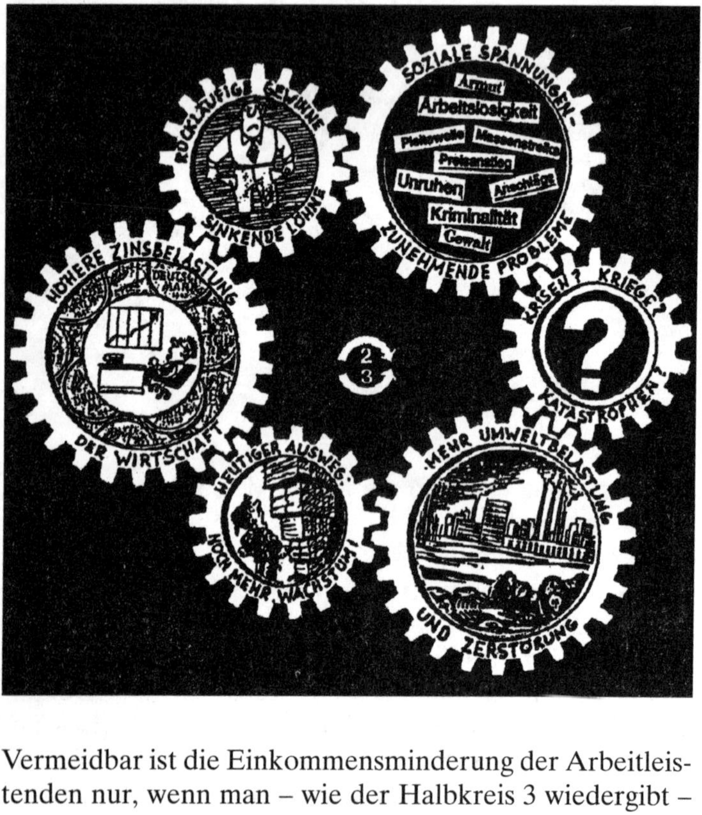

Vermeidbar ist die Einkommensminderung der Arbeitleistenden nur, wenn man – wie der Halbkreis 3 wiedergibt –

das Sozialprodukt ständig vergrößert. Das muss mindestens um jenen Anteil geschehen, den das Kapital von Jahr zu Jahr mehr beansprucht. Soll die gegebene Verteilungsrelation zwischen Kapital und Arbeit beibehalten werden, muss sogar das prozentuale Wirtschaftswachstum dem des Geldkapitals entsprechen. Eine solche dauernde Leistungssteigerung vergrößert jedoch sowohl den Ressourcenverbrauch als auch die Umweltzerstörung. Dieser ›Ausweg‹ aus der sozial-ökonomischen Krise führt also beschleunigt in die ökologische. Damit wiederum drohen nicht nur Umweltkatastrophen, sondern auf Dauer auch gewaltsame Auseinandersetzungen um die knapper werdenden Ressourcen.

Wo ist der Hebel anzusetzen?

Wie diese zusammenfassende Darstellung zeigt, gehen die entscheidenden Probleme vom Überwachstum der Geldvermögen aus. Für die Politiker ergibt sich daraus eine Zwickmühle: Werden die wachsenden Geldvermögen nicht über Kredite in die Wirtschaft zurückgeschleust, kommt es zu einer deflationären Rezession. Führt man die wachsenden Geldvermögen in den Wirtschaftskreislauf zurück, kommt es zur Überschuldung und als Folge zu einem ökonomisch-sozialen oder einem ökologischen Kollaps. In der Wirklichkeit läuft die Entwicklung auf beides hinaus: Der soziale Kollaps ist unausweichlich, weil das Wirtschaftswachstum nicht im Tempo der Geldvermögenszunahme gesteigert werden kann. Der ökologische Kollaps ist unausweichlich, weil die Umwelt ein ständiges Wirtschaftswachstum nicht verkraftet, schon gar nicht bei gleichzeitiger Bevölkerungszunahme auf unserem Planeten.

Dieses sich zu einem ›Geld-Syndrom‹ anhäufende Bündel problematischer Symptome im monetären Umfeld, lässt sich nur an einem einzigen Punkt nachhaltig verändern, nämlich an der Zinshöhe: Durch eine Absenkung der Zinssätze lässt das Überwachstum der Geldvermögen nach und damit der weitere Verschuldungszwang. Mit nachlassender Verschuldung und sinkenden Zinssätzen reduziert sich die Verarmung der Arbeitleistenden und damit wiederum der Zwang zum Wachstum.

Unser Geld, so wie es heute ist, zerstört die Welt! Ganz sicher wird eine Korrektur der Fehlstrukturen nicht alle Probleme aus der Welt schaffen können. Es werden noch genügend übrig bleiben. So z. B. die noch zu lösende Bodenfrage, ein gerechter Familien-Lastenausgleich, die Einführung wirklich greifender Umweltsteuern und manche andere. Doch ohne diese Korrektur im Geldbereich werden die problematischen Entwicklungen in aller Welt aus einfachen mathematischen Gründen mit jedem Tag dramatischer. Denn erst dann, wenn die Zinsansprüche des Kapitals die Wachstumsrate unterschreiten, kann der Überschuldungs- und Wachstumsdruck zurückgehen und die Verarmung der Arbeitleistenden gestoppt werden. Und erst dann, wenn jeder Leistende ein Anrecht auf den vollen Lohn für seine Arbeit hat, kommen wir zu einer gerechten Welt, die Voraussetzung ist für eine friedliche Zukunft.

Literatur

Andres, Fritz, *Zur Reform der Grundsteuer – Zum Problem der Bodenverfügbarkeit – Der Boden ein Kapitalgut?*, Fragen der Freiheit Nr. 250, Bad Boll 1999

Andres, Fritz, *Bodenverteilung und Frieden, Stadtentwicklung und Ökologie*, Fragen der Freiheit Nr. 254, Bad Boll 2000

Bartsch, Günter, *Die NWO-Bewegung Silvio Gesells – Geschichtlicher Grundriß 1891–1992/93*, Lütjenburg 1994

Batra, Ravi, *Die große Rezession von 1990*, München 1988

Benjes, Hermann, *Wer hat Angst vor Silvio Gesell?*, Bickenbach 1996

Bethmann, Johann Philipp von, *Die Zinskatastrophe*, Königstein 1983

Binn, Felix, *Arbeit, Geldordnung, Staatsfinanzen*, Lütjenburg 1983

Binswanger, Hans-Christoph, *Geld und Natur*, Stuttgart 1991

Boettcher, Horst, *Mühlsteine – Staatsschulden – Zinslasten*, Bad Soden 1994

Bastian, Till, *Abschied vom Untergang – Essay über die Idiotie des Wachstums und die Rückkehr zum ökologischen Maß*, Frankfurt 1996

Börger, Renate, *Kapitalismus im Fieberwahn*, München 2001

Creutz, Helmut, *Bauen, Wohnen, Mieten – Welche Rolle spielt das Geld?*, St. Georgen 1990

Creutz, Helmut, *Wir brauchen ein anderes Steuersystem – Entwurf einer Alternative*, Aachen 1996

Creutz, Helmut, *Die Kassen sind leer – wo ist das Geld geblieben?*, IG Medien Forum, Nr. 6–7/1996

Creutz, Helmut, *Warum stößt der Sozialstaat an seine Grenzen?*, Contraste, 10 und 11/1999

Creutz, Helmut, *Die Welt im Börsenfieber und Schuldentaumel – Folgen und Hintergründe,* Sozialismus, 12/1999
Creutz, Helmut, *Vermögens- und Einkommensverteilung in einer kapitalistischen Wirtschaft und danach,* Fragen der Freiheit Nr. 254, Bad Boll 2000
Creutz, Helmut, *Geldschöpfung durch Geschäftsbanken – Theorie oder Wirklichkeit?,* Zeitschrift für Sozialökonomie (ZfSÖ) Nr. 108, Lütjenburg 1996
dito, *Die Verschuldung in Deutschland,* ZfSÖ Nr. 111, 1996
dito, *Bündnis für Arbeit – Ein wichtiger Partner fehlt am Tisch,* ZfSÖ Nr. 121, 1999
Creutz, Suhr, Onken, *Wachstum bis zur Krise,* St. Georgen 1990
Deiß, Wilfried, *Noch mehr Demokratie wagen,* Frankfurt 2000
Drewermann, Eugen, *Jesus von Nazareth – Befreiung zum Frieden (Ihr könnt nicht Gott dienen und dem Mammon),* Düsseldorf 1996
Drewermann, Creutz, Kennedy, *Geld entmachten – Vorträge zum Perspektivenkongress in Düsseldorf 1999,* INWO-D 2000
Douthwaite/Diefenbacher, *Jenseits der Globalisierung – Handbuch für lokales Wirtschaften,* Mainz 1998
Deutsche Bundesbank, *Die Geldpolitik der Bundesbank,* Frankfurt 1995
Faber, Eberhard von, *Die Zeit verstehen, Zukunft meistern – Strategien für einen dauerhaften Fortschritt,* Bonn 1998
Fischbeck, Hans-Jürgen, *Bedingungen für Nachhaltigkeit und Gerechtigkeit der Wirtschaft,* Zeitschrift für Sozialökonomie Nr. 100, 1994
Fisher, Irving, *Feste Währung – Zur Entwicklungsgeschichte der Idee,* Leipzig (1937)
Freystedt, Volker, *Was würden Sie ändern, wenn Sie Politi-*

ker wären?, in: »Ungehaltene Reden mündiger Bürger«, Hrsg: Hildegard Hamm-Brücher, München 1999

Freystedt, Volker, *Geld oder Leben – Zu den Risiken und Nebenwirkungen unseres Geldsystems,* Connection Nr. 5 und 6/2000

Geitmann, Roland, *Damit Geld dient und nicht regiert – Einführung,* Christen für gerechte Wirtschaftsordnung (CGW), Berlin 1998

Geitmann, Roland, *Anregungen für eine gerechte Wirtschaftsordnung im 21. Jahrhundert,* Fragen der Freiheit Nr. 254, Bad Boll 2000

George, Susan, *Sie sterben an unserem Geld,* Reinbek 1988

Gesell, Silvio, *Die natürliche Wirtschaftsordnung* (Gesammelte Werke Band 11), Lütjenburg 1991

Glötzl, Erhard, *Das Wechselfieber der Volkswirtschaften – Anamnese und Diagnose, Geld statt Arbeit,* Wien 1999

Godschalk, Hugo, *Die geldlose Wirtschaft – Vom Tempeltausch zum Barter-Club,* Berlin 1986

Grimmel, Eckhard, *Kreisläufe und Kreislaufstörungen der Erde,* Reinbek 1993

Gude, Jörg, *Gesells Natürliche Wirtschaftsordnung in der Kritik von Franz Oppenheimer,* Zeitschrift für Sozialökonomie Nr. 116, 1998

Hankel, Wilhelm, *John Maynard Keynes,* München 1986

Hankel, Wilhelm, *Vorsicht unser Geld – Jeder sein eigener Banker,* München 1989

Hannich, Günter, *Sprengstoff Geld – Wie das Zinssystem unsere Welt zerstört,* Eigenverlag 1998

Heinrichs, Johannes, *Sprung aus dem Teufelskreis – Logik des Sozialen und Natürliche Wirtschaftslehre,* Wien 1997

Hoffmann, Johannes, *Gefährdet die Geldunordnung die soziale Marktwirtschaft und die demokratische Grundordnung?,* Zeitschrift für Sozialökonomie Nr. 102/103 1994

Hüwe, Josef, *Das Ringen um die Vollendung der sozialen Marktwirtschaft,* Fragen der Freiheit Nr. 223, Bad Boll 1993
Internationale Vereinigung für natürliche Wirtschaftsordnung (INWO), *Die Zukunft der Ökonomie – Eine Denkschrift an die Wirtschaftswissenschaftler,* Lütjenburg 1984
dito, *Gerechtes Geld – gerechte Welt, Wege aus Wachstumszwang und Schuldenkatastrophe,* Lütjenburg 1992
dito, *Zukunftsfähige Wirtschaft – 12 Beiträge zur 4. Internationalen Tagung in Bern,* INWO-Schweiz, Aarau 1995
dito, *Zukunftsfähige Gesellschaft – 7 Beiträge zur 5. Internationalen Tagung in Wien,* INWO-Schweiz, Aarau 1999
Issing, Otmar, *Einführung in die Geldtheorie,* München 1995
Jenetzky, Johannes, *Abgaben als Instrument ökologischer Zielsetzungen, in Umweltplanung, Umweltrecht und Umweltbewußtsein,* in: Ludwigsburger Hochschulschriften 1990
Jenner, Gero, *Das Ende des Kapitalismus – Triumph oder Kollaps eines Wirtschaftssystems?,* Frankfurt 1999
Kafka, Peter, *Gegen den Untergang – Schöpfungsprinzip und globale Beschleunigungskrise,* München Wien 1994
Kennedy, Margrit, *Geld ohne Zinsen und Inflation – Ein Tauschmittel das jedem dient,* München 1991
Keynes, John Maynard, *Allgemeine Theorie der Beschäftigung, des Zinses und des Geldes,* Berlin 1936
Knauer, Peter, *Wer bezahlt den Jokervorteil? Vorschlag zur besseren Nutzung des Geldes,* Die neue Gesellschaft – Frankfurter Hefte, Nr. 1/89
Kühn, Hans, *5000 Jahre Kapitalismus – Prinzip, Entstehung, Folgen eines Ordnungssystems,* St. Georgen 1990
Lang, Thomas, *Geld und Zins als monetäre Ursachen des Wirtschaftswachstums,* Lütjenburg 1998
Lietaer, Bernard, *Das Geld der Zukunft – Über die destruk-*

tive Wirkung des existierenden Geldsystems und die Entwicklung von Komplementärwährungen, Riemann, München 1999

Löhr, Dirk, *Zins und Wirtschaftswachstum – Zu den monetären Voraussetzungen einer ökologischen Kreislaufwirtschaft,* Zeitschrift für Sozialökonomie Nr. 79, Lütjenburg 1988

Löhr/Jenetzky, *Neutrale Liquidität – Zur Theorie und praktischen Umsetzung,* Frankfurt 1996

Loen, Ernst van (Hrsg.), *Johannes Kleinhappl – Christliche Wirtschaftsethik,* Wien 1991

Martin, Paul C., *Aufwärts ohne Ende,* München 1991

Martin, Paul C., *Der Kapitalismus – Ein System das funktioniert,* München 1991

Mayer, Lothar, *Ein System siegt sich zu Tode – Zur Unversöhnbarkeit von Ökologie und Ökonomie,* Frankfurt 1991

Mittelstaedt, Robert, *Das Geld und seine Glaubwürdigkeit,* Alternative 2000, Nr. 34, 2000

Moeves, Günther, *Verlierer und Verleiher – Die Überschüsse fordern Opfer,* Der Architekt Nr. 11, 1997

Olah, Norbert, *Zahlungsnetzwerk Münchner – Umsetzungsstudie zum Bürgerbegehren,* Düsseldorf/Kempten 1999

Onken, Werner, *Ein vergessenes Kapitel der Wirtschaftsgeschichte: Schwanenkirchen, Wörgl und andere Freigeldexperimente,* Zeitschrift für Sozialökonomie 57/58, Lütjenburg 1983

Onken, Werner (Hrsg.), *Perspektiven einer ökologischen Ökonomie,* Lütjenburg, 1993

Onken, Werner, *1492–1992, 500 Jahre Mord, Landraub und Ausbeutung in Lateinamerika,* Zeitschrift für Sozialökonomie Nr. 94, 1992

Onken, Werner, *Modellversuche mit sozialpflichtigem Boden und Geld,* Lütjenburg 1997

Onken, Werner, *Silvio Gesell und die Natürliche Wirtschaftsordnung – Eine Einführung in Leben und Werk,* Lütjenburg 1999

Onken, Werner, *Frieden schaffen durch soziale Gerechtigkeit,* Verlag für Sozialökonomie, Lütjenburg 2000

Onken/Bartsch, *Natürliche Wirtschaftsordnung unter dem Hakenkreuz – Anpassung und Widerstand,* Verlag für Sozialökonomie, Lütjenburg 1997

Otto, Georg, *Warum der Marxismus scheitern musste – Basis eines Sozialismus in Freiheit,* Rhade 1991

Otani, Yoshito, *Ausweg Band Nr. 4, Ursprung und Lösung des Geldproblems,* Hamburg 1981

Penserot, Fritz, *Auf dem Wege zur freiheitlichen Wirtschafts-Ordnung, X. Teil, John Maynard Keynes,* Fragen der Freiheit Nr. 252, Bad Boll 1999

Pfannschmidt, Martin, *Vergessener Faktor Boden,* Lütjenburg 1990

Probst, Jürgen, *Fehlentwicklungen einer Zinswirtschaft – Ein Ausflug durch das Ausgeblendete,* Hannover 1998

Popp, Klaus, *Zinswahnsinn – die Vereinbarkeit von Sozialismus, Liberalismus und Ökologie – Das Ende von Wachstumszwang und Ausbeutung,* Frankfurt 1997

Rams/Ehrentreich, *Arbeitslosigkeit – wie kann sie überwunden werden?,* Lütjenburg 1996

Reuter, Norbert, *Wachstumseuphorie und Verteilungsrealität – Wirtschaftspolitische Leitbilder zwischen Gestern und Morgen,* Marburg 1998

Rosch, Hoffmann, Homolka, *Ethische Geldanlagen – Kapital auf neuen Wegen,* Frankfurt 1992

Rosenberger, Werner, *Die Welt im Umbruch – Entwurf einer nachkapitalistischen Wirtschaftsordnung,* INWO-Schweiz, Aarau 1991

Rosenberger, Werner, *Boden – Nutzen statt besitzen, Plädo-*

yer für ein nachkapitalistisches Bodenrecht, INWO-Schweiz, Aarau 1997
Rosenbohm, Elimar, *Überlegungen zu einer modernen Wirtschafts- und Währungsordnung in der DDR,* Lütjenburg 1990
Samuelsen/Nordhaus, *Volkswirtschaftslehre, Grundlagen der Makro- und Mikroökonomie,* Köln 1987
Schleisiek, Klaus-Peter, *Übliche Einwände gegen die freiwirtschaftliche Reform mit Entgegnungen,* Aachen 1998
Schmitt, Klaus, *Silvio Gesell – »Marx« der Anarchisten? – Texte zur Befreiung der Marktwirtschaft vom Kapitalismus,* Berlin 1989
Schulz, Reinhold, *Menschenrecht oder Untergang,* Hannover 1985
Seminar für freiheitliche Ordnung, *Die Ordnung der Kultur, des Staates und der Wirtschaft für die Gegenwart – sieben Thesen,* Bad Boll 1981
Senf, Bernd, *Der Nebel um das Geld – ein Aufklarungsbuch,* Lütjenburg 1996
Senft, Gerhard, *Weder Kapitalismus noch Kommunismus – Silvio Gesell und das libertäre Modell der Freiwirtschaft,* Berlin 1990
Suhr, Dieter, *Geld ohne Mehrwert – Entlastung der Marktwirtschaft von monetären Transaktionskosten,* Frankfurt 1983
Suhr, Dieter, *Befreiung der Marktwirtschaft vom Kapitalismus,* Berlin 1986
Suhr, Dieter, *Gleiche Freiheit – Allgemeine Grundlagen und Reziprozitätsdefizite in der Geldwirtschaft,* Augsburg 1988
Suhr, Dieter, *Alterndes Geld – Das Konzept Rudolf Steiners aus geldtheoretischer Sicht,* Schaffhausen 1988
Suhr, Dieter, *Kapitalismus als monetäres Syndrom,* Frankfurt 1988

Suhr, Dieter, *The Capitalistic Cost-Benefit Structure of Money – An Analysis of Money's Structural Nonneutrality and its Effects on the Economy,* Frankfurt/New York 1998

Timm, Uwe, *Herrschaftsfreie Wirtschaft – Arbeitslosigkeit kein unabwendbares Schicksal,* Contraste, Juni 97

Timm, Uwe, *Geld regiert die Welt,* espero, Febr. 1997

Vogel, Gesima, *Aufbruch in eine neue Welt – Die Vergesellschaftung der Existenzmittel Boden und Geld,* Hamburg 1991

Walker, Karl, *Neue Europäische Währungsordnung – Indexwährung, flexible Wechselkurse, Europa-Mark,* Lauff bei Nürnberg 1962

Walker, Karl, *Das Weltwährungssystem – Eine Kritik an den theoretischen Grundlagen und ein Entwurf zur Reform,* Lütjenburg 1978

Walker, Karl, *Das Buchgeld,* Heidelberg 1952

Walker, Karl, *Die Technik der Umlaufsicherung des Geldes,* Heidelberg 1952

Walker, Karl, *Ausgewählte Werke,* Lütjenburg 1995

Walker, Karl, *Das Geld in der Geschichte,* Zürich 1999

Weitkamp, Hans, *Das Hochmittelalter – ein Geschenk des Geldwesens,* St.Georgen 1993

Wendnagel, Wera, *Die Frauenfrage in der männlichen Ökonomie,* Zeitschrift für Sozialökonomie Nr. 118, 1998

Werner, Hans-Joachim, *Geschichte der Freiwirtschaftsbewegung, 100 Jahre Kampf für eine Marktwirtschaft ohne Kapitalismus,* Münster 1989

Winkler, Ernst: *Theorie der natürlichen Wirtschaftsordnung,* Heidelberg 1952

Zinn, Georg, *Wie Reichtum Armut schafft – Verschwendung, Arbeitslosigkeit und Mangel,* Köln 1998

Zinn, Georg, *Die Wirtschaftskrise, Wachstum oder Stagnation – Zum ökonomischen Grundproblem reifer Volkswirtschaften,* Mannheim 1994

Anschriften von Vereinigungen und Initiativen zum Thema Geld und Bodenreform:

Christen für gerechte Wirtschaftsordnung e.V. / CGW, Geschäftsstelle: Rudloffweg 12, D–14195 Berlin

Equilibrismus e.V. – Das sozialökologische Wirtschaftskonzept, Geschäftsstelle: Andreestr. 6, D–80634 München

Initiative für Natürliche Wirtschaftsordnung e.V./INWO Deutschland, Geschäftsstelle: Max-Bock-Straße 55, D–60320 Frankfurt

Initiative für Natürliche Wirtschaftsordnung / INWO-Schweiz, Geschäftsstelle: Postfach: CH–5001 Aarau

Initiative für gerechte Wirtschaftsordnung / INWO-Austria, Geschäftsstelle: Staudingergasse 11, A–1200 Wien

INWO-D Infobüro: Klaus Popp, Blasiusstr. 63, D–40221 Düsseldorf

Seminar für freiheitliche Ordnung e.V. / SffO, Geschäftsstelle: Badstraße 35, D–73087

Sozialwissenschaftliche Gesellschaft e.V. / SG, Geschäftsstelle: Postfach 1550, D–33145 Northeim

Stiftung für Reform der Geld- und Bodenordnung, Geschäftsstelle: Pinnaudamm 4, D–25421 Pinneberg

Achtung: Internet-Portal zur Geld- und Bodenreformbewegung: www.inwo.de, sowie: www.geldreform.net

Anschriften von Zeitschriften:

Alternative 2000 – Zeitschrift für neues Denken in Politik und Gesellschaft, Redaktion: Gänseberg 11, D–31079 Eberholzen

Der Dritte Weg – Zeitschrift für die natürliche Wirtschaftsordnung, Redaktion: Rappenbergstraße 64, D–91757 Treuchtlingen

Evolution – Zur Neugestaltung von Wirtschaft, Politik und Umweltbeziehungen, Redaktion: Postfach, CH–5001 Aarau

Fragen der Freiheit – Beiträge zur freiheitlichen Ordnung von Kultur, Staat und Wirtschaft, Redaktion: Badstraße 35, D–73087 Boll

Zeitschrift für Sozialökonomie – Hrsg. Stiftung für Reform der Geld- und Bodenordnung und der Sozialwissenschaftlichen Gesellschaft, Redaktion: Steenkamp 7, D–26316 Varel

Personenregister

Sachregister

In seinem neuen Buch ist Heribert Illig wieder dem Phänomen der fiktiven Zeit auf der Spur.

Er geht zahllosen Widersprüchen und Fälschungen der Geschichtsschreibung auf den Grund und kommt zu einem so abenteuerlichen wie stichhaltigen Fazit: Fast 300 Jahre wurden nachträglich in unseren Kalender eingefügt. Karl der Große und all seine Zeitgenossen haben nie gelebt, und wir stehen gerade am Beginn des 18. Jahrhunderts. Ein verblüffender Einblick in eine gigantische Geschichtsfälschung.

Heribert Illig

Wer hat an der Uhr gedreht?

Wie 300 Jahre Geschichte erfunden wurden